从一个弱小的穷孩子成长为伊朗总统

巅峰博弈

——马哈姆德·艾哈迈德·内贾德传

杨道金 著

时事出版社

图书在版编目（CIP）数据

巅峰博弈：马哈姆德·艾哈迈德·内贾德传 / 杨道金著. --北京：时事出版社, 2013.1

ISBN 978-7-80232-541-8

Ⅰ. ①巅… Ⅱ. ①杨… Ⅲ. ①内贾德—传记 Ⅳ. ①K833.737=5

中国版本图书馆CIP数据核字(2012)第252968号

出 版 发 行: 时事出版社
地　　　址: 北京市海淀区巨山村375号
邮　　　编: 100093
发 行 热 线: （010）82546061　82546062
读者服务部: （010）61157595
传　　　真: （010）82546050
电 子 邮 箱: shishichubanshe@sina.com
网　　　址: www.shishishe.com
印　　　刷: 北京军迪印刷有限公司

开本：787×1092　1/16　印张：25.5　字数：366 千字

2013 年 1 月第 1 版　2013 年 1 月第 1 次印刷

定价：59.00 元

目 录

第一章 加快发展推进程 振兴经济富国民

在这个充满迷茫的世界里，没有经受过内外战争的国家几乎不存在。然而发动任何战争的目的，并非是想毁灭自己的国家，而是要通过所采取的极端手段制约别的国家谋取霸主地位，从而达到一种主宰世界的强大与强盛。

第二章 制定提速有机制 快步奔向大世界

无论是旷日持久的“两伊”战争，还是震惊世界的海湾战争，都给这两个国家造成了严重创伤。可以说在这个时期，两个国家不是朝前行了，而是严重倒退了。一个国家或地区只有和平共处才能发展，世界历史的经验告诉我们，人类再也不能“两败俱伤”无休止地折腾下去了。

第三章　提振民族自信心　核心价值大升华

人类社会有一个潜规则，即在任何领域若缺少了强劲的对手，必定会毫无生机而死气沉沉。这个道理很简单，没有对手擂台就摆不起来，唯有对手才会使场面生龙活虎，才会使自己变得坚毅，生活变得更加充实和富有刺激性。

第四章　暗渡陈仓谋发展　摆脱霸权自创新

美国政府总喜欢对各国事务横加干涉，这是其第二次世界大战之后对外政策的一个重大转折，美国自认为对于别国的冲突与争端不可“坐视不管”，为充当“世界警察”把手伸得越来越长了。伊朗面对这只粗大的长手又采取了哪些行动呢？

第五章　喜迎疾风战暴雨　久蓄锐智突重围

面对复杂多变的国际形势，同时也面对西方列强阵营围堵与打压的历史与现实，内贾德已经十分清楚地看到美国想成为首屈一指的“全球帝国”，其称霸世界的野心日益膨胀。

第六章　保国为民筑根基　捍卫主权强国防

拥有国家至高无尚的权力必然肩负着维护国家利益及安全的责任。伊朗国会授权他一旦国家安全遭到武力威胁，总统有权下令采取一切必要的手段和举措进行反击，直至把入侵者彻底消灭及赶跑。

第七章　咄咄逼人气更盛　威胁反促核发展

有人总认为，只要维护住自己的霸权地位和利益，就要遏制别国的发展，只有让与自己不同的声音变得越来越小，方能彰显自己每天的乐声如雷。谁知恰恰适得其反，对方的声音反而愈来愈大，听起来简直就如同万箭穿心。

第八章　乌云笼罩天空暗　驱迷雾遨翔宇宙

任何事物都是在静态与动态之中周而复始运转着，在他并不那么平静的心灵中，即使所希望的一切和信赖的一切都已经摧毁殆尽了，但仍有一种追求却始终是存在的。透过希特勒的强暴与灭亡，他仿佛看到了霸权主义可怜及可悲的结局。

第九章　霸权频繁穷施压　箭拔弩张生危情

在内贾德漫长而沉重的记忆里，某些西方国家整天是“拿自己开涮”的自嘲者。然而他再拿自己乃至别人开涮几次又怎么啦。被开涮如梦初醒，你一个小国偷偷发展核武，企图摧毁一个强大的帝国，用心何在？这个“涮”开得也太大了吧。

第十章　摒弃相互滥仇杀　远离战争求和平

这并非是一场简单的游戏，更不是一个随随便便的玩笑，这表明所发生的一切都是要尽快发展壮大自己的国家。这个国家不能再陷入一片哭叫和呼唤声中，他每天都在祈祷要把握自己国家的决定命运，让国家兴旺和人民一天天富强起来。

第十一章　立足海湾释善意　致力外交谋合作

伊朗在发展核计划的进程中总是一波三折，在西方国家看来，伊朗根本就不能拥有核技术，因为伊朗拥有核技术就等于拥有了核武器，不仅对中东地区、亚洲国家、西方世界乃至全人类都是一个致命性的威胁。

第十二章　选择武力四方乱　化险为夷天下安

无论是国际社会，还是国际原子能机构，与伊朗举行过一轮又一轮的谈判均未解决根本性问题，政治解决伊核问题途径很多效果差，武力相威胁也此起彼伏，然而伊朗却软硬兼施，根据时局和形势变化，纵横捭阖，不断变换手中的底牌以应对千变万化的局势。

第一章　加快发展推进程　振兴经济富国民

在这个充满迷茫的世界里，没有经受过内外战争的国家几乎不存在。然而发动任何战争的目的，并非是想毁灭自己的国家，而是要通过所采取的极端手段制约别的国家谋取霸主地位，从而达到一种主宰世界的强大与强盛。

神奇大文化　呼唤豪杰出

战争虽然是残酷无情的，但是，人类的许多新游戏规则却都是靠战争建立起来的。抚今追昔，在这个充满迷茫的世界里没有内外战争的国家几乎不存在。然而发动战争的目的并非是想毁灭自己的国家，而是要通过制约别国达到一种强大和强盛。

如今，世界是在动荡不安中向前发展，并在变化莫测的发展过程中形成新的格局和新的区政治经济秩序，这一点在富绕而又战争频繁的中东地区显得尤为突出，这一地区因外来势力的介入国家政权被颠覆的事件此起彼伏。

在当今中东地区，有一个国际社会不可忽视的人物，他被称为中东的英雄豪杰。他对中东地区乃至世界的发展格局均产生了重要影响。他就是伊朗现任总统马哈姆德·艾哈迈德·内贾德。

艾哈迈德·内贾德，是个瘦小的矮个，性格十分鲜明，满脸络腮胡子，还长着一双具有穿透力的深邃眼睛，眼光非常敏锐、犀利和深远；在他身上有一种莫大的潜力和惊人的爆发力。他不仅有灵活务实的风格，而且具有特殊的战略智慧。因此，他可称为与时任美国总统小布什和奥巴马、时任俄罗斯总统普京、时任古巴领导人卡斯特罗等并驾齐驱的显赫人物。他一贯主张美国只能管理自己国家的事务，并不能统治世界，更不能称霸世界。可以说小布什当了8年的总统就与伊朗针锋相对斗了8年，时间很快过去了，小布什已退出政坛，内贾德却还是伊朗总统。无数事实证明，每个国家的事务只能由它的人民说了算。内贾德坚信这样一个法则，一个人的手伸得太长必定会被砍断的。美国总想充当别国的“爹娘”和“公婆”，对别国的事务说三道四。面对外来的干预，伊朗发出强烈的抗议。与此同时，他很快成为了傲慢的小布什最强劲的对手和国际政敌，更是成了以美国为首的西方国家的肉中刺、眼中钉。他被国际社会公认为反美斗士之一。

内贾德在伊朗国内具有很高威信。从伊朗历史的发展进程中来看，他也是历任总统中具有重要影响力的人物。他出任伊朗总统后，不仅改变了伊朗发展的进程，而且将伊朗推向了备受国际社会关注的前沿，并带领伊朗走上了新的发展方向，力图使伊朗尽快成为中东地区的强国。因此，他被公认为是具有强烈“核野心”的强势人物。

那么，这位举世瞩目的英雄豪杰——内贾德，他是生长在一个什么样的国家和时代呢？伊朗的国名为伊朗伊斯兰共和国，是中东地区具有影响力的大国，面积有163.6万平方公里，人口有6400余万，其中波斯人约占66%，阿塞拜疆人占25%，库尔德人占5%；伊斯兰教为国教，其中91%为什叶派，7.8%为逊尼派；官方语言为波斯语；每年的2月11日为国庆日和伊斯兰革命胜利日，每年的4月1日为独立日和伊斯兰共和国日；全国共划分为27个省。伊朗位于亚洲西南部，北邻亚美尼亚、阿塞拜疆、土库曼斯坦，西接土耳其、伊拉克，东连巴基斯坦、阿富汗，南濒波斯湾和阿曼湾。其战略地位十分重要。该国的气候特点是，东部和内地属大陆型亚热带草原和沙漠气候，西部山区多属地中海型气候。

伊朗是个古老的多民族的国家，同时也是个多灾多难的国家，曾有过灿烂的历史文化，也有过饱受外国势力统治的历史。该国有记载的历史始于公元前2700年，史称波斯，中国汉代史上称之安息。

伊朗是中东地区的文明古国之一。公无前6世纪的波斯国号称帝国，并盛极一时。到了公元7—18世纪，阿拉伯人、突厥人、蒙古人、阿富汗人先后入侵，使波斯帝国陷入战乱之中。直到18世纪后波斯才建立了恺加王朝。而到19世纪初，又沦为英国和俄国的半殖民地。1925年建立了马列维王朝。1979年2月11日，巴列维王朝被伊斯兰革命运动推翻，流亡在外的宗教领袖霍梅尼回国接接管政权；同年4月1日，宣布成立伊朗伊斯兰共和国。1979年12月，颁布伊斯兰革命后的第一部宪法。随后，又于1989年7月修改宪法。该宪法规定：伊朗是个政教合一的国家，神权统治高于一切，伊斯兰信仰、体制、教规、共和制及最高领袖的权力不得更改；总统直接领导内阁，负责主持政府工作；立法权属于伊斯兰议会，实行一院制。

伊朗拥有十分丰富的石油资源，占世界总储量的10%，居世界第四位。另外，还拥有大量的天然气、煤以及铜、铁、铝、铬、石棉、磷酸盐、石墨、硫磺等。由于盛产石油，伊朗目前为世界第四大石油生产国和欧佩克组织第二大石油输出国。石油是伊朗经济的命脉和外汇收入的主要来源。

在工业方面，工业产值占国内生产总值将近一半。而石油是伊朗的经济支柱，纺织工业居第二位，其他还有建筑材料、钢铁、汽车装配、机械制造、制药、采矿等。对外贸易主要对象是德国、日本、意大利、土耳其、法国等。石油是最主要的出口商品。

在农业方面，拥有耕地1800万公顷，牧场和森林面积分别占国土面积的26.9%和11%，主要农牧产品有小麦、大麦、稻米、玉米、谷物、棉花、茶叶、肉、蛋、奶等。畜牧品种有牛、羊、马、骆驼等。渔业以产虾为主。尽管如此，粮食仍不能自给。

在军事方面，伊朗武装力量由军队和伊斯兰革命卫队组成。国家领袖为武装力量总司令。最高国家安全委员会是最高军事领导和国防政策的制定机构。另外，实行的是义务兵役制，服役期为二年。伊朗武装力量总兵力为60余万人，其中军队总兵力为30余万人，革命卫队总兵力为30余万人。

众所周知，伊朗和中东地区大多数国家一样，是信奉伊斯兰教的国家。艾哈迈德·内贾德是个虔诚的伊斯兰教徒，他在最繁忙的政务中也不会忘记做祈祷。有一次，他在美国的哥伦比亚大学发表演讲时，正逢祈祷的时间。于是，他做完祈祷后才开始发表演讲。

可见，伊斯兰教对于每个穆斯林来说都是神圣的，是无法分享的精神支柱。对内贾德当然也不例外。

伊斯兰教是世界上三大宗教之一，它的发源地是阿拉伯半岛，其创始人为穆罕默德（公元570—632）。他出身于麦加古莱什部的哈希姆氏族，在他出生前后父母先后死亡，不得不由外祖父和伯父抚养成人。童年的生活是清苦的，他做过牧童，拉过骆驼。青少年时代，他跟随商队先后到过叙利亚、巴勒斯坦等国经商。25岁那年，他有幸同一位富商的遗孀结婚，由此改变了他的社会地位，并有机会接触基督教和犹太教的教义。当他目睹阿拉伯半岛政治上动荡不安、经济上爆发危机和民不聊生时，于是萌生了要创立一种具有民族特点、能够反映阿拉伯民族统一要求的宗教。约40岁时，他便来到麦加附迈一个山洞里苦苦修炼，终于在公元610年向人们宣称他在山洞里得到了安拉的启示，并以“安拉使者”的名义开始向世人传教。不过，最初的传教活动只是在亲朋好友中进行，直到三年后才开始公开传教，而且周围很快聚集了一批信徒。

在当时冷酷的社会环境中，穆罕默德创立的新宗教很快引起古莱什部落上层社会的恐慌和反对。为了躲避当局迫害，他于公元622年率领教徒们迁徙到麦地那，并在麦地那人的支持下很快建立起一套完整的伊斯兰制度，以此加强了内部团结。同时，还建立起具有军事性质的政教合一的组织——乌玛。经过几年的准备，公元630年，他率领万人进攻麦加，使惊慌不已的古莱什贵族不战而降，皈依了伊斯兰教。公元631年，阿拉伯半岛各部落相继接受伊斯兰教，整个半岛基本上归于统一。第二年，他在完成传教的使命后，病逝于麦地那。

穆罕默德去世后，教徒们将他传教过程中以安拉的名义传述的大量启示，经过辑录、整理编成一本书，并定名为《古兰经》。所谓"古兰"便是"诵读"之意。该书辞章典雅、语言优美、音调铿锵，宜于诵读，成为穆斯林必读的宝典经书。此外，《古兰经》还被作为立法依据，具有神圣的地位，是绝对不可亵渎和不恭的。伊斯兰教成为中东地区最主要的文化。

除此之外，伊朗还盛行一种特殊的伊斯兰原教旨主义。该主义作为一种思潮和社会运动，主要是指伊斯兰教要求遵守其基本教义，并用它来规范和约束穆斯林社会与生活的。这一思潮发端于18世纪中叶，它的发源地仍然是阿拉伯半岛。但此后很长时间都处于消沉状态。

但是，历史的车轮永远是向前进的。1980年3月，霍梅尼发动"伊斯兰文化革命"，他成为伊朗精神领袖，使原教旨主义再度复兴。当代伊斯兰原教旨主义，仍然是以宗教思想为传播方式，以暴力"圣战"为手段，以达到其最终目标——建立政教合一的政治体制。在政治上，当代伊斯兰原教旨主义提出"不要东方，也不要西方，只要伊斯兰"，并且要摈弃现代法规，用伊斯兰教和伊斯兰法来治理国家；在经济上，建立新的伊斯兰经济秩序和伊斯兰共同市场。同时，还主张公平分配，反对高利贷非法收入，建立"无利息银行"，将"天课"作为税收来源；在文化上，强调伊斯兰传统和价值精神的永恒性，将伊斯兰以外的一切思想都视为异端邪说。

20世纪80年代以来，伊斯兰原教旨主义势力在伊斯兰世界增长强劲。在两极格局瓦解后，伊斯兰原教旨主义活动愈演愈烈，并迅速形成从中亚经伊朗至阿拉伯再至北非马格里布的原教旨主义的弧形动荡带。在南亚、东南亚穆斯林居住区伊斯兰原教旨主义也有抬头之势，呈现了前所未有的多中心和国际化的趋势。

不过，伊斯兰原教教旨主义运动正处在一个不断变化发展的时期，其前景和结果难以估量。

这就是伊朗特殊的历史文化环境，也是充满神秘色彩的文化环境。在复杂而动荡的中东地区，伊朗这个国度显得尤为神秘。

伊朗灿烂而又神秘的历史文化，对内贾德无疑具有极其深刻的影响。可以说是这种灿烂神秘的文化哺育和造就了内贾德。

在穆斯林人身上，不仅有一种不会轻易屈服的精神，更有一种反抗外来势力压迫的精神。这在内贾德身上体现得尤为突出，因为他为了自己国家的安全和利益从不向以美国为首的西方国家屈服。

内贾德——当今国际政治舞台上闪亮的人物，是伊朗这个神奇国度所呼唤出的具有传奇色彩的英雄豪杰。是个敢于说奇说、做奇事的奇人，是中东地区最活跃的政治家之一。

战争留创伤　阴影刻心灵

在内贾德出生前后的数十年间，中东几乎是世界上最动荡不安的地区，时常爆发流血冲突和战争的烟火，使这一地区始终处于暴力冲突和分裂动荡的局面。几十年来，中东地区的人们饱受战乱之苦，深受战争所带来的深重灾难。

中东地区几乎成了一片焦土，战争的烟火一直在这片土地上熊熊燃烧了数十年，至今仍继续延续着。在人们记忆里最深刻的是，在这漫长的历史进程中连续爆发了五次中东战争。这五次中东战争，是中东历史上爆发的最大规模的战争，同时也将中东推向了战争的深渊，并彻底改变了这一地区历史形成的和睦格局，出现四分五裂的局面。

这五次中东战争，都是在美国、英国等外国势力的直接参与下所爆发的。其战争的主角是以色列和中东地区诸国。在这五次中东战争中，以色列成了该地区最强大的国家。

这五次中东战争在内贾德心中留下了永远无法抹去的阴影。在他心中从小便播下了仇视以色列的火种，树立了憎恨以色列的理念。总之，中东战争对他心灵的震撼是巨大的。

第一次中东战争爆发是在内贾德出生前的7年，即20世纪40年代末。战争的导火索是联合国承认以色列独立。所谓“中东”一词，是欧洲人以欧洲为中心而提出的一个地理概念，它包括埃及、叙利亚、黎巴嫩、伊拉克、约旦、科威特、巴勒斯坦、伊朗和以色列等18个国家和地区，面积有740万平方公里，它衔接亚、非、欧三大洲，拥有丰富的石油资源，战略位置十分重要。巴勒斯坦则位于中东的中心地带，西濒地中海，南邻西奈半岛，扼亚、非、欧三洲要冲，是联结东西部阿拉伯国家的纽带。长期以来，巴勒斯坦一直是强邻和大国争夺的主要目标。

第一次中东战争亦称“巴勒斯坦战争”。1947年11月29日，联合国大会通过了巴勒斯坦分治决议。该决议规定英国对巴勒斯坦的委任统治于1948年8月结束，同时在巴勒斯坦建立阿拉伯国和犹太国；阿拉伯面积1.1万多平方公里，包括北部的加利利、约旦河以西地区和加沙地区；犹太国面积为1.4万多平方公里；耶路撒冷市成为一个在国际政权下的独立主体，由联合国管理。

联合国分治决议公布后，立即引起了巴勒斯坦阿拉伯人和阿拉伯国家的强烈抗议，并纷纷举行示威游行，反对分治。而犹太复国主义者认为，“联大”分治决议的通过是个大好的时机，决定采用武力建立犹太国。在美国的支持下，犹太建国协会征集17—25岁的犹太青年人入伍，准备发动战争。与此同时，美国以优惠的价格向犹太复国主义者提供价值千万美元的制造军火的机器和武器装备。

1947年11月30日清晨，在耶路撒冷和一些阿犹混合的城镇，爆发了犹太人和阿拉伯人之间的激烈武装冲突，这被称为是巴勒斯坦“非正式战争”的开始。此后，到了1948年1—3月间，双方的冲突仍在不断升级。同年5月14日，在英国结束对巴勒斯坦的委任统治时，犹太复国主义者也在这天宣布成立以色列国。第二天清晨，埃及、外约旦、伊拉克、叙利亚、黎巴嫩等阿拉伯国家出动4万军队（不久增至6万人）向以色列发动进攻，并迅速占领耶路撒冷东城区（旧城）、比尔谢巴等大片大地，逼近以色列临时首都特拉维夫，取得了战争最初的胜利。

战争初期，以色列军队处于被动地位，总兵力不过3万人马，但经紧急扩军，采购武器，统一各派武装力量，最后发展为10万大军，于7月、10月和12月连续三次展开反击与进攻，夺取了战场上的主动权。而阿拉伯国家由于内部矛盾，缺乏统一指挥，最后以失败告终。

这次巴勒斯坦战争从阿拉伯出兵开始到以色列、叙利亚签订停战协定为止，共历时15个月，战争以阿拉伯国家的失败、以色列获胜而告终。除加沙地带和约旦河西岸部分地区外，以色列占领了巴勒斯坦近1/2的土地，达2万多平方公里，比联合国分治决议规定的面积多了6700多平方公里。

战争虽然是毁灭性、摧残性的，但是它无法解决国家和民族矛盾，反而能使国家和民族矛盾更加激化。在内贾德出生的那年，第二次中东战争爆发，史称“苏伊士运河战争”。

苏伊士运河是埃及境内的一条国际通航运河，全长175公里，不仅沟通了地中海和红海，还缩短了欧亚两洲的航程，是通向欧、亚、非三洲的水运要道，战略位置十分重要。但是，该运河自开通以来，一直为英法所控制。20世纪40年代末50年代初，埃及的民族解放运动不断高涨，1951年10月，埃及废除了“英埃条约”。1952年7月23日，以纳赛尔为首的“自由军官组织”发动军事政变，推翻了英国扶植的法鲁克王朝，废除了君主制，建立了共和国。到了1954年10月，英国同埃及签署协定，同意分批撤军。

就在内贾德出生那年，1956年6月，英军全部撤离埃及，但苏伊士运河仍被英、法两国军队所控制。同年7月26日，埃及政府宣布将苏伊士运河公司收归国有，公司全部财产移交埃及。而英法两国为了重新控制苏伊士运河，策划召开对运河实施“国际管制”的会议。

1956年8月16日，在英、法两国的积极倡议下，22个国家在伦敦举行会议，但没有达成任何实质性的协议。同年9月19日，美、英、法又召集18国再次在伦敦举行会议，讨论建立“苏伊士运河使用协会”问题，却依旧未能达成协议。这年9月30日，英、法两国将苏伊士运河问题提交联合国安理会讨论，而10月13日，安理会否决了英、法要求埃及接受“国际管理”制度提案。

在这种僵持的情况下，气急败坏的英法两国决定采取动武来解决问题。为解决兵力不足的问题，法国提出邀请以色列加入。这对以色列来说机不可失，它早已对埃及不准它的船只通过亚喀巴湾的蒂朗海峡和苏伊士运河表示不满，并且早在1955年11月就制定了一个入侵加沙地带和西奈半岛的作战计划。因此，英、法、以三国一拍即合，于1956年10月29日，对埃及发动突然袭击，这样就拉开了第二次中东战争的序幕。

战争开始后，英法联军对埃及的机场、兵营以及开罗、亚历山大、苏伊士等城市的重要经济、交通设施等实施疯狂轰炸。与此同时，以军在英法空袭埃及后随即向西奈半岛发动进攻。而埃及军队在纳塞尔的领导下，顽强地进行了反击。这时，英法登陆部队沿苏伊士运河南下，企图一举攻占运河区，但遭到埃军顽强抵抗。埃及军民誓死保卫塞得港，使英法联军始终未能完全占领塞得港。

在第二次中东战争打响后，阿拉伯国家均支持埃及的反击战，并纷纷提出与英法两国断交，同时宣布要切断两国的石油管道。另外，苏、美两国也出面要求英、法立即停火，国际社会也对英法两国的侵略行动表示谴责。因此，迫于军事上的失利和政治上的压力，1956年11月6日，英法两国接受了联合国的停火决议，宣布停火。同年12月22日，英法军队全部撤出埃及。次年3月，以军也撤出埃及。

似乎在内贾德童年时代常都能听到战争的枪炮声。1957年1月1日，埃及政府宣布废除1954年英、埃及《关于苏伊士运河基地的协议》。同年1月15日又宣布将埃及的外国银行和贸易公司等收归国有。

在内贾德11岁那年，第三次中东战争爆发。

在第二次中东战争结束后，美、苏两国在中东的对抗日趋激烈，以色列得到了美国的支持，而苏联则大力资助阿拉伯国家。苏联向埃及、叙利亚等国提供了大量的军事援助，同时以色列也从美国得到了先进的武器装备。

1958年2月，埃及和叙利亚合并，成立阿拉伯联合共和国（1961年9月又取消联合共和国），这使以色列感到了来自南北夹击的威胁。

在内贾德8岁的1964年，阿拉伯国家出现了团结合作的局面，例如叙利亚、约旦、黎巴嫩在成立巴勒斯坦解放组织和利用约旦河的问题上达成协议，而且得到埃及等其他阿拉伯国家的支持，并计划改变约旦河上游的流向，使该河流不被以色列利用。针对这种情况，同年11月间，以色列出动空军对约旦河上游的阿方工程进行猛烈轰炸，以此迫使阿拉伯国家改变或完全取消该计划。

巴勒斯坦在成立解放组织后，还建立了武装力量“法塔赫”。“法塔赫”将以色列赶出巴勒斯坦作为武装斗争的主要目标，并不断对以色列进行打击。这成了以色列的心腹之患，对以色列构成了严重威胁。因此，削弱及瓦解阿拉伯联盟的力量、彻底消灭巴勒斯坦解放组织，是以色列发动第三次中东战争的最根本的原因。

内贾德11岁那年，他似乎已经开始明事理或识好恶了，但他目睹的却是，1967年6月5日早晨7时45分，以色列空军倾巢出动，对埃及、叙利亚和伊拉克的所有机场进行了闪电式空袭。当突袭进行半小时后，以色列地面部队也开始发起了猛烈进攻。面对以色列的进攻，阿拉伯国家组织武装力量进行顽强抵抗。6月11日战争结束，同一天叙利亚和以色列签署停火协议。这场战争以阿拉伯国家失败而告终。第三次中东战争，也称“六·五”战争或“六天战争”。

在这6天的战争中，以色列占领了加沙地带和埃及的西奈半岛、约旦河西岸、耶路撒冷旧城和叙利亚的戈兰高地，共计6.5万平方公里的土地。

在内贾德17岁的时候，第四次中东战争爆发。

以色列1967年发动的第三次中东战争，即“六·五”战争，使阿拉伯国家丧失了大片领土，特别是埃及，在战争中的损失最为严重。因此，阿拉伯国家咽不下这口气，一心想收复失地，报仇雪恨。

1973年6月，埃及总统萨达特亲自前往大马士革与叙利亚总统阿萨德举行会谈，决定联合其他阿拉伯国家共同对付以色列。同年8月，埃、叙两国最后确定了在北、西南两线同时向以色列发起进攻的联合作战计划。

1973年10月6日这天，对于埃、叙两国军队来说是个绝佳的日子，因为这天是穆斯林的斋月节，又是犹太教的赎罪日。在斋月节里，阿拉伯人白天不吃饭，缩短工作时间，减少活动。因此，以色列军方认为，阿拉伯国家决不会在这一天发起进攻。而赎罪日是犹太人的绝对休息日，从日出至日落，不吃、不喝、不吸烟、不广播。大多数官兵呆在军营中，留在前沿的部队很少。根据这种情况，埃、叙两国决定选择这一天向以军发起突然袭击，打它个措手不及。

第四次中东战争，史称“十月战争”、“斋月战争”和“赎罪日战争”。1973年10月6日这天，在伊拉克、约旦等阿拉伯国家和巴解组织的支援下，埃、叙两国军队向以色列军队发动突然袭击。毫无准备的以军慌忙后退，叙军很快突破了戈兰高地的以军防线，而埃军也强渡苏伊士运河，突破东岸以军防线。两线突破均取得了重大胜利。

10月11日，以军开始组织反击，夺回戈兰高地以军的“巴列夫防线”。10月16日，以军继续向前推进，并西渡苏伊士运河向纵深突击，迅速包围了苏伊士城和部分埃军，给埃军以重创，使其损失惨重。经谈判，10月24日双方停火，以军撤至戈兰高地1967年停火线以西。

“十月战争”历时共21天，但仍以阿拉伯国家失败而告终。在这场战争中，埃及、叙利亚和以色列三国共投入兵力110万人、坦克5500多辆、作战飞机1500多架。而阿拉伯国家军队被以军消灭近2万余人，击毁坦克2000余辆，损失坦克1000余辆、飞机200架。作战双方均耗资50余亿美元。除此之外，埃及在这场战争中收复了运河东岸纵深10—15公里、南北长192公里的土地，面积为3000多平方公里。而以色列却新占领运河西岸埃及领土1900多平方公里和叙利亚戈兰高地以东440平方公里的土地。由此可见，阿拉伯国家在这场战争中得不偿失。

其实在内贾德18岁那年就读于德黑兰工业科科技大学土木工程系时，

他就立志要把伊朗建设成“伊斯兰世界的典范”。内贾德26岁那年，第五次中东战争爆发。

1982年爆发的黎以战争被历史称为“第五次中东战争”。战争的起因，仍然是巴勒斯坦问题争端的继续。以色列进攻黎巴嫩的根本意图是消灭巴勒斯坦解放组织，以谋求在黎巴嫩驻军。而巴勒斯坦人为了建立一个自己的国家，早在1964年5月就成立了巴勒斯坦解放组织，并展开了同以色列的长期战争。该解放组织游击队的基地设在周围的阿拉伯国家，但重要基地设在叙利亚和黎巴嫩等国。游击队在那些地区构筑军事设施，不时向以色列北部地区出击和炮轰，使以色列不得安宁。1970年，巴解总部和所领导的游击队主力由约旦进驻黎巴嫩，此后又直接介入黎巴嫩国内斗争，扶植和武装伊斯兰势力，打击亲以的基督教势力，并逐步控制了黎巴嫩南部和首都贝鲁特地区，成为“国中之国”。在与以军的对抗中，特别是在第四次中东战争中，巴解游击队协助埃及、叙利亚军队，展开游击战，袭击以军兵营、仓库和雷达站等军事设施，成为以色列的心腹大患。因此，以军总是在寻找消灭这支武装力量的机会。

1982年，以色列认为这种机会已经到来，条件也已经成熟。从以下几方面可以看到这一点：首先，英阿马岛战争爆发，成为国际上关注的焦点；其次，两伊战争继续进行，两国无暇他顾，支持伊朗和支持伊拉克的阿拉伯国家存在严重矛盾，阿拉伯世界内部已四分五裂；此外，战争中可能支持和配合巴解的叙利亚国内形势不稳定，且巴、叙间的矛盾日见端倪；再者，可以利用黎巴嫩境内的亲以势力——基督教武装；还有一点是，归还西奈半岛后，埃、以已达成和解，埃及不会再介入战争。

同年6月6日，以色列在美国的支持和纵容下，借口其驻英大使被巴勒斯坦游击队刺杀，悍然出动陆海空军10万余人，对黎巴嫩境内的巴勒斯坦解放组织游击队和叙利亚驻军发动了大规模猛烈进攻。战争只进行了几天时间，以军就占领了黎巴嫩的半壁江山。其中著名的“贝卡谷地空战”就发生在这次战争中。

在此次战争中，巴解游击队伤亡3000余人，被击毁坦克100余辆、火炮500门，设在黎南部的游击队全部被歼，有400多座秘密武器库被占领。巴解组织总部则被迫只带轻武器撤出黎巴嫩，转移到与巴勒斯坦不直接接壤的阿尔及利亚。此外，叙利亚军队伤亡1000余人，损失坦克400多辆、飞机85架。

此战后的1983年9月初，以色列军队撤出黎巴嫩中部阿莱山区的和舒夫山地，进入贝鲁特以南沿阿瓦河一线部署，继续占领黎巴嫩南部2200平方公里的领土。

1984年7月，以色列关闭了驻黎巴嫩的联络处。同年11月，被迫同意在联合国主持下与黎巴嫩重开撤军谈判，并放弃了要求叙利亚同时撤军的先决条件。

1985年1月14日，以色列内阁通过从黎巴嫩单方面撤军的计划。同年4月21日，又通过决议，在这年6月1日以前，撤出在黎巴嫩的所有以色列军队，但仍在与以色列接壤的黎南部边境地区保留一个8—10公里的“安全地带”，以支持“南黎巴嫩军”。

中东地区的社会动荡了数十年，战火燃烧了数十年，这给中东人民带来了深重灾难，并留下了难以弥合的战争创伤。

在连续五次爆发的中东战争中，尽管伊朗没有直接卷入战争，但战争对伊朗也产生了巨大影响。同时，伊朗也是站在阿拉伯国家一边，坚决反对以色列的。

五次中东战争对于内贾德来说，在心里留下了无法抹去的战争阴影。他憎恨以色列的侵略行径，并在心里深深埋下了对以色列仇恨的种子。因此，当他日后出任伊朗总统后，希望把以色列从地球上抹去，这就不足为怪了。

人穷志不穷　抱负致高远

在20世纪50年代，整个中东地区均处在一片动荡之中，其实伊朗国内的政局也不稳定，内部的政治斗争日益激烈。艾哈迈德·内贾德就出生在这样一个动荡的年代。

1956年，在一个十分特别的日子里，这天蓝天白云，阳光明媚，伊朗伊塞姆南省加姆萨尔村的一个铁匠之家里，降生了一个与众不同的男孩。这个男孩，就是日后成为伊朗总统的艾哈迈德·内贾德。

这是一户十分普通的铁匠之家，主要靠家里的主人做铁匠活来维持生计。此前，这户铁匠人家已经有了三个孩子，内贾德排行第四。此后，这个铁匠之家又降生了三个孩子。这样，总共便有了七个孩子。

内贾德出生后，父母为他取名为艾哈迈德·萨博赫简。萨博赫简的意思是染线匠。由此可见，他的父母对他将来前程没有过高期望，只希望他将来也靠手艺活吃饭，然后取妻生子过普通人的生活。也许人们没有想到，也没有希望铁匠的儿子将来有远大抱负，踏上从政之路，并很快成为总统。铁匠夫妇是从来没有这种奢望的。

在1957年的那一年，内贾德的父亲因生活所迫决定将家搬迁到距加姆萨尔村100公里远的首都德黑兰谋生计。这年，父亲也决定更改内贾德的名字，使他的名字变得更有意义一些。于是，将“染线匠”改为“艾哈迈德·内贾德”。艾哈迈德这个名字，是伊斯兰教创始人穆罕默德曾经使用过的名字，其中的含意是道德高尚；而内贾德在波斯语中是部族的意思。由此推定，艾哈迈德·内贾德也就是穆罕默德的部族或者道德高尚的部族的意思。这样一来，艾哈迈德·内贾德这个名字便变得不同凡响起来。从这一点来看，父亲对他又寄予了很高的期望。

关于内贾德出生时的一些情形，他日后在网上博客中写自传时，对此回忆说：“在那个高贵的出身意味着声名显赫、生活在城市就尽善尽美的时代，我出身于德黑兰以东约90公里处偏僻的加姆萨尔村的一个贫穷家庭。……在我这个老四出生后，家里的压力就更重了……”

由此可见，这个老铁匠家的生活非常的艰苦，日子过得朝不保夕，连饭都吃不饱。而内贾德就是在这样的境况中来到了人世，从小就饱尝生活的苦难。好在他的父亲是个硬汉，硬是将这个苦难之家支撑下来。

内贾德的父亲尽管是个铁匠，但他身上却有一种坚韧不拔的精神和意志，从不被困难所压倒。父亲这种铁一般的意志，对内贾德的成长有着决定性的影响，这为他树立雄心抱负，在政坛上取得惊人成功起了很大作用。另外，也使他变成了一个意志坚定的反霸权主义的斗士。

除此之外，父亲的宗教活动对他也产生了深刻影响，使他成为虔诚的教徒，并在日后成为新保守主义者。总之，父亲对他的影响是巨大的。

内贾德一岁那年，为了生计，或为了使生活的境况变得好一些，他们全家决定到首都德黑兰去讨生活，以此过上农村人向往的城市生活。关于这一点，内贾德在他的自传里用深沉的笔调写道：

“那时候伊朗的统治者想把伊朗带入西方文明的奴役下，伊朗当时变成了西方货物的市场，但在科学方面却没有发展，统治者为了削弱‘高贵且顽强的’本地文明，开始执行一系列愚民政策，在这种政策鼓动下，农村人对城市生活充满向往，开始向城市移民，但生活却更加糟糕。”

内贾德在自传中还高度称赞他的父亲，父亲在他眼里是个了不起的人物，尽管父亲是个铁匠。对于那时的一些情形，他在自传中这样回忆说：

“……我父亲是个铁匠，只上到小学六年级就开始挣钱养家，但是个坚韧不拔、辛苦工作的铁匠，也是一个经常参加各种宗教活动的虔诚教徒。尽管外面的花花世界对他毫无吸引力，但生活的压力还是导致他在我一岁时决定移居德黑兰。我们选择居住在德黑兰南部一个叫做帕梅纳尔的地方……”

内贾德在社会政局的动荡中、在清苦的生活中度过了并不幸福的童年生活。不过，童年生活既有苦涩的一面，也有快乐的一面，在他的记忆中留下了深深的烙印。

随着时间的推移，不知不觉内贾德到了上学的年龄。在他上小学一年级时，就表现出了与别的孩子不同的一面，即开始关注社会时事，并萌芽了最初的宗教和政治意识。有一天，他在家里大人的帮助下读报纸，当读到议会通过向外国投降的条约时，尽管不完全明白其中的意义，但宗教学校师生举行的抗议活动，使他认识到现实的残酷，使他同情被镇压的抗议者。这便是他那时最初产生的朦胧的反抗意识和强烈政治意识。

小小的内贾德，那时便对当时的统治者产生了反抗情绪，这对他日后从政奠定了基础。同时，这也是他人生道路上最初的一个转折点。关于小时的一些情形，他日后回忆说：

"……我父亲经常购买报纸。我记得在我上一年级时，一天在我们家大人的帮助下看报纸，读到国王的所谓议会通过投降条约的消息。尽管当时我不明白这个问题的意义，但在霍梅尼教长的领导下，宗教学校举行了抗议，遭到国王的无情镇压，这使我认识到穆罕默德·礼萨企图在他的邪恶历史上再添上可耻的一页，使反对美国的伊朗人民蒙受羞辱。那年，这个该死国王屠杀了霍梅尼教长的许多追随者。"

从字里行间可以看出内贾德对当时国王的残暴的愤懑之情，从此便开始形成他好斗的性格。

从童年时代起，内贾德就有了坚定的宗教信仰。在伊朗，宗教信仰和政治信仰是紧密联系在一起的。那时候，他常常去宗教学校听课，尽管经常遭驱赶，但还是坚持去。由此可见，他很特别的信仰精神那时就已经表现出来。正如仍居住在故乡的内贾德的堂兄对媒体透露的一样：

"他（内贾德）喜欢去听课，但其他人总把他赶出去，因为他实在太小了，只有10岁或者11岁。但他一直坚持，不断地说'不不，我知道怎样念古兰经'。"那时的内贾德就已经对《古兰经》有了浓厚的兴趣。不过，他的兴趣不仅仅在《古兰经》上，而是有更加远大的志向。

内贾德的少年和青年时代，正值穆罕默德·礼萨·巴列维统治伊朗时期。这是一个被外国势力扶持并控制的王朝，伊朗的有志之士期望推翻这个腐朽的王朝，建立新的政权和共和政府。

内贾德在这段历史的进程中，目睹了许多历史事件，使他从小就憎恨这个巴列维王朝，渴望来一场革命推翻这个腐朽无能的王朝，建立一个新型而又现代的伊朗。学生时代的他就是个热血沸腾的活跃分子。

在内贾德的记忆里，巴列维统治伊朗长达20余年，在伊朗历史上是个重要人物。穆罕默德·礼萨·巴列维，1919年10月生于德黑兰。前国王礼萨·汗之子。1931年赴瑞士受中等教育。1936年回国后，便进入德黑兰军官学校读书，学习军事。1938年从军官学校毕业后，在军内担任监察长。1941年反法西斯盟国军队进入伊朗，其父因同纳粹有勾结，于同年9月16日被迫退位，随后巴列维开始继承王位（1967年10月26日加冕）。1951年摩萨台出任首相后，曾多次企图推翻摩萨台政府。1953年8月16日，萨布迪第一次军事政变失败后被迫逃往意大利，同月19日第二次军事政变推翻摩萨台后返回伊朗执政，成为伊朗的统治者。

巴列维在当政期间，不断强化君主专制政体，独揽军政大权，镇压国内反对势力，加强王朝统治；利用巨额石油收入，发展工农业，加强军事经济实力，力图重振"大波斯帝国"。为缓和国内矛盾，从20世纪60年代起开始推行"自上而下的改革，以防止自下而上的无益的革命"，即"白色革命"（后称"国王和人民的革命"）。但是，这些措施适得其反，国内各种社会矛盾日益激化，全国各地不断爆发大规模的群众反抗运动。

到了1979年1月16日，在宗教领袖霍梅尼发动反国王群众运动的浩大声势下，巴列维被迫出国"长期度假"，王朝遂被民众推翻。1979年12月，礼萨·巴列维流亡巴拿马。1980年4月，他又来到埃及开罗治病和避难，同年7月27日病逝于开罗。曾于1972年9月访问过中国。

对于巴列维政权，从小学一年级便开始关注时事的内贾德，这时候就已经产生了对这个王朝的憎恨。这也是他最初的政治活动，由此充分证明了他与别的孩子的不同之处。内贾德这个出生于贫穷家庭的孩子，却表现了与众不同的政治抱负。

经受大革命　风暴多洗礼

历史的车轮继续向前行驶着，正朝着远方的时代而奔驰。而时代也在因人们的努力正在迅猛发展和改革。

不知不觉间，内贾德的小学时光很快结束了，并将走上新的求学道路。这是他人生的又一重要转折点。不过，这时候的伊朗政局仍然很动荡，革命运动一波未平一波又起，这些反抗国王的革命运动，对少年内贾德越来越产生了深刻影响。

内贾德上中学时，家里的生活困境仍然没有得到有效改变，而且每况愈下，靠父亲一个人的铁锤很难维持全家的生计。在这种艰难困苦的情形下，他不得不在学习之余开始打工，既为补贴家里，也为自己挣点学费。他打工时的工作，是做建筑冷却系统的某个部件。打工生涯使他饱尝了最底层人群的艰辛，使他深切体会到做穷人地位卑微的感受。这一点使他日后从政后，对穷人特别关注，并努力为穷人谋福利。

对于当时的一些境况，多年以后内贾德回忆说："当我上中学时，伊朗国王为了庆祝伊朗王国成立2500年，狂征暴敛，我父亲的大锤再也无法维持家庭的生计了。于是，我不得不开始在一个小店里工作，制作建筑制冷系统零件，贴补家用和学费。"

尽管生活上十分艰难困苦，内贾德并没有因此而中断学业。他在学校里与其他同学一样，贪玩，喜欢参加一些活动。同时也喜欢学习，而且学习成绩优异，表现出了一种很特别的聪明。另外，他在学习方面很愿意帮助学习差的同学，对教别人很感兴趣，"经常教朋友和其他人学习"。

内贾德在中学时代的表现是相当不错的，是个比较优秀的学生。

转眼间到了1975年，这是内贾德上高中的最后一年，正面临着考大学。考大学是一个人一生中最关键的转折点，将影响和决定着一个人今后的命运。然而，就在考试前夕，内贾德的鼻子突然出血，给他参加考试带来了很大阻力。尽管身体不适，他仍然没有放弃考大学的机会，因为这关系到他的人生前途和命运。于是，他咬紧牙关参加了考试，并在40多万考生中考出了第132名的惊人成绩，他被德黑兰工业科技大学土木工程系录取。就这样，开始了他不平凡的大学生涯，也是他开始政治活动的大学生涯，更是决定他一生命运的大学生涯。

关于那时考大学的一些情形，内贾德很感慨地回忆说："……那年底，我参加了考试。在考试期间，尽管我鼻子出了血，但我还是在40万考生中名列第132名，考入德黑兰一所科技大学，学习土木工程……"

就这样，内贾德开始了具有重要意义大学生涯。同时，也是他踏上人生新历程的重要开端，是他迎接一个新时代的开端。

在德黑兰工业科技大学求学期间，内贾德尽管性格很内敛，但在参加各种进步活动时却表现得十分活跃。他积极参加激进的学生组织，投身到反对巴列维王朝的革命运动中，成为一名激进革命的学生。

在内贾德上大学三年级时，正值巴列维王朝末期，而伊朗的革命运动风起云涌，一场前所未有的革命风暴席卷全国，它意味着巴列维王朝的末日已经到来了，并即将成为历史的垃圾。

当伊朗革命风暴席卷而来时，早已渴望革命的内贾德与大多数激进学生一样，急忙投身到这场声势浩大的革命中，以推翻巴列维王朝，建立新的革命政权。这也是他直接参与政治活动的开始。

对当时的一些情形，内贾德回忆说："……三年后，伊朗爆发了革命，并席卷全国，我参加了反对伊朗王朝这个不合理政权和美英傀儡的某些活动，但我并没有放弃学习。"

内贾德除了积极参加革命活动外，他仍然坚持完成学业，直至1979年顺利通过大学毕业。

1979年，霍梅尼领导的伊朗伊斯兰革命取得了成功。在这年的新年刚刚到来之际，即1月16日，巴列维国王被迫出国，同年2月，霍梅尼结束了14年之久的流亡生活回到德黑兰，随即宣布成立伊朗伊斯兰革命委员会，废除帝制，并通过公民投票在伊朗建立伊斯兰共和国。与此同时，他被推举为"伊斯兰革命领袖"，实际上是最高国家元首。

内贾德对霍梅尼这位"伊斯兰革命领袖"十分崇敬，即便在他成为伊朗总统后，还多次在公开场所称颂霍梅尼的历史功绩。因为霍梅尼永远是他心中的英雄。

阿亚图拉·鲁霍拉·穆萨维·霍梅尼，是伊朗历史上极其重要的人物。阿亚图拉为宗教领袖的称号，鲁霍拉（意为“真主的灵魂”）为其名，原姓印地，1930年改为霍梅尼，意为霍梅恩人。他于1902年5月17日生于距宗教圣地库姆56公里的霍梅恩小镇。外祖父、父亲和一个哥哥都是阿亚图拉。15岁中学毕业后，赴伊拉克求教于伊斯兰教著名神学家、宗教领袖哈耶里·叶兹迪。1922年随哈耶里·叶兹迪到库姆，继续深造，成为伊斯兰教神学家和教法学家。20世纪50年代末，获得“阿亚图拉”称号。60年代初成为伊朗六位阿亚图拉之一。在库姆教书长达40年，此时伊朗的著名宗教学者大都是他的学生。1941年出版《揭开神秘的面纱》一书，以揭露礼萨国王的独裁统治，并在书中首次提出“反抗暴君是穆斯林的首要职责”。

早在20世纪50年代，霍梅尼十分同情摩萨台反对巴列维国王的斗争。1953年当伊朗国王来到库姆视察时，他拒绝起立向国王致敬。60年代初，他还勇敢批评国王政权，抨击巴列维国王于1963年发起的“白色革命”。1963年6月，在阿舒拉日（传统宗教节日）这天，他因支持反对国王的示威而被捕，又于同年8月获释。1964年10月，他又因抨击政府给美国驻伊朗的军事顾问以外交特权被流放到土耳其，后来转送到伊拉克什叶派宗教圣地纳杰夫。1978年10月在伊朗政府压力下，伊拉克宣布他为“不受欢迎的人”。在这种境况下，他不得不迁到法国巴黎郊区居住。

霍梅尼在流亡期间，一直同国内保持联系，并且积极策划组织民众开展反对礼萨国王统治的运动，活动声势日益浩大，他的威望也越来越高。1979年1月16日，在风起云涌的革命大潮面前，巴列维国王不得不被迫出国避难。在伊朗革命取得胜利的情况下，这年2月间，霍梅尼终于结束了长达14年之久的流亡生活回到首都德黑兰，随后宣布成立伊朗伊斯兰革命委员会，废除帝制，并通过公民投票在伊朗建立伊斯兰共和国。同时，通过宪法确定霍梅尼为“伊斯兰革命领袖”（即最高国家元首），并于同年3月1日定居库姆。

霍梅尼成为伊朗新政权最高领导人后，宣称要按照“穆罕默德的设想”重建伊朗，宣布：“既不偏向西方，也不偏向东方，我们要建立一个中立和不结盟的共和国”，以及“所有国家机器、司法制度、教育、文化、新闻等必须彻底伊斯兰化”，同时号召“所有伊斯兰国家都应该觉醒，团结起来，在真主的旗帜下，成立一个大伊斯兰政府，征服全世界”。他的这种强硬的思想主张，对伊朗产生了很大影响力。1989年6月4日，霍梅尼因病去世，享年87岁。

在伊朗伊斯兰革命成功后，内贾德正面临大学毕业，即将走上新的人生之路。

在这期间，内贾德已成为一个激进而狂热的革命青年，并为一个新时代的来临而欢呼。在这场革命运动中，他表现得相当勇敢，并展示出了一定的政治胆识。

内贾德这个与众不同的大学生，已经受了伊斯兰革命风暴的洗礼，成了一名意志坚强的热血青年。

人质引事件 外交惹风波

1979年初，伊朗伊斯兰革命取得成功，使伊朗从此结束了君王独裁统治，改变了伊朗历史发展格局。这是伊朗历史上的重大进步。

在这一年，内贾德大学毕业，即将走上新的工作岗位。不过，在大学期间，他是个不一般的大学生，而是个敢说敢做的大学生。他是激进学生组织“巩固团结办事处”的核心成员。该学生组织，在这一年干出了一起令世界震惊的事件。

这个激进的学生组织，被外界称为“极端学生组织”。该学生组织不仅拥护和参与了伊朗伊斯兰革命，还主张建立不受外国势力干涉的新政府。同时，对美国等西方国家充满仇视，主张将美国人驱出伊朗。内贾德是其中立场最坚定者之一，他从小就产生出对美国的仇视心理。美国在他看来，是世界上最爱使坏的国家。这种厌恶美国的心理，在他日后出任伊朗总统后，表现得尤为突出。

1979年11月初，在这个骚动的深秋时节里，德黑兰激进学生组织“巩固团结办事处”，策动了一起震惊世界的扣留美国人质事件。据说，内贾德在这起事件中担当了重要角色，因为他一向仇视高傲的美国政府。

因此，有人说内贾德曾参加了谋划占领美国驻伊朗大使馆会议。在这些会议中，他甚至还积极游说与会者同时占领当时的苏联大使馆。照此看来，他在其中发挥了重要作用。这是他大学毕业时所做出的第一件惊人事情。这起事情的发生，直接导致了伊朗和美国外交关系的破裂，以至决裂。

1979年11月4日，在伊朗首都德黑兰，突然有一群情绪激愤的伊朗学生冲进美国大使馆，并占领整个大使馆，扣留了52名美国人质。这便是著名的扣留美国人质事件。

11月5日，即扣留美国人质事件发生的第二天，伊美两国关系变得极度紧张起来，在这种情况下，伊朗宗教领袖霍梅尼和伊朗政府却态度坚定地宣布支持学生们的行动，并正式宣布废除1959年签订的伊美安全条约。

除此之外，霍梅尼还对美国过去一直支持伊朗前国王巴列维、并接受他在被推翻后赴美治疗表示十分不满。因此，他坚决支持扣留美国人质的行动，学生要求美国引渡前国王。

当伊朗学生扣留美国人质事件发生后，气愤不已的美国政府强烈要求伊朗立即释放人质，同时采取报复措施，立即驱逐了183名伊朗外交官和不符合手续在美国居住的伊朗学生，并宣布停止进口伊朗石油，冻结伊朗在美国的资产。此外，美国政府还派遣大量军舰进驻印度洋和海湾，以此在军事上威胁伊朗。但是，伊朗方面并没有释放人质。

1980年4月7日，在这个令人悲哀的日子里，美国政府一气之下，正式宣布与伊朗断绝外交关系。紧接着，美国政府决定用武力营救人质，并于同年4月22日实施了一次代号为“蓝光”的武装营救人质的行动。但这一营救行动在实施时，却因飞机在伊朗境内遇到沙暴天气发生故障而导致最终流产。在这种情况下，美国政府不得不取消了武装营救人质的计划。

1980年7月，伊朗前国王巴列维在埃及病逝不久，伊朗新政权最高领袖霍梅尼于同年9月12日首次向美方提出释放美国人质的4个条件，其中包括把已故国王的财产归还伊朗和美国保证不从政治上和军事上干涉伊朗内政。

这之后，1980年9月下旬，由于伊朗和伊拉克战争爆发，而伊朗与美国的矛盾也随之急剧上升，这就加速了解决人质问题的进程。同年11月2日，伊朗议会正式通过释放美国人质的4个条件。11月3日，霍梅尼同意伊朗学生把他们看管的52名美国人质交给伊朗政府。伊朗政府同意由阿尔及利亚负责处理美国人质事务。

与此同时，美国政府对伊朗的行动作出了积极的回应。1980年11月11日，美国方面派出了副国务卿克里斯托弗抵达阿尔及尔，就答复释放人质的4个条件与阿尔及利亚外长举行会谈。

1981年1月20日，经过谈判，伊朗与美国终于在释放人质问题上达成协议，作为释放人质的最后一个步骤。随即，时任美国总统的卡特命令美国银行向英国的银行转交被冻结的140亿美元的伊朗资产，并由阿尔及利亚中央银行负责接收。随后，伊朗方面释放了被扣留的所有美国人质，并返回美国。这样，伊朗学生扣留美国人质事件，经过一年多的谈判，终于尘埃落定。

然而，尽管人质事件得到解决，但伊朗与美国的关系已经无法弥合，两国关系彻底决裂。这种决裂以至敌对的局面，历时数十年后也仍然没有改变。如今的内贾德政府对美国更是充满了敌意。因此，伊美两国的敌对局面无人知道还要延续多久。

伊朗激进学生扣留美国人质事件，直接导致美伊两国的翻脸和断交。而内贾德是否直接参与了这起扣留美国人质事件，实际上无人知晓。尽管日后美国指责他曾参与了这起事件，但当选总统后的内贾德和伊朗政府均否认这一点。然而，不管怎么说，他作为当时的激进和反美学生，是否参与这场扣留人质事件并不重要，重要的是他肯定对这起事件是支持、赞同和鼓励的。

伊朗与美国断交后，一些跟随美国的西方国家也纷纷对伊朗表示敌意，其中英国表现得最为突出，并在几年后也与伊朗断交。这使伊朗同西方国家的外交关系几乎完全丧失。

伊英两国断交的起因是一部名叫《撒旦诗篇》的小说，该小说直接导致了两国的断交。

1989年初，英国籍印度裔人萨曼·拉什迪创作的小说《撒旦诗篇》引起了一场国际政治风波。作者拉什迪，1947年6月生于印度孟买一个富有的穆斯林家庭，不过他从小不信伊斯兰教。他14岁那年移居英国，1968年毕业于英国剑桥大学历史系，学习期间他曾以西方基督教偏狭的观点对伊斯兰教史进行过解释。但他的作品却获得了英国国家奖。

拉什迪创作的《撒旦诗篇》（又名《恶魔诗篇》），是他于1987年用英文写成的一部幻想小说。该小说通过一位电影明星的梦幻来叙述伊斯兰教的形成过程。全书共500多页，拉什迪用一种类似圣经的语言，叙述一个印度电影明星在梦中幻想出一位商人，受了主的耳语，成了先知，进入一座城市创建一种宗教。这部小说于1988年9月25日由英国“企鹅”出版公司出版，该书出版后很快成了市场上的畅销书，在此后发行的10年中单是英文版就销售了100万册。

不过，该小说出版后，穆斯林读者指责作者采用象征手法，影射了先知穆罕默德，亵渎了他们的宗教。因此，引起了穆斯林的强烈愤慨。随即，全世界的伊斯兰国家和广大穆斯林均谴责该书诬蔑和攻击伊斯兰教的信仰，歪曲伊斯兰教的历史，亵渎《古兰经》和先知穆罕默德，贬低伊斯兰文化对世界文明的贡献，侮辱穆斯林愚昧、落后、欺诈残忍等。

因此，《撒旦诗篇》一出版就立即遭到了伊斯兰信徒的愤怒抵制，例如：印度政府禁止此书在本国传播；巴基斯坦发生了因声讨拉什迪死伤多人的骚乱；另有许多国家包括英国的穆斯林也都举行了抗议示威或焚书活动。还有亚、非的40多个伊斯兰国家严令禁止此书在本国出版发行。

在这些愤怒的国家中，伊朗表现得尤为突出。1989年2月14日，伊朗宗教领袖霍梅尼在德黑兰电台新闻节目中宣读了对该书作者的一份死刑敕令：

“我谨向全世界尊敬的穆斯林同胞宣布，反对伊斯兰教和先知穆罕默德的《撒旦诗篇》的作者和所有介入此书出版的人，都被判处死刑。”

在这种情况下，该书作者拉什迪从此不得不躲藏起来，过起了居无定所的隐居生活。

伊朗政府在向全球通缉拉什迪的同时，还强烈要求英国当局禁止《撒旦诗篇》在英国发行。伊朗的一系列举措在英国引起了很大反响，一向积极鼓吹和保护“言论自由”的英国政府拒绝禁发《撒旦诗篇》，还专门派遣特种卫队对拉什迪进行每天24小时的保护，每年花费在保护拉什迪上的费用就高达100万英镑（约160万美元）。如此一来，伊朗和英国的关系也更加紧张起来。

除了伊朗政府公开通缉拉什迪外，伊朗的一个穆斯林极端组织还悬赏刺杀拉什迪，赏金一度高达250万美元。而出版此书的英国“企鹅”出版社在敕令颁布的第一年中就收到5000多封谩骂和恐吓信。1989年9月，该出版社在英国的4家书店被发现放有炸弹。1991年，《撒旦诗篇》的日文本译者遭暗杀；意大利文译者和挪威文版出版商也先后被刺受伤。1993年7月，土耳其的一家自由小报刊发了《撒旦诗篇》节选之后，该国发生了暴力骚乱。

1989年2月18日，四处躲藏过着隐居生活的拉什迪就《撒旦诗篇》向穆斯林作出公开道歉。他说：“我认识到世界各地穆斯林因我的小说出版而忧伤。我对该书出版后给伊朗伊斯兰教忠实信徒造成的痛苦而深感遗憾。”

对于拉什迪的道歉，伊朗宗教领袖霍梅尼却用坚决的语气声称：“即使拉什迪忏悔并成为虔诚的人，也不能得到宽恕，每个穆斯林应以自己拥有的任何手段送他去监狱。”

霍梅尼的这一强硬声明，使英伊两国之间的紧张关系雪上加霜。与此同时，各西方国家也决定采取共同行动，纷纷召回各自驻伊朗的使节，以此抗议伊朗政府，谴责霍梅尼这一违反最基本国际法则的极端行为。

1989年3月7日，决不示弱的伊朗政府正式宣布与英国断交。这样，伊朗和英国和关系彻底破裂，成为充满敌意的国家。

1989年6月3日，伊朗宗教领袖霍梅尼病逝之后，为了维护各自国家的利益，英国的伊朗又表现出恢复两国关系的愿望。到了1990年9月，由于伊朗在当时的海湾战争中支持联合国对其宿敌伊拉克的制裁，英国随即公开表示期望改善与伊朗的关系。而伊朗方面也作出积极回应，表示希望加快实现同英国的关系正常化。同年9月27日，英国和伊朗终于宣布恢复外交关系。尽管如此，两国因为在《撒旦诗篇》问题上仍存在严重分歧，两国关系仍一直处于相对冷淡的状态，而且作为外交关系正常化重要标志的两国大使一直也未到任。此外，再加上伊朗面临国内宗教界的压力，因此伊英两国关系就在这样僵持状态下延续了五六年。

1996年，时任伊朗总统的拉夫桑贾尼曾经宣布取消处死英国作家拉什迪的命令。不过，伊朗有关人士声称，只有伊朗最高领袖哈梅内伊才有权改变这一法令，政府官员无权改变。“只有拥有法学权威称号的阿亚图拉·哈梅内伊（霍梅尼接班人）才能修改这一法令。”

自从1994年以来，伊英两国外长一直在就解除对拉什迪执行死刑的法令一事进行接触。到了1998年，两国关系又开始出现缓和的迹象。这年1月，英国外交大臣库克在美国华盛顿发表讲话时，首先向伊朗伸出了橄榄枝。这之后，伊英两国关系解冻的趋势越来越明显。1998年9月22日，正在美国纽约出席本届联合国大会的伊朗总统卡塔米告诉媒体说：拉什迪事件谈判结束了。

1999年5月18日，英国政府宣布，英国与伊朗从即日起将两国关系由代办级恢复到大使级。英国的这一举动，标志着英伊两国交恶十余年的历史正式结束。当天，针对英国的举措，伊朗政府也表示，两国互派大使标志着伊英关系得以全面恢复。

尽管如此，因拉什迪小说引起的纠纷并未因此而完全解决。世界上的穆斯林，其中包括英国的穆斯林信徒，对英、伊两国之间的新外交政策的看法仍然存在着严重分歧。另外，英、伊两国政府也十分清楚，新的外交协议尽管缓解了对拉什迪的生命威胁，但并不意味着他获得了完全自由，因为霍梅尼的宗教敕令还存在，正式撤销这一敕令必须得到伊朗现任宗教领袖哈梅内伊的许可。

2000年2月13日，伊朗革命卫队通过国家广播电台宣布，对英国作家萨曼·拉什迪的死刑判决仍然有效。这样一来，就给伊朗和英国刚见曙光的外交关系又蒙上了一层阴影。因此，伊英两国要走上外交完全正常化的道路，仍然是十分艰难的。

这就是伊英两国因《撒旦诗篇》引起的一场旷日持久的外交风波。

伊朗与美英两国的关系仍然神秘难测，究竟向何处去，恐怕无人能准确估量到。

1979年，艾哈迈德·内贾德从著名的德黑兰工业科技大学毕业。此后，他又两度进入这所大学学习，即1986年攻读硕士学位和1997年获得交通运输工程博士学位。由此可见，他是个博学多才的人。

在德黑兰工业科技大学求学期间，内贾德在学业上表现得十分优异，是个非常优秀的大学生，而且还具有一定的政治胆识，并在革命风暴中得到了很好锻炼。大学毕业后，恰逢两伊战争爆发，他毅然选择了投笔从戎，以此更好地锻炼自己的意志和胆识，这为他日后从政打下了坚实的基础。

战火烧四邻　经受大考验

在扣留美国人质事件发生后不久，两伊战争爆发。内贾德投军参战，在战斗中表现得极为勇敢。据说，他在战争期间以不怕死而著称，并多次主动承担危险任务，潜入到伊拉克纵深地区进行作战，立下了骄人的战功。这为他日后成为军队的指挥员奠定了基础。

伊朗和伊拉克同属于伊斯兰国家，也是邻国。伊拉克的面积为44.1839万平方公里，人口为2300余万，其中阿拉伯人占73.5%，库尔德人占21.6%，其余为土耳其人、亚美尼亚人、亚述人、犹太人和伊朗人等。伊拉克位于亚洲西南部，东邻伊朗，北部与土耳其相连，西部与叙利亚和约旦接攘，南与沙特阿拉伯和科威特交界，东南濒波斯湾。属热带沙漠气候。

伊拉克有悠久的历史，公元前4700年就出现了城邦国家。公元前2000年建立了巴比伦王国，被誉为四大文明古国之一。从公元前550年起，伊拉克先后遭波斯人、阿拉伯帝国、蒙古和奥斯曼帝国入侵和统治。第一次世界大战期间遭英军入侵，沦为英国“委任统治地”。1921年成立伊拉克王国。1958年7月14日，“自由军官组织”推翻费萨尔王朝，成立伊拉克共和国。1979年7月，由萨达姆·侯赛因出任伊拉克总统，1995年10月又获得连任。但是，2003年3月20日，美、英等国发动对伊拉克的战争，推翻了萨达姆政府，美国并于同年12月23日抓捕萨达姆，2006年将其绞死。

1980年9月间，由于伊朗和伊拉克两国关系长期积怨，矛盾难以化解，导致了两伊战争终于爆发。这场战争持续了8年之久，是第二次世界大战结束后世界上交战时间较长、损失消耗最大的一场局部战争。

直接导致两伊战争的重要原因有以下两点：一是阿拉伯河边界划分问题；二是波斯湾入口处岛屿的主权归属问题。

伊朗和伊拉克尽管都信奉伊斯兰教，但在两国之间却掺杂着民族矛盾、领主纠纷、教派分歧乃至领导者个人政见不同等诸多难以调和的矛盾。这也是推动两伊战争爆发的一个重要原因。

伊朗和伊拉克两国陆地边界全长约1100公里，南部有长约100公里的界河——阿拉伯河。长期以来，两国围绕阿拉伯河界的争端尤为突出。阿拉伯河有重要的战略地位，是伊拉克出口石油通向海湾的唯一水路，因此伊拉克坚持声称整个航道都是本国的领土，界河以伊朗一侧的浅水线为界。而伊朗也毫不退让，坚持声称界河以河流中央的塔尔维格线为两国正式的边界线。就这一问题，1975年3月在阿尔及利亚的调解下，两伊达成了《阿尔及尔协议》。在协议中，伊拉克同意将阿拉伯南端102公里中心线定为两国水界；伊朗答应将陆界境内300平方公里土地划给伊拉克，但伊朗领土转让事后并未兑现。

1979年2月，在伊朗伊斯兰革命取得成功后，以宗教领袖霍梅尼为代表的什叶派穆斯林上台执政。而伊拉克是什叶派的发源地，其占人口55%的什叶派穆斯林中反政府势力活跃，从而成为伊朗输出革命的首要目标。伊拉克国富兵强，积极谋求海湾地区霸权，企图趁霍梅尼政权立足未稳之际对其进行猛烈进攻，以此来消除所面临的威胁并彻底解决边界争端。在这种情况下，两国关系已经到了极度紧张的地步，而且边境冲突日趋加剧。

1980年9月22日，伊拉克首先向伊朗发起了大规模军事进攻。这天，该国空军出动大批飞机猛烈轰炸了包括首都德黑兰在内的15个伊朗城市和7个空军基地。第二天，伊拉克军队又发起了地面进攻。有5万伊拉克军队在1200辆坦克的支援下，大举进攻伊朗。

经过一周的激战，伊拉克军队攻占了伊朗约400平方公里土地，并控制了阿拉伯河东岸长600公里、宽20公里的狭长地带，同时占领了霍拉姆沙赫尔，包围了石油中心阿巴丹。

面对伊拉克的强大攻势，伊朗军队仓促应战，希望能遏制住伊拉克军队的进攻。在军情万分危急的情况下，为有效抗击伊拉克军队的继续纵深推进，伊朗军方立即向边界迅速调动8个师的陆军和大批“革命卫队”参战，以其兵力优势在北线扼守要道，抵御伊拉克军队的进攻，然后逐步夺取战场上的主动权。

内贾德就是在这个时候被调往前线参加作战的。在战斗中，满脑知识的他表现得十分勇敢。

在此后的战争中，从1981年9月至1982年4月，伊朗先后解除了伊拉克军队对阿巴丹等地的包围，从此扭转了战争初期的被动局面，取得反攻的重大胜利。

在“胜利攻势”不断向前推进之时，在发起的重要战役中，伊朗军队全歼伊拉克军队两个旅，重创两个师，俘虏万余人，击毁坦克360辆，收复200平方公里失地，将伊拉克军队的锐气打了下去。在这种情况下，伊拉克军队不得不被迫后撤，战争初期的优势几乎丧失殆尽。

1982年4月间，在这个战火连天的春季里，伊朗军队又发起了猛烈的“圣战”攻势，经过25天激战，突破了伊拉克军队的重要防线。此战，歼灭伊拉克军队3000人，收复重要港口城市霍拉姆沙赫尔。同年6月，在伊拉克军队节节败退的情形下，伊拉克方面宣布单方面停火。到该月底，伊拉克开始将军队大部分撤出伊朗国境，退至本国境内。

然而，伊朗军队却并没有因此停止进攻，而是继续与伊拉克军队作战。1982年7月间，伊朗军队在60公里的正面战场上，兵分三路，对伊拉克南部城市巴士拉发起了代号为“斋月”的进攻战役，并攻入伊拉克境内20公里。

面对伊朗军队对本土发起的大举进攻，伊拉克军队充分利用本土作战的有利条件，立即集结10万兵力围歼越境作战的伊朗军队，以此挫败了伊朗军队的攻势。

这之后，双方攻防频繁转换，打成了一种拉锯战，由于双方战术均属老一套，所以都未能取得进展，战争进入僵持状态。在这种情况下，为了迫使伊朗方面罢兵言和，伊拉克军队采取了“以战迫和”的战略方针，以最狠毒的战争手段——生物化学武器袭击伊朗军队，并由此引发了震惊世界的“袭城战”。

1986年，两伊战争再度升级，双方再次进入激战状态。在此次作战中，伊朗军队一反过去打消耗战的战略方针，投入9万余兵力，经过苦苦激战，在付出巨大伤亡后，终于攻占了伊拉克南部港口城市法奥，由此打破战争的僵持状态。

两伊战争爆发后，联合国曾多次呼吁并做出停战决议。但是，杀红了眼的两伊双方均不执行联合国的停战决议。

随着时间的推移，一转眼到了1988年初，两伊战争发生了重大转折，即由地面进攻改为导弹袭击战。在袭击战中，两伊双方动用数百枚“飞毛腿”导弹袭击对方城镇，由此掀起一场前所未有的“袭城战”。而伊拉克在两周对袭中逐渐占了上风。

1988年4月间，已占上风的伊拉克军队对防守法奥的伊朗军队发动猛烈反攻。经过两天激战，伊拉克军队夺回了被伊朗军队占领两年的法奥城。同年7月，伊朗方面在欲战不能、欲罢不忍的情况下，被迫宣布同意联大598号决议。这样，长达8年之久的两伊战争终于画上了一个悲壮的句号。

在这场长达8年之久的两伊战争中，双方死亡近60余万人，伤95万人，伤亡总数相当于以色列和阿拉伯国家的四次中东战争伤亡人数的12倍。而在耗资方面，由这场战争造成的直接经济损失高达900亿美元，相当于第一次世界大战全部经济损失的5倍。战争期间，双方不断扩充军备，8年的消耗战使得两国国民经济几乎崩溃，其中伊拉克战前外汇储备300多亿美元，而战后外债高达1000亿美元。

与此同时，两伊战争对世界经济也造成了广泛而严重的影响。自从两伊战争爆发后，世界石油价格大幅度上涨，这使那些经济上完全依赖石油的国家经济增长速度放慢，失业人数急剧增加。

而对伊朗而言，这场旷日持久的战争客观上削弱了伊朗输出伊斯兰革命的势头，同时还推迟了中东地区主要热点问题阿以争端和平解决的进程，刺激了中东地区对大规模杀伤性武器的追求，引起了新的军备竞赛。除此之外，两伊战争使中东局势变得更加复杂和动荡起来，并在中东人民心中留下浓重的阴影。

在两伊战争期间，内贾德这位曾经是“德黑兰最聪明的学生”，在入伍参战后，不仅作战勇敢，而且很快展示出特殊的指挥才能，受到了伊朗军方的关注。

1986年，两伊战争进入关键时期，在经过战火的洗礼和锻炼后，内贾德已积累了许多作战经验以及军事指挥才能。因此，他进入了伊朗最精锐的伊斯兰革命卫队，并从一名特种兵被破格提升为伊朗革命卫队特种部队的司令。

在两伊战争中，内贾德在军界得到了惊人的直线上升，从一名士兵被直接提升为将军，这不能不说是个奇迹，因为这不是一般人可以做到的。而这就是内贾德在战争中创造的个人奇迹，也只有他才能创造出这样的奇迹。

对于内贾德亲身经历战争的一些情形和感受，他日后在自己的自传中对此回忆说："……在美国和其他西方国家的支持下，萨达姆宣称3天就能占领德黑兰，但战争进行了8年而非3天，最后一寸伊朗国土也没有落到萨达姆及其支持者的手中。"

由此可见，内贾德说这番话时，内心充满了一种激昂的自豪感。

在两伊战争期间，内贾德除了在军界飞黄腾达外，他还在战争开始时结了婚，并深爱他的妻子。对此，他在日后回忆时还称赞他的妻子和母亲在战争中的表现。他高度赞扬她们说："……在战争开始时，我25岁。我的母亲和妻子，以及伊朗全国的母亲和妻子们……耐心地哺育和教育着勇敢、忠诚和坚韧的下一代。"

应该说，两伊战争是内贾德人生的一个关键点，是这场战争造就了他，使他脱颖而出，成为军中骄子，同时也为他日后步入伊朗政坛打下了重要基础。因此，两伊战争是他人生的重要起点。

两伊战争不仅使内贾德受到了很好的洗礼和锻炼，而且使他充分展示出特殊的军事才能。内贾德不仅经受住了战争烟火的考验，而且是从烟火中突出重围的一个奇人。

第二章　制定提速有机制　快步奔向大世界

无论是旷日持久的“两伊”战争，还是震惊世界的海湾战争，都给这两个国家造成了严重创伤。可以说在这个时期，两个国家不是朝前行了，而是严重倒退了。一个国家或地区只有和平共处才能发展，世界历史的经验告诉我们，人类再也不能“两败俱伤”无休止地折腾下去了。

政坛风雨盛　阵阵刮人心

在内贾德毅然投笔从戎参加两伊战争前后，其实伊朗的政局已不太稳定，在短短一年多时间里就更换了三位总统。这就是伊朗伊斯兰革命成功后初期的政局。

在两伊战争爆发前后就任的三位伊朗总统分别是：阿布·哈桑·巴尼萨德尔、穆罕默德·阿里·拉贾伊和阿亚图拉·赛义德·阿里·哈梅内伊。

伊朗伊斯兰革命取得成功之后，伊朗开始实行民主选举制，总统由全民公开投票选举产生，也称民选总统。在两伊战争爆发前夕，1980年1月，伊朗举行首位总统选举，巴尼萨德尔被选为伊朗伊斯兰共和国第一任总统。从此伊朗走上了总统治国的道路，揭开了伊朗新的政治局面。

阿布·哈桑·巴尼萨德尔，1933年3月23日生于伊朗西部的哈马丹。其父亲为阿訇兼地主。20世纪50年代初他参加摩萨台组织的民族阵线，投身于石油国有化运动，并成为该阵线左翼领导人之一。1953年，在摩萨台被捕后，巴尼萨德尔曾一度销声匿迹，直至后来才进入德黑兰大学神学系，学习《古兰经》，同时攻读经济学。

20世纪60年代初，巴尼萨德尔加入霍梅尼等发动的反国王斗争。1963年流亡法国，在巴黎大学进修经济学和社会学，并获博士学位。他在法期间，是欧洲支持霍梅尼反对国王政权运动的积极分子，曾主编波斯文报纸《自由伊朗》，与霍梅尼长子赛义德·穆斯塔德（1977年被杀害）关系密切。在巴列维王朝被推翻后，他于1979年2月回到伊朗，并担任霍梅尼首席经济顾问，同时还担任伊朗革命委员会成员及其经济委员会主席。他主张“把现代经济理论应用于伊斯兰”，对经济提出一些改革措施。不久，又成为制定新宪法的专家小组成员。1979年11月，现任总理巴扎尔甘辞职后，他在没有总理的新内阁任经济和财政部长。在扣留美国人质事件发生后，一度代理外交部长。

1980年1月，伊朗举行总统选举，巴尼萨德尔当选为伊朗伊斯兰共和国第一任总统，并于同年2月宣誓就职，与此同时，他还兼任革命委员会（1980年7月解散）主席、武装部队总司令、最高国防委员会主席。此后，由于与宗教领袖霍梅尼政见不合，于1981年7月逃离伊朗来到巴黎，在法国政治避难，并在巴黎组织了反政府的全国抵抗委员会，同年9月与拉贾维一起宣布成立“伊朗伊斯兰民主共和国临时政府”，出任“总统”。但是，1984年因政见分歧与拉贾维关系破裂。

1981年6月，在伊朗政局的动荡中，巴尼萨德尔的总统职位被罢免，由穆罕默德·阿里·拉贾伊出任伊朗伊斯兰共和国第二任总统。但是，他担任总统的时间比巴尼萨德尔的半年还要短，只有一个多月时间。由此可见，他们都是伊朗历史上的短命总统，是历史舞台上的匆匆过客。不过，这也充分体现出此时伊朗政局动荡的程度。

穆罕默德·阿里·拉贾伊，1933年生于卡兹文市。1948年迁居德黑兰，后来进入伊朗空军服役。此后，又进入高等师范学院学习，1960年从该院毕业后从事文化教育工作，并参加了巴扎尔甘领导的“自由运动组织”。1963年曾被捕入狱，获释后在一所中学任教。这之后，又因与人民圣战者组织发生联系，1974年被捕入狱，并在监狱里度过了漫长的4年时间。1978年出狱后，随即参加伊斯兰教师协会，并出任该协会中央理事会理事。1979年，在伊斯兰革命取得胜利后，出任临时政府教育部长、德黑兰选区议员，为伊斯兰共和党党员。1980年8月，被任命为伊朗伊斯兰共和国第一任总理。1981年6月，巴尼萨德尔总统被罢免后，拉贾伊是三人临时总统委员会委员之一，并开始行使总统职权。同年7月被选为伊朗伊斯兰共和国第二任总统。然而，这年8月31日，他在伊朗总理府爆炸事件中身亡。

在拉贾伊被炸身亡后，伊朗的总统职位又出现了空缺，在这种名不正言不顺的情况下，阿亚图拉·赛义德·阿里·哈梅内伊出任伊朗伊斯兰共和国第三任总统，这样一来，伊朗动荡的政局才逐渐稳定下来。

阿亚图拉·赛义德·阿里·哈梅内伊，1939年7月15日生于东部圣城马什哈德的一个宗教世家。早年在俾路斯坦和伊拉克伊斯兰教什叶派圣地纳杰夫读书。1958年，又转到伊朗什叶派圣地库姆神学院深造，受教于霍梅尼，成为霍梅尼的忠实信徒，在库姆获得仅次于阿亚图拉的宗教称号霍贾特伊斯兰。1963年开始参加霍梅尼发起的反对国王政权的活动，一年后在霍梅尼流亡国外后回到马什哈德。1964—1978年期间，曾6次被捕入狱。1978年获释后，被流放到伊朗的沙赫尔、吉罗夫特等地。1978年底，被霍梅尼任命为伊朗革命委员会委员。1979年，在伊朗伊斯兰革命取得成功后，出任伊斯兰革命卫队司令、国防部副部长。1980年，出任霍梅尼派驻最高国防委员会的代表，并被指定为接替蒙塔泽里的德黑兰主麻日（每星期天）聚礼活动的领拜人，实际上成为伊朗首都的精神领袖，同年9月起担任执政党伊斯兰共和党总书记。1981年10月，在举行总统选举时，当选为伊朗伊斯兰共和国第三任总统。1985年10月，再次在总统大选中获胜并蝉联伊朗总统。1989年6月3日，在宗教领袖霍梅尼去世后的第二天，由专家会议选为伊朗最高精神领袖，并兼任伊朗武装部队总司令。曾于1989年5月以总统身份访问中国。

伊朗的政坛变化，也给内贾德的人生带来了诸多的影响和机遇，即为他步入政坛创造了政治机遇。

在两伊战争结果后，艾哈迈德·内贾德也结束了自己的军旅生涯，并从军界转入政坛发展。此时的内贾德已经有了相当丰富的人生经验，同时也积累了超众的智慧和才能，这为他顺利步入政坛创造了先决条件。

两伊战争结束后，在内贾德脱下军装转入地方工作时，中东的动荡局面并没有因两伊战争结束而平静下来，战火的硝烟仍然在这多灾多难的土地上弥漫。

在两伊战争结束不久，伊拉克便开始动用武力解决由来已久的科威特问题，即吞并这个石油丰富的小国家。而美国反对伊拉克的举动，决定以武力干涉。此前，美国支持伊拉克打伊朗，现在又直接出兵反击伊拉克。

1991年1月17日—2月28日，在新年刚刚到来之际，在这个仍有些寒意的季节里，以美国为首的多国联盟在联合国安理会的授权下，为恢复科威特领土完整而对伊拉克进行了一场大规模局部战争。这场战争是最终导致萨达姆政权覆灭的导火线。

此次震惊世界的海湾战争，是由于伊拉克吞并弱小邻国科威特而引起的。早在1961年，科威特就宣布脱离英国殖民统治而独立，但伊拉克一直不予承认，直到1963年才勉强承认了科威特的独立，随后与其建立了外交关系，不过两国的部分边界仍未划定，成为悬而未决的问题。

两伊战争结束后，伊拉克由于经济陷入困境，要求科威特减免其债务，同时指责科威特超产石油和偷采边境石油，从而导致了伊拉克石油收入锐减，并要求科方赔款和道歉。除此之外，还向科威特提出重划边界和租用布比延岛和沃尔拜岛99年的要求，遭到了科威特的坚决拒绝，因为科威特后面有美国撑腰。在这种情况下，伊拉克总统萨达姆一怒之下，命令伊拉克军队于1990年8月2日攻占了科威特全境，又于8月8日宣布科威特为伊拉克的第19个省。

对于伊拉克的举动，气愤的美国自然不能坐视不管，因为科威特对美国具有重要的战略意义。美国将不惜一切代价控制海湾石油资源，这样就能掌握西方的经济命运，巩固其在西方世界的“领导”地位，并充当世界“老大”。

在伊拉克军队占领科威特的当天，美军“独立”号航空母舰即奉命前往海湾，准备对科威特境内的伊拉克军队发起攻击。1990年8月6日，时任美国总统老布什下令实施“沙漠盾牌”行动，并迅速向海湾部署军队。此时，联合国安理会也通过了要求伊拉克无条件撤出科威特及对伊拉克实施贸易禁运等多项决议。

随后，美国政府便以执行联合国决议的名义组建多国联盟，积极准备对伊拉克开战。这个联盟包括美、英、法等38个国家，这些国家出于不同目的共向海湾派遣了20余万人的战斗部队或支援部队；而日本等10多个国家向美国捐款540多亿美元。就在以美国为首的多国部队向海湾地区集结时，1990年11月29日，联合国安理会通过第678号决议，限定伊拉克军队在1991年1月15日前撤出科威特，并授权联合国成员国在1月15日后可使用武力将伊拉克军队逐出科威特。

1991年1月17日凌晨，早已进驻海湾水域的美国战列舰“密苏里”号、“威斯康星”号同时向伊、科境内的伊军目标发射百余枚“战斧”式巡航导弹，由此揭开了多国部队对伊拉克军队进攻的序幕。

战争打响后，以美国为首的多国部队连续不断对伊军雷达、侦听、通讯系统进行电子干扰，致使伊军通讯中断，雷达、预警系统失灵，以至瘫痪。从1月17—20日，多国部队空军以每日3000架次的轰炸密度和强度，对伊拉克军队的导弹基地、核生化设施、防空阵地、机场、指挥中心等战略目标实施狂轰猛炸，使伊军受到重创。

1月21日–25日，多国部队将空袭重点转向伊拉克北部和南部伊军集结点，其中袭击的重要目标是伊军精锐部队共和国卫队和由伊境至科的伊军补给线。1月26日以后，多国部队又将空袭重点由战略目标转为战场目标，主要是袭击伊拉克境内的道路、仓库、桥梁和重点设防阵地。在持续近一个半月的空袭中，伊拉克空军几乎未能派上用场，而是全部分散隐蔽或转至伊朗。由于多国部队拥有强大的空军实力，因此凭借绝对的制空权，给予伊拉克军事、经济以沉重打击，同时伊军的战斗力和士气如温度计掉进冰箱里急剧下降，无法也无军力阻挡多国部队的进攻。

2月24日早晨，多国部队向伊拉克军队发起了代号为“沙漠军方”的总攻势。美国、英国、法国等13个国家军队分四路攻入科威特和伊拉克南部地区。在地面部队发起总攻开始6小时后，美国海军陆战二师装甲部队突破伊拉克军队第二道防线。同时，美国101空降师在伊境纵深80公里处空降，准备发动更大规模的地面进攻。

2月25日，在激烈交战中，美国在科威特战场上俘获伊军万余人。同一天，集结于海湾水域美战舰上的18000名美军在科威特海岸登陆包围科首都。第二天，美军已推进到伊拉克境内70公里，直至幼发拉底河一线，并切断了数十万伊军“共和国卫队”的退路，这使伊拉克军队惊慌失措。

在以美国为首的多国部队强大空军和地面部队打击下，伊拉克军队防守和反击部队兵员装备损失惨重，伊军主力部队几乎全部被击溃。在败局已定的情况下，伊拉克总统萨达姆不得不下令伊军从科威特撤军，由于撤退时，在美军空中打击下，伊军后撤部队装备损失殆尽，同时部队伤亡惨重。而多国部队乘胜追进。

2月27日，以美国为首的多国部队全部收复科威特，同时美军还基本上控制了伊拉克南部。这时，美国总统老布什宣布：伊军已战败。随后，多国部队从2月28日零时起，在海湾战区全线停止战斗行动。4月6日，伊拉克国民议会经五小时激烈辩论，最终决定接受联合国687号决议。4月11日，联合国安理会宣布：海湾地区实现停火。

海湾战争以伊拉克战败而告终。这场战争是二战后中东地区爆发的规模最大、技术装备和作战手段最先进的一场局部战争。无论在此时还是战争结束后，均引起了世界各国军事家的极大关注，并对世界军事和各国国防力量的建设产生了很大影响。此次战争，无疑给伊、科两国造成了巨大的经济损失。例如：科威特国家被毁、境内数百口油井被伊拉克军点燃。而伊拉克

90000幢住房被炸毁，90%的产业工人失业，军队和平民伤亡人数超过80万，直接财产损失达2000亿美元，另需支付4000亿美元战争赔款（此款相当于伊拉克25年出口石油的全部收入）。另外，伊拉克军队也从此元气大伤。

内贾德清楚看到这是继两伊战争后中东地区燃起的又一场战争，都跟美国有直接关系。此战给中东地区带来了深刻影响，并改变了中东地区的政治和经济格局。

与此同时，这也是内贾德在步入政坛初期所经历的又一重要国际风云，并给他带来了很多思考和启发；即便是他日后成为伊朗总统后，也仍然具有很强的启示作用，使他懂得如何与美国在外交上较量，与小布什斗智、斗勇，避免伊朗重蹈伊拉克的覆辙。

贫民当市长　惊现涌动群

艾哈迈德·内贾德步入政坛后，很快在伊朗政坛上崭露头角，成为一颗年轻闪亮的新星。他是在伊朗伊斯兰革命影响下所成长起来的第二代政治精英，是伊朗政权的未来领导者。

1993年，对内贾德来说，是他人生道路上又一重要转折点，更是他从政生涯中关键的一个转折点，是具有决定意义的一个转折点。这一年，36岁的他出任伊朗西北部阿尔达比勒省省长，成为比较年轻的地方领导人。同时，这为他施展自己的政治才能提供十分广阔的舞台，为他日后成为伊朗总统打下了坚实基础。

在担任省长期间，内贾德因成功应对1997年地震灾害而赢得一片赞誉，并连续三年被评为全国模范省长。

尽管内贾德在担任省长期间，干出了非常骄人的政绩，但是在担任省长期满后，他没有继续竞选政坛官位，而是选择到大学教书，这样可以丰富的理论素养。

1997年，满载殊荣的内贾德回到德黑兰工业科技大学任教，直至2003年才结束教学生涯，重返政坛。这时，他已积累了丰富的政治智慧和才能，为他日后一跃成为伊朗总统打下了重要基础。

在内贾德担任省长和教书期间，伊朗的政坛也在发生变化，主政伊朗的总统分别是霍贾特伊斯兰·阿克巴尔·哈什米·拉夫桑贾尼和赛义德·穆罕默德·哈塔米。这个时候的伊朗政局已相对比较稳定，并走上了相对稳定的发展道路。

霍贾特伊斯兰·阿克巴尔·哈什米·拉夫桑贾尼，1934年8月生于克尔曼省拉夫桑贾市。1948年进入库姆神学院学习神学。1956年毕业于法齐神学院。1957年创办什叶派神学刊物。1961—1978年因参加反对巴列维国王的活动曾多次被捕入狱。1978年底，他被霍梅尼任命为伊朗革命委员会委员。1979年2月，当伊朗伊斯兰革命取得胜利后，他与贝赫什提、哈梅内伊等人创建伊斯兰共和党，并担任该党主要领导人和临时政府内政部副部长。同年11月间，在革命委员会接管政府后，他出任内政部总管和内政部长。1980年初，他辞去政府职务，参加议会选举，于同年7月当选为议长。1981年，又被任命为霍梅尼驻最高国防委员会代表和德黑兰星期五聚礼会领拜人。1983年7月，当选为负责霍梅尼身后选定继承人的“专家会议”副主席。1984年和1988年连选连任议会议长。1988年6月，被霍梅尼任命为武装部队代总司令兼德黑兰市临时教长。1989年7月，在大选中当选为伊朗总统，并于同年8月3日宣誓就职。1993年6月蝉联伊朗总统。1997年3月17日，被哈梅内伊任命为伊朗国家利益仲裁委员会主席，任期为5年。

拉夫桑贾尼下台后，赛义德·穆罕默德·哈塔米出任伊朗总统，并且也是内贾德上台时的前任总统。哈塔米当了两届总统，在伊朗政治舞台上有一定的影响。

赛义德·穆罕默德·哈塔米，1943年生于伊朗中部亚兹德省阿尔达坎市。1961年前往宗教圣城库姆和伊斯法罕市学习神学，并在伊斯法罕大学攻读哲学，获得哲学学士学位。1969年入伍，在德黑兰服役两年。1971年重返库姆进修神学和哲学，并从事反巴列维国王的政治运动。1978年赴德国汉堡伊斯兰中心工作。1979年伊朗伊斯兰革命取得成功后回国，并当选为议会议员和议会外事委员会成员。1980年被任命为霍梅尼派驻《世界报》的代表。1982—1992年任文化和伊斯兰指导部部长。从1993年起，先后任总统文化事务顾问、国家图书馆馆长等职。1997年5月，当选为伊朗伊斯兰共和国总统兼政府首脑。2001年在总统大学中连选连任，直至2005年内贾德上台。

话说2003年这年，内贾德结束了在德黑兰工业科技大学长达6年的教书生涯，决定重返政坛，开始他新的从政生涯。这年4月间，在这个美好的春天里，他参加德黑兰市长竞选，由于施政纲领符合民意成功当选为该市市长，成为伊朗政坛的一颗新星。

就这样，这个朴素得像个普通农民的、毫不起眼的内贾德，却踏上了他通向人生辉煌顶点的道路，并揭开了他从政生涯的崭新一页。

德黑兰是伊朗的首都，是伊朗的政治、经济和文化中心，也是全国最具战略意义的城市。作为这个重要城市的市长，内贾德开始引起人们的广泛关注。他低调务实的作风，给德黑兰市民留下了深刻的印象。

在担任德黑兰市长期间，内贾德的政治风格已逐渐成熟，而且有一套自己的政治理念。不过，在德黑兰市民眼里，他又是个新保守派的代表，而且是一位草根市长。而在西方媒体眼里，他是一个不折不扣的“伊斯兰原教旨主义者”和“民粹主义者”。

内贾德的保守思想主要是源于他母亲的影响。因为在他小的时候，他母亲整天用黑纱把自己裹得严严实实，严格遵守男女隔离的戒条。据他的一位亲戚回忆说：“她非常虔诚，如果不是很近的亲戚，她绝对不会坐在一个男人旁边。如果她要请客举办任何聚会，她会安排一个窗帘将男宾和女宾隔开。”

由于深受母亲的影响，内贾德从小就有了坚定的宗教信仰。当他还是一个孩子时，就对宗教非常感兴趣，并对《古兰经》的理解有着不同于常人的天赋。可以说，他根深蒂固的保守派思想就是这样潜移默化中形成的。

在外界看来，内贾德是个极端保守的人，因为他对西方文化表现出强烈的抵制情绪。由于20世纪90年代由改革派人士主政期间，德黑兰市已发生了很大改变。市区出现很多文化中心，语言课程、电影院、音乐会等也随处可见。但他却认为：伊朗应该建立传统的宗教统治和生活，抵御西方文化对年轻一代的“侵袭”。

内贾德在担任德黑兰这个重要城市的市长后，使文化中心逐渐变成了宗教中心。另外，他还采取有效措施，使那些西方味极浓、深受年轻人喜欢的快餐店陆续关门停业。与此同时，在交通严重堵塞的德黑兰街头，警察也开始采取严厉措施，惩罚那些在车里播放西方音乐的司机。

有一天，当内贾德看见一家润滑油公司在德黑兰街头竖起了5块印有贝克汉姆头像的广告牌时，他强烈地感到：这位足球明星的头像出现在德黑兰市街头的广告中，与自己主政下的德黑兰形象格格不入。随后，有关方面根据他的意图，将这个有贝克汉姆头像的广告牌用黑布蒙得严严实实，贝克汉姆从德黑兰街头完全消失了。

除了对文化活动设定上述这些新的、更加严格的限制外，内贾德还在德黑兰市实行了严格的宗教着装法规，即要求所有男性政府工作人员必须穿长袖衣服和蓄须，而他自己也蓄起了一脸胡子。另外，在他担任德黑兰市长之初，还制定了一项从未有过的新规定，即市政府办公大楼的电梯必须男女分乘，以此保持宗教的纯洁性。

不过，对内贾德的这种极端保守思想，也有许多市民持反对态度，尤其是在年轻人中，他们对他的评价不太好，认为这位市长的思想太过保守。

另外，还有人认为内贾德是一位典型的草根政治家，也就是说是一位平民化的政治家，因为他不仅打扮得简直像个乡下人，而且从来没有官架子。他极其普通的外表，以及身上那件小市场上随处可见的便宜西装，使他即使走在伊朗贫民区的大街上，人们也很难一眼就认出他。不过，他在工作中十分务实，他不仅关注德黑兰市贫民的生活，还经常开着一辆便宜的老爷车上班，并穿着清洁工的制服出席会议，甚至还身体力行，与清洁工们一道打扫德黑兰市的街道。而对于他的居住条件，他一直住在一套再普通不过的公寓楼里。因此，他给德黑兰市民留下了很好印象，人们都赞许他。可以说，从德黑兰南部贫民窟的小店主到中产阶层的公司职员，大家一致表示："他是我们当中的一员。"

这就是德黑兰市民对内贾德最贴切的评价，也是最实在的评价。

在担任德黑兰市长期间，内贾德以他实实在在的工作效率，还有实实在在为普通市民办实事的务实精神，使他赢得了德黑兰市民的高度赞誉。在他的努力下，不仅市民的生活得到了改善，还改善了该市的交通状况。在没有花多少资金的情况下，由于措施得当，德黑兰街头崎岖不平的街道变得宽敞平整起来。这样一来，一直令市民头疼的交通阻塞问题也从根本上得到了缓解。另外，在物价过高、给市民的生活带来严重影响的情况下，他又积极采取措施，很快稳定了物价，使市民的生活有了保障。因此，德黑兰市民，尤其是贫民区的人们对他更是赞誉有加。其中还有市民这样称赞说："作为市长，内贾德的表现非常好。而且他来自底层，他非常清楚民众需要的是什么。"

内贾德这位来自贫民阶层的市长，将工作的基础始终放在民众中，为民众排忧解难，为民众服务。

由于内贾德是深得市民信任和称赞的市长，到了2005年，仅仅担任了两年市长的他被提名为"2005年世界市长"候选人。"2005年世界市长"评选是由非政府组织"城市市长"主办的，这个组织总部设在英国伦敦。而评选世界最佳市长的目的，是为了优化全世界市长们的形象，对那些为自己的城市和市民真心诚意好好服务，同时也为国家和世界做出贡献的市长表示敬意。在此次评选活动中，内贾德是在全球各地网民通过电子邮件提名的550位候选人中脱颖而出，顺利当选。而在进入最后评选的65名市长中，亚洲只有9人入选。

作为伊朗政坛的高层官员，内贾德的生活十分简朴，他素来以廉洁和亲民闻名。从小就不富裕的家庭背景使他养成了俭朴节约的生活习惯。在担任德黑兰市市长期间，他的衣食住行都与千百万普通工人没有区别。他除了深入底层关注贫民的暖寒外，就是在办公室里不知疲倦地工作，就像一个工作狂，而午饭常常是自己从家中带来的。由此可见，他的这种工作和生活态度，在伊朗政坛的高官中是相当罕见的。

内贾德就是这样一位朴素为民的市长，在这种朴素中、在这种实实在在点点滴滴的工作中，却充分体现出他非凡的一面。

由于内贾德以他特殊务实的工作精神赢得了德黑兰市民的一片赞誉，因此他竞选伊朗总统具有了十分有利的气氛和环境。

内贾德就是这样一位贫民出身的市长，一位简朴得不能再简单的市长。而在他身上却有一种令人惊讶的智慧，这种智慧即将在总统大选中爆发出来，并令世界刮目相看。

竞选角总统　纲领独树帜

人们无论从哪一个角度看，内贾德都是个非常朴素而且其貌不扬的人，唯有一双眼睛犀利有神，在其背后隐藏着一种神秘感，其中也隐藏着惊人的抱负和智慧。

早在大学时代和伊斯兰革命时代，这个不起眼的内贾德就已经有了远大的政治抱负，而且一直以来都在默默地为之追求和奋斗，希望有一天能出人头地，实现心中的抱负。2005年这一天终于到来了。

由于内贾德在担任德黑兰市长期间，使该市的面貌焕然一新，市民的生活也从根本上发生了变化，因此人们认为他有惊人的工作才能。在这种情况下，他决定参加2005年的伊朗总统大选，希望以此实现自己远大的政治抱负。

这个出身贫民家庭，并曾以自己是铁匠的儿子而感到自豪的内贾德，当他决定参加总统大选时，是人们万万没想到的。这就是他的神秘之处，而且他往往能出奇制胜。

不过，在有些人眼里，内贾德实在是太普通不过了。他从长相到气质再到从政经历，很难有任何引人注目的地方。因此，在大选投票前所进行的各项民意测验中，他的排名不理想，他就像一杯温水一样，没有给人们留下深刻印象。

当内贾德宣布参加伊朗总统大选时，他的支持者主要是来自下层的民众，他的政治基础也植根于伊朗广大穷人中。因此，在竞选前，他一再承诺当选后要为穷人多谋福利，并强调社会财富的公平分配。他的这一承诺深受社会下层的欢迎。由此看来，广大穷人将是他竞选总统的政治基础，并且将为他争取到不少选票。

在伊朗政坛中，内贾德是一位被公认的保守派代表人物，但却深得曾出任过伊朗第三任总统、现为伊朗最高精神领袖的哈梅内伊的赏识，并全力支持他竞选此次伊朗总统。这也是他日后成功当选伊朗总统的重要因素之一。

在外界看来，支持内贾德的选民，除了贫苦大众外，便是一些思想极端保守的原教旨主义者。由于他是极端保守派的代表，在竞选宣传期间，在其他保守派候选人演说中还不时触及比较敏感的“民主”、“改革”等话题，而他对此却不但闭口不谈，而是一再重申，一旦当选总统首先要做的，就是切实维护国家法律和宗教习俗的尊严。在对外政策上，他也是伊朗政坛中坚决的强硬派，主张在对美关系和核问题上决不妥协。同时，他还主张对西方国家采取强硬立场，并认为伊朗必须顶住国际社会的压力拥有自己的核技术。除此之外，他还指出和美国之间的关系并不是“解决伊朗所有问题的关键”。

在文化方面，内贾德一再反复重申：伊朗应该建立传统的宗教统治和生活，坚决抵御西方文化对年轻一代的侵袭。由于这一点，反对他的人也不少，因此，他在选举中也将面临很大困难，结果如何只能是个未知数。

由于内贾德有鲜明的政治个性，因此他在伊朗政界是一个争议较大的人物，所以当他成为总统候选人后，立即引起了全国民众的普遍关注。人们认为，他在社会生活和经济管理等国内问题上思想比较保守，在核问题及与美国的关系等对外问题上又态度强硬，反对任何妥协。同时他又生活简朴，作风廉洁，深得社会下层民众的热爱。因此，支持和反对他的人泾渭分明。

那么,他到底能得到多少选票也让人无法估计。

不过,内贾德却有一套诱人的施政纲领,他承诺在他当选总统后将实施这些纲领,其中包括经济、对外政策、伊美关系和核问题等。

经济方面,内贾德在施政纲领中强调:"国家资源不应当过分集中于政府手中,应当交给人民用于推动国家发展。"

在谈到私有化的问题时,他认为:目前伊朗对私有化的理解不全面,私有化并不意味着要出售国家财富。

他还强调社会公正的重要性,认为社会公正问题应当是国家经济发展计划的核心。

在对外政策方面,内贾德主张发展"公正的国际关系",所有国家应一律平等,伊朗愿与世界上所有国家发展关系,特别是发展与周边国家、伊斯兰国家的关系。

关于伊美两国关系问题,内贾德认为:只要美国对伊朗采取敌视态度,伊朗就不会、也没有必要改善与美国的关系。此间,他还通过伊朗电视台公开谴责美国说:布什政府在伊拉克滥杀无辜,应该受到战争罪的审判。

对于核问题,他坚决强调伊朗拥有掌握和利用民用核技术的权利。同时表示要坚决维护伊朗自己的利益和立场,决不屈服于外来压力,在任何条件下都不会放弃和平利用核能的权利。

他声称,伊朗没有研制核武器的企图,并愿意与欧盟通过真诚的对话来解决矛盾和分歧。但是美国和以色列无权剥夺伊朗和平利用核能的基本权利。因此,伊朗人民不会"屈服于外国敌对势力"。

面对国际社会的指责声音,内贾德坚决地回应说;"你们以为自己是谁,就来指责伊朗存在可疑的核武活动?"

多年以来,以美国为首的西方国家要求伊朗停止核计划,并断言伊朗发展核项目的真正目的是制造核武器。但是,伊朗方面则坚称其核计划只是用于和平用途,而且坚持伊朗有权全面发展核计划,包括铀浓缩活动。内贾德说:"他们说伊朗必须停止和平核活动,只是因为这种核活动存在转向的可能性，然而我们却非常肯定他们每天都在研发（核武器）。他们的口气听起来就好像是世界之王一样。”内贾德参选的施政纳领，也许会赢得一些选民的投票，但也有人担心他的施政纲领日后会使伊朗走向另一个极端的发展方向。

除此之外，内贾德还在一个竞选集会上公开声称：“过去美国以断绝关系来向伊朗施压，如果现在他们为同样的目的而寻求和伊朗重新建立关系，我们不想要这种强加于我们头上的关系。”

在第一轮选举投票前，内贾德还向选民指出：“由少数几个国家坐在那里否决全球事务，这是不公正的。如果这种特权继续存在的话，那么拥有15亿人口的穆斯林世界也应该拥有同样的权利。”

在对外关系问题上，内贾德重申：“发展与美国的关系并不能根除我们面临的问题。”“我希望与所有的国家和政府建立真诚和亲密的关系。我们愿与任何不对我们持仇恨立场的政府积极互动。”

在讲到核问题时他再次宣称：“……伊朗人希望拥有民用核技术，世界应当知道它不能遏制这一努力。获取用于和平目的核技术是伊朗全民族的要求。作为这个民族的代表，统治者必须尽其全力满足这一要求”。“我们将通过理智的方式进行磋商。如果他们接受我们（浓缩铀的）合法权利，我们将予以合作。否则，没有什么能够强迫伊朗人顺从他们的要求。”

在讲到民众的切身利益问题时，内贾德再次强调说：“国有资源必须摆脱国家束缚，给予民众用于推动国家发展。所有人必须享受到公平和均等机会。”而“对于掌握我们石油的黑手党强权和势力集团，我将斩断其双手。我拿自己的生命下赌注。民众必须在其日常生活中分享石油财富”。但是，“失业、婚姻和住房是主要优先目标。我们的政府将支持穷人，帮助穷人，但这不是说要拿其他人开刀。”

内贾德的讲话，无疑对选民产生了很大的诱惑力。

内贾德的自我评价是：“我遵从宪法公布所有个人资产。我靠当老师的工资生活。感谢真主，我心满意足；我的最大资产奇大无比，这就是我对服务于人民的高度热情。其他均无可比拟；革命的管理者并非因昂贵的办公设备和几名秘书而获得授权；我对成为伊朗国家的小仆人和大街清扫员感到骄傲。”

内贾德的自我评价对许多选民来说无疑是个很大的感动，因为他的自我评价非常朴素和实在。

事实上，内贾德的现实生活也的确如此。可以说，在竞选中，他的节俭形象在候选人中独树一帜。就连他的竞选海报都是采用黑白两色。有一家电视台还专门播放过半个小时对他的专访。选民从中可以一窥他惊人的节俭生活。他住在一所伊朗传统风格的房子里，室内装修极其简单。他甚至要和父亲共用一张桌子。

他的节俭生活给选民留下了深刻印象，同时能也深深打动了许多选民的心灵。

不过，不管人们如何猜测和评说，还是没人敢断言内贾德是否成功当选或落选此次总统大选，这主要是他本人的造化和奇迹。因为他是个完全能够创造奇迹的伊朗人。

内贾德属于伊朗伊斯兰革命后的第二代，简称“革二代”，曾是这场革命的忠实追随者。尽管他在政治上坚持“维护伊斯兰价值观”的立场，但在他身上却又闪耀着另一种崭新的政治魅力，这就是一心为民众服务的政治理念。

另外，从他从政的经历和经验上来说，已经积累了很丰富的从政经验，而且在政治上也已经成熟。早在20世纪80年代末90年代初，他就踏入了政坛，起初在伊朗西南部城市库尔德做过市长顾问。还有人说他曾一度担任过秘密警察，但他本人坚决否认这一点。人们认为他身上有一种神秘面纱，是伊朗政坛上比较神秘的人物。

激烈生变数　大选鹿折谁

但是，不管怎么说，内贾德是此次总统候选人中最年轻的一个，其智慧也不在其他竞选者之下，而且能给选民耳目一新的感觉。

不过，就在伊朗总统大选前夕，伊朗边疆发生了6起爆炸事件，这给大选多多少少蒙上一层阴影。

2005年6月12日，就在伊朗举行总统大选前5天，发生了国内十多年最血腥的暴力事件。在伊朗南部石油重镇阿瓦士及首都德黑兰，数小时内便发生了6起爆炸事件。在这几起爆炸事件中至少有9人死亡，数十人受伤。

对于这几起爆炸事件，伊朗有人分析认为，这是美国人亲自策划的，企图阴谋破坏伊朗大选。此外，还有人怀疑是萨达姆的追随者干的。也有人认为是阿瓦士地方矛盾激化的结果。

不过，伊朗安全部的官员穆罕默德则透露说：6月12日的爆炸是“美国人的阴谋”。他还说：“在阿瓦士作案的恐怖分子从伊拉克南部巴士拉地区渗透伊朗。……他们在美国人的保护伞下在伊拉克接受了训练。”

与此同时，伊朗最高国家安全委员会却对外宣称说：这件事是伊拉克前总统萨达姆的支持者干的。……参与12日袭击事件的武装组织与萨达姆前政权有关。

这几起爆炸事件给伊朗即将举行的总统大选带来了一些负面影响，尽管伊朗政府一再声称任何恐怖手段都无法破坏大选的“健康气氛”。但是，实际上在一连串的爆炸事件发生后，许多选民便纷纷以安全为由表示不会参加投票。而在爆炸发生以前公布的民意调查结果显示，有超过半数的选民表示会参加投票。爆炸发生后，无人能估计到最终参加投票的选民有多少。不过，有一点可以肯定，总统选举并不会因爆炸事件而终止。

在此次总统大选中，伊朗国民普遍期盼政治强人出现，以此来改变伊朗目前的现状和局面。从伊朗内部和外部的情形来看，目前面临的各种内政和外交问题纷乱复杂。国内经济发展停滞不前，改革进程缓慢，民众生活亟待改善。从国外方面来看，美国和欧盟在核问题上步步紧逼，伊朗面临的压力越来越大，并且有可能遭受国际制裁的危机。因此，大部分伊朗人期盼在此次选举中出现一位政治强人来力挽狂澜，以摆脱国家面临的窘境。

由此可见，未来总统的担子将十分沉重。首先是伊朗民众近几年来对经济发展停滞和失业率居高不下有不满情绪；另外，哈塔米执政8年来，许多改革诺言未能兑现，民众急需一位有能力调整政治失衡、继续发展经济的亲民务实人物来推动伊朗向前发展。但是，这些问题的解决，必然会牵涉到核问题和与美国的关系等一系列棘手的问题。因此，这将是新总统上任后必须重点解决的当务之急。

此次竞选总统的候选人共有8位，但为了避免支持者票数分散，伊朗保守派宗教领导人建议4名保守派总统候选人中的3人退出竞选。但只有竞选无望的保守派总统候选人穆赫辛·雷扎伊接受了这个建议。6月15日，在大选即将进行的时候，曾担任过伊斯兰革命卫队司令的雷扎伊在电视上发表声明说：“基于高级宗教领导人的意见，我决定退出竞选，以避免票数分散。”

而雷扎伊的一位名叫礼萨·尼克的助手却认为：原本支持雷扎伊的人不会把票转而投给其他保守派候选人。因此“雷扎伊的退出对任何人都没有好处”。

但是，其他3名保守派总统候选人均表示他们无意退出竞选。这三位候选人分别是：前文化和伊斯兰指导部长阿里·拉里贾尼、前警察总监穆罕默德·卡利巴夫和德黑兰市市长艾哈迈德·内贾德。

这样一来，只剩下7位总统候选人了，新的伊朗总统将在这7位候选人中产生。但是，最终鹿死谁手，谁能当选，无人能够过早下结论。

在这7位总统候选人中，内贾德并不占多少优势，而且排在较后面，因此没有任何迹象表明，他在此次总统大选中能够大获全胜。

从表象来看，伊朗前总统拉夫桑贾尼最有希望在此次大选中获胜，因为他一直在民调中领先其他候选人。因此，国内外许多人一致认为拉夫桑贾尼将在大选中稳操胜券。

但拉夫桑贾尼最有力的两位竞争对手是：前警察总监卡利巴夫和前高等教育部部长穆因。这两个人分别是保守派和改革派中的强势人物，如果任何一人进入第二轮，都将获得自己阵营中落败的其他候选人的大部分选票，因此必将对拉夫桑贾尼构成最大威胁。由此可见，伊朗的总统大选竞争是异常激烈。

虽然，内贾德在大选初期没有对拉夫桑贾尼构成任何威胁，也没有任何人预测他可以当选为伊朗总统。但是，内贾德的平民形象使选民为之眼睛大亮，对其竞选很有利。

应该说现年71岁的拉夫桑贾尼是伊朗政坛最具影响力的人物之一，他曾于1989—1997年出任过伊朗总统。在担任总统期间，他采取的务实政策有效促进了伊朗经济和社会的发展。因此，许多选民认为，他此次当选总统后也能够促进伊朗的经济发展。而在外交方面，许多人认为他能够采取灵活务实的策略，来缓和甚至改善与美国的关系。这些因素无疑都使得拉夫桑贾尼成为这次总统选举最热门的人选。

拉夫桑贾尼在总统竞选中将自己定位为自由主义者。在经济方面，他主张进行改革，推行经济自由化，然后逐渐向外资敞开大门，以此来振兴伊朗的经济，成为中东地区的经济强国。

拉夫桑贾尼还提出“经济民主”的口号，他认为经济增长和自由是实现社会和政治民主的必要条件，并允诺将为年轻人提供更多的受教育、就业和参加社会活动的机会，谋求把伊朗建设成为一个中东大国。

在对外关系问题上，拉夫桑贾尼主张改善与西方（包括与美国）的关系，并增加互信。尤其是在对美关系上，他一方面强烈批评美国在中东推行霸权主义政策和敌视伊朗；另一方面表示愿意改善与伊拉克的关系。

在伊朗核问题上，拉夫桑贾尼则主张通过谈判解决，防止核问题发展导致伊朗与西方的对抗。但同时他又强调，伊朗不会放弃核计划。

伊朗总统选举将于2005年6月17日举行。这个日子引起世界的关注。同时，由于特殊的国际环境和复杂的国内问题也使得伊朗此次大选格外引人关注。

在大选投票前夕，由于竞选宣传活动必须于6月16日早晨9时前全部结束，因此，6月15日是各位总统候选人竞选冲刺的最后一天。同时，由于拉夫桑贾尼是伊朗政坛老将，因此在各种民意调查中一直领先。尽管如此，他相对于其他候选人的优势并不十分明显，即支持率没有达到规定的半数。那么，不到选举投票的最后一刻，究竟鹿死谁手还很难预料。

6月16日，即大选前夕，拉夫桑贾尼在民调中的支持率始终未能超过30%，而根据伊朗法律规定，如果在投票中没有候选人得到50%以上的选票，将由得票数最多的两位候选人进行第二轮投票。因此，根据民调显示，首轮投票将很难决出胜负，很有可能举行第二轮投票。

在最初选举活动中并不占优势的内贾德，能够在投票选举的最后时刻出现奇迹吗？恐怕没人敢肯定地回答这个充满变数的问题。不过，这种可能又是存在的，其中潜在着一种常人看不到的玄机。现年49岁的内贾德，在他身上充满了一种年轻的活力，同时又表现出一种成熟的沉稳，让人感到他有一种特别的智慧。

此外，最重要的一点是，他属于强烈忠于最高宗教领袖哈梅内伊的新生代政治家，并深得哈梅内伊的赏识。因此，哈梅内伊在背后全力支持他竞选此次总统，这便是其中的重要玄机。他极有可能成为此次总统选举中突然冲出的一匹“黑马”。

据伊朗内政部介绍说：此次选举的投票率为69%，超出了人们此前的预计，也高于2001年总统选举的投票率。因为太多人在投票站外排队等待，伊朗政府不得不把6月17日的投票截止时间延长了4个小时。

在投票选举前，仍有些人分析认为：投票率高于预计情况，对保守派候选人而言不一定是一件好事。因为伊朗人口中有超过一半都在25岁以下，而且伊朗法律规定拥有投票权的最低年龄为15岁，这便产生了一大批年轻选民。对这些年轻选民中的很多人来说，这是第一次参加总统选举投票。而渴望变革和获得更多自由的想法将使这些年轻选民更倾向于将选票投给改革派候选人。一位21岁的大学生说：“如果我不投票，某个保守派人士就会当选，他会使局势恶化。”

不过，此次备受世界关注的伊朗总统大选的情形并非会按人们的意志转移，最终的选举结果可能会大出人们意料之外。

2005年6月17日，在这个春夏之交的时节里，是伊朗国内外备受关注的日子，因为这是个开始投票选举伊朗总统的日子。

6月18日下午，在投票选举结束后，从统计出来的选票中得出的结果看，拉夫桑贾尼以微弱优势领先，但得票率与50%的获胜标准还相差甚远，仅为21.5%；而排在第二名的是保守派候选人德黑兰市市长艾哈迈德·内贾德；其后是支持改革的神职人员迈赫迪·卡鲁比。

关于选举的一些情形，拉夫桑贾尼的家乡克尔曼省的选举官员对媒体说：拉夫桑贾尼在该省赢得了45%的选票。尽管如此，就连拉夫桑贾尼的儿子也承认：根据从其他地区了解到的统计情况来看，拉夫桑贾尼已经不可能获得50%的选票。

在这种情况下，根据伊朗选举法，如果在第一轮选举中没有任何一名候选人得票率超过50%，得票最多的前两名候选人就将进入第二轮选举。因此，6月18日这天，伊朗内政部宣布：在总统选举中得票率名列前两位的拉夫桑贾尼和艾哈迈德·内贾德将进入第二轮选举。

这一宣布，使伊朗的总统选举竞争更加受到了伊朗民众和国际社会的关注。人们在猜想：究竟谁能最后获胜呢？是拉夫桑贾尼，还是内贾德？

看来，伊朗的此次总统选举十分激烈。究竟谁能当选？鹿死谁手？真是前途未卜。

内贾德与拉夫桑贾尼这个政坛老将对决，并没有绝对获胜的把握。因此，他也为自己捏了一把冷汗。

神奇黑马出　脱颖骋千里

当伊朗的总统大选正在紧锣密鼓地进行时，不仅引起了国际社会的广泛关注，就连美国总统小布什也十分关注伊朗的此次总统选举。同时，还不怀好意地向伊朗的大选泼冷水、说风凉话，甚至攻击伊朗的此次大选。

小布什在发表讲话时，毫不留情地指责伊朗宗教领袖把持大权，认为伊朗的选举毫无意义。

由于小布什发表了攻击伊朗选举的讲话，立即激起了伊朗民众的反感情绪。于是，伊朗民众纷纷走出家门，冒着酷暑，积极参加投票。另外，由于布什的言论，反而使内贾德赢得了不少选票。

因为内贾德的极端反美态度，无疑为他赢得了保守派的支持。支持者之所以投票给他，正是因为这些选民把他视为一个随时都准备好对抗美国的铁腕人物。正如一位选民所说："我投票支持艾哈迈德·内贾德，就是要给美国人一记耳光。"

与此同时，针对小布什的讲话，伊朗最高宗教领袖哈梅内伊也发表了针锋相对的讲话，并号召伊朗人民"用投票打击敌人"。这一号召，使伊朗民众受到了极大的鼓动。

除了小布什发表攻击伊朗大选的言论外，美国国务院发言人也声称说：不管伊朗的选举结果如何，美国将继续施压，确保"伊朗不利用和平的核项目来开发核武器"。

一直以来，美国方面指责伊朗打着发展民用核科技的旗号，发展核武器。但伊朗对此矢口否认，坚称其核计划是发展核电站。自从1980年4月美国宣布与伊朗断交后，两国便成了敌对国家。因此，美国对伊朗总统大选表示出嘲笑挖苦。

2005年6月19日，针对美国总统小布什发表攻击伊朗大选的言论，伊朗外长哈拉齐代表伊朗政府立即做出回应，要求布什道歉。在新闻发布会上，哈拉齐对国内外媒体说："伊朗大选即将进入第二轮，美国总统布什应为他之前对伊朗选举的尖刻批评道歉。"

哈拉齐还告诉媒体，布什的批评反而刺激了伊朗总统大选。前一天的投票率将近63%，布什的批评反而提高了投票率，帮助抵消了反对派抵制选举的呼吁。

与此同时，哈拉齐在新闻发布会上讽刺美国的国际声望已经丧失。哈拉齐说："我们可以做个民意测验：伊朗或美国，哪个更受欢迎？答案肯定是：伊朗。"

尽管美国等西方国家对伊朗的总统大选又是嘲讽又是泼冷水，但伊朗的总统大选仍在按步就班地顺利进行。

6月24日对于艾哈迈德·内贾德来说非常重要，这是决定他是否能登上国际政治舞台的日子，也是他终生无法忘怀的日子。因为这天是伊朗总统大选举行第二轮投票的日子。

在第二轮投票结束后，公布的选举结果是，内贾德获得半数以上得票率，他奇迹般地大获全胜，成为伊朗新一届总统。他奇迹般地击败了政坛老将拉夫桑贾尼，被人们称为是伊朗政坛冲出的一匹"黑马"，是伊朗穷人的"黑马"。

内贾德奇迹般的胜出而当选为伊朗总统，是许多伊朗人万万没有想到的，并为此感到惊讶。同时，也引起伊朗民众的纷纷议论，成为最热门的话题。

在第二轮投票前，多数伊朗人认为内贾德的竞选对手拉夫桑贾尼是个政策务实、思想比较开明，同时也被西方国家认为是一个可以打交道的人，因此获胜几率较大。因此，当伊朗民众在刚刚听到内贾德当选的消息时，立即表示出怀疑态度。其中一位早起揽活的出租车司机在得知内贾德当选的消息后，不由惊讶地说：这太出人意料了。

有些关注时事的伊朗国民则认为：内贾德的当选将使伊朗进入一个国内、国际环境都非常敏感的时期。

不过，支持艾哈迈德·内贾德的选民认为：他虽然保守，但他是受过高等教育的人，知道如何审时度势。

一位大学生充满信心地说："他（内贾德）会更好地把伊斯兰传统和现代社会的要求协调起来，他的保守绝对不是僵化。"

与此同时，伊朗政府中的许多官员也持这种观点。其中一位外交官对此说:“现在伊朗的保守派,也都是新一代的保守派,他们还是能容忍一定程度的多元化的。”

外交官还进一步说:“艾哈迈德·内贾德在竞选阶段的确提出了一些让人担心的保守口号,那只是政治。上台以后,位置不同了,角度也就不同了,处理问题的方式也就相应不一样了。”

更重要的是,伊朗下层的贫民均支持艾哈迈德·内贾德,因为他代表了穷人的利益,并一心想为穷人谋利益。因此,这类民众都支持内贾德,并积极投了他一票。这类选民还认为:投出的选票能使自己的生活水平提高。

除此之外,也有一些保守派选民没有投内贾德的票。例如,一位在校研究生,她本来出身于一个非常保守的家庭,整天黑袍裹身,但她却出人意料地投了拉夫桑贾尼一票。对此,她说出其中的缘由是,她不赞同艾哈迈德·内贾德的一些强化伊斯兰宗教习俗的观点。

不过,她又表示说:“不过现在他当选了,我也接受,只是希望他能在宗教等问题上开明一点,这对我们虔诚信仰的宗教也是有益的。”

还有一些受教育程度较高的选民却怀着一种复杂的心态,他们在议论时说,他们不喜欢拉夫桑贾尼,但更不喜欢艾哈迈德·内贾德。如果必须在两者之间选择的话,他们宁可选择拉夫桑贾尼。尽管如此,这类选民却几乎都没有去投拉夫桑贾尼的票。

另有一些思想比较开放的年轻人却表示,由于艾哈迈德·内贾德当选总统,他们将考虑移民国外,因为他们难以忍受艾哈迈德·内贾德可能会执行的极端保守政策。

6月25日这天早晨,在德黑兰一所接收社会各界人士的外语学校里,一些上早课的学员们在得知艾哈迈德·内贾德当选伊朗总统的消息后,激动不已地议论开了。其中一名家庭主妇这样认为:“艾哈迈德·内贾德的政策太保守,如果他在当选总统后继续执行保守政策的话,将会把国家带入非常危险的境地,一不小心就会酿成灾难。”

一位拥有美国居留权的人还激动地评论说:“艾哈迈德·内贾德的强硬

政策会使伊朗核问题局势全面崩溃，这样的话美国人就师出有名了。”

此人甚至要求媒体在发稿时用“欢迎你们，美国人！”这样的标题，并还无知地欢呼：“太好了，简直太好了！我们做了一件美国人想做却做不到的事情，现在美国人一定非常高兴，正企盼着呢。”

此人的想法完全是愚蠢的，因为伊拉克就是个例子。如美军占领伊拉克后，不仅使伊拉克人民饱受人类最为深重的苦难，还使伊拉克四分五裂，成为中东乃至世界最动荡的地区。

此外，一些流亡美国的反对者，也对内贾德当选伊朗新一届总统表示出不怀好意的“兴奋”。他们高兴地说：“一个保守的、信奉伊斯兰主义的伊朗总统将在短期内为伊朗人带来艰苦时刻，这将助长伊朗内部的反对力量，导致外来压力增加，使得伊朗内部出现裂缝，踏上更接近崩溃的一步。”

因此可见，这些反对者对伊朗新当选的总统充满了仇恨。但是，伊朗此后的发展格局，并不是反对者的几句议论就能言中的。

不过，更重要的一点是，当伊朗最高宗教领袖哈梅内伊得知内贾德当选伊朗总统后，感到十分高兴，并向内贾德表示祝贺。

实际上，哈梅内伊领导的神职人员在伊朗拥有实权，并且可以否决官方选举的结果。哈梅内伊在向艾哈迈德·内贾德表示祝贺的同时，并敦促所有候选人的支持者们能够表现出宽容、耐心和智慧。

与此同时，哈梅内伊还向落选的拉夫桑贾尼表示慰问。他热情洋溢地说：“我非常感谢所有其他候选人，尤其是拉夫桑贾尼。我希望他，我亲爱的兄弟和老同事，能够一如既往地在重要领域发挥作用。”

紧锣密鼓的伊朗总统大选终于落下帷幕，最终结果以内贾德击败所有候选人大获全胜而告终。从此内贾德以一种朴素而老练的形象登上了国际政治舞台，并成为备受国际社会关注的人物。

内贾德是伊朗政坛冲出来的一匹神奇的“黑马”，一匹受到世界广泛关注的“黑马”。这匹“黑马”将带领伊朗驰向新的未来。

雄心立壮志　战略奇构想

艾哈迈德·内贾德在当选为第9届伊朗总统后，不仅在伊朗国内引起了强烈反响，而且也成了国际社会的焦点新闻。

内贾德成功当选为伊朗新一届总统，无疑会使伊朗的政局发生改变，而且是一次具有里程碑意义的改变。这就是他成为1981年以来第一个没有穆斯林教士身份的伊朗总统。

2005年6月25日，在这个阳光明媚的日子里，伊朗内政部于这天早晨向全国宣布，艾哈迈德·内贾德在伊朗总统选举第二轮投票中以较大优势战胜前总统拉夫桑贾尼，在空前激烈的大选中脱颖而出，奇迹般地当选伊朗新总统。在大选结果宣布之后不久，内贾德通过伊朗国家电台发表了他当选总统后第一次讲话。他在讲话中谈到自己的政治雄心和抱负时说："我的使命是创造现代化、先进、强大的伊斯兰国家和社会。"

从新总统讲话的字里行间，伊朗民众可以看到，内贾德将致力于建设一个"现代和进步"的伊朗，并竭力使伊朗成为"伊斯兰世界的模范"。这是何等的雄心壮志，又是何等的战略决策。与此同时，他在讲话中还对民众的选择表示感谢，但也承认自己身上的担子不轻。

内贾德在讲话中还谈到了伊朗的自由派和保守派之间存在的裂痕和矛盾。对此，他满怀希望地说："让我们将竞争转化为友谊。我们同在一个国家和一个大家庭里，应该相互帮助，共同建设一个伟大的社会。"

内贾德之所以在讲话中这样呼吁，其意图主要是为了化解因大选争斗造成的不和，同时要消除国内和国际社会对他的忧虑。但是，伊朗的自由改革派却担心他的极端保守理念会影响伊朗经济的发展，以及削弱伊朗同国际社会之间的联系。

在讲到伊朗与美国的关系时，素来对美国有敌视情绪的内贾德表示，伊朗并不急于与美国修复好，重建外交关系。因为美国方面一直认为他在

1979年参与了扣留美国人质事件，他对此宣称说：“美国可以自由地切断与伊朗的关系，伊朗政府也可以自由地决定是否与美国恢复关系。”

内贾德还明确地强调说：“只有在伊朗得到保证、其利益得到维护的情况下，才能与美国复交。”

许多分析人士认为，内贾德上任之后，肯定将对伊朗政府内阁官员进行大换血，尽管他还没有公布内阁名单。不过，一位担任内贾德竞选班子的副主任透露说，新总统正在考虑新内阁成员名单。而在目前的政府成员中，有两个人有资格继续留任。一个名叫查姆兰，是极端保守的德黑兰市政委员会主席，并与伊朗革命卫队关系密切；另一位是现年60岁的名叫阿里·哈达德·阿德勒的人，现为伊朗议会发言人。此人立场温和，与伊朗强硬派和改革派都保持有良好的关系。

这位副主任还透露说，以内贾德为首的新一届政府不准备修改伊朗现行的核政策。“我们的核政策植根国内，没有人能阻止我们的核发展进程。”“伊朗不会将核技术用于军事目的。美国一直指责伊朗试图发展核武器。”

内贾德尽管成功当选了伊朗总统，但这并不是一件轻松的事，而是一副沉重的担子压在了他的肩上，同时摆在他面前还有一堆重大问题。可以说，眼下的伊朗正处于多事之秋，摆在他面前的主要有四大难题。

首先，国内和国际政治环境都不尽人意，如外有美国借核问题挥舞制裁大棒，内有改革派与保守派之间的权力之争，再加上经济状况也不乐观。因此，他接手的只不过是一副异常沉重的担子。更重要的是，国际社会最关注的就是伊朗与欧盟的核问题谈判。而内贾德在这一点上一向立场强硬，他曾批评伊朗的谈判人员过于软弱，向欧盟方面作出让步。可以肯定地说，他出任总统后，将重新调整谈判人员，以强硬态度对抗欧盟。

在经济方面，内贾德是以为民众谋利益的承诺才当选伊朗总统的。因此，发展经济和改善民众生活是他必须解决的问题。但是，他还没有公布在外国投资和自由市场政策方面的具体改革方案。不过，他将加强政府对经济活动的监控。

关于伊美两国的关系问题，一直是困扰伊朗多年的老问题。内贾德在当选伊朗总统前后一再重申，希望与一切国家发展友好关系，但除了那些憎恨伊朗的国家。这也就是说，在他任期内，伊美两国不可能打破坚冰，甚至会更加敌视。

另外，社会改革问题也很棘手，但不得不开始进行。对此，伊朗改革派担心他会重新调整自20世纪90年代以来伊朗采取的一些改革措施。不过，他重要的施政纲领就是把伊朗建设成一个先进、强大的现代化伊斯兰国家，并成为世界各国的榜样。但是，要实现这种政治抱负谈何容易。

当美国政府得知保守派内贾德当选伊朗总统后，更加感到不安和担忧，认为这将使美伊两国的关系更加趋冷。因此，美国务院女发言人指责说："随着伊朗选举的结束，我们没有看到任何可以说服我们改变观点的东西。我们认为，伊朗与该地区其他国家不合拍，没有跟上自由的潮流。"同时，她还质疑伊朗选举有问题。

针对美国的发难，伊朗最高宗教领袖哈梅内伊回击说：美国政府应当"羞愧难当"。他毫不留情地抨击说："虽然我们的敌人仍在胡说，但因为我们的伟大和民主的透明度，他们现在羞愧难当。"

总之，内贾德奇迹般地当选伊朗总统，引起了国际社会的广泛关注。

与此同时，外界认为内贾德出任伊朗总统后，在治国战略上将首先砍出"三板斧"，即采取三项政策。第一件事就是安抚人心，即向选举失利的政治派别伸出橄榄枝。

2005年6月26日，在当选伊朗总统的第二天，内贾德前往伊朗南部朝觐宗教领袖霍梅尼的陵寝。他在发表讲话时说："竞争的时期已经结束。我的政府将欢迎所有人，只要他真诚地愿意帮助我实现国家的发展。"

由于"激进保守派"内贾德在大选中获胜，这使得伊朗的改革派受到重挫，同时保守派内部也出现分化。这样一来，伊朗政坛的格局和力量对比再次发生变化。内贾德当选后，希望能弥补国内政坛因为选举产生的裂痕，否则他面临的不仅有面临来自改革派的挑战，而且保守派内部也会出现不团结的局面。

第二件政策措施是，内贾德宣布准备将伊朗的银行利率降低，并逐步下调至一位数。很显然，他希望通过下调利率来促进伊朗的经济发展，增加就业。但是，伊朗中央银行却坚决反对内贾德准备大幅降低银行利率的做法，认为此项措施会导致金融体系的动荡。由此看来，这项措施的实施也将面临困难。

另一项措施就是，他所构想的新外交战略。内贾德将在外交战略上展现出强硬和柔软两种手段，实际上也是一种相当灵活的外交战略。尽管他对美国等西方国家的态度强硬，但在较量时方略是灵活多变的。例如，他当选伊朗总统后所强调的一点是：伊朗将继续和欧盟就核问题展开谈判，但是不会牺牲伊朗的国家利益。由此可以看到，这番话既有软的一面也有硬的一面。因此，西方国家普遍认为他并不是一个容易打交道的对手。另外，他还通过媒体传出声音说："新政府希望改善和阿拉伯国家之间的关系。"

内贾德当选伊朗总统后，立即在西方国家引起了很大反响，各国纷纷发表评论，其共同点是感到担忧。6月25日，法国外长杜斯特·布拉齐对媒体说："法国希望伊朗能继续和欧盟进行谈判，并且停止其浓缩铀活动。"

与此同时，德国外长菲舍乐尔用温和的语调说："伊朗选举有不少缺陷，但伊朗在核问题、人权、反恐和推动中东和平方面都已朝着正确的方向迈出了步伐，德国希望法英德三国和伊朗新领导人之间有关核问题的会谈继续在《巴黎协议》的框架下举行。"

而英国外交大臣杰克·斯特劳也以硬中带软的语气评论说："按照西方的标准，伊朗大选存在许多严重问题，但伊朗人民完全有权力选择国家的未来。"

杰克·斯特劳还说："希望在艾哈迈德·内贾德的任期内，伊朗能尽早采取步骤向国际社会阐明其在核问题、反恐、人权和中东和平进程等方面的政策。"

但是，美国白宫发言人玛丽亚·坦布里却公开指责伊朗此次大选，认为"选举中出现许多舞弊和干涉现象"。她还强调美国将继续支持伊朗的反对派势力。

总而言之，欧盟国家的主要担忧是内贾德会在核问题上采取更加强硬的政策，使得正在进行的谈判半途而废。而西方国家普遍认为，如果拉夫桑贾尼上台，必然愿意在核问题上同欧美达成协议，但内贾德显然缺乏这样的诚意和兴趣。

针对西方国家的一些议论，伊朗政府也立即作出反应，希望这些国家不必担忧。

6月26日，在德黑兰举行的例行新闻发布会上，伊朗外交部发言人哈米德·礼萨·阿塞菲说："西方国家不要过早地对艾哈迈德·内贾德进行评判，我相信伊朗新政府的核政策不会改变。……我们的缓和政策将继续下去，我并不认为我们的宏观政策会发生变化。"

阿塞菲还声称："核对话是我们宏观政策的一部分，也是我们达成共识后做出的决定。总统的改变不会导致这一政策的改变。"

有人认为：阿塞菲的话很有道理。因为伊朗外交政策的"舵手"是最高宗教领袖哈梅内伊，与西方国家进行谈判的政策显然也得到了他的许可，因此内贾德上台后不会轻易改变这一政策。再者，内贾德执政后首先要面对的是许多棘手的内政问题，在外交政策方面一时无暇顾及，以不变应万变显然是上策。

此外，阿塞菲还呼吁西方国家不要以先入为主的态度来看待艾哈迈德·内贾德。他说："欧洲人信不信任艾哈迈德·内贾德是他们的问题，但是我认为他们应该信任他，要避免过早地下结论。""我认为在艾哈迈德·内贾德宣布他的政策前，欧洲人应该对他有信心、耐心和容忍。"

实际上，不管外界如何评说，内贾德将走自己的路，并根据国际国内的形势来制定政策。因为他不仅是个灵活的人，更是个务实的人。

内贾德最核心的战略目标，是创建一个"现代化、进步和强大"的伊朗，使其成为"伊斯兰世界的典范"。而一切政策也只能围绕这个目标运转。

内贾德能否在国际政治舞台上创造奇迹，能否实现自己的战略构想，这就要看他如何发挥自己的政治智慧了。

第三章　提振民族自信心　核心价值大升华

人类社会有潜规则，即在任何领域若缺少了强劲的对手，必定会毫无生机而死气沉沉。这个道理很简单，没有对手擂台就摆不起来，唯有对手才会使场面生龙活虎，才会使自己变得坚毅，生活变得更加充实和富有刺激性。

确立新战略　外交有重点

作为强硬派的内贾德在出任伊朗总统后，肯定会在外交政策上进行调整，尤其是加强与中国和俄罗斯的关系。因为中国和俄罗斯都是世界大国，又是联合国安理会常任理事国，拥有一票否决权。那么，如果伊朗要和平利用核技术，必须得到这两个大国的支持。同时，这在很大程度上可以牵制美国对伊朗动武。因此，加强同这两个国家的关系至关重要。

在伊朗和中国的关系上，内贾德除了要保持两国的传统关系，还将全面深化同中国的合作关系。这将是他在外交上的重点战略目标。

2005年6月26日，内贾德在刚刚当选为伊朗总统后，在首次举行的新闻发布会上专门谈到伊朗同中国的关系。他说自己对中国非常了解，愿意发展与中国的友好关系。他在回答媒体的提问时说："中国对我来说并不陌生，在担任德黑兰市长期间，我与很多中国公司有过深入的接触，双方有着很融洽的合作经历，因此对于中国和中国人，我都非常了解。"

内贾德还着重强调说："伊朗愿意同所有的友好国家发展关系，其中包括中国。"

内贾德十分清楚，加强和深化同中国的友好合作关系，对伊朗来说具有重要的战略意义。同时，伊朗政府也非常清楚这一点。例如，在伊朗总统大选举行第二轮投票前夕，即6月19日这天，伊朗外交长哈拉齐在德黑兰举行的记者招待会上也专门谈到了伊中两国关系。他说："中国是伊朗的重要伙伴，伊中关系不会因伊朗领导人的更替而发生改变。"

哈拉齐从外交战略的角度坚定地说："中国是伊朗重要的伙伴，伊中关系不会因伊朗大选发生改变。……我不认为大选的结果会对伊朗的外交政策事务有任何影响，包括核问题。伊朗的外交政策不会随着总统的改变而发生巨大的变化，我们将继续与不同地区和国家进行合作。"

伊中两国的友好关系从许多年以前就开始了，而且两国都是有着5000年悠久历史的文明古国，友好交往的历史源远流长。据记载，两国人民自公元前4世纪就开始交往。早在中国的秦汉时期，由于沟通东西方的"丝绸之路"的兴起，伊朗作为东西方文明交汇的重镇与中国的贸易和人员往来很频繁。到了中国的唐宋时代，两国的交往达到了鼎盛时期，其中唐朝时的长安城、泉州、广州和扬州等地居住着大量的波斯人。而此时，中国丝绸、铜器、漆器、货币等也大量流入伊朗。与此同时，波斯人亦给中国带来了菠菜、葡萄、苜蓿、胡桃、胡萝卜等物种，更重要的是将音乐（如琵琶）、舞蹈、建筑艺术、拜火教和摩尼教等传入中国，这对丰富中国的历史文化起到了十分重要的作用。因此，在对古代中国历史文化的影响方面，伊朗仅次于印度。然而，到了近代，伊中两国均沦为半殖民地国家，两国人民在反殖民主义、抵抗外来侵略和反帝国主义斗争中相互响应，并结下了深厚的友谊。由于历史上的友好交往，两国关系很好地延续到了当代。自从1971年伊中两国正式建交后，两国的政治、军事、经济和文化的合作与交流均取得了前所未有的成效，并且成为南南合作的典范之一。

自中伊两国关系进入新时期以来，两国在地区和国际事务中进行了密切的磋商与合作，并实现了机制化。从2000年开始，两国外交部之间正式建立了政治磋商机制，同时双方高层互访也频繁起来。从20世纪80年代以来两国间重要互访的情形就可以看出：伊朗议长拉夫桑贾尼（1985年6月，时任国家利益仲裁委员会主席）、总统哈梅内伊（1989年5月，现任伊朗最高精神领袖）、总统拉夫桑贾尼（1992年5月）、副总统哈希米（1999年）、总统哈塔米（2000年6月）和副议长穆幸·阿明（2002年4月）先后访问中国。尤其是时任总统哈塔米2000年的中国之行标志着两国关系进入了一个历史新阶段。

最重要的是，2000年6月哈塔米访问中国，以及江泽民对伊朗的访问，充分显示出两国领导人对双边关系的高度重视，同时也将两国的友好关系推向了一个前所未有的高度。

2000年伊朗时任总统哈塔米访问中国时，两国发表了联合公报，公报对两国近30年的友好合作关系进行了回顾和总结，同时也为未来两国关系的发展和走向勾画出新的前景。在联合公报中，双方一致决定：将“在相互尊重主权和领土完整、平等互利、和平共处等原则基础上提高双边合作水平，开辟双边关系新的前景，建立面向21世纪长期稳定、内容广泛的友好合作关系”。

中伊都是亚洲重要的发展中国家，积极发展与伊朗的友好关系，加强两国在各个领域的友好合作是中国政府的一贯政策。双方领导人一致同意继续保持两国高层官方接触与各个层次的交流，并在两国外交部政治磋商机制框架内继续开展定期政治磋商。中伊两国关系又揭开了历史新的一页。

其实，早在1985年4月，中伊两国就成立了经贸科技委员会，迄今，双方已轮流召开了11次会议。两国合作的领域涉及能源、交通、机械、建材、采矿、煤炭、化工、有色金属等行业。其中中国承建的德黑兰地铁工程和大型油轮建设合同，金额达到数十亿美元。到了1997年，两国贸易额达到10.32亿美元；2001年迅速增加到30亿美元。2000年哈塔米访中国时，两国又签署了相互促进与保护投资、矿山金属工业、能源合作以及发展旅游业等多项协议。而2005年3月间，中国副总理吴仪率代表团访问伊朗期间，双方举行了第11次经贸混委会会议，并签署了9个合作协议，其中涉及能源、化工、地铁、旅游等多个行业和部门。从双方日益扩大的贸易上看，伊朗已成为中国在中东地区重要的贸易伙伴之一。而中国目前主要从伊朗进口原油、铬矿石、原棉、氯乙烯聚合物、合成橡胶和干果等。更重要的是，伊朗是中国在中东地区的主要石油进口来源，进口量已从1996年的231万吨迅速增至2001年的1084万吨，伊朗成为中国最大石油来源国。

可以说，中伊两国已将发展经贸合作作为两国关系发展的重点。随着两国合作领域不断拓宽，贸易增长速度加快，两国政府对目前的经贸合作均表示满意，并一致认为两国的经贸合作在双边关系中具有重要意义。尤其是中伊经贸技术合作方面仍有巨大潜力可挖。例如：中国与欧盟、日本等国相比，具有无法比拟的政治优势；其次，中伊两国经济具有很强的互补性，尤其是在能源、矿业、机械、水电、道路、轻工和农业等方面；另外因伊朗长期遭受经济制裁，工业设备严重老化，技术落后，道路交通设施建设滞后，许多市场有待大规模开发，其商机也是前景看好。

与此同时，两国还在科技、文化、宗教、教育、卫生、广播电视和体育等领域进行了较好的交流与合作，并签署了诸多合作交流协定。其中有1983年中伊《文化和科学技术合作协定》；1986年中伊《两国广播电视合作计划》；2000年《2000-2002年文化与教育交流计划》等。

由于伊朗和中国同属发展中国家，发展经济是中伊面临的最主要任务，并且双方在诸多地区和国际事务中也具有共同或相似看法。因此，两国政府都十分重视两国关系。

从政治方面来说，伊朗的战略位置十分重要，是在海湾、中东、中亚和南亚都具有重要影响的地区大国，同时也是重要的发展中国家，在不结盟运动、77国集团、伊斯兰会议组织和欧佩克中都发挥着很大的作用。因此，中伊两国发展友好合作关系对维护地区安全和世界和平具有十分重要意义。美国“9·11”事件发生后，中亚的地缘安全格局发生了深刻改变，该地区的恐怖主义势力对伊、中、俄三国的安全构成了很大威胁，这就使中、伊两国有了共同的安全利益，加强伊朗与中国在中亚和阿富汗问题上的磋商与合作也具有紧迫性。尤其是对中国方面来说，伊朗在中亚和阿富汗所具有的地缘优势和影响力也为这种合作提供了有效平台。2004年12月，中国政府派外交部特使访问伊朗以及经伊朗向阿富汗提供救援物资，便是两国有效合作的具体形式。另外，中国加强与包括伊朗在内的第三世界国家的合作，既是中国外交工作的基石，也是中国反对美国霸权主义、推进世界多极化的重要手段。

从经济方面来说，伊朗是中国重要的能源合作伙伴之一。伊朗的天然气、石油资源丰富，其储量分别居世界第二、四位，达到223万亿立方米和931亿桶，分别为世界全部储量的17%和10%。随着中国经济的迅猛发展，石油进口也随之快速增加。自从1993年成为净石油进口国以来，近年来中国年进口原油已增长到7000万吨左右。到2010年中国能源进口达1.5亿吨左右。另外，随着世界其他产油地可开采原油的逐渐减少，国际社会对中东能源的依赖将进一步增大，而中国同样也面临这一局面。在这种情况下，加强与伊朗等海湾国家的能源合作不仅对保证中国经济快速发展具有重要意义，同时也关系到国家的经济安全。与中国相比，伊朗的改革还处于刚刚起步阶段，中伊两国经贸合作尚有很大潜力可挖，并且还有一个有待开发的、拥有6000多万人的大市场。

与此同时，对伊朗而言，由于美国长期敌视以及遭受来自西方国家的制裁，重视发展与中国的友好合作关系是伊朗外交战略的重点。伊朗发展与中国的合作关系以及对中国的政策，主要有以下两点：

在政治与安全合作方面，伊朗十分看好中国的大国地位和影响力，希望与中国加强政治、安全等方面的战略对话与合作。中国是世界上最大的发展中国家，是拥有13亿人口的世界大国，同时也是安理会常任理事国，在地区和国际事务中发挥着举足轻重的作用。同时，中伊两国在许多重大地区和国际问题上具有共同或相似看法，立场相近。

在经济技术合作方面，中国对伊朗具有很大的吸引力。近年来伊朗实行

"东方政策",对包括中国、日本和韩国在内的亚太经济发展前景和巨大市场十分看好。自从20世纪80年代后半期开始,伊朗领导人就在研究中、苏两国改革开放的经验和教训,经过比较得出结论,中国的侧重经济事务的渐进稳步改革是一条成功的道路,非常值得伊朗借鉴学习。因此,借鉴中国的改革开放经验,学习中国在吸引和管理外资、建立特区和经济开发区等方面的方法,已成为伊朗社会的普遍共识。除此之外,在伊朗人心目中,中国也是一个具有较雄厚经济实力和科技水平的大国,而中国巨大的外汇储备使得其有能力在国外进行投资。伊朗在石油、天然气工业、大坝、水利、石油化工、电力、道路等领域需要大量外资,因此希望中国参与和支持伊朗"第三个五年计划"建设,尤其是在能源领域。而另一方面,由于中国人口众多,是伊朗传统工业品和非石油产品的良好市场,由此希望通过加强同中国的友好合作关系,早日进入这一广阔的市场。在这期间,伊朗政府还一再强调复兴丝绸之路,发挥其在东西方之间的枢纽作用。对此,正如伊朗驻中国大使瓦尔德·纳贾德表示的那样:"伊朗除希望进一步加强与中国在重工业、能源和修建大坝等领域的合作之外,还应发展在信息通讯、汽车制造和配件等领域的合作。"

这便是伊朗加强与中国友好合作的动力和原因,也是内贾德上台后所致力于外交工作的战略重点。而且必然会将中伊两国的友好合作关系推向前所未有的高度。

6月27日,当中国政府得知内贾德当选为伊朗新一届总统后,立即表示热情祝贺,并通过外交部发言人发表看法。中国外交部发言人热情满怀地祝愿说:"艾哈迈德·内贾德先生当选伊朗总统是伊朗人民的选择,我们对此表示祝贺。我们相信,在艾哈迈德·内贾德先生任期内,中伊友好合作关系将会得到进一步发展。我们祝愿伊朗人民在新政府的领导下,把自己的国家建设得更加美好。"

应该说,内贾德出任伊朗总统后,不但不会削弱中伊两国的合作关系,而且会开创中伊两国友好关系的新局面,建立新的里程碑,使中伊关系走进新的历史时期。

积极应挑战　抵制外丑化

内贾德是一个敢于碰硬的钢铁汉子，对于他的敌人总是针锋相对，毫不妥协。

艾哈迈德·内贾德在大选中奇迹般地当选伊朗总统后，立即引起了国际社会的广泛关注，并成为议论的热门话题。与此同时，世界媒体也对他品头论足，进行重点报道。这样一来，使他这个此前本无多大名气的人物，一下子闪亮地浮出水面，成为国际政治舞台上令人特别关注的亮点。

就在内贾德当选为伊朗总统引起国际社会一片哗然时，美国媒体和政府尤其关注内贾德这个人。但美国方面关注的不是内贾德如何当选伊朗总统，而是怀疑他曾经参与了1979年伊朗学生劫持美国人质事件。但是，伊朗政府立即回应，断然否认内贾德曾经参与过此事，同时许多心理学家及各方也对此持怀疑态度。而美伊双方却为此事相互指责，争论不休。

2005年6月30日，在这个骚动而又炎热的夏日里，当年被扣留的5名美国人质挺身而出，毫不犹豫地指认内贾德曾参与了1979年扣留美国人质事件。此事一下子又轰动了全世界。可见，内贾德刚刚当选为伊朗总统便遭到美国方面的责难，这也是美国对他发出的不友好信号。实际上，这是美国与他的第一次交锋，更是日后较量的前奏曲。不过，内贾德并不以为然。

除了美国媒体和美国政府指责内贾德外，美国总统小布什也亲自跳到前台，猛烈指责内贾德，并声称要彻底调查内贾德是否参与了1979年的扣留美国人质事件。他煞有介事地对此声称说："我现在还不知道真相。但是他（内贾德）的介入（参与劫持人质事件）会带来很多问题。"

与此同时，美国白宫发言人也宣称说："要彻底调查这起陈年旧账，查清楚内贾德是不是当年的绑匪。"

除此之外，美国国家安全顾问斯蒂芬·哈德利也冲锋陷阵，在指责内贾德的同时还透露说："……现在有关部门正紧锣密鼓地调查内贾德的一切资料，我认为翻阅档案记录是最可行也是便捷的方式。”

尽管如此，美国白宫仍没有发布最新的调查结果。但是，美国媒体却在该报上刊登了一张照片，并说照片上那个架着美国人质走出大使馆的清瘦的、留着络腮胡子的年轻人“就是内贾德”。但是，也有许多人认为照片上的那个学生不可能是内贾德，因为那人看起来比内贾德高出一截。

看来美国方面是费尽心机企图来证明这一点，故意给内贾德制造麻烦。

对于这张被指认为内贾德的照片，美国政府并不敢完全确定，正如美国国家安全顾问所说：“现在白宫方面正仔细研究这些照片，在真相大白之前所有传闻都是猜测，他们需要事实为证。”

尽管如此，由于内贾德遭遇“扣留美国人质”事件的指认，这使美国与内贾德之间的隔阂加深了一层。同时，也使内贾德更加仇视小布什政府，并认为美国政府像个“泼妇”。

在有关“美国人质”事件的交锋中，美国白宫采取了“静观其变”的态度，就是既不肯定也不否定。从外交战略的角度考虑，白宫方面还声称：不管内贾德的过去如何，也不论美国政府对内贾德当选总统略感失望和不满，现在美国在许多问题上还得同内贾德打交道。

不管美国国内对内贾德当选伊朗总统如何评说，但美国的权力中心白宫所注重的是他上台后的新举动，即对待核问题的态度。美国对伊朗要重新和欧洲国家讨论伊朗核问题表示欢迎。不过，核问题是伊朗和美国之间很难解开的死结。

与此同时，小布什也在讲话中对此强调说：“现在内贾德是否参与绑架人质事件不是最关键的事情，迫在眉睫的是要弄清楚英国、法国和德国怎样和伊朗谈判，以阻止伊朗的核计划。”

小布什放出这番话，就是想让刚刚当选伊朗总统的内贾德从心里明白，美国决不容忍伊朗拥有核武器。这也是他对内贾德的一个严重警告。

对于那些照片是否属实而将产生什么样的后果的问题，英国媒体的一位记者分析说：“如果照片是真的，也就是说内贾德参与了1979年冲击美国大使馆的行动，这将会对内贾德同美国的关系产生破坏性影响。”

他还认为：“这些照片实实在在地激怒了美国。没有人真正了解那场人质事件在美国人心里产生的冲击，因为没其他外交危机能有这样的影响。它在美国人心目当中塑造了伊朗的形象，这是两个国家持续敌对的真正根源。”

不过，美国普通民众却对“美国人质”事件的看法表现出无所谓的态度，认为那不过是当时年轻人的革命行为，没有什么大惊小怪的。正如美国国家广播公司的新闻调查节目所说：“如果内贾德被证实参与了劫持美国人质行动，又有什么影响？有观众认为内贾德就和当年美国的‘开国之父’乔治·华盛顿一样，都是闹革命的人，要是内贾德和华盛顿生活在同一时代，就可能被英国皇室称为‘恐怖分子’”。

关于退役美军上校斯科特等5名当年被扣作人质的美国人认定内贾德参与了1979年扣押美国使馆人员的事件，以及美国方面借此大做文章，来攻击新当选的伊朗总统内贾德，以达到丑化他在国际政治舞台上的形象。对此，伊朗方面立即给予回应，并坚决否认内贾德参与过当时的扣留美国人质事件。

另外，几个曾经参与了1979年扣押美国人质事件的主要当事人纷纷站出来，用坚决的语调辩解说：“有关艾哈迈德·内贾德卷入人质事件的报道是虚假不实的，他绝对没有参与人质事件。”

与此同时，还有一名主要当事人也证实说：“参与者中没有来自德黑兰工业科技大学的学生，而艾哈迈德·内贾德当时就在工业科技大学就读。”

此外，其中有一点更让人怀疑，就是美国媒体刊登的照片上的那个人留有满脸胡子，而当时作为学生的内贾德脸上并没有胡子。因此，照片上的那个人绝对不是内贾德，是美国方面胡乱捏造的事实。正如伊朗政府官员斥责美国当局说：此举是“妖魔化伊朗的卑鄙伎俩”，其目的就是为了破坏伊朗新政府的形象，美国狼子之心昭然若揭。

7月2日，针对美国攻击内贾德的言论，伊朗政府官员也声称美国前人质对内贾德的指控是错误的，毫无根据的。他们在老照片上指认的那个人不是内贾德，因为当时内贾德并没有蓄胡子。这是美国不怀好意的“诬蔑”。

7月3日，对美国的行径十分气愤的伊朗方面，还严厉指责美国针对伊朗总统选举发起了一场“诬蔑”运动，同时警告正与在伊朗进行“核谈”的欧盟不要加入其中。

除了美国“诬蔑”内贾德参与了1979年绑架美国驻伊朗使馆人质事件外，还有伊朗流亡分子以及一名奥地利警官也散布内贾德1989年在奥地利首都维也纳参与暗杀了一名库尔德领导人及其两名助手。

针对上述毫无证据的诬蔑，伊朗外交部积极反击，以正视听。其外交部发言人在德黑兰举行的新闻发布会上驳斥说：“这些指认是如此显而易见的错误，以至他们都不值得伊朗回应，很明显这些只是谎言。”

除了强烈驳斥美国的“谎言”外，伊朗政府发言人还警告欧盟不要卷入其中。他严肃地提醒说：“欧盟应该显示他们的政治成熟，不要把他们的利益与美国的利益相混淆，我们严肃建议欧盟不要参与这一事件。”

他还一针见血地指出：“目前美国针对内贾德的一系列指责是对6月24日伊朗大选结果失望的反应”，是对内贾德当选伊朗总统表示不满。因为从美国的角度来说，希望较为温和的拉夫桑贾尼当选。

内贾德当选伊朗总统后，美国掀起一场攻击他风波的目的，其实就是希望通过数十年前的人质事件往内贾德脸上抹黑，以达到丑化他的目的。

面对美国的无端发难和指责，内贾德并没有站出来直接为自己辩解，而尽量保持沉默以无声来回敬美国。因为他清楚地知道，这不过是美国人玩弄的伎俩，是不屑一顾、不值得驳斥的。

内贾德十分清楚地知道，这是美国方面向他发起的最初挑战。这也是美国向他发出的很不友好的信号。这已充分意味着他今后将与美国当局有着长期的较量，而此次只不过是拉开了较量的序幕。

这个以自己是铁匠的儿子为荣，并有铁一般意志的内贾德，将毫不畏惧地勇敢迎击来自美国方面的任何挑战。他将以独特的智慧与以小布什为首的美国政府斗智斗勇，使伊朗立于不败之地。

智慧解难题　意志战困境

众所周知，内贾德是个富有传奇色彩的人物，也是个有战略头脑的人物。他能在伊朗总统大选中胜出已经充分证明了这一点。

内贾德之所以能当选为伊朗总统，在很大程度上是伊朗的穷人将他推上了总统宝座。因为与身为百万富翁的拉夫桑贾尼相比，出身贫困的他自然更能得到社会底层的支持。正如有的伊朗人说：“我支持艾哈迈德·内贾德，是因为他想斩掉那些盗窃国家财产的窃贼的手，他还会向贫困和歧视宣战。”

内贾德本人在大选前也曾多次强调：“对于掌握我们石油的黑手党强权和势力集团，我将斩断其双手。我拿自己的生命下赌注。民众必须在其日常生活中分享石油财富。”因此，从他的这番讲话中，有人认为伊朗可能会出现俄罗斯式的对寡头们的清算，而维护国家和民众的利益。

不过，内贾德就任总统后，将面临巨大压力，而且前进的道路上也阻力重重。有分析认为：在伊朗政府的权力架构中，最高精神领袖哈梅内伊拥有最高权力，内贾德只拥有有限的行政权力。但基于他和哈梅内伊的密切关系，伊朗社会一度平衡的改革和保守之间的斗争将更尖锐化。而他很可能会软化自己的强硬立场，但伊朗“保守化”将是一个必然趋势。内贾德时代的伊朗将在诸多问题上与西方展开更激烈的较量，那么中东格局必定要经受新的考验，并且必然会形成全新的格局。

由于内贾德属于保守派，一些新闻媒体还借题发挥说：艾哈迈德·内贾德上台后，将会颁布更保守的法令，禁止男女共同上班。这样一来，伊朗男女只能分单双日上班。实际上，这只不过是一种凭空猜测。但是，内贾德的战略智慧也不是外人可轻易猜透的。

有一点是可以肯定的是，那就是内贾德上台后将面临诸多挑战。其挑战主要有以下几个方面：

在应对外部环境问题上，突出挑战有三点：首先，是如何解决伊朗核危机。对于这一点，他在当选总统后便声称，伊朗绝不放弃拥有浓缩铀的权利，如果伊朗与欧盟三大国（法德英）谈判崩盘，来自西方国家的经济制裁，以及来自美国、以色列的军事打击也将很难避免。其次，是如何处理伊拉克的局势。萨达姆之死增强了伊朗与美国在外交上周旋的资本。不过，从另一方面看，伊拉克的动荡正在向伊朗延伸，伊朗库尔德人正在更强烈地要求自治。还有一点，就是如何对付美国。自1979年伊斯兰革命后，美国就一直和伊朗不共戴天。而内贾德却十分强硬地宣称："发展与美国的关系并不能根除我们面临的问题。"因此，内贾德必须要有突出的政治智慧。

在国内问题上，内贾德也将面临巨大压力。因为伊朗正处于发展和社会动荡的十字路口，处理国内问题已迫在眉睫，这关系到伊朗未来的发展格局。其主要压力有以下两点：其一，如何解决就业问题。由于残酷的两伊战争和伊朗新出生人口的增加，伊朗目前75%的人口均在30岁以下，失业率已高达30%。在这种情况下，过高的失业率已使伊朗处于火山爆发的前夜。正如有的民众所说："伊朗拥有的真正核弹是大量失业的年轻人。……如果不为年轻人创造就业机会，你们的大街就会爆炸。"其二，是如何进行改革开放。伊朗要发展，必须打开国门，吸引外国投资和发展旅游业。但是，这必将牵涉到外交关系，外交上如果无法取得突破，伊朗将很难在经济上取得成功。对于这一点，一些流亡国外的伊朗人士还断言说：鉴于新总统极端强硬的保守立场，伊朗将不能融入世界，内贾德"将成为伊朗政权最后一个总统"。当然，这样的断言未必灵验。

尽管面临来自国内外的许多困难，但内贾德清楚地看到，伊朗在世界上具有举足轻重的战略意义，因为伊朗是个石油大国，可以直接影响世界的经济秩序。正如一种混沌理论所说：一只小小的蝴蝶拍动一下翅膀，有可能导致万里之外的一场飓风。因此，如果伊朗发生动荡，必然会使国际油市掀起滔天巨浪，冲击整个世界经济秩序。美国、欧盟、日本，以及正急需石油的中国和印度等国，都无法独善其身。从这个战略意义说，伊朗和中东地区都是这些国家和地区的核心利益所在。

内贾德也清楚地看到，伊朗对世界的重要性主要有这样两个因素：其一，伊朗本身是一个产油大国。现已探明的石油储量为930亿桶，占世界总储量的10%，居世界第五位。众所周知，伊朗是欧佩克第二大原油出口国；其二，伊朗在中东的大国地位和战略环境。伊朗北邻里海，南临波斯湾，仅在邻近的沙特、科威特、伊拉克和阿联酋，石油储量就占到世界一半，里海内是另一个重要的产油区。另外，每天世界40%的石油出口，要从伊朗扼守的霍尔木兹海峡的狭窄水道通过。

由于里海石油天然气资源丰富，一直是沿岸国家争端的焦点。里海，是世界上最大的咸水湖，位于欧亚大陆的交汇处，周边海岸线长7000多公里，水域面积37万多平方公里。里海北浅南深，最深处1025米，大部分水深不足100米。它地处内陆，被俄罗斯、伊朗、哈萨克斯坦、阿塞拜疆和土库曼斯坦5个国家所包围，战略位置十分重要。现在，在里海输油管线问题上主要有以下四种方案：

第一种是以美国为代表的西方国家竭力推崇的“西线方案”。美国政府清楚，只要占据里海，既可以挤压俄罗斯的战略空间，又能左右阿富汗及整个西亚地区的局势，还能增强美国在21世纪的能源安全。因此，美国里海能源战略的核心是确定一条避开俄罗斯的能源出口管线。早在1999年11月，在美国主导下，阿塞拜疆、格鲁吉亚和土耳其三国签署了巴库至第比利斯至杰伊汉石油管道的一揽子协议，美国承诺为铺设这条绕开俄罗斯的管道提供资金担保。这一输油管道年输油能力为5000万吨，建设资金预计为23亿美元。2001年4月1日，哈萨克斯坦、阿塞拜疆、格鲁吉亚、土耳其和美国的代表又在哈萨克斯坦首都阿斯塔纳签署了一项关于石油运输方案的谅解备忘录。

第二种是俄罗斯提出的“北线方案”。俄罗斯政府原计划是从哈萨克斯坦的田吉兹沿里海地区向北穿越俄罗斯领土抵达其黑海港口新罗西斯克一线，从而最大限度地提高里海的能源输出能力，后因车臣和达吉斯坦地区问题而被迫中断。现在俄罗斯主要致力于提高从中亚经俄领土与其欧洲部分输油气网络相连结的现有管道的运输能力。

第三种是伊朗主张的“南线方案”。单纯从商业价值上及理论上考虑，向南穿过伊朗从波斯湾、阿曼湾输出里海石油，是一条连接世界市场的最经济便捷的路线。

第四种是“东线方案”。日本、韩国、美国及中国有关公司曾达成兴建从土库曼斯坦经乌兹别克斯坦、哈萨克斯坦由中国北方最后到达韩国、日本的横跨亚洲大陆的“东线方案”的意向。

2001年3月12日，俄罗斯政府与伊朗政府签署了《关于里海法律地位问题的联合声明》。这使里海争端问题有了新的转机。

由于伊朗优越的条件以及处在东西要冲的地理位置上，因此内贾德有一种大国雄心，希望能恢复历史上的大国地位。在历史上，古波斯帝国盛极一时，是历史上第一个横跨亚非欧的大帝国。其大医学家阿维森纳在公元11世纪所著的《医典》，对亚欧医学发展有很大的影响。伊朗人修建了世界上最早的一座天文观测台，发明了最早的坎儿井。但是，随着历史的变化，伴随大国雄心的却是历史悲情。历史上阿拉伯人、突厥人、蒙古人、阿富汗人都先后侵占波斯国，使伊朗人多次遭受异族奴役。到了19世纪后，伊朗又沦为英、俄的半殖民地。因此，当今的伊朗政府在外交上高度重视主权和独立，民族自尊心强烈。多年来的美伊两国对立，使民间的反美情绪十分强烈。而保守的意识形态，更极大地压缩了外交谈判的空间。在这种情况下，内贾德很可能借助黑金（石油）推动经济的发展，使伊朗再次崛起为中东最强大的国家。那么，中东的格局将继1948年以色列建国后再次发生重大调整。

此外，还有一点可以肯定的是，内贾德就任伊朗总统后，将更加强硬地对抗美国布什政府，把一个更加强硬的伊朗展示在世界面前。在这种情况下，小布什很可能对伊朗进行军事打击。再者，石油成了伊朗被美国封锁的原罪。石油在一定程度上改变了中东和中亚的政治格局，这让美国的触角无所不在。

对于内贾德在大选中胜出，最感到头痛和失望的就是美国。当美国控制伊拉克和阿富汗并对伊朗完成东西包抄，使伊朗面临巨大的军事威胁时，美国可能对伊朗动武。正如美国媒体所说：美国国防部正在对伊朗进行秘密的突入侦察，据推测是在确认伊朗隐藏的核与导弹设施，以便将来对其进行空中袭击和导弹袭击。与此同时，《华盛顿邮报》也说："（这种）空中间谍活动通常就是为最终发动空袭作军事准备。"

另外，伊朗还面临着来自以色列的军事威胁。面对伊朗的核武库，被伊朗认为是"邪恶国家"的以色列一直十分担心，并多次威胁要对伊朗的核设施进行重点打击。而内贾德在核问题上的强硬态度更增加了这种军事攻击的可能性。

面对来自美以两国的军事威胁，伊朗也在积极做应战准备，以迎击突然发生的军事袭击。不过，伊朗认为，美国等国如果对伊朗动武所带来的后果是不堪设想的，正如一位伊朗国家利益委员会的官员所说："攻击伊朗就等于危及沙特阿拉伯、科威特，一句话，就等于危及中东石油。"

美国国防部情报局局长也承认："我们的判断是，伊朗依赖分级战略，利用海军、空军和一些地面部队，可以短暂关闭霍尔木兹海峡。"

实际上，对伊朗开战带来的负面影响是广泛的、深刻的。战争的冲击波必然会危及欧盟、中国、印度和俄罗斯等国的利益。在这种特殊而复杂的情形下，严峻的挑战不仅考验着世界的和平努力，更考验着内贾德的政治智慧。如果不采取灵活务实的外交战略，而一味不讲策略地强硬，势必导致走进与美国进行军事对决的死胡同。因此，如何妥协并谋求伊朗最大利益，便成了内贾德上台后的第一道外交难题。

要使伊朗成为中东地区的强国，实乃任重道远。

由于内贾德从小就有铁一般的意志，以及所具备的特殊政治智慧，他一定能战胜困境和挑战，一定能使伊朗立于不败之地；也一定能使伊朗在各种困境中向前发展。

山压不低头　勇往直前行

在人们的眼中，尤其是在西方的媒体看来，内贾德是个极其神秘的人物，在他身上有一层神秘的面纱。

这个外表极其平凡的内贾德，被一些媒体称为是伊朗的“少壮派”政治家。但从衣着、长相、处事风格到政治理念，这位“少壮派代表”却与当今国际上的主流政治家又格格不入，显示出他独特的个性。这位从普通的铁匠之子到伊斯兰革命时期的热血青年，从要求“男女分乘电梯”的德黑兰市长到充满争议的“新科总统”，他给人们留下了太多的悬念。有些悬念是人们永远无法解析的。

根据伊朗的宪法，伊朗总统由选民直接选举产生，每四年一届。从1979年伊朗伊斯兰革命至今，伊朗共举行过8次总统选举。这次选举是伊斯兰革命26年来首次进行第二轮投票选举总统，同时也是竞争最为激烈、最具悬念的一次总统选举。在参选的8名候选人中，内贾德并不是一个引人注目的名字。而他之所以参加此次总统竞选，在外界看来，他不过是靠着和最高精神领袖哈梅内伊的密切关系才得以参加大选的，并且他所争取到的也只不过是个“陪太子读书”的角色。另外，他也没有多少希望能当选为伊朗总统，因为许多选民认为：“不要问拉夫桑贾尼是左派还是右派，他是一切这根本不是选举，拉夫桑贾尼一定会赢。”

然而，内贾德却像一匹黑马突然腾空而出，在人们所料不及的情况下横空出世、一鸣惊人，令国内外均感到惊讶不已。这便是他最初展示出的惊人之举。内贾德在大选中获得全胜，这为他在政治舞台上展示自己的智慧、实现自己的抱负提供了广阔的空间。

2005年8月3日，在这个不同寻常的火热盛夏时节里，在内贾德宣誓就职前夕，他第一次以新当选总统的身份发表讲话，他要求不要对他个人进行宣传，还强调伊朗的政府工作人员不要在办公室中悬挂他的照片，应该只悬挂伊朗精神领袖霍梅尼和哈梅内伊的照片。

他在讲话中还反复强调:“始终与人民在一起”是伊朗先烈们留下的宝贵遗产。可见,贾德是个十分平民化的亲民总统。这也是他能得到伊朗大多数民众拥戴的最根本所在。

然而,这位拥有市政工程师文凭而非任何宗教学院文凭的新总统,却引起了外界许多专家学者的极大兴趣,并纷纷进行各种解析。其中,著有《凭空出世的邪恶轴心》一书的巴鲁大学伊朗史教授艾文德·阿布拉哈米恩认为:“要想理解伊朗政治,就必须理解伊朗的阶级问题,但是有很多年这个问题隐藏了起来。”

有人认为:1979年伊朗革命时,阶级和贫富差距是一个被公开讨论的问题。只是最近的几届伊朗总统大选中,阶级问题被其他如文化问题、生活方式问题等掩盖了起来。在此次选举中,内贾德重新将这个被忽视的问题鲜明地提了出来,并且在伊朗民众中产生了很大的共鸣。由此可见,他有一种独特的政治眼光。

另外,内贾德还为伊朗民众找回了重新革命的信心。他在讲话时对1979年的伊斯兰革命的看法是:“我们革命并不是为了民主”,但“人们认为回到革命的价值观只是戴不戴头巾的问题。这个问题真正的问题是就业和住房,而不是穿什么衣服的问题”。

因此,一些西方媒体尖锐地评论说,内贾德使伊朗又回到了伊斯兰革命的早期时代。而英国媒体却认为他的言行是他背后强大的宗教力量所致。

对于伊美两国的关系问题,在大选中其他候选人都曾表示会与美国修复关系,但内贾德是唯一没有表示要同美国修复关系的候选人。他总是强调说:“与美国的关系并不能成为治愈我们自身疾病的良药。”

内贾德还指出说:“我们的国家将本着自尊和自立的原则继续前进。而在这一发展过程中,我们没有任何特别的需要与美国发展关系。我们会着重与所有那些对我们没有敌意的国家发展关系。”

无论世界发生什么变化,不管国际社会如何评说,伊朗的历史都将翻开新的一页，内贾德时代不可阻挡地到来了。这将是一个更加受到国际社会关注的时代。

2005年8月3日，内贾德接到了最高精神领袖哈梅内伊的委任函，从此开始履行总统职务。而前总统哈塔米的时代也由此画上了句号。内贾德的总统生涯就这样开始了。

8月6日，对内贾德来说，是个极为神圣的日子，是一个使他终生难忘的日子。同时，也是个备受世界关注的日子。就在这个不同寻常的日子里，他在伊朗议会正式宣誓就职，由此揭开了新时代的一页。

在他务实的就职演说中，内贾德向国民承诺将改善人民生活，尤其是解决年轻人在就业、教育及婚姻问题上遇到的困难。

内贾德在演说中还再次声称：要在国际交往中维护伊朗的尊严和自主，决不向任何国家屈服。

内贾德就任伊朗总统后，根据伊朗宪法规定，他将组建政府内阁，并在15日内向议会提交组阁名单。这意味着内贾德新政府的诞生，同时也意味着内贾德时代的真正到来。

媒体纷纷就此进行分析和评说。设在比利时布鲁塞尔的一家名为“国际危机组织”的非政府研究机构发表了一份有关伊朗问题的报告。该报告在分析了内贾德竞选前后的言行后认为：“内贾德就任总统标志着伊朗保守派势力日益巩固，对世界其他国家来说是一个新挑战。从他的言论和过去的表现以及他身边的团队来看，内贾德似乎使伊朗倒退到了伊朗革命的最初年代，也就是更为意识形态化，而非务实的、更反美的状态。”

该报告还分析认为：内贾德很可能会“加剧与美国的紧张关系”，因为他“轻视与华盛顿改善关系的需要”。另外，尤其是“在外交领域，内贾德的方式会更为冲突和对抗，很难为他的西方听众所接受”。

除此之外，美国政府的重要领导人也对内贾德评头论足。就在伊朗总统大选的结果刚刚公布时，美国防部长拉姆斯菲尔德在接受美国媒体采访时说：“现在我对这个人（内贾德）了解不多。他很年轻，我看了有关他的一些背景资料，但是我知道他绝非民主政治的支持者。他也不是自由的卫士。他是一个对现在的毛拉们非常支持的人，这些毛拉们总是对他们的生活指指点点，我认为这早已经过时了。”

由于美国总统小布什对伊朗大选不民主的指责，以及拉姆斯菲尔德对新任总统内贾德不屑一顾的看法，极大地激发了伊朗国内强烈的反美情绪，使伊朗民众纷纷站到内贾德一边。对此，一位伊朗议员十分明确地说：“我们真应该感谢布什。他在大选前说的那些选举不合法的话事实上帮了我们一个大忙，很多伊朗人后来去投票站投票就是为了反美。”

8月29日，一心为普通民众着想的内贾德，在一个纪念仪式上对数百名伊朗国有企业管理人员和普通工作人员提出：现在伊朗管理阶层与普通员工之间工资差异过大，应该采取措施将之缩小。

应该说，内贾德就任伊朗总统后，首先关注和着手解决的是民生问题。

然而，美国国防部长拉姆斯菲尔德对内贾德上任后的预测是：“年轻人和女性很快会发现他（内贾德）和那些毛拉们是无法接受的。”但是，在刚刚就任伊朗总统不到一个月的时间，内贾德便推出了第一项重要举措，即帮助年轻人解决住房和结婚问题。这一务实举措等于打了拉姆斯菲尔德一记耳光。

8月30日，根据内贾德的决策，伊朗副总统拉赫巴尔宣布：伊朗将从石油收入中拿出13亿美元的巨资设立“爱情基金”，用于解决伊朗人就业、结婚和住房问题。

拉赫巴尔还进一步说：“爱情基金是对政府‘把石油收入放到人民餐桌上’这一新口号的落实。”内贾德之所以关注年轻人，并为他们办实事、解决实际问题，就是为了改变年轻人对他的不满情绪和看法，以赢得年轻人对他的好感。

伊朗是一个比较年轻、充满朝气的国家。它30岁以下的年轻人比例高达70%，这一点内贾德看得十分清楚，因此他着手解决年轻人的住房与婚姻问题有着不同寻常的意义。这种年轻人居多的现象，是伊斯兰革命取得成功后出现的生育高潮所导致的。而这些20世纪80年代后出生的伊朗年轻人所面临的是居高不下的失业率和大城市一路飙升的房价。以德黑兰市为例，一位政府公务员平均月收入220美元，而租一间小公寓每月至少需要300美元。因此，许多年轻人因为无钱结婚而一再推迟婚期，这便形成了国内日益严峻的社会问题。

内贾德一上台便开始重点解决年轻人所面临的困难，赢得了年轻人的一片赞扬。因此，这些年轻的民众开始重新审视内贾德。

但美国的一些学者在审视内贾德时，却认为他只是个头脑简单的人物，甚至无法解决伊朗所面临的问题。可内贾德实际上是个正直朴素的人，他的政策也是务实的，对伊朗的国民吸引力很大。7月29日，一位美国华盛顿近东政策研究所的副所长在接受美国媒体采访时，这样评价内贾德说："内贾德头脑简单的民粹主义根本无法解决伊朗的问题，他把通货膨胀归咎于商人哄抬物价，他对可以创造就业的外国投资持敌以态度。他的政策就是已经过了时的'第三世界主义'。但是许多底层伊朗人却被他的这些政策吸引了，因为他们太需要经济增长了。因此我认为内贾德很可能会度过一段密月期——毕竟他个人正直朴素，不像伊朗有些作风腐败的'老革命'。但是此后，人们只会失望，尤其是当他的阵营中许多人涉及个人腐败时。他的两个前任——哈塔米和拉夫桑贾尼都曾经历了同样的支持率不断下滑的过程。"

尽管外界对内贾德有这样和那样的评说，甚至包括辱骂和攻击。但是，平民出身的、有铁一般意志的内贾德却不屑一顾外界的种种评说和诽谤，依然表现出自己特有的自信，认为自己是能够将伊朗治理好的，是能够推动伊朗向前发展的，伊朗的经济也将前所未有地增长。他在谈到金融问题时指出说："现在私人银行在经济中没有任何积极或建设性的作用，更多的是起了破坏性的作用。"

在讲到加入世贸组织（WTO）时，内贾德十分自信地说："伊朗在加入世界贸易组织之前至少需要三年时间。我们需要时间，我们需要保护我们的民族工业。"

从战略的角度来说，内贾德最远大的政治抱负是："我要把伊朗革命精神推向全球，以消除全球的不公平。"

内贾德尽管外表平平，却有坚定的自信，以及闪光的智慧。这一点在外交方面表现的尤为突出。

不过，在外界眼里，内贾德是个复杂、狡猾和神秘的人物。尤其是在美国政府的眼中，内贾德是个喜欢不听别人说话的、具有顽强反抗意志的伊朗领导。

内贾德就是这样一个令美国政府头痛的人物。但他将成为中东地区具有影响力的英雄。

执政新理念　中东新局势

内贾德就任伊朗总统后，可以说一下子名扬四海，并成为国际政治舞台上一颗闪亮的新星。同时，他也以独具个性的姿态开始活跃在国际政治舞台上。他不仅语出惊人，而且举措也令世界震惊。

2005年8月19日，内贾德一上任便下令伊朗军方展开大规模的联合军事演习，并成功试射了10枚新型地对地短程导弹，同时还计划试射反舰导弹。

此外，就在伊朗军队进行大规模军演的同一天，伊朗政府官员还向外界宣称说：德黑兰拒绝接受中止铀浓缩活动。这一下子又引起了国际社会的关注和担忧。

此前，美国一直想借核问题制裁伊朗，但伊朗却始终声称自己和平利用核能的权利应受到尊重。内贾德与前任总统截然不同，他在坚持这一权利时语气尤为强硬，并借此猛烈抨击美国政府和以色列是挑衅，同时强调自己如何有应战决心和将如何"痛击入侵者"。另外，在核问题上，他还指责联合国安理会立场摇摆。

内贾德针锋相对的言论和举措，使美国等西方国家普遍感到不安，认为这给本身就动荡不安的中东局势又蒙上了一层阴影，使中东局势变得更加复杂化，使美国等国更加焦头烂额。

内贾德出任伊朗总统、上台执政时，正值中东局势依然动荡，恐怖袭击事件一波未平一波又起。因此，可以说此时的中东是世界上最恐怖的地方。与此同时，欧洲的局势也不稳定，时常遭到恐怖袭击。

在这期间，英国和中东地区连续发生了多起恐怖袭击事件。有人认为：这都缘自于同一的文化和宗教背景，它们既是传统中东恐怖主义活动的延伸，更是以本·拉登为代表的“基地主义”意识形态和行为准则在欧洲和中东的实践。

内贾德始终认为，阿拉伯人并非是邪恶的人种，如果你不侵害他们的利益，不涉及政治和宗教问题，阿拉伯人都十分热情、善良、质朴、宽厚、慷慨、温和、乐观和豁达。在阿拉伯人生存的这片土地上，就连打架斗殴、奸淫掳掠和坑蒙拐骗等丑恶现象都甚为罕见，因此社会治安普遍良好，这片土地上的很多国家甚至可以说是是路不拾遗、夜不闭户。不管是加沙地带，还是约旦河西岸，都是世界上刑事案件发案率最低的地方。由此可见，阿拉伯人原本就是善良的人。

不过，这对以色列来说是个例外，尽管生活在同一片土地上，属于同一个民族，但该国向世界展示的却是另一副面孔和形象。例如：在以色列的车站、咖啡厅、繁华街道，频繁发生自杀式爆炸袭击，有的甚至直接袭击校车、屠戮平民。

其实，恐怖主义并不是中东地区所固有的。如果说贫困产生恐怖主义，那么巴勒斯坦的经济状况要好于苏丹、毛里塔尼亚、索马里和吉布提；如果说愚昧产生恐怖主义，那么巴勒斯坦的教育水平却在阿拉伯国家中处于中上水平；如果说专制产生恐怖主义，那么巴勒斯坦的党派之多、言论自由在阿拉伯世界也是屈指可数的国家；如果说保守产生恐怖主义，那么巴勒斯坦的开放是海湾国家的典范；如果说伊斯兰教产生恐怖袭击，那么又如何理解斯里兰卡泰米尔猛虎组织的自杀式袭击等问题。由此来看，中东恐怖主义并非巴勒斯坦人或阿拉伯人的发明和专有手段，并且也与伊斯兰教没有任何直接的因果关系，主要是源于巴勒斯坦问题迟迟得不到公正解决和巴以力量对比的严重失衡。

对内贾德来说，从历史的角度来看，包括巴勒斯坦人在内的阿拉伯人和以色列人同为亚伯拉罕的后代，是巴勒斯坦这块古老土地的共同主人，并曾共同抵御罗马人和十字军的东侵。当罗马人占领中东并将犹太人驱散到世界各地后，巴勒斯坦人便成为此后近千年内这片土地上最主要的原住民。但是，近现代西方列强为了争夺中东并安抚在欧洲被他们长期蹂躏的回迁犹太人，便埋下了巴勒斯坦人的民族悲剧和仇恨的种子。同时，也为中东地区动荡的局面打下了伏笔。

纵观历史，内贾德发现在犹太国以色列成立后，中东便开始燃起战火，直至今日也没有熄灭。在美国等国的支持下，以色列抢占了所有的巴勒斯坦土地，当阿拉伯国家试图通过战争夺回巴勒斯坦失地却一败再败后，当通过谈判也无法收回自己的合法权益后，武装抵抗就成为部分巴勒斯坦组织无奈的选择；当武装抵抗换来以色列更加严重的报复后，一些巴勒斯坦激进分子便采取了被西方国家和以色列称为“恐怖”的袭击方式。而所谓“恐怖主义”便由此诞生了。正如巴勒斯坦伊斯兰抵抗运动（哈马斯）精神领袖亚辛生前曾解释针对以色列目标发动的“恐怖”袭击时说：“哈马斯根本不承认所谓的以色列，整个巴以地区都是被占领土，因而巴勒斯坦人有权利在巴以境内任何地方发动袭击；以色列是全民皆兵的国家，人人都是占领机器的组成部分，不存在所谓的无辜平民；以色列在袭击巴勒斯坦的时候又何曾区分过武装人员和平民呢？”

尽管亚辛的辩解不会得到人们的赞同，但他的话毕竟代表了巴勒斯坦暴力袭击者的普遍心态。虽然发动“恐怖”袭击的只是巴勒斯坦的一部分极端分子，并不代表所有的巴勒斯坦人，可是他们发泄的却是整个民族的屈辱、不满和绝望。

巴勒斯坦问题已经成为中东地区的一个癌细胞，并在扩散中导致中东动乱局面的出现。同时，它不仅成了恐怖主义的温床，还推动了中东恐怖主义的泛滥，更催生了本·拉登现象和“基地主义”的出现。从此也使美国等西方国家日夜不得安宁。

说起本·拉登这个全球无人不知的名字，美国小布什政府谈虎色变，而且最为头痛，它就像一根鱼刺卡在美国的喉咙中。本·拉登可以说是美国总统小布什最强劲的对手和敌手，因为小布什卸任时也未能将他抓获。

被称为“恐怖主义”和“基地”组织头目的本·拉登，是沙特拥有亿万财富的富翁，同时也是个狂热的民族主义者和宗教激进分子。他成长于生活奢华的沙特王室，不仅见证过阿拉伯伊斯兰世界近百年来被列强征服而导致的衰落和屈辱，也见证了部分阿拉伯和伊斯兰国家政权的软弱、腐败和无能。这些现状使他心里种下了仇恨的种子，并充满了仇恨的火焰。

本·拉登曾经也是一名经受战火洗礼的战士。早在20世纪80年代，他为了“解放”伊斯兰的土地阿富汗，与美国联手共同对付苏联占领军。当阿富汗战争结束后，美国发动了海湾战争，使中东格局发生了历史性的改变。在这场战争中，异教徒的美国军队不但出现在沙特这片伊斯兰的圣土上，还在部分阿拉伯伊斯兰国家政府的支持下给伊拉克军队以沉重打击，并迫使其撤出科威特。战争结束后，美军依然驻扎在中东地区。这使本·拉登对美国恨之入骨。

冲撞价值观　冲突无尽期

对美国驻扎在中东地区，本来就仇恨美国和以色列的本·拉登认为：“美国进入中东是对伊斯兰教和阿拉伯民族的冒犯和亵渎，是当代的十字军东征。”

然而，由于本·拉登是政府的异已分子，他后来不得不被迫流亡苏丹和阿富汗等地。在这期间，他开始从事反美活动，并策划对美国进行袭击。最终，他与埃及、科威特、巴基斯坦和孟加拉国激进宗教组织的领导人组成了一个反美反以国际统一战线，这就是被美国中央情报局简称为“基地”的组织。

本·拉登之所以发起这个组织，就是为了给美国以致命一击，以此达到使美国放弃对以色列的支持。他认为：“阿拉伯民族之所以无法对付一个小小的以色列，关键在于以色列身后站着实力强大的美国，只有打垮美国，才能结束以色列对阿拉伯土地的占领，才能结束异教徒军队在中东的存在。”

本·拉登决定将战火直接引向美国本地的核心目标。起先，他策划对美国驻东非大使馆的连环爆炸事件。接着，又策划了震惊世界的反击美国本土的“9·11”袭击事件。他企图通过此次给美国的致命一击，来迫使小布什政府下令美军撤离中东，以及放弃对以色列的偏袒和支持，使阿拉伯伊斯兰土地彻底得到解放。

由于本·拉登具有极其强烈的民族意识，并信仰“穆斯林皆弟兄”这一信条下，他的目标和抱负不只局限于解决中东问题，而是要帮助所有“为伊斯兰事业而斗争的弟兄”。因此，他将“基地”组织向北非、中东、中亚、南亚和东南亚等伊斯兰弧型地带广为渗透。更重要的是，他还在欧洲和美国都发展了自己的网络，形成了全球化的组织结构和同盟军。这样一来，使美军消灭“基地”组织成员十分困难。

本·拉登的“基地”组织闻名全球，至今已发展成为一种可以称为“本·拉登主义”或“基地主义”的意识形态，并已被世界所公认。该“主义”的基本策略是：在任何能力可及的地方打击以美国为首的异教徒政权及其铁杆追随者，最大程度地把战争引入敌人后方，不择手段并最大限度地追求恐怖效果以动摇敌人军心和民心，即使以牺牲无辜平民为代价也在所不惜，最终把一切“邪恶”力量驱逐出伊斯兰世界的土地，取得对抗异教徒入侵的圣战胜利。

当美军在阿富汗企图剿灭本·拉登“基地”组织的时候，美国发动的伊拉克战争爆发了，这为“基地主义”分子提供了新的热战争。其中扎卡维等

"基地"组织新生代领导人率领前阿富汗圣战者及其后代（主要是阿拉伯人），纷纷从周边国家渗入到伊拉克境内，并对美、英等国占领军和其扶持的伊拉克新政权展开圣战，使伊拉克成为自杀式爆炸袭击最频繁的地方。而美军等防不胜防，陷入难以自拔的泥潭。同时，"基地"组织牵制了美十余万大军。

内贾德不支持恐怖主义活动，但也反对一个国家去干涉另外一个国家的内政。他已经看到了在伊拉克的"基地"组织，他们袭击的主要目标除了占领军和伊拉克安全部队外，同时也袭击伊拉克警察以及准备应征入伍的平民；除了伏击美军和伊拉克警察车队、哨卡，还攻击神圣的清真寺和教堂；既暗杀政府高官，也处决宗教领袖。除此之外，也绑架一切能够抓到的外国人，并斩首那些靠卖苦力挣钱的穆斯林兄弟；既处决从事人道主义援助的慈善机构人员，也暗杀联合国高级代表等等。

总之，"基地"组织只要能达到制造恐怖气氛、破坏稳定和重建进程的目的，手段是无所不用其极，残忍得令人发指。这些手段和残忍，充分体现了典型的"基地"行为特征，但却完全背离了伊斯兰教不得滥杀无辜的主张。正是由于这一点，他们才被称为"恐怖"分子。

内贾德还十分明白，由于美国发动的伊拉克战争，使中东局势变得更加复杂动荡了。同时，也为"恐怖主义"提供了新的生存土壤。因此，中东的局势处在历史最糟的时期。不过，"基地"在中东恐怖袭击也远远超越了传统的行为规则和活动范围，并将战火引向了欧洲，引向了更多的阿拉伯国家，这就使世界面临着"越反越恐"的怪圈局面。也就是说，已经渗透到世界血管里的"恐怖主义"是很难根除的。

令人胆寒的"基地"组织除了2001年对美国本土发动袭击外，还在2003年对英国等欧洲和中东国家发动了多起大规模的袭击事件。这年的11月20日，"基地"组织在土耳其的伊斯坦布尔制造了连环爆炸袭击，其中包括英国总领事馆、英国汇丰银行等。在这起连环爆炸事件中，英国总领事肖特等4名英国人和12名土耳其人被炸死。这是"基地"组织对支持美国出兵伊拉克的英国的报复。正如策划此次袭击的“基地”欧洲分支机构“阿布·哈夫斯·马斯里旅”事后声称的那样：“对伊斯坦布尔的第一轮袭击只是欧洲各国首都将面临一系列袭击的开始……每一名欧洲人今后都将遭受伊拉克和巴勒斯坦人所遭受的苦难——在伊斯坦布尔，在罗马，以及在追随美国政策的其他国家。”

“基地”组织对英国进行报复，就是“以牙还牙，以血还血”。这也是中东各民族所特有的逻辑和法则。由于英国有太多的理由使“基地”组织痛恨，因此他们袭击英国也就成为顺理成章的事。另外，作为中东问题的麻烦制造者，是英国的殖民主义政策和“分而治之”手段为以色列奠定了立国的基础，从而引发了以以巴争端为核心一系列中东问题。

内贾德还分析认为：作为美国的铁杆盟友，英国不但积极参与美国发动的海湾战争、阿富汗战争，也与西班牙共同推动美国发动了伊拉克战争，并成为协助美国占领伊拉克的头号西方国家。在西班牙被迫从伊拉克撤军后，英国不但没有改变其伊拉克政策，反而与美国绑得更紧，两国领导人相互为对方站台撑腰，在捏造开战情报和借口等方面相互包庇。

基于这种原因，“基地”组织对英国恨之入骨。但是，因为英国当局采取了严密的防范措施，“阿布·哈夫斯·马斯里旅”一时难以在英国本土下手，于是2004年3月11日就在西班牙首都马德里制造了震惊世界的客运列车连环爆炸案，同时扬言这是为惩罚阿斯纳尔政府追随小布什发动伊拉克战争。此次袭击事件发生后，立即导致了西班牙政府内部的分化和更迭，同时也达到了迫使该国新政府决定从伊拉克撤军的目的。

“基地”组织的分支机构“阿布·哈夫斯·马斯里旅”在成功袭击马德里后，随即又宣布了未来的袭击目标：日本、美国、意大利、英国、挪威、澳大利亚、还有两个伊斯兰国家巴基斯坦和沙特阿拉伯。

不过，在这期间，“基地”组织一直在寻找报复英国的机会。到了2005年7月7日21日，正是内贾德当选伊朗总统后不久，远离欧洲大陆的英国终于被“基地”组织找到了复仇的机会，并在劫难逃地遭受到了“阿布·哈夫斯·马斯里旅”的两轮恐怖袭击。此次袭击尽管伤亡不是很惨重，但却引发了世界范围的震荡和冲击。

除此之外，被“基地”组织同样视为美国盟友的巴基斯坦、沙特阿拉伯和埃及也在承受着恐怖袭击的煎熬。例如：巴基斯坦总统穆沙拉夫的车队两次遭到未遂暗杀；以穆克林为首的“基地沙特及阿拉伯半岛分支机构”于2004年在沙特策划了多起爆炸、绑架袭击，并一度对设在吉达的美国总领馆发动强攻；埃及继2004年旅游城市塔巴发生针对以色列游客的连环爆炸袭击后，又于2005年7月下旬发生了沙姆沙伊赫连环恐怖袭击。而袭击的对象是西方游客和正在那里度假的埃及总统穆巴拉克。

“基地”组织的之所以发动袭击，是因为在该组织成员看来，巴基斯坦、埃及和沙特这些穆斯林国家的政府不但长期接受美国的军事和经济援助，放弃了对苦难的穆斯林兄弟的宗教义务，而且为美国等异教徒征服伊斯兰世界充当走卒，成为新十字军链条上相对薄弱的环节，如果能动摇或推翻这些政权，必然可以达到削弱美国的战略联盟的目的。此外，“基地”组织成员还竭力试图在中东制造天下大乱的局面，以诱使美国投入更多的兵力和资源，进而将中东地区变成第二个越南战场，以达到严重消耗美国的实力的目的。由此可见，“基地”组织的战略战术不仅具有威慑力，而且还相当高明。

除了袭击美国的铁杆盟友国外，“基地”组织还积极策划暗杀联合国官员。2004年5月6日，本·拉登发布宗教法令，以重金悬赏的方式要求他的信徒大开杀戒，目标是联合国秘书长安南、安南的伊拉克问题代表卜拉希米和美国驻伊拉克最高文职长官布雷默，以及美英等安理会常任理事国的公民。尽管拉登没有解释暗杀的原因，但显而易见，他认为安理会及美英等常任理事国对于巴勒斯坦问题长期得不到公正解决，对于阿富汗和伊拉克遭受异教徒入侵和占领负有不可推卸的责任。

毫无毫问，本·拉登是美国等遭到恐怖袭击的国家谈虎色变的人物。此人使中东的局势发生了历史性的变化，并产生了深远的影响，尽管是负面的影响。

以本·拉登为首的中东恐怖主义已经到了很难根除的地步。恐怖主义究竟还要存在多久，也许无人可知。也许美国一天不改变对中东的政策，中东的恐怖主义就一天不会消失。

以上便是内贾德上台执政前后的中东局面。这种动荡的局面对伊朗也多多少少产生了影响，同时也会给内贾德的执政带来一些影响。

作为新上任的总统内贾德，他时刻注视着中东的局面，以便调整自己的政策。可以说，伊朗是反对美国和以色列态度最强硬国家，而内贾德就是其中的代表人物。因此，本·拉登不会对伊朗发动恐怖袭击。

闪亮频登场　语出常惊人

2005年9月，在这个美丽的仲秋季节里，内贾德前往美国纽约出席联合国世界首脑会议。这是他就任伊朗总统后首次在国际政治舞台上亮相，并且成为最为抢眼的人物。正如外界媒体报道说："……最引人注目的领导人可能要数伊朗新总统内贾德了。"

不过，美国政府却非常讨厌内贾德这位伊朗新任总统，并十分反感他前来美国出席联合国首脑会议。这是因为美国政府将他视为眼中钉、肉中刺，他是伊朗反美的强硬派和发展核计划的顽固分子。正如美国务院透露说："要不是他（内贾德）是联合国成员国的国家领导人，美国甚至连签证都不会给他发。"如此一来，这使内贾德更加成为国际社会关注的人物。

9月14日，在这个阳光明媚的秋日里，穿着一套普通西装而从不打领带的内贾德，很自信地、精神抖擞地出席了联合国首脑会议。尽管他身材矮小，却有一双机灵而充满智慧的眼睛。他给与会者留下了十分鲜明的印象。

在此次具有重要意义的联合国首脑会议上，内贾德被安排在第三个发言。在发言前，他很自信地微笑了一下，然后一面打着有力的手势一面充满激情地发言。尽管他的讲话篇幅不长，但言语锋芒犀利，而且将矛头直接指向美国政府。不过，他的发言并没有偏离主题，主要还是围绕世界的和平与稳定发表见解。同时，他在发言中用的也是通常的外交语言，对美国的批语也并不点名。

内贾德在发言时首先用英语朗诵了13世纪波斯诗人富有哲理的诗句。内贾德感慨地向与会者朗诵道："所有的人类都来自同一躯体，最初都来自于共同的精髓，如果时光用痛苦折磨一条手臂，那么另一条手臂也无法安然休息。"

内贾德之所以在发言时首先朗诵上述诗句，显然是别有一番良苦用意的。

他在朗诵诗句后，随即话锋一转，开始不点名地猛烈批评美国政府的单边主义政策，以及操纵联合国的霸道行径，并认为联合国应发挥公平公正的作用。对此，他打着有力的手势说："联合国应当是对话、理解和合作的论坛，应当是各国人民和政府可以参与并寄予希望的核心。要做到这一点，联合国必须公平，所有成员必须平等……更多的实力和财富不应给一个国家带来比任何成员国更多的权利。"

针对美国政府不愿给他发签证出席此次会议的事，内贾德用激动的语调批评说："东道国没有任何特权，联合国总部必须对所有的人敞开大门。"

随后，内贾德更为尖锐地批评美国政策说："单边主义就是取消联合国。联合国应当坚决反对这一邪恶的论调。"

内贾德在尖锐的发言中还指责布什政府发动伊拉克战争，破坏世界和平，并给中东人民带来苦难，这都是美国为了自身的利益。对此，他批评说："……在我们看来，谁都不能以其他地方的战争、动乱、动用军队、歧视和贫困为代价，保证世界某一地方的平静、和平、安全和繁荣。少数大国为了自己的安全利益，实行单行主义，使用大规模杀伤性武器，把毁灭性战争强加于人民……"

他在尖刻的发言中还指控美国是战争狂人。他对此毫不客气地指责说："……允许先发制人，实际上是现代的战争狂人。"

这是内贾德在联合国会上首次与美国政府正面交锋，并展示出了相当的勇气。不过，此时的美国代表团席位上却空无一人，显然是美方根本不想听他发言。但是，美国却在事后假惺惺地解释说，这并不是故意的。

尽管美方代表没有在场听内贾德发言，但他不动声色而又言词尖锐的发言，却使不少在场的各国代表为之动容。由此可见，他的讲话是产生了影响的。

内贾德在发言中，除了批评美国政府外，却闭口不讲伊朗的核问题，更没有表述伊朗在核问题上的立场。不过，他放出话说，要在9月17日的一般性辩论中谈到这一敏感问题，并将提出伊朗的新建议。而美国方面最关注的就是这一点，但却不知道他葫芦里装的什么药。美国将拭目以待。

9月15日，联合国首脑会议继续举行。内贾德这一天的言行更为引人关注，甚至引起了一片哗然。尤其是让美国当局感到惊讶不已。

内贾德这天在与土耳其总理会晤后公开表示说："只要伊斯兰兄弟国家需要，伊朗将与它们分享核技术。"

当美国政府得知这一表态后大惊失色。一些政府官员不由惊呼道："这等于敞开了核扩散的大门，而且想要核技术的穆斯林国家很多，后果不堪设想。"

与此同时，美国国务院副发言人也对此表示严重关切，指责伊朗这样做将是"非常有破坏作用、非常无益的"行为。而在接下来的两天会议中，伊朗核问题显然成了联大各国首脑双边和多边会议的一个热点话题。

在15日晚上，内贾德还会见了联合国秘书长安南，并就伊朗核问题进行交谈。

9月16日，伊朗核问题也成了俄罗斯总统普京和美国总统布什会谈的焦点问题。看来，伊朗的新总统和其核问题都成了本次联大会议的焦点。

9月17日，内贾德在讲话中依然语出惊人。他在一般性辩论发言中讲到伊朗核问题时，仍以坚定的语气重申伊朗虽然无意制造核武器，但拥有发展核能的"不可剥夺的权力"，而且"我们不准备屈服于一些大国过分的要求”。这就意味着伊朗拒绝了欧盟国家提出以经济利益换取冻结核计划的条件。

内贾德在发言中还透露说，将考虑引进外国政府和外国企业参与伊朗核计划。同时，他特别点名要南非参加，因为南非在国际原子能机构中“发挥着重要作用”。

除此之外，他发言中还控诉欧洲和美国人“曲解了”伊朗对于民用核技术的渴望，把它说成是追求核武器，并驳斥说：“这只是一种纯粹的宣传策略。”

同一天，在联大会议厅举行的会议上，美国国务卿赖斯在发言时，却要求伊朗回到谈判桌上，同时呼吁国际社会对伊朗采取更加强硬的手段，把伊朗核问题拿到安理会来讨论。

这是内贾德第一次与美国当局就核问题正面交锋，他表现得十分自信和不动声色，充分体现了他的外交智慧和反美斗士的勇气。

由于内贾德在反美和核问题上语出惊人，他成为本届联大会议上最闪亮的人物，同时也成了各国媒体争相报道的热点人物。可以说他此次出席联合国首脑会议，是一次在国际政治舞台上引起巨大轰动的闪亮登场。更重要的是，人们领教了这位伊朗总统的强硬风格、鲜明个性以及斗士般的勇敢。

在联合国首脑会议期间，内贾德成了世界各国媒体追踪采访的人物。只要他及随行人员在联合国总部大楼里出现，立即就会被各国记者潮水般地团团围住，争相提问，希望能捕捉到他的一言一行。这种被世界媒体围住的火爆场面是其他国家的领导人很难遇到的。因此，有关方面每次都必须派出许多保安人员维持秩序，以确保内贾德的人身安全。

内贾德连续尖锐地发表反美演讲，引起了世界媒体的广泛关注，并对此争相报道。但普遍认为：内贾德的讲话极具爆炸性。法新社认为：内贾德是伊朗“富有挑衅性的新总统”；美联社却用“烈火般的”字眼形容内贾德的演讲；路透社也称：伊朗在核问题上“频频放炮”，由此宣告伊朗核问题的平静已被打破；此外，法新社还认为：“这显示伊朗开始与西方展开正面交锋。”

9月17日这天，内贾德在出席联大有关会议之后，还专门接受了美国《时代》周刊的独家采访，这也是他在当选伊朗总统后首次接受西方平面媒体的采访。

在接受采访中，他依然用爆炸性的语言毫不顾忌地攻击了美国等西方国家。在充满火药味的谈话中，他十分尖锐地批评了来自美、法、英、德关于将伊朗核活动提交安理会的要求。与此同时，他还以带有几分神秘的语调透露，一旦安理会对伊朗实施制裁，伊朗将考虑和采取各种应对措施，这其中可能包括抬高油价，以及拒绝国际核查人员入境等。对于这一点，当他在接受美国有线电视新闻网（CNN）采访时，依然用坚定的语气说："我想任何聪明健康的人都会利用一切资源来维持他的自由和自主。"

在谈到核查和以色列的核武器等问题时，内贾德用事实对美国媒体说："我国接待的国际核查员已经达到1200人次，这在过去40年中是没有先例的。他们的监视镜头遍布于我们的每一个核设施。与此同时，我们看到一些大国继续扩张它们的武装，而耶路撒冷的占领者（以色列）已经拥有了核弹头。因此我们认为所有关于伊朗的态度实质上只是一种政治姿态。"

内贾德总是站在战略的高度来审视分析问题，他思维敏捷，往往表现出一种惊人的智慧和影响力。

除西方国家等外界媒体对内贾德此次纽约之行极为关注外，伊朗国内的媒体也对他在出席联大会议期间的活动高度关注，并纷纷报道和高度评价。其中伊朗保守派的报刊称赞他为"总统内贾德博士"，以此突出他学者总统的形象。

与此同时，《伊朗日报》发表的题为《纽约四日外交努力》的文章，也对内贾德此行给予了高度评价。该文用热情洋溢笔调写道："联合国首脑会议同内贾德政府执政首年的活动同步，给了伊朗新总统了解外部对其政府的期待和疑问的机会。"记者采访了几位德黑兰市民，他们都对总统的表现感到满意。一位食品店主认为，内贾德向世界展现了一位具有亲和力的总统形象；一位大学教授则说，此次联合国大会让世界认识了伊朗的新总统，也了解了伊朗的“硬气”与实力，有助于新政府推进外交举措。

伊朗核问题已成为国际社会普遍关注的问题，同时也是伊拉克战争后中东地区最为焦点的问题之一。内贾德也成了世界关注的热点人物，并且更是媒体炒作的新闻人物。对于此次在联大会议上猛烈抨击美国政府，以及用坚决的口吻为伊朗的核问题辩解，外界认为他主要是想达到以下几个方面目的：

1. 显示伊朗对美国的蔑视态度，以强硬态度对抗美国的外交压力；2. 在未来与欧盟重开核谈判前提高伊朗的“身价”；3. 用核项目“伊斯兰化”来争取伊斯兰世界对伊朗核问题的同情与支持；4. 缓解国内部分极端势力对他出席此次联大会议表现出的不满情绪。

不过，这只是外界的一种看法，其实内贾德的真正目的并不在于此。他真正的目的可能就是要为伊朗争取和平利用核能的权利，其次是在国际政治舞台上扩大自己的政治影响力，以及宣扬他的外交立场和政策，尤其是反美的外交政策。

对内贾德提出与伊斯兰国家共享核技术问题，只不过是他的一种想法。对此，有人分析认为：包括土耳其在内的伊斯兰国家并未对此有太多反应。这是因为伊斯兰世界富有石油，对核工业的前景和作用并不十分看重。另外，更重要的原因是，在美国的强大压力下，大部分伊斯兰国家都不愿意卷入美伊两国的核争端中。至于在充分利用石油这个武器方面，实际上伊朗对国际油价的左右也是有限的。因此，内贾德此番表态更多意义上是为了展现伊朗对外政策的强硬姿态。此外，他将更多国家引入伊朗核活动的提议，一方面是为了表明伊朗和平发展核能的诚意，因此一再声称愿意接受其他国家监督，而另一方面也是为了对抗美国的单边主义政策。

在联大会议期间，从内贾德声称决不放弃和平利用核能的立场来看，媒体分析认为：伊朗核问题扩大化的趋势似乎不可避免，而且未来在伊朗核问题上将有更多方面参与。在这种情况下，美伊关于核问题爆发武力冲突的可能性较小。在今后一段时期里，美伊最有可能是处于时而冲突、时而妥协的相对平衡状态。不过，值得注意的是，内贾德对美国也不完全是一副冷面孔。他将把美国政府与人民区别对待。当媒体问及他对小布什处理当时美国的飓风灾难的看法时，他十分智慧地回答说："不管什么地方的人遭了难，都会给全世界带来痛苦。不过，我认为美国政府本应该行动得更迅速一点……"

因此有人分析说："看起来这位伊朗新总统还是很有政治头脑和手腕的，美国政府要对付他并不那么容易。"

实际上，不管外界对内贾德如何分析和评论，他不是人们很容易就可以看透的。因为他是个十分务实和灵活的人。不过，他的反美立场不会变，尽管他采取的外交战略是务实和灵活的。

在此次联大会议上，与会者、甚至包括媒体都领略到，内贾德不是一般的人物，他有勇气有智慧，是个很难对付的人。同时，他也是带有几分神秘感的人物，他所爆发出来的也是一种高深莫测的智慧。

内贾德此次出席联大会议，可以说是在国际政治舞台上一次十分成功的闪亮登场，也可以说是一次非常成功的外交之旅。他在国际政治舞台上和外交舞台上不仅大展雄姿，而且大显惊人智慧，成为此次联大会议上最耀眼的人物。他总是语出惊人并深深地吸引了人们。他身上散发出一种神秘的魅力。是个让人刮目相看的总统。

第四章　暗渡陈仓谋发展　摆脱霸权自创新

美国政府总喜欢对各国事务横加干涉，这是其第二次世界大战之后对外政策的一个重大转折，美国自认为对于别国的冲突与争端不可“坐视不管”，为充当“世界警察”把手伸得越来越长了。伊朗面对这只粗大的长手又采取了哪些行动呢？

伊核起风波　应对出怪招

在2005年联合国世界首脑会议上，内贾德不仅以连续发表反美演讲引起人们的极大关注外，更引人关注的是他发表的有关伊朗核问题的讲话。他的核问题讲话成为整个会议期间人们最热门的议题，同时也成了世界媒体争相报道的头条新闻。

在联大会议上，内贾德反复要讲的主题就是反美和核问题。这也是他出席此次会议要达到的目标。

在联合国首脑会议第二次全体会议上，内贾德发表讲话时猛烈批评美国阻碍一些国家的官员参加此次首脑会议，同时抨击少数强权国家奉行单边主义政策、生产和使用大规模杀伤性武器。

可以说，伊朗核问题是此次联大会议的焦点，也是内贾德着重强调的问题。2005年9月15日，就在内贾德出席联大会议期间，代表欧盟与伊朗谈判的英、法、德三国外长在纽约联合国总部与伊朗外长摩塔基以及伊朗首席核谈判代表拉里贾尼举行了长达80分钟的会谈。而在同一天晚上，内贾德还亲自参加了由联合国秘书长安南主持的由英、法、德三国外长和欧盟负责外交与安全政策的高级代表索拉纳参加的关于伊朗核问题的会谈。在会谈前夕，他还单独会晤了联合国秘书长安南。他希望通过会谈，来争取伊朗和平利用核能的权利，并且声称任何国家都应该有这个权利。

9月17日晚，内贾德在联大会议上专门讲到了伊朗的核问题，并提出了有关伊朗和平利用核计划的方案。他一面打着十分有力的手势，一面用充满激情的语气说："在全球复兴《不扩散核武器条约》和成立抵抗核武器扩散、消除核歧视的特别委员会已势在必行。"接着他强调说："正如我们多次所宣布的，伊朗根据其教法规定，不允许发展核武器。"

在讲到和平利用核能的问题时，他用坚定的语调指出："如果没有生产核燃料的技术，和平使用核能就是一句空话。"

他进一步指出："如果一个拥有核电站的国家一直依赖强权国家提供燃料，那么这个国家和人民除了依赖，永远不会取得发展和进步。"

然而，有些西方国家企图剥夺伊朗利用核能的权力。说到这里，内贾德提高了语调反驳说："伊朗已真诚地提议进行公正的对话和建设性的磋商。但是，有些国家始终威胁我们，企图将自己的意志强加给我们的民族。对此，我们会重新考虑在核领域采取的措施。"

在讲到核燃料问题时，他用充满激情的语调强调指出："从技术的角度来说，伊朗生产核燃料与其他国家的核燃料用于核技术没有任何区别。"

接着，内贾德透露："为了建立信任和使我们的核活动明朗化，伊朗准备与其他国家的私营和政府有关机构共同实施铀浓缩项目。这是在（NPT）框架内迈出的另一重要步伐，也是伊朗为建立信任和使其核活动明朗化提出的建议。"

"基于生产核燃料是伊朗应有的基本权力，伊朗希望未来与国际原子能机构继续进行详细、技术性的对话和磋商。这是伊朗政策的核心。此外，在伊朗与国际原子能机构达成的协议框架内，伊朗会主动与其他国家进行对话。"

在讲到保障核燃料的协议时，他用质疑的语气说："有关保障核燃料的协议，根本不可靠，也不可信。关于保障核燃料没有任何国际文件。关于保障核燃料签署的多项双边协议，完全可以以任何政治理由推迟执行或中止执行。”

在讲到和平利用核技术的权力时，他用十分坚定的语气强调：“伊朗认为：获取和平核技术，获得铀浓缩所需的生产核燃料的客观保证是伊朗的应有权力。”

在讲到与英、法、德欧盟代表进行谈判的问题时，内贾德宣称：“伊朗与英法德三个欧盟代表国举行谈判的目的是在《核不扩散条约》框架内确定伊朗核活动的权利和建立互信。”

“选择谈判伙伴、与欧盟三国在适当和必要的情况下谈判，以及在NPT框架内与国际原子能机构进行合作是伊朗的权利。”

在讲到大规模杀伤性武器时，内贾德用激动的语调说：“萨达姆政权在向伊朗发动的侵略战争中使用了大量的生化武器。……这些大规模杀伤性武器是谁提供给萨达姆的？当今那些声称要销毁大规模杀伤性武器的人，当时对萨达姆使用化学武器又做出了何种反应？”

内贾德一番话，显然是在强烈地指责美国政府，因为两伊战争期间，美国方面向伊拉克提供了大量各种武器，企图帮助萨达姆占领伊朗。

在讲到核武器的问题时，内贾德愤怒地指责美国说：“现今自己使用核武器、自己生产、库存和继续试验新式核武器的国家曾用贫铀弹轰炸了几万名也许是几十万名伊拉克人、科威特人、甚至是自己的士兵。这个国家不但不追究自己的过错，而且违背NPT条约中的明确规定，对他国采取武力行动，企图禁止其他国家获得和平核能的技术。”

内贾德在联大会上的讲话，充分显示了与美国政府叫板的勇气，以及表现出来的战略智慧。同时，也是为伊朗获得和平利用核能的权力而摇旗呐喊。

在此前，即9月15日，内贾德还宣布：伊朗愿意将自己所取得的核技术与其他伊斯兰国家一起分享。他的这番话，是他在与土耳其总理举行会谈时透露出来的。他对此宣称说：“伊朗伊斯兰共和国从不寻求拥有大规模杀伤性武器，而出于对其他伊斯兰国家的尊重和友好，我们很愿意将自己的核技术提供给这些国家。”

与此同时他还透露，在联大会议期间，他还将与科威特、黎巴嫩、约旦和智利的领导人举行会晤，磋商提供核技术问题。对于内贾德有关伊朗愿向伊斯兰国家提供核技术的谈话，美国等西方国家立即作出反应，它们强烈指责伊朗没有及时提供有关其核计划的全部资料，以及伊朗在8月破坏了一个联合国在其铀转化反应堆上的封条。因此，以美国为首的西方国家威胁要将伊朗核问题提交联合国安理会讨论。然而，伊朗政府却坚称自己有和平发展核能的权力。

可以这样说，在这次联大会上，伊朗的核问题再次成为全球的焦点，并引起了联合国的高度重视。

就在内贾德出席联大会议期间，即9月14日，针对伊朗的核问题，国际原子能机构总干事巴拉迪认为：如果依照美国的意愿把伊朗核问题送交联合国安理会讨论，将在国际社会造成分裂。所以，与其找安理会，还不如对伊朗“再给一次机会”。

9月18日，伊朗外交部发言人也警告国际原子能机构不要将伊朗核问题提交联合国安理会，否则伊朗核问题将出现极端的局面。

如果国际原子能机构理事会将在9月19日举行会议。会议的主要议题是讨论美国和欧洲把伊朗核问题送交联合国安理会的计划。由此可见，解决伊朗核问题并不像美国和欧盟想像得那么简单。另外，西方外交官员也认为：“所有事情都还需要更多时间，所以再给它大约3-4星期时间将会受各方欢迎。”

在这期间，国际原子能机构总干事巴拉迪还与美国国务卿赖斯通电话，商讨伊朗核问题。巴拉迪在电话中告诉赖斯说：“因为理事会成员分歧相当大，最好先设置伊朗停止铀转化活动的最后期限，而不要急着把伊朗送上联合国。”

国际原子能机构也不赞成把伊朗核问题提交安理会讨论。对此，西方有些外交官也赞成巴拉迪的建议，认为最好的办法是能找到折衷点，让各方都参与比让理事会分裂好。

然而，巴拉迪提出的解决伊朗核问题的建议却引起了很大争议。这年夏天刚退休的国际原子能机构副总干事皮埃尔·戈尔德施密特在美国《纽约时报》上发表文章认为："国际原子能机构理事会在把伊朗核问题交给安理会问题上不能犹豫。"

另外，还有许多不结盟运动国家不像西方国家那样支持制裁伊朗，因此以美国为首的西方国家担心，如果让安理会决定如何对付伊朗，可能会打乱他们的如意算盘。对此，一位赞成制裁伊朗的西方外交官也坚持认为："拖延只能让事情更困难，就应该现在做。"

其实，在内贾德出任伊朗总统之前，即2005年3月间，国际原子能机构就在查找伊朗核计划的新证据，以帮助联合国作出对伊朗是否进行制裁的决定。

伊朗核问题是继朝核问题之后又一重要的核问题，因此伊朗也由此成为备受世界关注的国家。在2月28日这天，国际原子能机构（IAEA）总干事巴拉迪在该机构春季理事会召开前证实说：伊朗已向国际原子能机构提供了有关伊朗曾讨论购买核武制造关键技术的新证据。这个所谓"新证据"，其实是伊朗官方提交的一份1987年的文件。该文件包括巴基斯坦首席核科学家卡迪尔·汗核走私网络成员向伊朗出售一揽子核技术的报价。但是，这是因为在国际原子能机构官员向伊朗方面出示了该走私网络成员提供的证据后，伊朗方面才不得不向国际原子能机构上交这份文件。

对于国际原子能机构发现的这份"新证据"，一些强烈要求制裁伊朗的西方国家立即大做文章，并纷纷攻击伊朗的核野心。2月27日，美国的一些政府官员揭露说：国际调查人员近来发现的一些证据表明，伊朗官员在18年前就曾与巴基斯坦核科学家卡迪尔·汗的助手进行过秘密会谈，双方还达成书面协议，约定由卡迪尔·汗向伊朗提供发展核武器计划所需的材料。

该协议内容主要有5点，其中两点是：规定卡迪尔·汗的核走私网络分三阶段向伊朗提供共约2000台离心分离机和1—2套铀浓缩启动装置，其辅助设备和浓缩技术在随后提供。

此外，监督伊朗和卡迪尔·汗事件调查的“科学和国际安全研究所”主任大卫·奥尔布莱特认为：“伊朗已经建立了自己的核体系，并且自行购买了大量核材料。但伊朗向国际原子能机构提交这份报价单时则声称自己拒绝了制造原子弹所需的特定技术。”

一位自称了解该协议的西方外交官也认为：这是到目前为止，伊朗曾经拥有核武计划的最为明显的迹象，但这并不能完全证明伊朗已经拥有核计划。

还有一些西方人认为：尽管最新的发现不能说明伊朗目前的核活动，但它向人们提供了最重要的信息，那就是伊朗多年来一直对谋求发展核武器抱有浓厚的兴趣。

不过，伊朗方面断然否定了西方的各种猜测，因为实际情形并非如此。对于这一点，国际原子能机构总干事巴拉迪说：“我们表示他们没有接受这份报价单的全部内容。……我会继续要求伊朗更加积极地为我们提供详细住处以便加快我们的工作。”

巴拉迪还向媒体透露说，针对伊朗核活动的调查已经有所进展。不过，他又强调说：国际原子能机构仍然需要“证实他们确实只获得了已告诉我们的情况”。

巴拉迪继续介绍说：国际原子能机构已经能够检验德黑兰与铀浓缩相关的活动，“这是件好事”。但是，“在有些情况下，收到的情报仍然无法证实，这反而耽误了我们的工作”。

对伊朗方面的态度，巴拉迪说：“考虑到过去伊朗核计划的一些重要领域仍然没有被披露，人们对伊朗核项目持更为怀疑的态度，因此伊朗以积极的态度更加紧密地与国际原子能机构进行合作就显得非常重要。”

巴拉迪还着重强调的一点是：“必须要确定伊朗没有隐瞒任何事情。”

总而言之，伊朗的核问题引起了国际社会的高度关注，并且也成为人们议论的焦点。这是继朝核危机后所掀起的又一场重要的核危机。

伊朗核问题是美国最为关注的，也是美国强烈想解决的问题。美国政府总是想充当世界霸主，来制约世界上的一些重大问题，而伊朗核问题是美国制约的重中之重。

在这种情况下，美国政府总是千方百计地迫使伊朗放弃核计划。美国采取了多种手段，包括软硬兼施来达到使伊朗放弃核计划的目的。最重要的一点是，美国很可能在近期接受欧洲的建议，向伊朗提出放弃开发核武器的条件，条件之一是同意让伊朗加入世界贸易组织。

在这期间，时任美国总统小布什对伊朗核问题也是寝食难安、焦头烂额，不知如何是好，几乎什么办法都想到了，可这个他眼中的“邪恶”国家——伊朗却无动于衷。

早在同年2月25日，小布什在结束对欧洲的访问后，便急急忙忙与其对外政策智囊团讨论在伊朗核问题上与欧洲国家沟通的成果，尤其是对德国总理施罗德与法国总统希拉克的提议。布什政府还在几天后进行了更深入的讨论，并对一系列交换条件进行了修订，以此来促使伊朗放弃开发核武器。

然而，关注伊朗核问题的分析人士认为：尽管这种形式是间接的，但布什政府提供条件的意愿很可能会为解决伊朗核问题带来重大进展。

此外，美国政府官员还透露说：美国之所以做出这样的考虑，是因为布什与欧洲国家领导人确认了一点共识：伊朗不能拥有核武器。在欧洲方面的说服下，布什开始考虑加入欧洲三国的外交努力。

在此之前，布什政府一向主张对伊朗实施“大棒政策”，即打压和制裁。同时，一再声称伊朗不应从它应该行使的义务中获得任何交换条件。

不过，欧洲的一些外交官员认为：美国政府以往拒绝英法德三国提议的做法，实际上起到了反作用：这使得美国处于非常被动的状态。现在，美国愿意同欧洲三国一同对伊朗施以“胡萝卜加大棒”的政策。

这实际上就是小布什政府软硬兼施的战略战术。但伊朗一直坚称不会放弃核能计划。

美国对伊朗的政策之所以有所改变，主要是2004年小布什获得连任后，在英国首相布莱尔的劝说下他才加入了欧洲的外交努力，并也希望通过外交努力来解决伊朗核问题。

据说，当时布莱尔对小布什说："即使你打算袖手旁观，也要做出支持我们的表态。"

在听了布莱的劝说后，小布什认为：同欧洲用"一个声音说话"，不管怎样都有利于美国方面，即便与伊朗的谈判破裂，美国也不会被指责为态度消极。此外，美欧还会有其他更多的合作方式来共同对付伊朗，其中包括美国一直期望的将该国的核问题提交联合国安理会。

除上述情况外，美国对伊朗的政策进行调整和改变还有另外的原因。但是，这个政策的改变是具有积极意义的，对伊朗方面来说也是如此。对此，有人分析说：在布什的首任任期中，政府内部对于伊朗问题有较大分歧，采取伊拉克模式推翻伊朗政府，还是采取朝鲜模式开展外交谈判，两派的争论一直存在，这导致政府在解决伊核问题上没有统一的政策。现在，小布什政府至少在短期内愿意协助欧洲采取外交手段促使伊朗放弃研制核武器项目。另外，这样的政策改变也是小布什政府修补泛大西洋关系的一部分。美国希望欧洲国家看到自己弥补关系裂痕的意向已经从口头转向了实际行动。

关于美国对伊政策的变化，美国国务院官员对外声称："美国给出的这些条件不应被看作是'让步'。伊朗加入WTO所需要的政治和经济改革也是美国和欧洲希望看到的。"

这位美国国务院官员还进一步对媒体说："我们对伊朗政府是否会对此采取积极的回应存有相当怀疑，但是我们会尽一切努力发表看法帮助欧盟。如果伊朗接受条件，在其最终加入WTO之前，还有很多问题需要讨论。"

一位持相同看法的欧洲政府官员也发表看法说："加入WTO，就意味着伊朗的经济结构必须进行大规模调整，而这需要好几年的时间。"

外界媒体还认为：接受欧洲的提议，使得布什政府能在不改变对伊朗评估的前提下采取积极措施。这同时也允许布什总统"把所有选择都放在了桌面上”。

除此之外，美国政府还在考虑欧洲提出的其他建议，其中包括帮助伊朗更换民航客机部件。据白宫透露说：美国同时还在研究“合适的条件”和提出准确时间。

对于一些解决伊朗核问题的建议，小布什将与政府中的重要内阁成员以及副总统切尼等商议后再拿出具体方案。不过美国国务院的官员说：“现在没有时间表，但是我们期望能得出结论。”

然而，针对美国和欧洲作出的一些新举动，即它们提出的诱人条件和让步，伊朗却不为所动，甚至也不买账。因为伊朗坚持发展核计划的决心丝毫没有动摇。

3月1日，伊朗政府再次坚称：伊朗不会因经济和政治上的动机而放弃本国的核计划。

伊朗外交部长卡迈勒·哈拉齐在同一天说：“伊朗的核计划将被用来发电，而不会像美国指责的那样用于制造核武器。”

哈拉齐还坚决回绝美国当局说：“任何动机都无法交换伊朗手中拥有核技术的合法权利。”

不过，在此前的2月28日，伊朗政府发言人拉梅赞扎德在新闻发布会上却对美国方面参与解决伊朗核问题的外交努力表示谨慎欢迎。同时，他强调说：“伊朗政府认为任何促进核谈判取得成果的措施都是积极的。”

拉梅赞扎德还说：“伊朗早就说过，美国不是伊朗核问题谈判的一方，如果美国对欧盟施加压力仅仅是为了促使欧盟与美国统一意见、统一口径的话，伊朗当然不会表示欢迎。”

从中可以看到，在伊朗国内对美国和欧盟提出的条件也存在不同意见。不过，伊朗领导人坚持发展核计划的决心并没因此动摇。从美国等西方国家的角度来说，伊朗发展核计划就是在开发核武器，这将给世界带来不安宁因素，同时也是对美国的极大威胁。因此，不管伊朗如何解释说只是和平利用核能，美国政府始终不会相信这一点，始终认为伊朗说得全是谎话。

3月3日，即内贾德正准备参加伊朗总统竞选之际，伊朗核问题再起风波，因为国际原子能机构（IAEA）宣称伊朗在地下储存核材料。这再度引起了国际社会对伊朗核问题的关注。而对伊朗核问题一向神经敏感的美国等也对此惊呼不已。

这天，国际原子能机构外交官对外公布说："伊朗正在使用加固材料修建地下设施，用于储存核材料，以抵抗掩体炸弹及其他特殊武器的轰炸。"

在国际原子能机构同一天公布的评估报告中，其强烈指责伊朗在没有预先通报国际原子能机构的情况下，就开始在中部城市伊斯法罕隧道储存核材料。

该报告还介绍说：伊朗向该机构提供了隧道的"初步设计情报"，修建工作从去年9月已经开始，目的是为了增强核材料的储存能力和安全性能。

在报告中，国际原子能机构进一步指责伊朗不顾该机构的反对，坚持修建重水反应堆。另外，根据卫星拍摄的照片显示，在伊朗阿拉克进行的重水反应堆修建工作已经到了浇注地基的阶段，该反应堆能够生产核武器级钚。

另外，一位国际原子能机构的外交官员也就此向外透露说："伊朗提供的资料显示，隧道的一些地段深至地下1000米，并由特殊混凝土和其他特殊材料建造，以避免遭到可能来自美国和以色列的空中打击。"

尽管伊朗承受着来自各方面的压力，但并没有打算要放弃核计划，尤其是内贾德在成为民选的新总统后，更加坚定了要继续发展核计划的决心，而且他的态度和决定都十分强硬，这在历来总统中是没有过的。同时，他也使出浑身解数为伊朗和平利用核能摇旗呐喊。尤其是在出席此次联大会议时，他更是全力以赴为伊朗的核问题辩解和呼吁，并且强烈指责美国的霸道行径。

由此可见，内贾德在任何时候、任何情况下都不打算放弃伊朗的核计划，并做好了与美国打仗的准备。

伊朗核问题真是一波未平一波又起。

核危惊诸国 计划照实施

伊朗核问题是继第二次朝核危机后又一个备受国际社会关注的核危机。不过，伊朗的核问题与朝鲜的核问题是有区别的。朝鲜曾公开声称自己在进行核武研发，并进行过核实验，甚至一度宣称已经拥有了核武器。而伊朗却一再声称自己不会研发核武器，也没有拥有核武器的野心，伊朗之所以发展核计划，只是为了充分利用核能，以促进国家的经济发展，除此别无它图。但是，以美国为首的西方国家则认为，朝鲜核问题和伊朗核问题如出一辙，都是企图谋求拥有核武器，对抗美国及其盟国。

所谓第二次朝核危机，就是21世纪初因核问题而引发的朝美两国关系的危机。为此，美国甚至扬言要对朝鲜动武。

朝美核争端由来已久。早在20世纪90年代初，美国凭借其卫星资料就怀疑朝鲜在研发核武器，从而爆发了第一次核危机。此后，经过一年半的艰苦谈判，朝美两国终于在1994年10月签订了日内瓦核框架协议，暂时平息了第一次朝核危机。

该核框架协议的主要内容是：朝鲜冻结其核设施，美国负责为朝鲜建造轻水反应堆和提供重铀，以弥补朝鲜停止核发展计划造成的电力损失。

然而，在此后的具体落实过程中，朝美双方执行框架协议的情况并不理想。原计划于2003年完工的电站工程至2002年10月仅完成24%。在这期间，美国情况部门声称发现了朝鲜的秘密核计划，并已经掌握了近年来朝鲜在国际市场上进行核技术和设备采购的证据。2002年10月3日，美国方面派出特使凯利前往朝鲜追究其“违约”责任。双方会谈时，朝方代表起初否认，但第二天又突然改口承认朝鲜业已恢复核计划，并正在试制核武器。由此，引发了第二次朝鲜核危机。同时，也使朝鲜半岛的局势变得骤然紧张起来。

在这种情况下，美国于2002年11月14日宣布于同年12月起中断向朝鲜提供重铀。而朝鲜却针锋相对，于12月12日重新启动了尘封多年的核设施，紧接着又于2003年1月11日宣布退出《不扩散核武器条约》。此后，朝美两国的对抗进一步升级，朝鲜相继退出板门店停战每周例会，进行大规模反舰导弹发射试验，同时还宣称对8000根乏燃料棒的处理已进入最后阶段。这使朝鲜半岛的局势进一步恶化。

由于朝美两国出现关系紧张，中国便从中竭力斡旋，2003年4月23—25日，中美朝三国在北京举行了解决朝核危机的会谈。在会谈中，朝鲜代表提出了一揽子的解决方案，并私下单刀直入地对美声称已拥有核弹。美方同意对朝鲜方案进行研究，但拒绝与朝鲜进行双边接触，拒绝与其签署互不侵犯条约。在这种情况下，朝鲜于同年5月宣布退出《朝鲜半岛无核化宣言》，接着6月18日又对外正式宣布已经拥有核武器。与此同时，美、日、朝三国多次协调对朝政策，而且宣布"决不容忍朝鲜拥有核武器"。由于朝美双方都表现出绝不退让的强硬态度和决心，这使朝鲜半岛的局势充满了越来越浓厚的火药味。

面对朝鲜半岛不断加剧的紧张局势，国际社会和有关国家积极展开大量的外交活动，力图使危机平息下来。在这期间，经中国方面富有成效的外交斡旋，终于使朝、美、韩、日、俄、中六国于2003年8月27—29日在北京举行朝核问题"六方会谈"。尽管第一次六方会谈构筑起了以和平方式解决朝核问题的平台，但未能取得实质性结果。可见，解决朝核问题并不是一件容易的事。

在第一轮"六方会谈"后，朝核问题的主要当事国朝鲜和美国都不约而同地采用了软硬兼施的战术，即：谨慎与克制。旨在"冻结"现状，避免危机进一步升级，同时更注意避免跨越对方所能容忍的底线。

在第一轮朝核问题"六方会谈"结束后的第二天，即8月30日，一位朝鲜代表团成员离开北京回国时在机场对媒体说："没有再进行这类会谈的必要了"。同时，还表示朝鲜已经对参加关于朝核问题的下一轮会谈"失去了兴趣"。

9月13—14日，美国及其盟国举行了海上拦截演习，并摆出军事进攻的架势。面对美国等国的军事挑衅，朝鲜发表了措辞严厉的声明。该声明愤怒地指出："此次联合军事演习就是美国向我们发动袭击前所要采取的军事行动。是对我们的公然军事挑衅。"

不过，尽管朝鲜在言辞和态度上异常强硬，而与之形成鲜明对照的则是其行动上的谨慎和克制。另外，在这期间，一些外界媒体透露说，朝鲜可能在国庆节期间正式向世界宣布拥有核武器，成为世界核国家。这个宣布也将是对美国最有力的回击。

然而，在9月9日朝鲜的国庆日，与人们的预期相反，朝鲜方面并没有宣布自己成为"核俱乐部"成员，也没有展示或试射远程导弹。这使全世界，尤其是美国"松了一口气"。

面对朝鲜的谨慎和克制，美国对朝鲜的政策也开始发生松动。2003年9月15日，小布什批准向朝鲜半岛能源开发组织提供27万美元作为其日常办公费用。这是美国发出的一个积极信号，表明美国政府在能源问题上不愿意把门关死。此外，同年初以来，美国曾一直试图把朝核问题提交到联合国，以此加大对朝鲜的国际压力。但是，朝核问题"六方会谈"后，美国方面就此问题在联合国的游说活动力度明显减弱，并表示"目前"不会将朝核问题提交安理会。

10月20日，美国总统小布什在泰国曼谷与韩国总统卢武铉举行会唔时表示，美国愿意向朝鲜提供书面安全保证，并通过六方会谈推动朝核问题实现和平解决。随后，在发表的有关美韩首脑会唔的联合新闻公报中，小布什正式承诺将向朝鲜提供安全保证。这是美国总统首次以书面形式就向朝鲜提供安全保证问题作出承诺。

10月25日，朝鲜外务省发言人表示：如果美国总统布什日前在曼谷关于"书面安全保证"的表态是出于与朝鲜共存的意图，并有助于在同步实施基础上实现朝鲜提出的一揽子解决方案，朝鲜将予以考虑。

这样一来，第二次朝核危机由此软着陆，朝鲜半岛的紧张局势也随之缓和下来。第二次朝核危机后，美国小布什政府开始转手对付伊朗的核问题，并死死抓住它急于解决。由于伊美两国的紧张关系，从而也引发了海湾地区的紧张关系。

就在内贾德全身心投入竞选总统之际，伊朗的核问题再起风波，这使伊朗和美国等国的关系再度紧张起来，同时也引起了国际社会的广泛关注。

2005年5月间，伊朗与英、法、德三国在核问题上的分歧越来越大，很难找到双方都能接受的解决途径。一些媒体认为：近来开始的新一轮谈判是打破僵局的“最后机会”，而在伊欧双方对话的背后，美国举着的“剑”并未放下；由于长期受到制裁，伊朗经济发展停滞不前，如何摆脱孤立状态已成当务之急；国内保守派依然手握重权，而占人口72%的25岁以下年轻人要求改革的呼声越来越高，社会矛盾可能随时被激化。

面对伊朗的种种危机，尤其是核危机，外界在分析伊朗局势时认为：几乎从不在公共场合介入政治事务的伊朗最高宗教领袖哈梅内伊这时才会出面调解候选人资格的纷争，在关键时刻支持了处于弱势的伊朗改革派一把。此举并不费解，因为在这之前他就说过，改革与保守两派就像鸟的双翼，都是推动国家发展和进步不可或缺的力量。他的这种表态无疑是煞费苦心，其意图是希望引导两派势力形成某种平衡，以保持政局稳定。

由于伊朗正在进行总统选举，因此也是解决伊朗核问题的时机。对此，外界认为：如果哈梅内伊的提议被采纳，那么改革派人士、伊朗前高等教育部部长穆因将是原本最有可能当选总统的拉夫桑贾尼的有力竞争者。另外，穆因在核问题上的立场也相当引人注目，他被认为是唯一支持暂停浓缩铀相关活动的总统候选人。因此，穆因的出现将使伊朗在核问题上的立场增添了变数。掌握铀浓缩以及和平利用核能的先进技术已成为伊朗国民的共识，而想要违背这种大多数民意绝非易事。但是，有一点可以肯定，那就是在新总统选出之前，有关伊朗核问题的谈判很难有实质性突破。

这就是说，无论谁当选伊朗总统，都将关系着伊朗核问题的走向。但是，哈梅内伊在三个总统候选人中既没有选择拉夫桑贾尼，也没有选择穆因，而是选择了少壮派艾哈迈德·内贾德，因为内贾德是支持发展伊朗核计划的最坚定者。

在这期间，由于伊朗核计划的公布，国际原子能机构（IAEA）认为伊朗一直在撒谎。该机构在一份最新报告中进一步指责说：伊朗在从事浓缩钚的时间问题上“不老实”，同时隐瞒了国际核黑市的交易细节。

该报告是在2005年5月15日公布的。关于伊朗浓缩钚的时间问题，国际原子能机构继续指出说：伊朗承认他们进行浓缩钚的时间要比原来交待的长好几年。另外，伊朗获得敏感技术的时间也比他们承认的早。

与此同时，该报告还认为伊朗在核问题上一直在撒谎。国际原子能机构除了在报告中指责伊朗外，还在调查中指出：“伊朗在20世纪80年代和国际核黑市之间存在许多尚未解释清楚的交易。”

随着国际原子能机构对伊朗核问题新疑点的曝光，本来就扑朔迷离的伊朗核问题变得更加复杂起来。这样一来，伊朗政府的压力也骤然增加。正如外界认为：对伊朗核问题抱有成见的国家很容易得出这样的结论：伊朗仍在隐瞒核活动，而隐瞒的背后可能藏着制造核武器的意图。因为伊朗浓缩的钚就是制造核武器的原料。

除此之外，时任国际原子能机构副总干事皮埃尔·戈尔德施密特在散发给国际原子能机构理事会的文件中说：“伊朗此前承认在1993年进行过浓缩钚的试验，而后再也没有进行过此类试验。但是，国际原子能机构在调查中却对此表示质疑。”

国际原子能机构副总干事之所以这样说，是因为该机构核查人员在伊朗发现了两瓶含有浓缩钚的溶液。伊朗实验室的化验也表明，其中一个瓶子的浓缩钚是在1995年提炼的，而另一个的浓缩时间在1998年。但是，5月26日，伊朗政府官员却在一份声明中将其浓缩钚的截止时间改为1998年。

在获悉伊朗的这一核化验活动后，一些西方国家的外交官谴责说：伊朗政府的上述举动显然违反了《不扩散核武器条约》的规定，没有如实、全面地提供有关敏感核活动的情况。所以，国际原子能机构希望知道“伊朗现在是否仍然在从事加工钚的活动”。因为浓缩钚是制造原子弹的基本原材料，如果伊朗并未停止这方面的活动，那么表明德黑兰的确试图制造出核武器。

一位西方官员还愤愤不平地说："如果他们已经撒谎，那么国际原子能机构想知道他们是否在继续撒谎……原子能机构希望他们说出真相，而不要制造鞭炮（原子弹）。"

还有一位西方外交官认为：伊朗政府在检查过程中不断地"改口"，让国际原子能机构对伊朗政府合作的诚意和提供文件的可信度产生了怀疑。

早在2003年11月间，国际原子能机构首次披露了伊朗曾制造少量的钚。而钚既可以用作制造核武器的材料，也可以用于发电等和平目的。因此，国际原子能机构指责伊朗政府没有主动上报该国的钚试验情况。尽管如此，国际原子能机构从未将伊朗进行的一些钚试验与核武器行为联系起来，即联合国没有得出伊朗正在研发核武器的结论。

另外，关于伊朗方面涉足国际核黑市交易的问题，也引起了国际原子能机构的关注。对此，其副总干事戈尔德施密特在报告中指出："国际原子能机构认为，伊朗并没有完全交出20世纪80年代有关伊朗卷入国际核黑市交易的文件和记录。"

对于这一点，据国际原子能机构已经掌握的资料显示：1987年，伊朗原子能机构的官员和一名代表巴基斯坦"核弹之父"卡迪尔·汗领导的国际核黑市交易网络的"外国中间商"在多哈进行了会面，那名中间商展示了和离心机有关的设计、技术和样品部件。

然而，伊朗政府官员对此否认和声明说：伊朗原子能机构当时拒绝了有关离心机的核黑市交易。

不过，国际原子能机构的核查人员却坚持认为：从1987—1993年，伊朗和中间商之间的接触一直在继续。1994年，外国中间商再次提出可以向德黑兰提供"PI"离心机的设计文件。

国际原子能机构还指出：在这期间，国际原子能机构曾多次要求伊朗政府提供记录1987年双方会面情况所有文件的复印件，旨在查清当时会面的确切情况，但是却一直没有得到伊朗政府的回应。

针对国际原子能机构的批评和指责，伊朗常驻该机构代表辩解说：“伊朗当时和国际核黑市的接触情况没有留下太多的‘书面记录’，所能提供的全部材料就是一页文件纸。”

外界媒体透露说，国际原子能机构（IAEA）副总干事皮埃尔·戈尔德施密特最近提交的有关伊朗核问题的报告长达3页纸。他在该报告中提出了伊朗在核问题上的一系列疑点，并认为伊朗政府在和国际原子能机构的合作中隐瞒了许多重要情况，使得一些敏感问题至今仍未能澄清。

与此同时，国际原子能机构总干事穆罕默德·巴拉迪也呼吁伊朗在一些重要问题上“提供充分的信息”，使得检查人员能够加快调查进度，尽快对伊朗核问题做出结论。

尽管国际原子能机构多次指责伊朗方面对核查缺乏积极的配合，但也拿不出充分证明伊朗在研发核武器的证据。因此，伊朗方面认为国际原子能机构副总干事戈尔德施密特提交的并不充分的报告，可能会在国际社会中产生不利影响。但是，伊朗却从积极的一面来看问题，一名伊朗政府官员说：“如果仔细阅读戈尔德施密特的报告可以发现，国际原子能机构和伊朗政府之间的分歧正在减少，将分歧摆出来有助于问题的最终解决。”

伊朗常驻国际原子能机构代表却认为：“我们认为，这份报告里并没有太多令人惊奇的东西。”

然而，5月15日，正在参加竞选伊朗总统的拉夫桑贾尼在接受英国广播公司（BBC）的采访时则透露说：伊朗过去的确曾经“欺骗过国际原子能机构”，很有可能“未及时通报一些敏感的核活动”。但是，当伊朗决定和国际原子能机构合作时，就确保所有提供的信息都是“透明的”。

拉夫桑贾尼还表示说：“如果我顺利当选伊朗总统，将推动伊朗继续发展民用核计划，但是不会制造核武器。”

与此同时，参加竞选伊朗总统的内贾德也在竞选活动中多次表示，伊朗决不放弃核计划，但却没有谋求制造核武器的野心。西方国家没有权力剥夺伊朗和平利用核能的权力。

可以说伊朗核计划，将是内贾德当选总统后着重要致力和推进的计划。不过，伊朗的核计划却前途未卜。

核武发由久　今又掀巨浪

伊朗真的在研制和发展核武器吗？关于这个问题的答案，恐怕只有去问内贾德。一直以来，以美国为首的西方国家坚持认为伊朗有谋求制造核武器的野心，而伊朗方面也坚持声称不谋求发展核武器。双方在这一点上僵持不下，形成了对立的局面。

什么叫核武器，它是如何制造出来的？以及它发展的过程，大概也是人们十分关注的。

核武器的发展历程，几乎与第二次世界大战同步，并且也产生于第二次世界大战期间。而它最初的发明者是德国人。早在1938年12月间，德国化学家哈恩和物理学家斯特拉斯曼就发现铀原子核裂变现象。到了第二年初，这两位科学家便将这一发现公布于世，并很快得到了各国科学家的论证。此后不久，丹麦物理学家玻尔和他的合作者又从理论上阐述了核裂变的反应过程，同时提出了完成这一反应最好的元素是铀—235。由于铀可以制造出威力巨大无比的武器，这立即引起了一些战争国家的重视，尤其美国的高度重视。到了1939年8月间，美国著名科学家爱因斯坦怀着十分激动的心情给时任美国总统的罗斯福写信，建议美国研制原子弹，以使美国成为世界上军事最强大的国家。爱因斯坦的这一惊人建议，立即引起了美国政府的高度重视，并当即采纳，决定研制原子弹。

经过充分的准备，1942年8月间，美国政府正式启动了名为“曼哈顿工程”的核弹研制计划，同时动用了60万名工程技术人员，耗资高达200亿美元，经过历时三年的艰苦研发，终于在第二次世界大战结束前成功研制出了三枚原子弹。因此，美国成了世界上第一个拥有核武器的国家，也是迄今为止唯一使用过核武器的国家。

1945年，在第二次世界大战结束前夕，美国研制出的三枚原子弹分别被命名为“大男孩”、“小男孩”和“胖子”。“大男孩”是一枚钚弹，重约5吨，当量为1.9万吨TNT；“小男孩”是一枚铀弹，重5吨，当量为1.4万吨TNT；“胖子”是一枚钚弹，重4.54吨，当量为2万吨TNT，而其中2颗于1945年8月初分别投掷在日本的广岛和长崎。

1954年3月1日，美国又试爆了氢弹；1963年，美国又宣布研制成功了“中子弹”。

就在美国研制原子弹的同时，英国、法国和德国也在从事核弹的研制工作，但因受第二次世界大战的影响，这些国家未能在第二次世界大战结束前完成原子弹的研制工作。除此之外，在这期间，苏联物理学家赫廖罗夫和佩特扎克也发现了铀原子核的自发变裂现象。但在苏联卫国战争爆发后，这一工作被迫中断。直到1943年初，苏联的核武器研制工作才得到了全面恢复。

经过几年的研究试验，在1945年第二次世界大战结束时，苏联也基本上掌握了原子弹的研制和生产技术。因此，1946年在二战刚刚结束后，苏联政府便投资50亿卢布用于核武器的研究工作，同时建立了第一座原子能反应堆。到了1949年8月29日，苏联在阿拉尔海附近的哈萨克试验场成功爆炸了第一颗试验性原子装置，从此打破了美国的核垄断地位，成为世界上第二个拥有核武器的国家。此后，1953年8月12日，苏联又进行了以固态氚化锂-6为热核燃料的第一颗氢弹试验。

就在苏联加紧氢弹试验期间，西方的另一国家英国也在从事原子弹的研制工作。1952年5月15日，英国在澳大利亚蒙特贝洛岛进行了首次原子弹爆炸试验。到了1957年5月15日，该国又在太平洋圣诞岛进行了首次热核试验，可见英国也掌握了氢弹的生产技术。

就在英国成为世界上第三个拥有核武器的国家后，作为另一个西方大国的法国，也在核武器研制方面不甘落后，于1960年2月13日成功试爆了第一枚原子弹。到了1968年8月24日，法国又试爆了第一枚氢弹。此后，还进行了中子弹的试验。

就在法国研制核武器的同时，亚洲最大的国家中国，也开始了研制核武器的工作，并于1964年成功试爆了首枚原子弹，成为亚洲第一个拥有核武器的国家。

与此同时，中国政府明确宣布中国研制核武器完全是出于自卫，而且还公开承诺中国不首先使用核武器，不对无核国家使用核武器，最终目标是全面销毁核武器。

在第一枚原子弹爆炸成功后，中国又进行了数次核试验。例如：1967年6月17日，中国的第一颗氢弹爆炸成功；1969年9月23日，中国又首次进行地下核试验爆炸和坑道自封闭技术，获得成功，这也是中国首次进行的地下核试验；1978年10月14日，中国又取得了首次竖井核爆炸试验成功。这之后，中国还成功地进行了多次坑道和坚井方式的地下核试验。

中国取得多项核爆炸试验成功，但所进行的各次核试验都是在周密的安全防护下进行的，没有造成任何放射性伤害。1981年后，中国多年未进行大气层核试验。1986年3月21日，中国政府正式宣布今后不再进行大气层核试验。1996年7月30日，中国政府宣布从即日起暂停核试验。同年9月24日，中国等16个国家在纽约联合国总部首批签署了全面禁止核试验条约。

据有关资料显示，生产制造一件核武器，需要高深的技术和较多的物质条件。其中至关重要的条件是拥有一定量的裂变材料。从现在的情形来看，由于科学技术的高速发展，不少国家相继掌握了核技术，从理论上讲具备了制造核武器的能力。根据当前的技术，获取用于核武器的裂变材料有两条途径：一是通过核反应堆获取燃料并经处理后获得；二是通过对贫化材料浓缩获得。

根据以上情形，国际社会将凡具备上述设施的国家都称为有核能力的国家。截至1998年，具有核动力反应堆或核研究反应堆的44个国家都被列入有核能力的国家，除了美国、俄罗斯、英国、法国和中国5个国家以外

（1998年5月，印度和巴基斯坦先后试爆了核试验，并成为拥有核武器的国家），这些国家还包括以色列、日本、南非、伊朗、巴西、朝鲜、澳大利亚等。

除此之外，为了获得核威威慑力量，很多国家投入了大量人力进行核武器的研制工作，其中更直接投入的则是为了研制核武器而进行的各种核试验。因为对于非核国家或核武器技术不够先进的国家来说，核试验往往是检验其核武器成功与否的必要途径。

核试验通常分为几个步骤，即原理性试验、科学性试验、改进和定型核试验、库存安全性和可靠性鉴定核试验等。而一些正在从事核发展的国家，其当前进行的核试验基本上是在地下进行的。所谓地下核试验，就是将设计的核装置（或核弹头）经过多种复杂的环境考验后，放到一定深度的地下进行核爆炸，以验证所试验的核装置（或核弹头）是否能满足要求、验证理论计算和工程设计是否正确，以改进设计和为生产提供科学依据等。截至1998年5月底，全世界共进行了2058次核试验，其中美国进行了1032次，前苏联进行了715次，法国进行了210次，英国进行了45次，中国进行了45次，印度有5次，巴基期坦有6次。

制造核武器的原料主要是铀和钚。所谓铀，是存在于自然界中的一种稀有化学元素，具有放射性。铀主要含三种同位素，即铀238、铀235和铀234，其中只有铀235是可裂变核元素，在中子轰击下可发生链式核裂变反应，可用作原子弹的核装料和核电站反应堆的燃料。

根据国际原子能机构的定义，丰度为3%的铀235为核电站发电用低浓缩铀，铀235丰度大于80%的铀为高浓缩铀，其中丰度大于90%的称为武器级高浓缩铀，主要用于制造核武器。

关于铀的同位素，据资料显示，在天然矿石中铀的三种同位素共生，其中铀235的含量非常低，只有约0.7%。而为了满足核武器和核动力的需求，一些国家建造了铀浓缩厂，以天然铀矿作原料，运用同位素分离法（扩散法、离心法和激光法等）使天然铀的三种同位素分离，以提高铀235的丰度，提炼浓缩铀。

对于获得铀的途径，可以说要经过非常复杂的系列工艺，要经过探矿、开矿、选矿、浸矿、炬矿、精炬等流程，而浓缩分离是最后的流程，需要很高的科技水平。获得1公斤武器级铀235需要200吨铀矿石。

由于涉及核武器问题，铀浓缩技术是国际社会严禁扩散的敏感技术。目前除了几个核大国之外，日本、德国、印度、巴基斯坦、阿根廷、朝鲜和伊朗等国家都掌握了铀浓缩技术。提炼浓缩铀通常采用气体离心法，而气体离心分离机是其中的关键设备，因此美国等国家通常把拥有该设备作为判断一个国家是否进行核武器研究的标准。

这便是核武器的由来和发展的历程。到目前为止，核武器仍然是世界上威力最大的武器。因此，这也就使许多国家千方百计想获得此武器。

既然有许多国家想获得核武器，以达到成为军事大国的目的，那么核武器在世界上就有了扩散的趋势。而核武器的扩散，必然对全人类的生存造成越来越大的威胁。因此，联合国便组成了核查机构，专门调查一些核问题，以扼制核武器的扩散。

所谓核查，主要是指联合国安理会对伊拉克大规模杀伤性武器的检查。在海湾战争结束后，1991年4月3日联合国安理会通过687号决议，要求伊拉克在国际监督下无条件销毁所有化学武器、生物武器和射程在150公里以上的导弹，伊拉克应当承诺不购买或不研制核武器，并委托联合国负责销毁伊拉克化学、生物和核武器，特别委员会（简称“特委会”）监督安理会决议的执行。4月9日，伊拉克正式接受了安理会的这一决议。

在这之后，联合国开始对伊拉克进行武器核查，核查一直持续到美、英1998年12月对伊进行“沙漠之狐”军事行动前夕。在历时7年多的时间里，有200多个武器核查小组对伊拉克进行了400余次核查。因此，可以说是迄今为止规模最大、持续时间最长的一次核查。在核查中，解除了伊拉克95%的大规模杀伤性武器。然而，历次武器核查并不顺利，伊拉克和核查机构，尤其是核查小组中的美国成员多次发生对峙，最后导致伊拉克拒绝合作。到了1998年11月11日，联合国特委会下令在伊拉克的所有联合国武器核查人员立即撤离，核查由此中断。

到了2001年9月，世界局势发生了惊人的变化，尤其是发生在美国的恐怖袭击事件引起了世界各国对恐怖主义危害的关注，坚决打击一切形式的恐怖主义成为全球共识。而美国也把伊拉克问题与反恐斗争联系在一起，强烈要求重新对伊拉克进行核查。

2001年12月17日，联合国安理会通过第1284号决议，决定成立联合国监督、核查和观察委员会（简称“监核会”），替代原来的“特委会”负责对伊拉克销毁生物、化学武器和弹道导弹的核查。

2002年11月8日，联合国安理会一致通过关于伊拉克问题的1441号决议。该决议是美、英两国应俄罗斯、法国和中国的要求，在对原决议草案进行修改后提交联合国安理会讨论通过的。决议一方面强化了对伊拉克武器核查机制，同时也为阻止美国单方面对伊拉克动武、维护以安理会为核心的集体安全体系以及在联合国框架内政治解决伊拉克问题带来了新的希望。联合国新通过的这一决议的主要内容是：敦促伊拉克全国履行安理会有关决议，同时警告伊拉克如再不履行决议或不与联合国充分合作，将面临“严重后果”；重申安理会2001年通过的1382号决议精神，表示要致力于伊拉克问题的全面解决；要求伊拉克政府在决议通过7日内明确表示接受决议，并在30日内完成及提交其大规模杀伤性武器发展报告；联合国武器核查人员应在决议通过45日内恢复对伊武器核查，并在核查恢复后的60日内向安理会提交有关情况报告；伊拉克政府应允许监核会和国际原子能机构人员无阻碍、无条件和无限制地视察他们想要视察的任何地方、设施、建筑、设备、记录和运输工具，无限制和无障碍地单独接触任何人员，并同他们在伊拉克境内外进行面谈。

2002年11月13日，伊拉克在无可奈何的情况下，不得不接受了联合国安理会1441号决议。就在该决议通过后不久，同年11月联合国武器核查人员重返伊拉克，正式恢复对伊核查。经过核查，联合国首席武器核查官布利克斯先后向安理会提交了两份伊拉克武器核查的报告。在2003年2月14日提交的第二份报告中指出：核查人员对伊拉克300多处可疑地点实施了400多次的突然核查，“没有任何迹象表明伊方对核查进行了事先准备”。

关于有没有杀伤性武器，布利克斯在报告中指出说：经过这些核查，“除少量化学武器外，监核会人员没有发现任何被禁武器”。“没有发现表明伊拉克拥有大规模杀伤性武器的任何证据，但也不能排除伊拉克拥有大规模杀伤性武器这种可能。”

然而，日后事实证明，伊拉克不仅没有大规模杀伤性武器，而且更没有核武器。不过，防止核扩散是没有错的。因为核武器对人类带来的威胁和危害是最大的，甚至无法估量。

如果以核武器为主要毁伤手段进行的战争，无疑是对地球的毁灭性打击。这种战争的特点具有突然性和破坏性，其规模比常规战争空前增大。核战分为核大战和有限核战争。核大战是由核大国及其联盟国以战略性核武器（导弹）进行突然性袭击，能对整个战争起决定性作用。有限核战争，指在一定地区内使战术性核武器或用为数不多的核武器突击敌方军事目标的战争。

此外，核战争的爆发是难以预测的，因为核战争可能由核突袭开始，但也有由常规战争升级的，也许是速决的、或许是持久的。核攻击的目标是摧毁敌方的军事力量及其指挥机关，削弱其抗御能力；毁坏敌方的政治经济中心，瓦解其斗志，削减其战争潜力；同时打击军事和政治经济目标，以获得双重效果。以核武器实施摧毁，以常规部队进行占领，是战争的最终目的。

核战争的爆发，将会给地球带来“核冬天”。所谓核冬天，是指由于大规模核战争给地理生态系统造成的巨大破坏，使地理气候发生巨大的变化。它是由美国康奈尔大学的天文学家卡尔·萨根博士和美国国家宇航局四位科学家于1983年10月提出的。这一理论认为：大规模核爆炸掀起的尘埃和引起的大火产生的滚滚浓烟，将会挡住阳光对地面的照射达数月之久，使得全球性气候发生变化，气温下降，大地冰封，黑压压见不到一丝光线。

该理论还指出：根据预测，如发动50亿吨TNT当量的核战争，城市建筑和大火的浓烟及尘埃将使地球气温下降12—40摄氏度，绝大部分植物死亡，人类将面临黑暗、严寒、饥饿、有毒物质污染，并处在放射性回降物质的长期危害及缺乏饮水的困境，人类受到过度紫外线照射而受到伤害。“核冬天”理论的提出，在世界上引起了强烈反响，并受到有关国家的重视。

除了“核冬天”这一理论外，还有人提出了“核后时代”，也叫“空间威慑时代”。主要是指军事上高技术常规武器代替核武器居主导地位的时代。这一新颖的观念，是由美国战略学者爱德华·勒特韦克于1988年提出来的。

“核后时代”这一理论认为，核武器只能起威慑作用，但是在局部战争和冲突中这种威慑作用将大大降低，单靠核武器已无法打破战略力量均势。只有威力大、精度高、距离远、可信性大、可靠性高的高技术常规武器才能有效地打击敌方。此外，核后时代的主要特点是：高技术常规武器将成为最终的破坏性力量，战斗环境将扩大到空间领域，太空技术成就与核武器以外的最终破坏性力量相结合。

尽管如此，核武器依然是当今世界上最可怕的武器，还没有任何武器可以替代它。因此，伊朗的核问题，仍然是最敏感、最热点的问题。

出言多不逊　波澜重起伏

艾哈迈德·内贾德在出任伊朗总统后，除了坚定地推动伊朗的核计划发展外，还积极致力于军事工作，并在军事上进行战略调整，以此应付来自美国等国的军事威胁。他认为伊朗绝不是伊拉克，可以任美国宰割，伊朗已经做好了迎击美国的充分准备。

据伊朗军方透露，如果伊朗发现美军有向自己边境集结的迹象，就将对美国在本地区的7个军事基地实施猛烈打击。

除此之外，伊朗方面还威胁要使用贸易手段惩罚那些投票支持将伊朗核问题提交安理会的国家，其中包括希望从伊朗进口能源的印度和日本。

在战略部署上，伊朗攻击美国的目标还包括该国在伊拉克、巴基斯坦、阿富汗、乌兹别克斯坦、卡塔尔、科威特、吉尔吉斯斯坦和吉布提的军事目标。

根据内贾德在联合国大会上发表的具有战斗性的演讲，伊朗国家安全委员会还决定：如果美国对伊朗实施海军封锁，伊朗将对美国在波斯湾的军舰和特定的军事目标进行打击。

面对来自政治、军事和经济上的严重威胁，内贾德在联大发表演讲时还生称：面对美国的挑衅，"我们将重新考虑我们解决核问题的全部途径"。

内贾德上台执政伊始，就以异常强硬的态度与美国当局叫板，引起了国际社会的广泛关注。看来小布什政府遇到了一个非常难以对付的强硬对手。

与此同时，伊朗政府还决定，要在纳坦兹设置5万个离心机来进行铀浓缩。还声称纳坦兹的核设施有能力生产出核燃级别的浓缩铀。

2005年9月27日，俄罗斯原子能部长亚历山大·鲁缅采夫表示：伊朗在一年多时间之内还不具备"上马"铀浓缩项目的能力。由此可见，伊朗的核技术能力还很有限，而且也不具备制造核武器的能力。

在同一天，伊朗外交部还专门发表了针对印度投票支持将伊朗核问题提交安理会的看法。伊朗外交部发言人说：伊朗对印度的上述做法感到惊讶，伊朗政府将重新考虑跟印度的经济合作。

伊朗不仅对印度在伊朗核问题上支持美欧决议案作出强烈反应，并且也取消了它向印度出口天然气的协议。根据2005年6月间双方签署的一项协议，印度从2009年起的25年内，计划每年从伊朗进口500万吨液化天然气，以满足该国工业发展的需求。

由于伊朗是全球第二大石油和天然气国家，因此日本也正在寻求在伊朗西南部的阿扎德干进行投资，以获得那里的石油和天然气。那里是世界上最大的未开采油田之一。由于日本对将伊朗核问题提交安理会投了反对票，伊朗已经宣称要重新考虑同日本等国家的经济合作。

由此可见，伊朗将充分利用能源优势来惩罚那些跟在美国屁股后面跑的国家。

此外，2005年9月22日，在联合国世界首脑大会结束后，内贾德还亲自同伊朗宗教领袖哈梅内伊出席了国内纪念“两伊战争”爆发25周年阅兵式，并观看了伊朗的新式武器。

在这天规模盛大的阅兵式上，在伊朗展示的武器上印有反美和反以色列的标语。这使应邀参加该活动的一些欧盟国家军界高官看到后纷纷退场以示抗议。

一位欧盟国家的外交官对此声称说：“所有欧盟成员都有一个共识，如果这次军事阅兵中含有任何攻击盟国的标语，我们都将退场。”

在此次引起世人关注的阅兵式上，共有7枚安装在流动发射台上的新款“流星–3”型弹道导弹向公众展示。据伊朗媒体介绍：该款导弹“射程达1700公里”，“可以直击敌人的心脏”。

伊朗的“流星–3”新型导弹的最后测试是在2005年初完成的，不仅威力大，而且射程远，其敌国以色列也在射程范围内。7月，伊朗国内的精锐部队——伊斯兰革命卫队已经装备了这种导弹，伊朗的军队的战斗力得到了进一步加强。

在此次阅兵式上，除了展示新型武器外，还有让欧盟官员纷纷退席的醒目标语：“美国去死”、“我们将把美国踩在脚下”和“以色列去死”、“以色列必须从世界上消失”等。这些标语也引起了人们极大关注。

对于伊朗打出的这些咄咄逼人的标语，一位西方外交官说：“它们或许只是些标语，但对我们来说，这些是绝对不能接受的。”

伊朗此次在首都德黑兰南部举行的声势浩大的阅兵式，除了彰显军事实力及纪念“两伊战争”的爆发外，也为伊朗“神圣防卫周”的一连串活动揭开了序幕。而这些活动是纪念在两伊战争中死亡的几十万伊朗军民而开展的。

从中可以看出，内贾德的战略构想：一是推动伊朗的经济发展；二是进一步发展核计划；三是增强军事实力。

可见内贾德是个有雄心大志的总统，希望能干出一番惊天动地的业绩。

在2005年10月的这个多事之秋里，内贾德发表的一番惊人言论，引起了国际社会的一片哗然。同时，更加强烈地引起了以色列、美国等西方国家的愤怒。

10月26日，内贾德在伊朗内政部会议大厅对参加“没有犹太复国主义的世界”会议的4000名学生发表演讲时，情绪激昂地指出：“犹太政权的建立是世界压迫者反对伊斯兰世界的举动……正如教长（霍梅尼）所说，以色列必须被从地图上抹掉……伊斯兰世界绝不允许它的历史宿敌生存在它的心脏地带。”

就在内贾德发表惊人讲话之前，巴勒斯坦的一名人弹在以色列发动自杀性爆炸袭击，有5名以色列人丧生。因此，他用愤怒的语调断定说：“毫无疑问，巴勒基坦新的（袭击）浪潮很快就会将这个可耻的污点从伊斯兰世界脸上擦掉。”“巴勒基坦问题只有在巴勒基坦人完全控制他们的所有领土后才能解决。”

他进一步说：“以色列从加沙撤军是一个骗局，是为了让伊斯兰国家承认以色列。”“任何伊斯兰国家的领导人承认以色列都意味着承认伊斯兰世界失败，向以色列举手投降，都将引发自己人民的愤怒之火。”

在内贾德眼里，以色列和美国是他最仇视的两个国家。

内贾德之所以说出这番话，是由于自从以色列2004年从加沙地区撤军以来，以色列与几个海湾国家的关系逐渐解冻，并得到了很大的改善。例如，巴林于当年9月间宣布取消与以色列的贸易禁令，随后卡塔尔于10月宣布将捐款600万美元在以色列修建一个足球场，供一个阿拉伯和犹太人联队训练。这是第一个阿拉伯国家向以色列提供捐款。而伊朗政府非常不愿意看到这样的局面出现。

内贾德的讲话引起外界分析人士的极大关注，有人认为：与前总统哈塔米举行的与西方“对话”和“缓和”政策相比，内贾德的言论显示伊朗的外交政策发生改变，标志着伊朗对西方的外交政策由缓和转向强硬。

一位中东问题专家认为:“内贾德清楚地宣布了他政府的(外交)学说,他使伊朗重新回到20世纪80年代追求的革命目标。”

美国媒体认为:内贾德的言论让人回想起伊朗1979年伊斯兰革命之初的日子。自那时起,伊朗与以色列就成为仇敌,反以口号充斥着伊朗的集会。

在外界的一些媒体看来:随着岁月的流逝和形势的变化,在过去的10年里,伊朗高级官员一直避免发表对美国的刺激性言论。前总统哈塔米也主张与西方进行对话,改进关系。而自2005年8月内贾德成为伊朗总统后,伊朗似乎在采取更加强硬的对西方政策。

从以色列方面来说,他们对内贾德攻击以色列的言论表示强烈愤怒,并呼吁联合国将伊朗从该组织中驱逐出去。以色列外交部发言人说:“不幸的是,这不是我们第一次看到伊朗高级领导人发表这样的极端声明。国际社会日益认识到德黑兰极端政权不仅仅是以色列面临的问题,也是整个国际社会必须应对的问题。”

他还进一步谴责说:内贾德和哈马斯领导人扎哈尔“公开宣称要摧毁这个犹太人国家……而且问题似乎是,在这些极端主义分子的暴力言论之后,暴力行为往往接踵而至”。

以色列副总理佩雷斯也对内贾德的讲话表示愤慨,并发表声明说:“我从未见过一个联合国成员国的国家元首发表如此疯狂的宣言,它不能再做联合国的一员。”

伊朗前外长耶齐德也认为:“内贾德此番言论对伊朗有害无益。……这种言论将激起国际社会反对我们。发表这样的声明对伊朗是有害的。”

果不其然,本来就对伊朗充满敌视的美、英、法等国纷纷发表声明,强烈抨击内贾德的言论。例如美国白宫发言人说:“我想这再次证明了我们对伊朗政权所做的评价,也加深了我们对伊朗核目的的担心。”美国外交发言人也声称:“内贾德的言论只会令国际社会更加关注伊朗想拥有核武器的野心。我们明天将会向伊朗临时代办正式提出抗议。”

10月27日,欧盟各国领导人联合发表声明对内贾德的言论进行谴责。该声明严厉指责说："欧盟领导人……出于对以色列国的尊重，今天对伊朗总统内贾德发出最强烈的谴责。鼓吹暴力、煽动毁灭一个国家，这些言论和一个成熟而且负责任的国际社会成员的身份是互相矛盾的。"

除此之外，德国的一份杂志还把内贾德的言论与本·拉登的儿子联系起来，说伊朗庇护拉登的3个儿子和另外22名"基地"组织要人。该国某杂志载文说："拉登的儿子萨阿德·本·拉登、穆罕默德·本·拉登、奥斯曼·本·拉登以及来自埃及、沙特、乌兹别克、北非和欧洲的22名'基地'组织骨干就居住在伊朗首都德黑兰及其周围，受到伊朗共和国卫队的庇护。"

该杂志的文章还透露：他们行动自由，既没有被逮捕，也没有被软禁，可以做他们想做的任何事情。但是，此前曾有媒体报道说，伊朗安全部队逮捕了萨阿德等人。

该杂志还介绍说：萨阿德是拉登的长子，大约25岁，被认为在数次'基地'组织的袭击活动中负责筹措经费和提供后勤支援，上了美国的通缉名单。外界认为，拉登有好几位妻子，生有20多个儿子。在拉登的众多子女中，萨阿德最为受宠。而这位"拉登大公子"精通英语和计算机。美国情报部门曾认为，萨阿德可能已经被选定为拉登的接班人。因此，一些哗众取宠的媒体称萨阿德称为"基地少东家"。

其实，将拉登的儿子和伊朗联系在一起，无非是媒体的炒作，而且是虚假新闻，只不过是为了吸引读者，并没有任何翔实的资料。

就在一些西方强烈谴责内贾德言论的同时，阿拉伯国家政府却保持沉默。这也确实是因为以色列在中东地区不得人心，是个比较霸道的国家。

一向支持以色列的美国和欧洲却纷纷帮以色列说话，谴责内贾德。例如，时任英国首相布莱尔认为：内贾德的言论越来越让觉得伊朗对全球安全构成了威胁，这会造成国际上关于"先发制人打击伊朗"声音的高涨。

时任法国总统希拉克也批评说：伊朗总统的言论是"极端不负责任的"。

相比之下，尽管一些中东地区国家的媒体在头版刊登了内贾德攻击以色列的言论，但却没有发表相关评论。另外，埃及外交部和政府官员都表示对内贾德的言论无可奉告。约旦副总理在接受媒体采访时,也拒绝发表任何评论。在阿拉伯国家心目中,以色列是个侵略者。

虽然阿拉伯保持了沉默,但与伊朗有矛盾的国家却为此暗暗高兴。对此,中东地区的分析人士认为:伊朗的阿拉伯敌人可能正在偷笑,因为他们很乐意看到伊朗在国际上更加孤立。

有人还认为:内贾德的言论会让欧洲国家与伊朗进行核问题谈判时采取更加强硬立场,这最终将损害伊朗的利益。

就在西方国家纷纷谴责内贾德的言论论时,他的爆炸式言论也在伊朗国内引起了强烈的反响,很多报纸刊登了他的言论,而有些媒体还报道了因他的言论引发的其他国家抗议的情况。针对这种情况,10月28日,数十万伊朗民众举行了示威活动,有力声援内贾德,谴责以色列。

内贾德炸弹般的言论,真是一石激起千重浪,在国际社会上掀起了巨大波澜。除了引起国际社会的关注外,也引起了联合国安理会的重视。

10月27日,联合国秘书长安南发表声明说对艾哈迈德·内贾德的讲话感到不安。"根据《联合国宪章》,联合国所有成员国都已承诺不使用武力损害任何国家的领土完整和政治独立,或是以武力相威胁。"

10月28日,联合国安理会就内贾德的讲话举行闭门磋商,讨论由英国起草的声明草案。经过讨论,由安理会轮值主席、罗马尼亚常驻联合国代表莫措克宣读声明。该声明表示:"安理会成员国表示支持联合国秘书长安南在该问题上的立场,谴责伊朗总统针对以色列的讲话。"

由于许多国家包括联合国在内都谴责内贾德,这使以色列感到十分高兴,常驻联合国代表对媒体说:"以色列对包括联合国在内的国际社会对艾哈迈德·内贾德讲话的谴责感到满意。"

他还要求说:"伊朗政府和领导人应该对这些谴责予以认真考虑。"

反以参游行　身先当士卒

面对西方国家和联合国的指责，内贾德并不认为自己发表的“必须将以色列从地图上抹去”的言论有什么特别过激的地方，而且也不想为这番言论道歉。

内贾德的“狠话”，以及他分外强硬的态度，使他更加成为全世界关注的焦点人物。他在国际政治舞台上展现了一种惊人的勇气和智慧。

2005年10月28日，这是个深秋时节的晴朗的日子，内贾德不但没有为他的言论道歉，反而亲自参加了在首都德黑兰举行的反对以色列的游行示威活动，以此为自己的强硬立场进行了有力辩护。

此次伊朗举行的一年一度的“耶路撒冷日”反对以色列大游行，有包括德黑兰在内的伊朗各大城市百万民众参加。这无疑是一场声势浩大的集会。这是自1979年以来首次举行的规模最大的一次集会。仅在德黑兰，至少有20万市民走上街头参加游行。与此同时，在伊朗的8个最大城市中，每个城市至少也有10万民众参加了示威游行。

在这场前所未有的声势浩大的游行中，浩浩荡荡的民众高举着“以色列灭亡、美国灭亡”的标语，并对以色列、美国和整个西方世界进行了猛烈的抨击，严厉指责西方国家压迫巴勒斯坦和伊朗。同时，无数的示威者还高呼着“以色列即将灭亡”的口号，而且给自己身上裹上白色的裹尸布，表明已经做好为打击以色列而牺牲生命的准备。另外在游行进入尾声时，示威民众代表当众宣读了一份决议，宣布“支持总统内贾德此前的立场——必须将犹太政权从地图上抹去”。

除了伊朗举行反以色列的游行示威外，中东地区其他一些国家也举行了声势浩大的反以游行示威活动。例如：在黎巴嫩首都贝鲁特，有6000余名真主党游击队成员身着制服走上街头，举行反以示威；在巴林首都麦纳麦，至少有3万民众参加反以集会，愤怒的民众焚烧以色列和美国国旗，并要求本国政府收回同以色列恢复贸易的决定。

这天，内贾德亲自参加了伊朗举行的反以反美游行示威活动，他走在游行队伍的行列中，同大家一样高呼反以口号。作为伊朗总统，他亲自参加"圣城日"游行并非寻常举动，而且跟在他身边的只有5名保镖，此外没有采取其他任何特殊的安全措施。由此可见他所表现出来的非凡勇气。

在游行示威中，内贾德还发表了慷慨激昂的讲话，并对他此前发表的反以言论进行了有力辩护。他说："他们（西方世界）一听到任何寻求真理的声音就变得不安。他们认为只有自己才是这个世界的统治者。"

他在继续反驳说："有关以色列应该被彻底消灭的言论是正确合理的，反映了全体伊朗人民的心声。"

内贾德还尖锐地批评说："以色列政府有一套野心勃勃的政策并且毫无信义可言。以色列政府一方面压迫、屠杀巴勒斯坦人，掠夺他们的土地和财产，炸毁他们的房屋，另一方面却又不希望有人反对。"

对于巴勒斯坦问题，尽管他在强硬的言语中暗含对西方国家的严厉批评，但他同时也暗示伊朗不会反对巴勒斯坦和以色列通过全民公决的方式来决定双方关系的未来。他说："如果穆斯林和巴勒斯坦人同意（举行全民公决），那将是一种权利选择，还是让我们举行全民公决吧！"

伊朗长期以来对巴勒斯坦人争取民族解放和独立的斗争持同情和支持态度，并一直拒绝承认以色列为国家和与之建交，而且把每年斋月的最后一个星期五定为反对以色列和支持巴勒斯坦的"耶路撒冷日"。反以心切的内贾德在成为伊朗总统后，不仅反以态度更加强硬坚定，而且还身先士卒亲自上阵，领导了这次大规模反对以色列、支持巴勒斯坦的游行示威。

参加这次大规模游行示威活动的伊朗外长穆塔基，也强烈地为内贾德的反以言论进行了辩护。他声称说：这代表着伊朗长期坚持的"不承认以色列"的政策。"很遗憾，西方国家仍在对以色列越来越多的野蛮行径保持沉默。"

可见，内贾德推出的强硬反以政策得到了伊朗民众和广大政府官员的支持。

在游行示威结束的第二天，即10月29日，伊朗外交部还发表了反驳外界攻击内贾德的声明，其中包括反驳联合国安理会。该声明强调说：伊朗不接受联合国安理会有关其总统艾哈迈德·内贾德反以言论的声明，但同时表示伊朗无意对以色列发动进攻。

声明进一步强调指出："安理会有关艾哈迈德·内贾德总统涉以言论的声明是无法接受的，它是以色列为掩盖其罪行而策划的。"

声明认为安理会处理问题不公正，偏袒以色列和美国，对它们的罪行无动于衷。声明强烈反驳说："安理会对美国与以色列一再威胁要对伊朗动武无动于衷，也不谴责以色列对巴勒斯坦犯下的累累罪行，伊朗对此感到惊讶。"

伊朗外交部在声明中还明确表示："伊朗没有进攻以色列的企图，伊朗遵守联合国宪章的原则，不会对任何国家使用武力，也不会威胁使用武力。"

10月30日，内贾德又参加了一个民兵集会。他在发表讲话时辩解说：10月26日发表的以色列应该被彻底消灭的言论，只是对以色列非法占领巴勒斯坦人的领土表示愤怒，与伊朗以往的立场并没有任何不同之处。

与此同时，内贾德发表的爆炸性言论激起的波浪仍在延伸，国际社会仍在对此进行评说，而且是各种各样的声音都有。

对内贾德的惊人言论，有些人评论说：毫无疑问，内贾德总统明确表达了他对以色列这个国家的厌恶、敌对和仇恨。相比之下，以色列在闻听这些言论后所表示"伊朗应该被联合国开除"，已显得十分温和。

在外界看来，以色列这个犹太国，是一个背负了与生俱来的道德债务的国家。这种道德债务来自以色列的建国，"为什么这个国家要建在这里，而不是阿拉斯加或者巴伐利亚？"这个问题的存在使得以色列这个国家在某些人心中具有原罪。于是，围绕以色列的是一个又一个所谓的"正义判断"："犹太复国主义"不是一个苦难民族的正当要求，而是一种邪恶的意识形态；以色列的诞生不被接受为联合国作出的合法决定，而被解释为西方对犹太人所受迫害的一种补偿，而且这种补偿附带着把邪恶与混乱引入某一地区的阴谋。

以色列目前实际控制面积约为2.5万平方公里，人口约660万人。其中犹太人占76.7%，其他为阿拉伯人、德鲁兹人等。犹太教为国教，其余人信奉伊斯兰教、基督教和其他宗教。以色列位于亚洲西部巴勒斯坦地区。东接约旦，南连亚喀巴湾，西南部与埃及为邻，西濒地中海，北与黎巴嫩接壤，东北部与叙利亚为邻，是亚、非、欧三大洲结合处，地理位置十分重要。境内大部分为高原，属亚热带地中海型气候。早在公元前13世纪末，希伯莱人从幼发拉底河沿岸迁居到巴勒斯坦地区，他们就是犹太人的祖先。公元前1020年建立希伯来王国。公元前923年分裂为北部的以色列王国和南部的犹太王国。到了公元前631年，罗马帝国入侵，大部分犹太人被逐出境，流亡世界各地。公元637年，巴勒斯坦地区成为阿拉伯帝国的一部分，从此阿拉伯人在这里繁衍生息。19世纪末，欧洲犹太人发起犹太复国主义运动。1917年，英国占领巴勒斯坦。1922年7月24日，国际联盟通过的英国对巴勒斯坦的《委任统治训》规定，在巴勒斯坦建立“犹太民族之家”。1947年11月29日，联合国大会通过决议，决定在巴勒斯坦分别建立阿拉伯国和犹太国。1948年5月14日，犹太人成立以色列国。

就这样，以色列国在仇恨与怒火的海洋中立住了足，被接受为国际社会的一员，而且逐渐被正视现实的国家所接受。在巴勒斯坦的土地上，犹太人和巴勒斯坦人都应有自己的国家，这一点已经被国际社会广泛接受。因此内贾德发表的将“以色列从地图上抹去”的言论，格外引起了世界的关注和震惊。

有人分析认为：“这是艾哈迈德·内贾德在宣布其外交纲领，标志着伊朗对西方的外交政策由缓和转向强硬”。以色列是否应该“被抹掉”，实际不是伊朗与西方国家之间的问题，以色列不能被认为是西方在中东的一个代表、傀儡或者棋子；事实上，除了美国对以色列采取保护态度，而欧洲一些国家历来对以色列的占领政策采取严厉批评立场。不知所云！

还有人认为内贾德的惊人言论是有价值的，并对此分析说：即使不能说内贾德的言论能代表该地区人们的态度和心理，但一个国家领导人会有如此表示，至少有助于人们看到仇恨的情感在该地区的坚固性，从而建立起对该地区冲突与动荡的进一步认识。

不管外界对内贾德强硬的言论如何评价，但他本人似乎并不在意，依然想说什么就说什么，依然走自己想走的路。

内贾德不仅是个胆量十足的人，更是善于创造惊人影响力的人。同时，他也是个极其神奇的人物。

身陷围攻中　坚强无畏惧

在当今的国际政治舞台上，内贾德已被公认为敢说“狠话”的国家领导人，他不仅勇气十足，而且态度强硬。这是因为他在美国和以色列等国面前气冲牛斗，不仅敢于说“狠话”，并且态度总是异常强硬。

内贾德在2005年8月间宣誓就职伊朗总统后，在短短的两个多月里，就在国际政治舞台上展现出非凡的姿态和惊人的胆识与智慧，震动了全世界。他已成为全球备受关注的人物，其中美国等西方国家对他的批评起了很大作用。

在内贾德备受国际社会关注的同时，他的“必须将以色列从地图上抹去”等惊人言论，继续受到美、英、法等国的批评和指责。由此可见，他已陷入了许多国家的围攻之中。

在他发表大胆而惊人的言论后，立即引起了美英两国的强烈反应，同时群起而疯狂围攻。在这期间，由于驻伊拉克英军遭受袭击，以及因伊朗西南部发生爆炸案而与伊朗关系骤然紧张的英国首先向内贾德发起攻击。英国首相布莱尔率先上阵，暴跳如雷地指责伊朗对以色列的态度“十分可耻”。

布莱尔咄咄逼人地警告说：“如果伊朗认为国际社会不能抽出身来采取行动，就大错特错了。”

美国白宫发言人也放话说：美国将非常严肃地看待内贾德的言论，“它凸显了我们对伊朗核企图的担忧”。

除此之外，一些欧盟国家也对内贾德的言论纷纷进行谴责，口诛笔伐。例如，西班牙外交大臣于10月27日用“最为严厉的措辞”批驳了内贾德的“狂言惊语”，并强烈要求伊朗驻西班牙大使“作出解释”。

法国外长也发表声明强烈谴责内贾德的言论。法国的一家报纸还专门发表文章，指出内贾德的言论所带来的严重后果。该文用愤怒的语调说：伊朗总统的话已经超出了可以容忍的限度。他的这番话，不光是作为一个联合国会员国不应当说，同时也损害了他宣称要维护的巴勒斯坦的利益，损害了伊朗本国的利益，对于中东局势无异于火上浇油。伊朗总统当然有权批评以色列的政治地位，但现在的问题是，他对一个国家的存在提出了质疑。内贾德的话中充满了极端的仇恨，只会让国际社会对伊朗发展核技术的动机做出最坏的猜测。

另外，就连在核问题上力保伊朗的俄罗斯也认为内贾德的讲话欠考虑。此时正在中东访问的俄罗斯外长拉夫罗夫认为，内贾德的讲话是“无法接受的”。而俄罗斯国防部长伊万诺夫也在10月29日对俄罗斯媒体表示：俄反对伊朗拥有核武器。

不过，伊万诺夫强调说：“应该把民用核计划与军事核计划区别开来。伊朗有利用核能领域研究成果的权利，但发展军事核计划，完全是另外一码事。……有关伊朗从事秘密核计划，并建设用于发展核武器所必需的基础设施的说法至今未得到国际原子能机构的证实。10月初以来，俄多次重申，伊朗核问题应在国际原子能机构框架内通过政治手段加以解决。”

这就显示俄罗斯对伊朗和平利用核能的支持，它与西方国家的论调不完全相同。

对于内贾德的狂热言论，联合国秘书长安南除了发表声明表示失望外，还表示要在访问伊朗期间，同内贾德着重讨论所有国家“在和平、安全的环境中生存的权利问题”。

对内贾德的狂热言论感到最为愤慨的当然是以色列，它立即对此作出强烈回应。以色列总理沙龙、副总理佩雷斯、外长沙洛姆等政要一起上阵，纷纷指责内贾德的言论违反了联合国宪章，而且犯下了“反人类罪行”，要求联合国将伊朗除名。其中以色列外长沙洛姆在法国巴黎还危言耸听地说：“伊朗正在研制比以色列导弹射程远得多的导弹。伊朗的新导弹射程达3000公里，包括巴黎、柏林、伦敦、罗马、马德里等在内的欧洲主要城市都在其射程范围内。……因此，我呼吁国际社会尽快采取行动。”

然而，让人们感到费解的是，连备受以色列欺负的巴勒斯坦也不赞同内贾德的反以言论，并表示无法接受。对此，巴勒斯坦谈判代表对媒体说：“我们已经承认了以色列这个国家，并且正在推进与以色列之间的和平进程……我们无法接受内贾德的这一言论。”

其实内贾德之所以说出希望以色列灭亡的极端言论，是因为他的内心对以色列充满了深深的仇恨，认为以色列是中东地区的异已分子，甚至是个充满邪恶的国家。不过，这仅仅是他个人的言论，并不代表伊朗政府。

从历史上看，伊朗与以色列之间积怨很深，交恶已久。自从1979年伊朗伊斯兰革命取得胜利以来，伊朗就一直拒绝承认以色列政权的合法性，坚决支持巴勒斯坦人民争取解放领土的斗争。多年以来伊以两国不仅经常相互指责，还将对方视为本国安全的“重大威胁”。因此，每年伊朗在举行盛大庆祝活动时，所展现的导弹等武器装备上都要写上“打倒犹太复国主义”、“将以色列从地球上抹去”之类的反以口号。

不过，从伊朗历任总统来看，内贾德以总统身份公开发表反以的极端言论还是首次。分析人士认为：内贾德发表的这番讲话，除了有历史积怨的因素外，还有一些现实和战略上的考虑。主要有以下几个方面：

其一，为了迎合本国的激进势力。由于受最近一系列国际事件的刺激，伊朗国内的反以情绪持续上涨，爆发出一浪高过一浪的反以浪潮。在这种情况下，具有政治智慧的内贾德充分利用民众的“反以仇以”心理和情绪，很快凝聚民心，维护社会团结稳定的局面。

其二，以此达到回击伊斯兰国家的亲以暗流。近来，以色列从加沙地带撤出后，很快一些北非、海湾阿拉伯国家开始暗中与以色列接近。因此，以色列方面乐观地估计：2006年以后以色列与阿拉伯国家的关系将出现积极变化，甚至要求与其私下接触的阿拉伯国家公开双方之间的秘密关系。在这种情况对伊朗等坚定反以的国家十分不利，反以阵线有可能陷入孤立。为了有力地向有关阿拉伯国家施压，内贾德不得不说出一番惊人之语，并警告“任何承认以色列的人都将被伊斯兰国家的愤怒之火焚烧”，以此来为反以组织打气。同时，也希望能打开新的反以局面。

其三，内贾德讲话的另一重要意图就是警告美国。由于国际原子能机构将于当年11月24日再次讨论伊朗核问题，而伊朗在这一问题上也表现了一定的灵活策略，以充分应对这一问题。不过，现在西方国家对伊朗的要求仍很高，要伊朗终止铀浓缩活动。与此同时，内贾德和伊朗政府也认识到如果形势继续发展下去，伊朗核问题很可能会于这年底被提交安理会。因此，伊朗在这关键的时刻对以色列发出威胁，其目的是警告美国，如果将伊朗核问题扩大化，很可能会导致形势失控，进而危及美国的中东盟友以色列的安全。这也是内贾德所要达到的重要战略目的。

其四，发表反以言论也是内贾德的惊人个性使然，因为他天生好斗。作为伊朗强硬保守派的代表，他反以的态度和立场尤为坚决。同时，作为刚上任的伊朗新总统，他冲劲十足，有一种惊人的爆发力，因此连续发表一系列强硬言论。例如，这年8月，当叙利亚总统巴沙尔前来祝贺他当选为伊朗新总统时，内贾德急切地提出，伊朗愿与叙利亚建立联合抗美阵线。但是，由于叙利亚害怕美国，对他的提议没有给予积极正面回应。同年9月，他又强烈指责欧盟将人权问题与核问题混淆在一起，以及这些国家对伊朗指手画脚。对此，他十分反感地说：“欧盟应该从象牙塔上下来，不要站在远处骄傲地指手画脚。”在10月，他便爆发出更加激烈的反以言论。

除此之外，外界还认为内贾德的偏激言论会给伊朗带来许多负面影响，尤其是政治和外交上的负面影响和麻烦。有人对此分析认为：首先，增加了伊朗核问题解决的难度。美、英、以等国将借此事大做文章，更加强烈指责伊朗发展核计划是别有用心，谴责伊朗支持伊拉克恐怖分子等，这无异于对欧盟与伊朗恢复核谈判施加了压力，带来了新的阻力；其次，伊朗与阿拉伯有关国家的关系也将面临新的考验。由于伊朗十分激烈地向与以色列接近的国家发出带威胁的警告，这对阿拉伯国家，特别是海湾国家触动很大。此外，也会使埃及、约旦等与以色列建交国感到难堪；再者，也不利于伊朗与传统盟国俄罗斯的关系。近来，俄罗斯一再向以色列表示，自己与伊朗和叙利亚的军事合作不会危及以色列的安全，但也不顾美国反对，表示要继续深化与伊朗的核合作。而内贾德的狂热言论，无疑使俄罗斯变得很被动；还有，将导致伊朗和以色列的关系进一步恶化。如果说此前双方发表敌对宣言还只是停留在旁敲侧击阶段，而内贾德讲话将使双方对立从表面化转向直接化。所以说，内贾德的激烈言论非常不利于伊朗的外交战略和外交环境，使伊朗和周围国家的关系变得复杂化。

面对一些西方国家的围攻和国际社会的谴责，内贾德迅速采取灵活的外交策略，伊朗一方面急忙通过外交渠道“打圆场”，同时依然表现出强硬姿态。在这期间，伊朗外交部先后两次发表声明。第一次声明强调内贾德的讲话是对以色列近期威胁以武力打击伊朗的反应；第二次声明则表示，伊朗不接受联合国安理会有关其总统反以言论的声明，但同时表示伊朗无意对以色列发动进攻，伊朗遵守联合国宪章的原则，不会对任何国家使用武力，也不会威胁使用武力。

随后，内贾德也为自己的言论辩解说，他坚持其言论是“正确而恰当的”，“它表达了伊朗人民的真实意愿”。同时，他还批评西方对以色列压迫巴勒斯坦人不闻不问。他在10月30日这天还宣称说，伊朗不会完全冻结铀浓缩活动，并强硬地拒绝西方国家要求的所谓“树立信心”措施。

伊朗民众和保守派力量也纷纷支持内贾德的大胆讲话。10月28日这天，伊朗民众纷纷走上街头参加游行示威，以实际行动支持他的言论。示威群众一边高呼“打倒美国、打倒以色列”的口号，同时还呼吁“全世界的穆斯林团结起来，从犹太复国主义者手中解放圣城耶路撒冷”。另外，伊朗议长、国家安全会议秘书长、军队总司令等政府和军队高官也表示支持总统内贾德的言论。

10月29日，内贾德决定召回伊朗驻21国外交使节，对外交进行大调整。根据他的决定，伊朗方面宣布因这些大使“对外反应过于温顺”，将召回他们，其中包括前任总统哈塔米的亲信驻法大使。

对于内贾德发表的强硬言论所带来的影响和后果，外界人士通过分析认为：现在，伊朗内部面临严重经济问题和潜在的政治、民族冲突，外部面临日益升温的核危机，如今内贾德的讲话又把伊朗和以色列这对老冤家的矛盾凸显出来，使伊朗外交压力增大。不过，他的言论只不过是一时狂热说出的过激话，并不代表伊朗外交政策的根本改变，因为伊朗的外交政策一向由最高宗教领袖哈梅内伊亲自掌控。另外，伊朗和以色列的冲突目前并不十分突出，国际社会在此问题上过多纠缠，有害无益。再加上叙利亚问题迫在眉睫，内贾德的言论引起的外交风波应当不会持续太久。

实际上内贾德的言论不但不会给伊朗带来实质性冲击，而相反这恰恰展现了他与众不同的一面，是一些敌对国家很难对付的强硬对手。这也充分体现了他与众不同的非凡个性。这次风波中伊朗外交官们所表现出的软弱态度，引起了内贾德的高度重视，决定对伊朗驻外使节来一次大换血，任用拥护自己决策的外交官。11月1日，伊朗外交部宣布：上任仅一年的驻英大使阿德利“再过几周就将告别英国官员回到伊朗”。紧接着11月2日，伊朗外长又宣布：政府将在2006年3月伊历新年前撤换40多名驻外使节，其中包括直接参与伊朗与欧盟核谈判的驻英、法、德三国大使及驻瑞士、马来西亚等国的使节。

内贾德此次对伊朗驻外官员进行大换血，也引起了一些西方国家的关注，一些西方媒体对此报道说：伊朗这一举动，不是“一朝天子一朝臣”那样简单的政坛变动，而是表明伊朗新任总统内贾德在对外立场日趋强硬的同时，也加紧了对国内改革派的打压。

此外，内贾德在就任总统后短短的两个多月里，还先后对政府和武装力量的高层领导进行大换血，并将许多年富力强、有革命卫队工作背景的强硬保守派人物提到了核心领导岗位，其中还提拔了革命卫队下属的伊玛姆侯赛因大学原副校长扎里担任石油部长这一要职。

内贾德的大调整换来的是伊朗政府面貌和官员的焕然一新，充满了新的活力。

对于内贾德对伊朗驻外使节进行大调整的一事，外界分析认为：这是内贾德就职后人员大换班的一部分，意在进一步推行和强化其强硬的外交政策。此次被更换的驻外使节有些已接近退休年龄，属于正常的变动。有些人则是因为对外立场过于软弱，特别是近日面对国际社会的批评指责未能坚决捍卫内贾德总统的反以立场，而被强行要求“下课”的。

尽管内贾德震惊世界的言论在国际上引起了狂风巨浪，但在伊朗却是另一幅景象，伊朗民众对内贾德的反以言论普遍表示支持。另外，伊朗的许多媒体也纷纷发表支持内贾德的文章和评论。

除此之外，在11月2日这天，伊朗大学伊斯兰学生联合会还就纪念1979年11月4日伊朗学生占领美国驻伊朗使馆事件发表声明。声明用极其强硬的语气说：“如果这些国家的政府不停止对伊朗伊斯兰革命的恶毒伤害，将面临像美国‘间谍老巢’被占领一样的后果。”就在伊朗大学伊斯兰学生联合会发表声明的同一天，英国航空公司和英国石油公司驻德黑兰办事处相继发生爆炸。尽管没有造成人员伤亡，但却使英国感到万分紧张。

不过，内贾德新政府也面临着许多压力和挑战，其中包括来自国内的压力和挑战。例如，伊朗的改革派和务实派也在发出不同声音，对内贾德政府颇有看法。其中伊朗确定国家安全利益委员会主席拉夫桑贾尼说：伊朗应尊重犹太人和犹太教。还有媒体认为：“总统言论将使伊在核问题上承受更大压力。”

对于内贾德今后外交政策的走势，外界媒体认为：内贾德总统的一系列举动，包括指责英国介入伊朗西南部阿瓦士爆炸案、发表“反美反以”言论、强调决不在核问题上向西方让步、大换驻外使节等，似乎预示着伊朗新政府对外政策将更趋强硬。

另外，外界人士还认为：如果内贾德今后立场进一步加强，势必会对伊朗改善国际处境不利。首先，伊朗的核谈立场可能会更趋强硬。此次撤换驻外使节，特别是驻欧盟三国的大使，为伊朗和欧盟在国际原子能机构再次讨论伊朗核问题蒙上一层阴影。其次，伊朗与以色列的相互敌视还将加深。另外，伊朗安全环境将更加恶化。“9·11”事件后，美国视伊朗为“邪恶轴心”，欲除之而后快。在阿富汗与伊拉克战争开始后，美国从东、西两个方向对伊朗形成夹击之势。伊朗推行强硬对外政策可能增加部分周边国家的疑惧，有利于美实现孤立伊朗的战略目标，伊朗将因此面临更大的军事压力。

虽然内贾德身陷西方国家的围攻之中，但他没有屈服和倒下，仍然像个勇敢的斗士站立着，坚强地应对着。他希望美国和以色列在伊朗坚硬的政策上碰得头破血流。

第五章　喜迎疾风战暴雨　久蓄锐智突重围

面对复杂多变的国际形势，同时也面对西方列强主义阵营靠远离本土开辟战场而从中发现和挖掘的历史与现实，内贾德已经十分清楚地看到美国想成为首屈一指的“全球帝国”，其称霸世界的野心日益膨胀……

强硬展风范　雄心施国策

内贾德没有屈服于美国等西方国家的围攻之中，而且在与美国和以色列的较量中越战越勇，展现出了一种惊人的斗争精神。同时，他也成了国际政治舞台上无人不知的人物，是世人公认的反美斗士。

内贾德为了在全国加强反对以色列的教育，树立憎恨以色列的思想，认为这项工作必须从儿童抓起。于是，内贾德要求全国深化和加强在这方面的宣传教育工作。

2005年11月5日，当以色列、美国等国家继续围攻内贾德反以言论的时候，伊朗国家电视台播放了一系列“反以色列”的卡通片，其中一部讲的是一名巴勒斯坦少年向以军发动自杀性袭击的惊险故事，为儿童树立学习的样板。

这个卡通故事讲述的是，以色列侵略军队闯进了巴勒斯坦少年阿巴德的家中，残酷地枪杀了他的父亲、母亲和哥哥，在枪杀过程中，鲜血飞溅，使他家的橘子树也染上了斑斑血迹，让人感到惨不忍睹。

看到以色列军队的暴行，少年阿巴德一边哭泣，一边安慰着年幼的妹妹。他满腔怒火地发誓说："我一定要向杀害我亲人的残忍的侵略者复仇。"这时，他的堂叔史卡利姆出现在他身边，将他引见给一个叫贾塞姆的抵抗组织成员。

在阿巴德参加抵抗组织后不久，贾塞姆便带领他们参加袭击以色列军队的战斗。出发前，贾塞姆告诉他们说：你们也许会光荣牺牲，成为烈士。而阿巴德的姑姑也泪流满面，哭着为他们送行，并鼓励他们说："去吧，我的孩子们，让犹太人看看巴勒斯坦的孩子多么英勇无畏。"

到达伏击现场后，阿巴德在腰间挂上一串手榴弹。过了一会儿，满载士兵的以色列军车朝这边不慢不快地开过来。这时，阿巴德一边高呼口号，一边拉响手榴弹，勇敢地向以色列军车扑上去。随着一声震耳欲聋的巨响，以色列士兵和阿巴德都躺在血泊中。

随后，一名巴勒斯坦男孩走到阿巴德的尸体旁，解下他被鲜血染红的围巾披在自己的肩上，向着前方、向着初升的太阳走去。这位男孩将继承阿巴德的事业，继续向以色列军队发动袭击。

这部反对以色列的卡通片播出后，立即引起了西方国家的关注，认为这是内贾德发起的反以宣传的一部分。英国一家媒体认为："这部制作精美的卡通片，是伊朗总统内贾德领导的反以色列宣传的一部分。"

英国媒体之所以这样说，是因为之前内贾德公开称赞巴勒斯坦人对以色列发动的自杀性袭击，宣扬说这种袭击必将摧毁以色列。加强对此宣传的力度，也是他反以色列的一个高明策略。以此让人们反以的情绪根深蒂固。

然而，外界认为，内贾德推行的强硬外交政策，实际上就是一种"仇恨"外交。由于内贾德刚刚就任伊朗总统，在内政外交上都缺乏基础。此外，以色列的外交专家也认为：尽管内贾德登上了总统宝座，但是他不熟悉外交事务，民意基础也不稳定。

据外界媒体透露，由于内贾德发表的极端反以言论，联合国秘书长安南取消了访问伊朗的计划。

面对这种局面，内贾德之所以表现一种强硬的外交姿态，外界媒体认为：他其实也是在向国内民众显示他维护伊朗国家利益和政治信仰的决心，以争取国内民众的坚定支持，堵上反对派的嘴。毕竟在中东的部分民众中间，反对犹太人还是有很大市场的。

关于他撤换了许多驻外使节的问题，外界评论说：内贾德的强势态度以及他对温和派驻外使节的替换，从实质上看也是在贯彻自己的“仇恨”外交。可以预见的是，在未来较短时期内，伊朗的外交会以强硬的姿态出现在世界舞台上。因为对以色列的承认问题早在许多年前就已经从联合国层面上解决了。

还有就是，内贾德此举是想敲山震虎，他要通过对以色列的表态，来完成对未来伊朗相对强硬外交路线的重启。因此伊朗多管齐下，一方面向国际社会解释内贾德的讲话，一方面撤换去温和路线的外交官，同时继续同国际原子能机构和欧盟国家商讨解决核计划。由此看来，以色列只是内贾德的一个棋子。他针对以色列的讲话，就像一次外交上的核试验，向世界宣布自己所拥有的强硬政策。

内贾德此次发表的反以讲话，实际上也是打了美国小布什政府的一记耳光。因为美国在占领伊拉克并推翻萨达姆政权后，曾满怀信心地认为美国的中东政策已经没有太大障碍了。萨达姆与美国作对而遭到推翻的惨痛教训，想必中东各国没人再敢再与小布什政府叫板了。然而，内贾德在伊朗政坛上突然冒出，以及公开暴露伊朗的核计划后，不仅打破了中东地区的沉寂，还改变了中东各国惧怕美国的局面，成为中东地区唯一敢与美国公开叫板的人物和国家。面对这种情况，小布什政府不具备政治游戏能力，因为在20世纪70年代末，美国曾在伊朗的伊斯兰革命面前吃过大亏，这个教训和阴影至今依然存留在美国人的心中。同时，美国方面也看到，内贾德是个很难对付的人物，伊朗外交中的各种策略，包括目前正在与国际社会磋商的核政策都需要多边会谈与相对理性的合作。但是，如果不煽动起民众对以色列的“仇恨”，这场斗争就少了一个能直控的关键棋子。更何况在今天的国际高油价背景下，石油也是伊朗的一颗好棋子。这也是内贾德独特的智慧所在。

内贾德尽管看上去很一般，但他的胆识和智慧都堪称一流。他在出任伊朗总统短短几个月的时间里，不仅打破了中东原有的局面，甚至在世界格局的发展过程中也产生了重要影响。同时，他还以强硬的对外政策改变了伊朗核谈判的处境，而且还在逐步争夺中东地区的主导权，以迫使美国政府恳求他回到谈判桌上来。

从外表上看，内贾德没有什么惊人之处，既没有知识分子的气质，也没领袖人物的风采，他来自地地道道的平民，他在穿戴和生活上十分简朴，即便在出任伊朗总统后，他仍然住在德黑兰东部的工薪阶层低收入街区纳尔马克区一幢毫不起眼的两层楼里，而且他居住的公寓只有90平方米，他和他妻子、子女住底层，上面一层住着他干了一辈子铁匠的父亲。当有人劝他搬到总统级别的住处时，他却执意要留在这幢公寓楼内。直到过了一些日子，出于安全和工作上的考虑，他才不得不离开这幢居住了多年的公寓。从这个小小的细节可以看出，他是伊朗人民中极普遍的一员，他始终和人民站在一起。

外界还拿美国总统小布什与内贾德作比较，有人这样认为：如果说美国总统小布什试图用快人快语的风格博得国内民众追捧的话，那么内贾德就以其每一个举措也同样自信而有个性。

内贾德的执政口号就是“与人民在一起”。作为一个虔诚的穆斯林，他在就任总统后主持召开的第一次内阁会议，就是在玛什哈德的伊玛姆礼萨清真寺进行的。另外，他还命令把总统官邸内所有绚丽的波斯地毯全部撤走。这充分体现了他的平民风格，绝非做秀，这是他从小形成的个性。

内贾德的一系列特别举动，还引起了美国总统小布什的关注，他也认为伊朗新总统是个很神秘的人物。因此，小布什在接受美国公众电视台的采访时，除了对内贾德的反以言论进行评论外，还特意评论他本人说：“他是个有点怪异的家伙。”

小布什之所以这样说，实际其话中的意思就是说内贾德这个人很难对付。因为对于美国人来说，在历届伊朗总统中，内贾德最让人摸不透，他与美国所熟悉的拉夫桑贾尼、哈塔米等这些与西方保持着良好关系的伊朗前总统完全不一样。这也是美国最为担心的地方，因为美伊两国的关系可能日趋紧张。

在伊朗竞选总统期间，美国不希望看到内贾德当选，但这样的结果却偏偏出现了。于是，气急败坏的美国人即刻发表有关声明，批评伊朗的总统选举不公正也缺少自由。美国还翻出陈年老帐，指认内贾德参与了1979年伊朗学生扣押美国大使馆人员事件。另外，在内贾德2005年9月出席联大会议前，美国险些不同意给他发放签证。显然，内贾德已经成了美国小布什政府的眼中钉、肉中刺。

尽管伊美两国之间关系微妙，但伊拉克的政治地位也微妙地改变了美伊双方的政治砝码。现在美国要依赖伊朗维持伊拉克的稳定，这等于给了伊朗在核谈判桌上与美国叫板的筹码。内贾德当选总统后，伊拉克过渡政府总理和总统纷纷出访伊朗，这两位萨达姆的宿敌与内贾德的相会似乎有点“老战友相逢”的意味。从中可以看出，伊拉克的政治天平也越来越向伊朗倾斜了，这也使得伊美两国的关系发生了微妙的变化。

其实，内贾德的强硬和好斗性格，与伊朗的历史和文化背景有很大关系，同时也与他民族复兴的雄心壮志有重要关系。从伊朗历史长河的发展进程来看，该国地处西亚通往欧州和中亚通往印度洋的十字路口上，具有特殊而重要的战略地位，曾多次遭到强悍外族的入侵，山河几度破碎，这片古老的热土因此成了有各种语言、信仰和习俗的部落、民族生存的地方。正是这样的文化背景，形成了伊朗人特殊的进取精神，这在内贾德身上表现得尤为突出。有人认为：在该民族以国家为基础的现代国际关系结构中，很难想象如果没有国内的统一信仰、团结和邻国的友好关系，伊朗能够在美国、以色列的重重包围和威胁下实现发展经济和民族复兴的梦想。如果认识不到这一点，也就很难理解为什么内贾德是个“有点怪异的家伙”。

充满雄心抱负的内贾德，将对实现民族复兴起到重要的推动作用。实现民族复兴和使伊朗强大起来，也是他毕生追求的目标。

密切民关系 强化感召力

内贾德出任伊朗总统后，最大的亮点就是在外交上的一系列惊人举动。国际外交是他工作中极为重要的一部分，他在短期内就使伊朗的外交工作焕然一新、出现了从未有过的新局面。

他的外交是务实而灵活的，广泛开展与各国的友好合作关系，其中包括往日交过战的伊拉克。他十分清楚地认识到，由于时代的变化和形势的需要，加强和发展与邻国伊拉克的关系越来越显得十分重要。

2005年11月21日，内贾德在德黑兰亲切会见了来访的伊拉克总统塔拉巴尼。两位总统见面时脸上均露出灿烂的笑容，他们的手友好地紧紧握在一起。这次内贾德露出了格外高兴的神色。

内贾德在为塔拉巴尼举行隆重的欢迎仪式后，随后双方举行了亲切友好的会谈。会谈的主要内容包括两伊边界安全、伊朗在伊拉克重建中的作用，以及伊朗朝圣者到伊拉克南部参拜宗教圣地等。

伊拉克总统贾拉勒·塔拉巴尼是在埃及参加完伊拉克民族和睦大会预备会议后前往伊朗的。在为期3天的访问中，他最主要的意图就是促使伊拉克与伊朗建立更加紧密的关系。在与塔拉巴尼的会谈中，内贾德着重强调的一点是：伊朗与伊拉克关系密切，两个国家"异体同心"。

这次，内贾德与塔拉巴尼的会谈是闭门进行的，拒绝媒体现场报道，所以谈话的具体内容无从知道。但有一点是可以肯定的，那就是加强两国的友好合作关系。

在与塔拉巴尼闭门会谈后，内贾德对媒体透露说：伊朗与伊拉克关系密切，但美国却试图阻碍两国建立更好的关系。"伊朗完全支持伊拉克人民追求自由、国家主权及政治进展"。

关于美国暗中阻止伊拉克与伊朗建立密切关系的问题，内贾德进一步批评说："那个在伊拉克驻有大量军队的国家却不愿意见到我们两国关系更加密切。”

众所周知，由于伊朗与伊拉克有相同的历史、宗教和文化等原因，两国必然会更加密切。对此，内贾德坚称：“历史、宗教、文化、地理及共同利益等原因将伊朗与伊拉克紧密地连在一起。民主、独立、发达的伊拉克将成为伊朗最好的伙伴，伊朗支持伊拉克人民。”

对于两国非同一般的关系，内贾德还打着十分生动的比喻说：“德黑兰和巴格达两个躯体里拥有同一个灵魂。”

从话语中可以看出，内贾德对伊朗和伊拉克的关系高度重视，以满腔热情为两国关系谱写了新的篇章。

同时，伊拉克总统塔拉巴尼也对媒体说：“我此行是为了寻求两国间更紧密的关系和伊朗在帮助伊拉克反对恐怖主义方面的支持。”

两伊总统此次会晤，必将开辟两伊关系前所未有的新局面。

内贾德与塔拉巴尼此次会谈的一个重要议题，是如何在区域安全方面加强沟通与合作，以帮助伊拉克尽快结束动荡局面。在此之前，两国关系交往频繁，伊拉克国家安全顾问穆瓦法克·鲁巴伊刚刚对伊朗进行了访问，双方还签署了一项有关两国加强安全合作的协议。另外，在2005年7月间，伊拉克总理贾法里对伊朗进行了友好访问，并两国在政治、经济和安全领域签订了5项合作协议。

伊朗和伊拉克作为世界上最主要的两个什叶派穆斯林国家，在20世纪80年代暴发了长达8年的残酷战争，致使两国外交关系完全冻结，直到美国发动的伊拉克战争结束，什叶派在伊拉克掌握政权后，才打破了两伊长期僵持的局面。2005年5月17日，时任伊朗外长的哈拉齐访问了伊拉克，成为萨达姆政权被推翻后访问伊拉克的最高级别的伊朗官员，由此揭开了两国关系交往的序幕。

这次内贾德与塔拉巴尼举行的会晤，将两国关系带进了一个新的历史时期。

就在内贾德与伊拉克总统塔拉巴尼举行会晤的前一天，即11月20日，伊朗议会通过了一项有关铀浓缩的法案。该法案要求政府在国际原子能机构一旦将伊核问题提交安理会的情况下，将停止履行伊朗为了建立信任所采取的自愿措施，如主动停止铀浓缩等。这就是说，伊朗将继续铀浓缩活动。

在这天的会议上，伊朗议会以183票赞成、10票反对的结果通过了该法案。法案针对的“自愿措施”中，还包括中止铀浓缩活动和履行《不扩散核武器条约》附加议定书。

早在2003年12月间，伊朗签署了《不扩散核武器条约》附加议定书，但该议定书却一直没能在议会获得通过。伊朗议会的理由是，伊朗是在自愿的基础上履行该议定书的。

伊朗方面还声称说：铀浓缩活动是《不扩散核武器条约》赋予的合法权利，伊朗自愿中止铀浓缩及其相关活动是为了建立信任。

伊朗方面的态度很明确，就是在遵守《不扩散核武器条约》的基础上，充分和平利用核能。这也是内贾德执政中对于这一问题的主要立场。

而且，在11月23日这天，伊朗议会还以77票赞成、261票反对的表决，再次否决了对赛义德·穆赫辛·塔萨罗蒂出任伊朗石油部长的提议。这是内贾德连续第三次提名被议会否决。对此，伊朗议会主席指出说：“议会和政府之所以没有达成共识，是因为在资料方面存在分歧。”

一些议员还愤愤不平地认为：总统的内阁提名迟迟“难产”，显示他没有能力组建内阁，这也可以成为弹劾总统的理由。

尽管有些议员这样认为，但内贾德的领导地位并没有从根本上发生动摇，他有足够的能力领导伊朗继续前进。

由于伊朗是世界上第四大原油生产国，因此石油部被认为是政府内阁的“中流砥柱”，石油部长在内阁中也是最享有声望的职位。自从塔萨罗被内贾德提名后，连续遭到国内一些人抨击，有些人认为：他的富豪家庭大部分时间都在国外生活，他本人虽担任过伊朗最大石化工业区的主管，却依旧缺乏在石油产业内的直接工作经验，无法胜任石油部长职位。

由于已有议员传出“弹劾总统”内贾德的呼声，于是一名保守派议员说：

“这一不信任票是对艾哈迈德·内贾德挑选石油部长方式的一个警告。”

在此之前，伊朗议会已经连续两次对内贾德提名的石油部长人选进行否决。第一次是在8月否决了有关阿里·赛义德卢担任石油部长的提名，随后在11月初第二次否认对保守学者阿利阿斯盖尔·扎赖的提名。否决的理由同样是提名者难当重任。外界媒体认为：三次提名之所以都被议会否决，主要矛盾是源于右翼中激进派和务实派之间的分化。

然而，不管是什么原因，尽管议会连续三次否决了内贾德对石油部长的提名，但这从根本上不会对内贾德的执政带来很大影响。

就在内贾德与伊拉克总统塔拉巴尼举行会晤后的第二天，即11月22日，英国首相布莱尔再次对他发起攻击，并声称伊朗将成为全球的威胁。

这天，布莱尔在对议会的一个特别委员会发表讲话时危言耸听地说：伊朗将成为全世界的威胁。他说：自从伊朗新总统艾哈迈德·内贾德上台以来，事情已经明显地更加困难。如果伊朗真的具备了核打击能力，那将是对全世界的巨大威胁。

在说到伊核谈判问题时，布莱尔强调说：英国仍将继续与法、德两个欧盟伙伴一起，致力于打破伊朗核问题的僵局。布莱尔还透露说，尽管目前英国没有采取军事行动的计划，但是他将密切关注伊朗。

应该说，伊英两国近来出现的关系紧张，主要是这年9月以来，英国方面指控伊朗参与了对驻伊拉克英军的袭击，以此为导火索导致两国关系急剧恶化。

伊朗与英国的积怨由来已久，《撒旦诗篇》一书使两国关系早就结了一层冰。不过，内贾德对英国首相布莱尔攻击伊朗的言论没有作正面回应。就在布莱尔发表抨击伊朗的言论几天后，内贾德对美国再次发起猛烈抨击。

11月26日，在这个特殊的日子里，精力旺盛而又充满活力的内贾德，情绪高涨地出席了伊朗准军事组织“动员穷人组织”成立36周年庆祝仪式，发表了针对美国的惊人讲话。

在这场声势浩大的活动中，内贾德在讲活中指出美国在发动伊拉克战争时动用了核武器，强烈指控美国政府在伊拉克犯有战争罪，应该接受审判。

他猛烈抨击小布什政府说："你们利用核武器伤害无辜民众，你们在伊拉克使用核武器，你们应该作为战争罪犯在法庭上接受审判。"

内贾德总是善于从新的视角语出惊人。真是一波未平一波又起，他的讲话再次引起了世界媒体和国际社会对他的极大关注。他之所以出其不意地抛出一番惊人言论，主要是指美国在发动伊拉克战争中动用了对人体有极大影响的贫铀弹。

尽管内贾德对自己的讲话没有作出任何解释，但显然他是一针见血地指控美军在伊拉克战场上使用贫铀弹的罪行。所谓贫铀弹，是铀浓缩过程提炼出来的产物，广泛用于美英军队的反坦克和反装甲武器。应该说贫铀弹一旦爆炸，这种物质的辐射性尽管低于普通铀，但仍然能够对人体和环境造成严重损害。自从2003年伊拉克战争爆发以来，美军总共使用了至少120吨贫铀弹，这给伊拉克平民带来了极大的伤害和灾难。因此，内贾德认为美国犯有战争罪，而美国总统布什应作为战争犯出庭受审。

内贾德在情绪激昂的讲话中还专门讲到了伊朗的核问题，并对伊朗的核活动进行了有力辩护。他极其愤怒地说："美国和以色列无权剥夺伊朗和平利用核能的基本权利，伊朗人民不会屈服于外国敌对势力。"

他还尖锐地质问美国："你们以为自己是谁，就来指责伊朗存在可疑的核武活动？"

对于美国企图阻止伊朗的核活动，内贾德进一步驳斥说："他们说伊朗必须停止和平核活动，只是因为这种核活动存在转向的可能性，然而我们却非常肯定他们每天都在研发（核武器）。他们的口气听起来就好像自己是世界之王一样。"

内贾德之所以这样驳斥美国等西方国家，是因为在这期间，以美国为主的西方国家一致强烈要求伊朗停止核计划，同时一口咬定伊朗发展核项目的真正目的是制造核武器。

面对美国等西方国家的强辞夺理，内贾德和伊朗政府则始终坚称，该国的核计划只是用于和平用途，不会制造核武器，因此坚持伊朗有权全面发展核计划，包括铀浓缩活动。

11月24日，国际原子能机构理事会对伊朗核问题进行了审议。在此次会议上，欧盟并没有提出要将伊朗核问题提交联合国安理会，而是积极准备就俄罗斯方面提出的一项妥协方案与伊朗重开谈判。

这些对伊朗无疑是有利的，也与内贾德推行的强硬政策有关。

伊朗此次举行声势浩大的庆祝“动员穷人组织”成立36周年的活动，其主要的目的就是声援政府在核问题上的立场。在这次庆祝活动中，全国共有900余万民兵走上街头，手拉手组成各种形式的“人链”，显示一种十分强大的力量，而且其壮观景象也是前所未有的。

目前，伊朗约有1000万民兵组织成员，占全国总人口的15%。是一支庞大的预备力量。

虽然内贾德当上总统没有多长时间，但是许多事件表明他是一个极富感召力的总统，而且善于营造一种特殊的气氛。因此，在他身上充满了一种特殊的魅力。

艰苦持本色　驱雾朝前行

内贾德在政治上是个十分强硬的总统，甚至以此在全球闻名。但是，尽管他在政坛上十分高调，可在生活上却极为低调，并且以简朴而闻名，永远保持着那种平民的质朴品德。在成为伊朗总统之后，他坚决拒绝使用前任总统买下的豪华总统专机，认为这是一种奢侈和浪费，命令伊朗交通部长将该机出售或者改为民用商业飞机。他的这一惊人之举，立即在伊朗国内引起了很大反响，并传为佳话。

这架前总统买下的空中客车喷气式飞机价值为390万美元，机舱内的各项高档设备价值200万美元。伊朗前总统穆罕默德·哈塔米政府在2003

年订购了这架飞机，直到2005年11月才制造完工并送交伊朗。

从这些点点滴滴的事情中可以看到，内贾德与历届前任总统执政的风格完全不同。他在出任总统后，不仅拒绝入住德黑兰北部豪华的总统官邸，还坚持在德黑兰闹市区烟雾缭绕的破旧办公室里接见政要。尽管他已成为国家元首，但仍不改艰苦朴素的本色。

世人除了关注内贾德的不同执政风格外，更多是将他与伊朗的核问题联系在一起，因为目前伊朗核问题是全球最为关注的焦点问题。

在朝核问题的解决正在向前迈进的时候，伊朗的核问题也正在准备恢复谈判。目前，在有关方面的积极斡旋下，伊朗和欧盟同意恢复核问题谈判。

关于朝核问题的进展情况，在2005年9月的“六方会谈”达成的共同声明中，朝鲜承诺放弃一切核武器以及现有核计划。外界媒体认为：这一成果使实现朝鲜半岛无核化的目标向前迈出了坚实有力的一步，也有助于消除东北亚地区出现核军备竞赛和加剧军事紧张的危险。美国方面承诺，美国无意以核武器或常规武器攻击或入侵朝鲜。这也是小布什执政以来对朝鲜作出的最明确的安全承诺，这在很大程度上消除了朝鲜政权遭受美国武力颠覆的危险。

另外，关于印度的核问题。印度已是拥有核武器的国家，但印度总理曼莫汉·辛格于2005年7月访问美国时，印美两国签署了推动民用核能领域全面合作的联合声明，这标志着两国在核合作上出现的一个重大转折。

早在1998年印度成功进行核试验以来，一直不愿签署《不扩散核武器条约》，而根据美国的有关法律，该国政府不得向没有签署《不扩散核武器条约》的国家转让核技术。然而，在两国发表的联合声明中，美方却表示可以放松对印度民用核燃料和核技术的禁运，同时印方也承诺将民用及军用核设施区分开，允许民用核设施接受国际原子能机构的监管，还承诺不向那些不拥有核武器的国家和地区转让核技术。

对于美国在印度核问题上作出的让步，就连一些西方分析人士也认为：

这意味着不签署《不扩散核武器条约》的国家也能获得美国的核技术，这将对全球防止核扩散体系产生一定影响。

但是，伊朗核问题与朝鲜和印度两个国家的核问题有本质上的区别，因为伊朗称自己不谋求拥有核武器，只是想和平利用核能。然而，美国和欧盟却不这样认为，坚称伊朗有研制核武器的野心。

从解决伊朗核问题的进程来看，伊朗与代表欧盟的英、法、德三国谈判已进行了两年。在2005年8月上旬，内贾德就任伊朗总统后，伊朗重新启动了作为铀浓缩准备阶段的铀转化活动，欧盟却随即推动国际原子能机构在同年9月底的理事会议上向伊方施压，甚至以把伊朗核问题提交联合国安理会相威胁，来达到阻止伊朗核计划的目的。

由于伊朗的强硬态度，使伊核问题谈判陷入僵局。这时，俄罗斯提出了允许伊朗在俄境内进行铀浓缩活动的建议。而美国和欧盟在万般无奈的情况下也作出让步，表示可以接受俄罗斯提出的建议，这就意味着默认了伊朗重启铀转化活动这一既成事实。不过，伊朗却出人意料地声称不能接受这样的建议。与此同时，国际原子能机构也拿不出伊朗正在制造核武器的有力证据，因此该机构在2005年11月底决定，暂缓将伊朗核问题提交联合国安理会，以便有关各方进一步商讨这一问题。

在解决伊朗核问题上，内贾德采取了既务实又灵活的策略，在强硬的同时，也同意伊朗与欧盟恢复谈判。不过，伊朗核问题的解决最终能取得什么结果，现在仍无人可以预测。人们看到的是，美国为了遏制世界的核扩散，在解决伊朗核问题和朝核问题上采取了以谈判利诱和以制裁相威胁等多种手段。在促使两国以弃核为目的外交活动中，小布什政府的态度一年来从十分强硬转为“稍显灵活”。出现这种微妙转变的原因是伊朗和朝鲜的强力反弹以及谈判伙伴的积极斡旋。

尤其是在解决伊朗核问题方面，美国政府由当初的反对突然转为支持英、法、德三国同伊朗进行谈判。尽管如此，美国与欧盟在如何解决伊朗核问题上仍然存在严重分歧。另外，美国之所以咬住伊朗核问题不放松，除了安全考虑之外，还企图通过改变伊朗政权的性质控制伊朗的石油，因此用武力解决伊朗核问题是美国不愿放弃的一张底牌。而欧盟则是因为在伊朗有巨大的经济利益而不愿轻易与伊朗“摊牌”，这也是为了阻止美国借助武力独霸伊朗的石油资源。可见，他们在伊朗核问题上都在各自打自己的算盘。

现在看来，伊朗核问题的解决越来越复杂化，双方并不那么容易达成共识。历史的车轮把时间推到了2006年，也就是国际原子能机构核查伊朗核计划的第四年。种种迹象表明，虽然伊朗核问题已具备政治解决的有利条件，但仍存在着不确定因素。有关各方在此问题上的分歧或共识至少要受两个因素的制约：欧盟与伊朗恢复谈判的成果和伊朗核计划的透明度。现在，国际原子能机构正努力促成欧盟与伊朗达成妥协。

另外，伊朗核问题也牵涉大国或国家集团的地缘战略利益。美国始终不放弃遏制伊朗，而欧盟想与伊朗保持经济关系又担心伊朗发展核武器，但伊朗政府则坚持自己拥有和平利用核能的权利。由于这些错综复杂的因素，使得伊朗核问题久拖不决。应该说俄罗斯的新建议在一定程度上排除了欧盟的担忧，限制了伊朗的独立性。但是，欧盟和伊朗通过谈判达到妥协的前景并不明朗。

从伊朗的立场来说，不仅不会放弃和平利用核能的权利，还决定提出邀请美国参与核电站建设的建议。

2005年12月11日，伊朗外交部发言人在新闻发布会上宣布说：伊朗愿意与美国合作建设一座新的核电站。

然而，美国则认为：伊朗此举仅仅意在缓和美国对伊朗核计划的反对立场。

伊朗外交部发言人还说：“伊朗准备建设一座核电站，美国可以参与国际竞标，如果他们能够满足基本标准核质量要求的话。”

发言人所说的核电站，就是12月10日伊朗原子能机构负责人宣布的准备建在伊朗西南部的360兆瓦轻水核电站。伊朗计划利用外国援助在南部建设几座核电站，其总发电能力为2000兆瓦。

除此之外，伊朗发言人还向外宣布说：伊朗与代表欧盟的英、法、德三国将于12月21日在奥地利首都维也纳展开新一轮有关伊朗核问题的谈判。“这是一次重要的会谈”。“这次会议和谈判将决定一切。我们今后如何决策将视会谈结果而定。”

发言人认为：“如果欧洲按照《核不扩散条约》、安全原则和国际标准行事，结果没有什么值得关注的。”“会议应该集中讨论伊朗的浓缩铀问题，应该由高级别官员参与。”

为防止伊朗秘密利用核废料制造核武器，欧盟也建议将伊朗的浓缩铀计划转移到俄罗斯，但伊朗却坚决拒绝这一建议。

可以说，伊朗核问题一天得不到解决，国际社会就会关注问题，它就是世界媒体关注的新闻。不过，扑朔迷离的伊朗核问题不可能在短时间内解决，双方将在这一问题上长期谈判和较量。

内贾德在这一问题上也采取了务实和灵活的战略。因为他清楚地知道，唯有这样才能在核迷雾中不迷失方向，才能立于不败之地。

围攻迎暴风　处惊心不跳

除了在伊朗核问题上表示出强硬立场外，内贾德继续宣扬对以色列的敌对情绪。在2005年12月8日这天，他又发表了“以色列应该移到欧洲去”的惊人言论。这再次掀起了伊、以之间的新一轮较量。

内贾德的这一惊人言论发表后，以色列方面立即进行严厉谴责。以色列外交部发言人气愤地指出说：“很不幸，这已经不是伊朗总统第一次做出有关令犹太人和以色列人不可容忍的、甚至带有种族主义色彩的言论。”

以色列发言人指出：“就在最近，联合国大会刚刚谴责了否认（纳粹）大屠杀的行为，但伊朗总统正在表明他和规范的国际行为标准格格不入。”“我希望那些仍然对伊朗政权的本质抱有幻想的人来说，这次的言论能够唤醒你们。”

内贾德是在沙特阿拉伯穆斯林圣城麦加出席一次伊斯兰峰会发表讲话时说出上述言论的。他在这天的讲话中表示：欧洲国家出于对纳粹大屠杀的愧疚，才支持以色列1948年在中东建国。如果西方想弥补大屠杀的过错，那么以色列应该被移居到欧洲。

内贾德这独特的建议遭到以色列的强烈攻击，甚至一度传出以色列要用武力打击伊朗的核设施。但对于是否动武这一点，以色列军方给予了否认。12月12日，以色列国防部官员宣布：“以色列眼下没有使用武力打击伊朗核设施的打算。”

以色列国防部高级军官吉拉德还说：“目前国际社会应该通过外交努力解决伊朗核问题，以色列没有打击伊朗核设施的计划。”

此前英国一家媒体透露说：据以色列军方消息人士披露，以军已经接到总理沙龙的战备命令，可能在2006年3月底前对伊朗的秘密核设施进行打击。……以军目前已经提高了警戒级别，并在伊拉克与伊朗边境地区收集有关伊朗核设施的情报，随时准备发动袭击。

对于英国媒体的报道，以色列国防部官员吉拉德予以否认，不过他同时表示说：“一旦今后一切外交努力均告失败，武力可能是彻底解决伊朗核问题的唯一渠道。”然而，一波未平一波又起，内贾德再次发表了更为激烈的反以言论。他像个击不倒的斗士一样，越战越勇，毫不退缩。

2005年12月14日，内贾德在伊朗东部城市扎黑丹对数千名民众发表演讲时，紧握着拳头宣称纳粹对犹太人的大屠杀是“神话”。他指出：“今天，他们已经制造了一个名为大屠杀的神话，并把它置于真主、信仰和先知之上。”除此之外，内贾德还再次讲到了以色列应该搬迁到欧洲的问题。他一边打着手势、一边用有力的语调说：“那就让欧洲给犹太人一些领土吧，也许在德国或者在奥地利。这样，以色列政府就可以设在那里了。他们（犹太人）是在欧洲遭到不公正待遇的，为什么却让巴勒斯坦人受到报应？我们支持欧洲让出一块领土给以色列，如果是这样，我们就不会攻击以色列政府了。”

内贾德在激烈的谴责中还说："那些占领并统治耶路撒冷的人，他们的父辈来自何处？他们多数人的根并不在巴勒斯坦，但却将巴勒斯坦的命运掌握在自己手中，还允许他们自己杀戮巴勒斯坦人民。"

内贾德的这些讲话再次在国际社会引起了极大反响，尤其是西方国家的反响。使他再次成为国际社会关注的焦点人物。

德国外长立即发表声明，并表示说：德国政府已经就此事召见伊朗大使，"非常明确"地表达了该国对内贾德言论的不满。

德国议会外交事务委员会委员表示："我无法隐藏此事对（德、伊）双边关系以及核问题谈判所造成的影响。"

同时，内贾德别出心裁的讲话也使以色列方面暴跳如雷。以色列外交部发言人对内贾德的讲话进行强烈谴责，愤怒地指出："伊朗总统一再重复的令人不能容忍的言论表明德黑兰统治层的思想形态，以及这个政权的极端主义政策和目标。"

一向把以色列视为最好盟友之一的美国，也积极上阵为以色列助威，向伊朗和内贾德发起猛烈进攻。

12月15日，美国总统小布什亲自上阵，并咬牙切齿地唾骂伊朗。这天，他在接受美国媒体采访时，将伊朗说成是一个"真正的威胁"。同时，他还再次大骂伊朗是"邪恶轴心国"，并要求伊朗证实自己没有寻求核武的"邪恶"野心。

一直以来，美国总是在指控伊朗有利用核能项目作掩护秘密发展武的计划，指责伊朗企图成为拥有核武器的国家。伊朗是伊拉克局势不稳定的一个因素，由于伊朗在暗中捣鬼，使伊拉克局势更加复杂化。

小布什还着意声明说："我称伊朗是邪恶轴心国是有原因的，它是一个真正的威胁。"在此之前，小布什早在2002年向国会发表国情咨文时首次将伊朗、朝鲜和萨达姆政权下的伊拉克说成是邪恶轴心国。

可见，以美国为首的西方国家与伊朗展开的口水战正在猛然升级。关于伊朗的政权问题，小布什告诉媒体说："我们将继续进行外交努力。我对伊朗的神职政权感到很担心，它的总统已将摧毁以色列作为他们外交政策的一部分，这个国家根本不理会自由世界要求它放弃拥有核武野心的呼吁。”

当媒体问布什是否有信息想传达给伊朗时，他以奉劝的语气说：“我希望他们能够足够明智地开始听取公众的意见，并让公众参与他们的政府。”

就在美国总统小布什指责伊朗的同一天，即12月15日，德国针对内贾德的言论再次作出反应，称正在考虑对伊朗总统内贾德实施某种形式的旅行限制。

德国政府官员还认为：有600多万犹太人在第二次世界大战期间被纳粹杀害，公开否认大屠杀事件在德国是一项犯罪行为。

然而，如果德国限制内贾德入境，会对伊朗放弃核计划的目标造成影响。因此，德国外交部国务秘书也认为：“外交部必须仔细考虑拟采取的任何制裁措施，以确保这些措施不会影响法国、英国和德国劝说伊朗放弃核武项目的努力。”

他还强调说：“完全孤立伊朗是不理智的，因为如果这样做的话，将无法通过谈判解决伊朗核问题。”

在人们看来，无论以色列、美国，以及一些西主国家，无非都是在与伊朗打打嘴仗，不可能对伊朗采取什么实质性的措施。内贾德也十分清楚这一点。12月16日，在这个政治气候如同寒冬一样的时候，以及美国等西方国家纷纷谴责内贾德“纳粹大屠杀是个神话”的言论时，伊朗方面也作出反应，并为内贾德的言论进行辩解，认为西方国家误解了他的讲话。伊朗内政部长称内贾德的谈话遭到了西方国家的“误解”。

他进一步指出说：“事实上这件事情是被误解了，总统的本意并非对‘纳粹大屠杀’的真实性表示怀疑，他不希望引起这些问题。内贾德想说的是‘假如谁损害了犹太人的利益，为犹太人群体制造了问题，他们也必须付出代价……而像巴勒斯坦这样国家的人民或者其他国家不应该为这些人的行为承担责任。’”

他在讲话中还暗示巴勒斯坦人的遭遇也应当有人承担责任。不过，他并没有对“神话”一词做作出相应的解释，恐怕也难以说清楚。

与此同时，伊朗国内的一些宗教领袖对内贾德的言论大加赞赏。伊朗宗教领袖之一、伊朗最高宗教委员会主席阿里·梅什基尼用肯定的语气说：“内贾德近日多次发表的讲话完全合乎逻辑，表达了所有伊朗人的意见。”伊朗最高精神领袖哈梅内伊也支持内贾德关于“抹去以色列”的言论。

不过，据美国媒体透露，伊朗国内的一些保守派政治人士对内贾德的言论进行了批评，因为他们担心内贾德的言行破坏伊朗的国际形象。

但是，在12月16日这天，以色列、美国和欧盟对内贾德的言论同时进行了严厉的谴责。欧盟成员国首脑会议还发表了联合声明，警告说内贾德最近的反犹讲话可能成为欧盟制裁伊朗的理由。这个声明同时还呼吁伊朗接受国际社会普遍认同的巴以冲突解决方案，支持中东和平进程。

12月17日，德国继续对内贾德的言论进行批评，德国外交部长施泰因迈认为：“内贾德近日有关‘纳粹大屠杀是个神话’的言论正在使该国被孤立，而且也会影响欧盟同伊朗就核问题举行的谈判。”

美国白宫发言人也对此批评说：“内贾德的言论更加突出了国际社会共同努力防止伊朗发展核武器的必要性。”

以色列外交部发言人也危言耸听地说：“内贾德的言论违背了国际准则，对邻国构成威胁。”

12月18日，伊朗外交部反驳说：“伊朗总统内贾德对纳粹大屠杀的否认只是一个学术问题，西方国家应该对他个人的看法更加宽容。”

伊朗外交部发言人在为内贾德的言论辩解时强调：“总统说的只是一个学术问题。西方的过度反应说明他们仍在继续支持犹太复国主义者。西方人习惯于唱独角戏，但他们也应该顷听不同的观点。”

欧盟领导人还警告伊朗说，他们将重新审查对伊朗的外交选择，可能对伊朗实施制裁，并宣称“机会的窗口不会无限期敞开着”，暗示欧盟不会死守用外交手段解决伊朗核问题。针对欧盟的警告，伊朗发言人反驳说：这些都是情绪化的、没有逻辑的反应。“欧盟的声明不符合国际外交规则，他们应该避免这种不合逻辑的做法。”

面对西方国家的围攻，内贾德不屑于理睬，更不会因此而改变自己的强硬态度。众所周知，内贾德是个有坚定立场和信念的人，他不会被西方国家的围攻所吓倒。他将沿着自己所选定的道路和方向，勇敢地前进。

遭袭不惊慌　应变冷静中

就在内贾德遭到西方国家围攻并迎战这场政治暴风雨的时候，突然遭到了国内武装歹徒的袭击，险些遇刺身亡。这对他是一场生与死的经历，是终生难忘的一幕。

有人评论说：内贾德的讲话表现出了他的过分狂热、没有经验和缺乏能力。也有人认为：内贾德反复多次的口头攻击显然是早有计划。伊朗的分析人士穆罕默德·爱林贾德也说：这些言论并不是偶然的，而是他经过深思熟虑想出来的。因此，内贾德此次遇到袭击并不完全是偶然的。由于他一向以强硬立场著称，美国保守主义智库“传统基金会”的学者在2005年10月的一次会议上，专门列举了全球几位“反对美国意识形态，富有个性且敢于挑战言论极限”的国家领导人，其中就有伊朗新任总统内贾德。由于内贾德敢于直言，而且态度强硬，难免会得罪许多国家和组织，因此就不会受它们的喜欢，当然希望在他身上发生更多意想不到的事情。

从当时的情况看，由于遭袭击地区是伊朗传统上俾路支斯坦民族独立者的武装斗争地区，同时还没有证据将此次伏击同内贾德的反犹言论联系起来，也没有证据证明有外国情报势力介入，这个刺杀被视为一次偶然事件。虽然全球大多数国家都批评内贾德的激烈言论无益于国家间的和平，但内贾德上任才几个月，还没有走出政策调整期，这个时候无论是谁对他下手，都未免显得有些操之过急。

从历史的角度看，早在20世纪70年代末爆发的伊朗伊斯兰革命就完全打破了西方势力在中东的布局，而在20世纪80年代末波斯湾袭城战和美国伊朗发生军事冲突之后，伊朗曾经“沉寂”了多年。此后，拉夫桑贾尼推行的内部改革路线，以及萨达姆这个“出头的椽子先烂”，也使得西方一度对伊朗的战略评估持乐观态度。不过，作为极端保守派的内贾德和他的幕僚们却认为，伊拉克战后西方对伊朗动武不可避免，只是什么时间以及什么方式的问题。在这种情况下，伊朗必须未雨绸缪，争取战略主动。这也是军事上以攻为守的战术。

在这样的历史关头，大概是时代的浪潮将内贾德推到了这个关口，并且他领导的伊朗也注定成了未来中东问题的关键。因此，在这样强硬的外交政策背景下，他遭到刺杀既是偶然也是必然的。同时，这也为西方国家观察内贾德以及伊朗内政问题提供了一个契机。当然，他这次遭到的袭击，也许其中的原因更加复杂。

在当今世界里，由于核是毁灭人类的万恶之源，因此美国早已把伊朗视为一个潜在的核国家，而像内贾德这样强硬的总统引导伊朗的民意，伊朗必然会成为美国“大中东民主计划”的最大障碍，将影响美国的中东战略部署，使美国大为不快和恼怒。另外，按照内贾德的个性，袭击事件发生之后，伊朗国民革命卫队对于那个地区的全面围剿将在所难免，若是一旦出现对当地平民的杀伤，就可能成为新的“杜贾尔村”事件（即萨达姆曾经屠杀过该村村民），被记在美国的档案库中以观其发展，这种先例，曾在科索沃、伊拉克都先后发生过。

不过，内贾德不是萨达姆，伊朗也不是伊拉克；内贾德绝不会重蹈萨达姆的覆辙，伊朗也不会走伊拉克的老路。因为伊朗是比较团结的国家，国内反美情绪高涨，同时还有俄罗斯等国在背后支持。因此，内贾德也料定美国不敢对伊朗轻易动武，更不敢发动地面进攻。

从美国的角度来说，由于本国和中东地区的局势，尤其是陷入伊拉克的战争泥潭不能自拔，美国在短期内从伊拉克抽出身来对付伊朗很难实现，甚至得不偿失。因此，在不积极响应以色列呼吁的情况下，小布什政府尽可能对内贾德的过激言论以及刺杀的枪声充耳不闻，尽管有时有批评内贾德的声音，但也显得无精打采。

对于美国的这一点，内贾德看得十分清楚，因此在外交上，如果说它完全在于时机的选择和豪赌的气魄的话，那么内贾德就充分具备了这种气魄。

尽管遭到了突然袭击，内贾德并没有被吓倒，而是保持了一个勇士的沉着和冷静，这使他能够应付更加复杂的局面。

在内贾德的脑海里，遭袭击的那一幕令他终生难忘。

12月15日下午，大约有20余名身份不明的武装分子埋伏在内贾德的车队必经的山包上和排水渠内。当他的车队到达时，埋伏着的武装分子立即用AK—47冲锋枪向车队猛烈扫射，随即双方展开激战。

发起袭击的武装分子显然企图困住整个车队，于是他们集中火力前后夹击，即猛烈扫射第一辆车和最后一辆车。就在这万分危险的时刻，第一辆车的司机不顾个人安危，猛打方向盘冲向水渠，为后面的车辆让开了“救命通道”，使车队摆脱了困境，同时争取了迎战恐怖分子的主动权。

在车队遭袭后不久，立即开来大批全副武装的革命卫队官兵、内政部士兵和警察，他们迅速封锁了事发地区。与此同时，该地区上空不时有武装直升飞机掠过，公路被彻底阻断，山梁那边时有枪声传出。但是，没有人知道发生了什么事。另外，当地一些居民还受到了警察询问。由于袭击目标显然是冲着内贾德来的，这使伊朗内务部感到十分震惊，因为这次他的出行路线和安保措施是由内务部负责安排的，于是内务部迅速展开清查“内鬼”的行动，并拘捕嫌疑人。

直到12月18日，伊朗国家电视台才正式公布了内贾德遇袭的消息，并说总统在第二天已平安返回了德黑兰，遇袭的汽车只是总统车队的开路车辆。电视台还报道说：至于土匪如何攻击警卫以及当地何人负责安保等细节，目前还不清楚。艾哈迈德·内贾德于16日结束了对这一地区为期3天的访问。

伊朗国家电视台并没有说明此次“土匪”袭击的目的，也没有说明对此报道滞后的原因。由于种种原因，伊朗媒体对此事的报道是比较保守的。

这次袭击内贾德车队的最大嫌疑人有四种：一是当地的独立分子。多年来，当地的一些极端分子不时袭击伊朗政府军，以期“独立”，伊朗官方一直称这些武装分子为“土匪”或“麻烦制造者”，而伊朗政府此次也把袭击者称作“土匪”。二是毒贩。伊朗位于阿富汗和欧洲之间的主要贩毒通道上，东部地区经常发生警察与毒贩交火的事件。此次也不排除内贾德总统车队“偶遇”毒贩的可能。三是美国因素。据美国《华盛顿时报》披露，美国国防部官员曾秘密接触伊朗反对派，这些人正在联合伊朗国内的反政府力量，准备策划政变。四是以色列极右翼组织。艾哈迈德·内贾德最近在言辞上不断挑衅以色列，其极右翼组织发动报复袭击是有可能的。

可见，袭击内贾德车队的组织和人员很复杂，这给伊朗破获此案带来了难度。好在内贾德安然无事。

在袭击事件发生后不久，内贾德继续与西方国家对抗，就连西方音乐在伊朗也要受到限制，因为他已下令禁止播放西方音乐。

关于禁止的理由，内贾德以坚定的语气说：“要坚决捍卫1979年伊斯兰革命的价值观和伊朗传统文化，抵御西方价值观和文化侵蚀。”

他还要求播放本民族的“民族音乐”及“革命音乐”，抵制宣传暴力及颓废情绪的外国影片，这充分体现了他的保守主义和伊斯兰原教旨主义思想。他对此强调说：伊朗国家电台和电视台应避免播放西方音乐和“颓废的”音乐，应播放伊朗轻松的、经典的“民族音乐”和“革命音乐”。他还进一步要求说：“……电影管理机构应加强审核制度，禁止播放宣扬暴力及颓废情绪的外国影片。”

内贾德在出任伊朗总统后，还亲自兼任伊朗最高文化革命委员会主席，可见他对文化工作相当重视，并充分占领和利用这一阵地。在他兼任伊朗文化革命委员会主席后，立即整顿这一领域，积极调整有关政策，使这一领域很快出现新的局面。

2005年10月间，在内贾德的领导下，伊朗最高文化革命委员会做出决定：禁止国家广播机构播出任何西方音乐，包括古典音乐。该规定还要求国家广播单位必须执行这项命令，并在6个月内就实施情况提交报告。

除此之外，该委员会还在官方网站上发表声明说："对电影、电视和音像制品的监管是为了捍卫伊朗传统文化，抵御西方文化的腐朽和暴力。"

政府对文化领域的一些规定，在国内引起不小反响，有赞成的也有反对的。一位伊朗音乐家认为这是一个"可怕"的决定，他说："这个决定表明了（领导人）学识和经验的缺乏。"

不过，内贾德下令禁止播放西方音乐只限于国家的主流媒体，如伊朗国家电台和电视台等，而一些通过卫星设备接收国外电视和电台广播的伊朗人仍然可以收听到西方音乐。

其实，早在1979年伊朗伊斯兰革命成功后不久，伊朗大阿亚图拉·霍梅尼就曾批评流行音乐是"非伊斯兰的"，并下令禁止。到了20世纪80年代末，伊朗国家电台和电视台开始准许播放一些古典轻音乐，并且面向公众的音乐会也开始出现。到了90年代，尤其是自从1997年改革派总统哈塔米上台执政后，伊朗政府便进一步放松了有关限制。

在人们看来，内贾德之所以下令禁止伊朗主流媒体播放西方音乐，是由于他极其仇视西方的结果。这也是他的强硬个性使然。

尽管当时内贾德上台执政只有短短4个多月，却已成为国际政治舞台上备受关注的焦点人物，因为他已经充分展示了自己独特的影响力，并且对当今世界的发展格局产生了很大的冲击力。因此，他被评为2005年度十大国际焦点人物。

在执政的舞台上，由于内贾德作风低调、朴实亲民、勤俭廉政，因此深得伊朗广大普通民众的支持。可见他对平民大众有一种特别的亲和力，甚至还有一种独特的人格魅力。

内贾德属于伊朗伊斯兰革命后的第二代，但他也亲历过轰轰烈烈的革命。在政治上，他坚持维护伊斯兰价值观的立场。在参加总统竞选期间，他反复宣称，一旦当选总统首先要做的就是切实维护国家法律和宗教习俗的尊严。在成功当选为总统后，他在发表的声明中说，他将致力于建设一个

"现代和进步"的伊朗，使伊朗成为"伊斯兰世界的典范"。

由于内贾德所具有的惊人个性和影响力，外界媒体评价说：如果要开选2005年最出语惊人的国家领导人，肯定非伊朗新总统内贾德莫属了。例如他刚说过"要把以色列从地球上抹去"，接着又宣称"犹太人大屠杀是虚构的"、或"应当让以色列移到欧洲去"。在核问题上，他强硬地坚持伊朗必然在本国进行铀浓缩活动，并一度提出要与伊斯兰国家分享核技术。同样令人印象深刻的是，面对边境外多达十几万的美军，每当提到美国或以色列的军事威胁时，他总是表现出"像轻轻抹去蛛丝一样"的异样态度，其中并不包含轻敌或说大话的成分，而是给人一种捉摸不透的"软威慑"感觉。不过，他并不是一个只会说"狠话"的总统，他的联合国之行和接待伊拉克总统塔拉巴尼的活动，就显示出了相当到位的外交能力和智慧。作为一个崭露头角、处在风口浪尖上的平民总统，人们还在隔着一层神秘的面纱观察他，因此不应只凭他的一些惊人之语来理解他和他的国家。

历史有选择　时代孕英杰

在出任伊朗总统的短短几个月内，内贾德就充分展示出了其独特的执政风格，他的这种与众不同的风格已经震撼了世界。

然而，在西方一些对伊朗不怀好意的国家看来，内贾德无疑是个彻头彻尾的"狂人"。上台不足半年的时间里，他的"狂言"已多次使西方国家大惊失色，而且更让以色列人义愤填膺。从"联合国应取消安理会常任理事国的否决权"，到"以色列应该从地图上被抹掉"，再到"他们（西方人）创造了一个名为犹太人大屠杀的神话，并将之置于神、宗教和先知之上"，无一不具有"火药般"的挑战性。另外，他还下令揭掉封条，恢复核燃料研究，更是让美国和欧洲政客们十分恼火。因此，西方人认为他是个比萨达姆更加桀骜不逊的"狂人"。不过，他比萨达姆更懂得战略战术，这使美国等西方国家很难与其打交道。

但对于绝大多数伊朗群众来说，内贾德并不是一个信口开河的“狂徒”，而是一位生活俭朴、和蔼可亲、言出必行的实干家。因此，从德黑兰南部贫民窟的小店主到北部富人区的白领公司职员，每当谈起总统时，人们都说：“他是我们当中的一员。”

内贾德是个地道的草民出身，不像前总统拉夫桑贾尼那样拥有垄断伊朗多种产业的庞大家族网络，也不像哈塔米那样有德高望重的家学和宗教背景。他出生在一个铁匠家庭，从小就不富裕的家庭背景使他养成了俭朴节约的生活习惯，衣食住行与普通百姓没有什么区别。即使在就任总统后，家人也没有因此而改变平凡的生活。如今他父亲仍然在革命卫队下属的一家商店里工作，内贾德的两个儿子和一个女儿在学校里也没有受到特殊照顾，许多同学甚至不知道他们的身份。

除此之外，在他的财产清单中，一套已有40年历史、面积为175平方米的三居室住着一家5口，一辆1977年出厂的连空调也没有的白色“标致”车，两个银行活期存折上的余额都是零。他不仅自己过着清贫的生活，还不断强调着“恢复社会公正”、“铲出腐败”和“缩小贫富差距”等口号，而且要把石油收入体现到老百姓的餐桌上，这些都深深吸引了期待已久的伊朗草根阶层。

在从政的道路上，内贾德像一匹“黑马”，一下子冲到了伊朗政坛的顶峰。他之所以能够成为伊朗总统，外界认为其根本原因是：伊朗政坛在新世纪里分化出了一个融合民粹主义、民族主义和伊斯兰主义的新保守主义派别，这个新生派别为内贾德当选总统保驾护航，同时也将左右着内贾德政府的内政外交的走向。而内贾德也是“新保守派”中的重要代表。

纵观伊朗政坛，实际上派别斗争由来已久。自1979年伊朗伊斯兰革命胜利后不久，伊朗政坛上就出现了观点相差的政治派别。到了20世纪90年代末期，伊朗政坛经过多次分化组合，形成了三大派别鼎立的局面，即：以支持哈塔米倡导的“政治改革”为主的改革派、以支持拉夫桑贾尼温和的“经济改革”为主旨的务实派，以及以“保护伊斯兰革命价值”为中心的保守派。然而，这种三派鼎立的局面在哈塔米执政后期发生了深刻变化，因为一方面务实派因其不稳定性和腐败问题缠身而被严重削弱，另一方面改革派因长期没有建树而丧失民心。在这种情形下，在保守派中又出现了新生的少壮派和被国际社会冠命的"新保守派"。

所谓"新保守派"，其主要成员基本上是伊朗伊斯兰革命后的第二代，不仅年富力强，而且还具有良好的技术基础，其中不少人曾经是革命卫队的高级将领，著名代表人物中就有内贾德，其核心政党是2004年2月议会选举中首次亮相的"伊朗伊斯兰开发者党"。在此次议会选举中，"新保守派"在伊朗议会292个席位中取得至少80个席位。此外，"新保守派"作为少壮派从一开始就得到了保守派领袖人物的支持，包括伊朗最高宗教领袖哈梅内伊在内的保守派高层领袖人物都在支持新兴的"新保守派"，而且保守派著名领袖、前议长努里曾充当"新保守派"与哈梅内伊的中间联络人。这就为"新保守派"渗入了新的活力和血液。

"新保守派"的主要理念是：在政治上，基本接受了保守派"维护伊斯兰价值观"的立场，强调保护伊斯兰革命的成果和神权统治地位；在经济上，反对保守派闭关自封的立场，主张通过政府直接干预加快建设步伐，适应经济全球化的发展，但反对经济私有化和外国过度投资的干预，强调社会公正的重要性，认为社会公正是国家经济发展计划的核心；在外交上，主要实行强硬的外交政策，在对美关系和核问题上坚持自己的立场，但同时强调通过灵活的战术手段、通过对话解决矛盾和分歧。

由于"新保守派"充满了既有活力又有新意的理念，加之其民粹主义纲领和内贾德本人的平民作风，很成功地赢得了民心。"新保守派"着重强调的社会公正，在很大程度上充分反映了其民粹主义的思想基础。正如内贾德强调说：国家资源不应当过分集中于政府手中，应当交给人民用于推动国家发展，扶持弱势群体、维护穷人的利益是政府的重点目标。他还提出要拿出350亿美元左右的石油收入用在百姓身上，不是用于教育、卫生等公共服务，而是直接发给人们消费，如发给每对新婚夫妇1100美元。他对此指出说:“失业、婚姻和住房是(政府需要解决的)主要优先目标。我们政府将支持弱势群体,但不是说要损害他人。”

另外,要使伊朗成为“伊斯兰世界的典范”,经济问题也是实现这一目标的重中之重。然而,这一问题也是伊朗历届政府面临的最为棘手的问题,并且伊朗各个派别最终都栽在经济问题之上,如拉夫桑贾尼和哈塔米都是在经济问题上最终失去了民意。从伊朗的经济基础来看,该国是一个能源大国,其石油储量占世界总储量的13%,天然气占15%,这种得天独厚的自然资源优势却使得伊朗的经济严重依赖于能源出口收入,至今伊朗政府的主要经济收入仍然是原油出口,因此可以说伊朗的经济命脉最终掌握在国际市场的手中。在这种情况下,拉夫桑贾尼政府曾经大力发展非石油产业,但由于在基本建设方面投资过大,导致该政府负债累累。而哈塔米政府虽然偿还了拉夫桑贾尼政府所欠的外债,外汇储备也增加到了200多亿美元,然而在调整经济结构,尤其是在减少对石油出口依赖、发展非石油产业方面建树甚微。

内贾德面临的经济压力中,伊朗人口的年轻化也是一个重要的问题。由于人口结构的年轻化导致整体社会需求逐年上升,从而使得伊朗的通货膨胀率居高不下,失业率持续在30%左右,社会贫富分化日益扩大。在这样的情况下,尽管近年来国际油价不断飙升,伊朗的石油收入大幅度增加,但民众却无法从中直接得到利益和实惠,因此最终的结果是引发民众的不满,而政府也丧失了民心。正是在这样的经济背景下,以内贾德为代表的“新保守派”势力选择了民粹主义的道路,并且将自身打造成“一个情系人民的民粹主义者”。

另外,“新保守派”的民粹主义对伊朗民众、尤其是需要和欲望正在不断膨胀的年轻人来说,也产生了强烈的吸引力。由于1979年伊朗伊斯兰革命后出现了一个过度的生育高峰期,因此导致了如今伊朗人口的2/3是30岁以下的年轻人。而生存需求、经济发展、社会公正是这些青年人特别关注的焦点。而这样恰恰又是“新保守派”的执政纲领。

“新保守派”务实的民粹主义的理念和精神，在现在的年轻人、特别是大学生中产生了强烈的共鸣。因为“新保守派”代表人物内贾德一向生活简朴，严格自律，常常以普通人的面貌出现在公众面前，并散发出一种独特的亲和力。另外，与“腐败的”务实派和改革派相比，内贾德“为穷人说话”，与腐败作斗争，成为弱势群体的代言人。由此可见，内贾德作为“新保守派”的代表人物而当选为总统，似乎也顺应了伊朗的时代潮流和社会趋势。

其实，2005年的总统竞选，由于改革派在竞选策略上的重大失误最终为内贾德登上总统宝座铺平了道路，也给“新保守派”执政带来了新的契机。2005年的伊朗总统选举充分显示了各政治派别竞选策略的运用，是进入新世纪以来伊朗政治力量重组的一个关键点。在竞选中，各派都希望通过竞选策略削弱对方的力量，尤其是改革派和保守派都采取了多个候选人参选来瓜分目标的策略。由此看来，选举从一开始就注定要进入第二轮投票。这就使得务实派和新保守派阵营都只剩下一名候选人获得参选资格，这样就使得角逐总统席位的最终决战在务实派的拉夫桑贾尼和新保守派的内贾德之间进行。而内贾德最终一举击败拉夫桑贾尼取得大选胜利。这也是新保守派在伊朗政坛上取得的重大成功。

内贾德以惊人的姿态在伊朗政坛上突然出现，打破了伊朗原有的政治格局，使“新保守派”顺利掌握了伊朗政权，从此走上了执政道路。不过，这也是伊朗政坛内部政治派别斗争发展的必然。

应该说在民粹主义与民族主义和伊斯兰主义的交融下，“新保守派”作为伊朗政坛中的少壮生力军，必然会对伊朗的历史和未来产生深远的影响，并将书写时代和历史的新篇章。

第六章　保国为民筑根基　捍卫主权强国防

拥有国家至高无尚的权力必然肩负着维护国家利益及安全的责任。伊朗国会授权他一旦国家安全遭到武力威胁，总统有权下令采取一切必要的手段和举措进行反击，直至把入侵者彻底消灭及赶跑……

坦然接来访　褒贬任由去

当历史翻开2006年崭新一页的时候，内贾德也将在崭新的历史页面上写下新篇章。同时，他在历史舞台上也将展示出更多的惊人之举。内贾德以更加旺盛的精力和姿态投入到国事中去，致力于各领域的工作，推动伊朗迈向新的发展高度，使伊朗成为世界上更有影响力的国家。

2006年2月，内贾德在百忙中接受了媒体的采访，专门谈到了伊朗的外交政策和外交关系，尤其是与美国等国的关系。他希望通过媒体来传递他的一些外交立场和主张。

当媒体问到内贾德讲话时经常用“某个国家”来代称“美国”，而从不直接说出“美国”，这是否是想与美国总统布什进行对话，或是直接与美国进行谈判时，他充满智慧地笑了一下，然后打着手势回答说：“谈判的可能性是一直存在的。但是谈判要在一定的条件下进行，就是要搞清楚谈判的条件和目的。我们已经要求他们纠正自己的行为，好让我们能坐到谈判桌边，我们希望这能够发生。”

当媒体问到美国的一些政治人物，比如布热津斯基，推动布什和美国政府与内贾德直接接触并谈判，他是否会创造某种环境来与美国进行谈判的问题时，内贾德用坚定的语调说：“……未来什么都可能发生。我们希望世界能够生活在和平及安宁中，但是单方面强加的歧视性的和平是无法持久的。我们寻求的是安全得到保障的和平。强权恐吓会破坏持久和平。”

从内贾德的谈话中透出他对美国强权政治的尖锐批评。

在谈到维护民族和国家尊严的问题时，媒体问如果美国宣布布什声明伊朗是邪恶轴心的言论是错误的，那么这样你会对美国的态度所有软化吗？内贾德认为应该捍卫所有国家和人民的尊严，政治恐吓只会破坏和平，而不会换来和平；只有放弃恐吓，伊朗才能改变自己对美国的态度。对此，他强调指出：

“事实上我们是在捍卫所有国家和人民的尊严。我们认为世界上各个地方的人民，不管是来自东南西北，或是在亚洲、非洲还是欧洲，他们都有权获得尊重。幸运的是，现在某些强权还不能给伊朗人民强加任何东西，你也谈到了世界上其他国家的一些不利处境，你也谈到恐吓氛围造成的负面影响，这在当今世界上是普遍存在的。我们觉得这会破坏持久的和平，这也会限制世界上所有国家发挥出它们的全部潜力，当然如果他们能够某种程度地改变自己的行为，情况会有改观。”

在谈到内贾德的胆识、勇气，以及美国总统小布什一直威胁要对伊朗动武、伊朗是否害怕过美国真会攻击伊朗等问题时，他用了简单的一句话概括说：“我还不知道用什么字母来拼写害怕这个词。”

内贾德还用强硬的语气说：“为何我们要害怕或者感到惊吓？”

当媒体问到由于美国被认为是世界唯一的超级强国，能随心所欲攻打任何别国，如果这种事真的发生，你会担心你的人民和国家吗？内贾德表示并不害怕美国来进攻，并说：“当然不可能有任何强权能为所欲为。那样的伊朗已经是历史了。……更应该担心的是他们在这种行为下将来会怎样。当然我们也并不愿意局势紧张，但伊朗是根基深厚的伟大国家，在战争历史中扎根的国家。我们1700万人民是非常团结的，我们与那些没有历史根基的国家不同。中国也是有历史根基的国家。”

在谈到伊拉克局势时，内贾德则强调说：“我们相信伊拉克未来最好的情况，就是建立一个具有充分代表性和民族基础的政府，维护国家的安全、团结、独立和领土完整。”

在谈到加强伊朗与中国的关系时，内贾德露出高兴的笑容，并满怀希望地强调说：“当然伊中两国关系近年在不断扩展，而且两国进一步扩展合作的潜力和机会远大于现在。我真诚希望能见证两国关系的大跃进。”

在媒体的眼里，内贾德不仅是个充满胆识的斗士，而且具有独特的智慧和魅力。他既是张狂的，又是低调务实的；既是大胆的，同时又很细心。此外，他还是个充满了神秘色彩的人物。

不过，由于他的激烈言论，却招来了犹太人的极大反感和批评。欧洲的犹太人甚至还决定向荷兰海牙国际法庭（IOC）起诉他。

2006年2月20日，欧洲犹太人大会主席皮埃尔向外界透露，欧洲犹太人大会已经决定向荷兰海牙国际法庭提交书面诉状，要求国际法庭对伊朗总统艾哈迈德·内贾德进行审判。因为内贾德在此前一再发表有关诋毁犹太人大屠杀的言论。

皮埃尔还透露说：“此次向海牙国际法庭控告内贾德由欧洲犹太人大会独立运作。”“已经向以色列外交部长通报了这一决定。这一提议已经于星期天（19日）在维也纳召开的欧洲犹太人大会上得到了绝大多数会员支持并获得通过。”

除此之外，欧洲犹太人大会还积极在总部设于法国斯特拉斯堡的欧洲议会活动。该大会发出一项倡议，其主要目的就是要求欧洲议会通过将内贾德列为“不受欧盟25个成员国欢迎的人”的决议。与此同时，欧洲犹太人大会还计划发动著名政客、商人和知识分子联名签署一份请愿书，要求欧盟各国政府禁止内贾德前往访问。他们并决定在欧洲报纸上公开这份请愿书。

皮埃尔是法国人，是一名商人，2005年6月被选为欧洲犹太人大会主席，他对内贾德和伊朗充满了仇视态度。他用激动而坚定的语调对以色列媒体说："既然内贾德宣称大屠杀从未在这块土地上发生过，那么他就不应该踏上欧洲大陆的土地。我不相信欧盟议会的成员会拒绝通过这一决议。"

与此同时，皮埃尔对欧盟政府此前在这一事件上所采取的态度进行了批评。他还说：欧洲国家应召回驻伊朗大使进行磋商，但是它们出于"政治原因"没有这么做。

可见犹太人对内贾德恨之入骨，并要通过国际法庭指控他，甚至欲将他置于死地而后快。总之，只要提起内贾德这个名字，犹太人心中就会燃烧起熊熊的仇恨火焰。但是，也有很多人则将他视为斗士、英雄和具有坚强意志的人，并对他钦佩万分，因此很多人在网上发表文章称赞他。

有一位网民用满含激动和热情的笔调称赞说："政治，我非常热衷，但参不透。我这会儿想谈的是伊朗总统——艾哈迈德·内贾德，想说说我对这个政坛上非常个性化的风云男人的看法，我真的很欣赏他的性格。一直以来，内贾德在很多方面都极其大胆激烈，他在外交上的态度和行为大家有目共睹。因为伊朗核计划，全球各国尤其是美国，对伊朗施加了巨大压力，而联合国也对伊朗进行日益严苛的政治经济军事制裁。面对这些，内贾德仍然在国内与国际社会中表现出一如既往的强硬态度，发誓要抵制安理会的压力。当美国承认不排除对伊朗动武并已制定相关计划时，内贾德进行了军事演习，像是与美国'摊牌'似的，毫不示弱……"

他还十分敬佩地写道："……这个外表温文尔雅，内心却立场坚定的男人被媒体形容为'让世界害怕的男人'，他随时都在影响着世界各国和媒体的情绪。美国认为内贾德是个'讨厌的家伙'。非常渺小的我，却对内贾德有种莫名的情愫。我始终认为，一个男人就应该像他这样，敢做敢当，儒雅坚定，顶天立地。"

关于内贾德在伊核问题上所表现出来的立场、勇气和精神，该网民用非常赞许的语调说："……我常常想，美国打击的并不仅仅是伊朗的核计划，在它看来，伊朗是中东唯一一个敢于公开与它叫板的国家，也是对美国在中东的利益形成致命威胁的国家，它要摧毁的是伊朗的现政权。因为核问题绝不是美国和伊朗之间矛盾的开始，它是斗争的延续。早在1979年伊朗巴列维王朝的统治被推翻的时候、从美国驻伊朗大使馆发生'人质事件'开始，美伊就结下了怨恨，再加上意识形态上的矛盾，美伊要改善政治关系是极其困难的，绝不是多少轮会谈就能实现的。美国拼死揪住伊朗的核问题，要求伊朗严格遵守防止核扩散条约，但是该条约本身就是不平等的，它说明只有安理会5个成员国可以拥有核武器；同时它的界定也非常模糊，它既限制核扩散又强调每个国家都享有使用核能源的权利。"

该网民还愤愤不平地为内贾德和伊朗辩解说："……如果按条例行事，美国还不应该与印度打交道，因为印度进行了核实验。正如内贾德所问的：'为什么其他国家开发核能源就是发展科技'，伊朗发展核能源就是'威胁'，就是'歧视'。在伊朗人民眼里，核技术不仅关系到国家安全，还关系民族的荣誉。为什么在伊朗受联合国的制裁、经济发展受阻、国内就业压力日愈加大的情况下，伊朗人民还支持核计划、拥护内贾德及其政权，因为内贾德代表他的人民和国家向世界诉求的是民族自尊心。宗教信仰的力量是不可估量的。伊朗人民还这样赞誉：内贾德是穆斯林世界历史上最勇敢的人之一。"

最后，该网民十分感慨地说："……有人说内贾德终将会成为第二个萨达姆，但是我认为不会！因为他至少不是暴君。在我心里，他是个为自由、为权利、为子民、为信仰而奋争的领袖。且不论伊朗核计划的是是非非，内贾德，他就是个铁骨峥峥的男人！"

应该说，世人对内贾德褒贬不一，但是不管怎么说，他已对世界产生了很大的影响力。

写信敞胸怀　阐述新主张

在国际风云变幻的当今世界，谁都不知明天会发生什么，但历史的车轮不会停止，依然滚滚向前。

在这样复杂的国际环境中，在异常繁忙的工作中，内贾德亲自给美国总统小布什写了一封长信，阐述了自己对国际局势的见解和对布什提出批评等。

内贾德花费了很大精力，于2006年5月初写出了这封很特别的信。5月8日晚，美联社获得这封信并披露了该信内容。该信就解决国际紧张局势提出了“新方案”，并批评西式民主已经在世界各地遭受失败，美国政府正日益遭到全球各国的憎恨。

这是数十年来伊美两国首脑首次正式通信，因此更有一种特别的意义。内贾德在这封长达18页的信中，列举了美国外交政策的种种劣迹，声明核科学研究是伊朗国家的基本权利之一。另外，信中还指责小布什对“9·11”事件的反应不恰当，谴责媒体传播有关伊拉克战争的谣言，斥责美国支持以色列的行为。不过，信中没有提出解决伊朗与西方国家之间在核问题上分歧的建议。

内贾德在信的开头说：“美利坚合众国总统乔治·布什先生：最近一段时间以来，我一直在思考，如何正确认识和对待那些现在存于国际舞台论坛和大学生中间的许多争论和问题。至今许多问题和争论仍旧没有答案。这就促使我想讨论一下这些矛盾和争执，目的是为了澄清一些问题。”

关于尊重人权、防止核武扩散和大规模杀伤性武器等问题，内贾德在致小布什的信中说：“如果一个人想成为上帝的伟大信使耶稣基督（让他安息吧）的信徒，就应该尊重人权，将自由主义作为一种文明的典范，宣布反对核武器扩散和大规模杀伤性武器。将发动战争和反恐作为他的宣传口号，致力于建立一个统一的国际社会，其中基督和社会良性将统治一切，但同时又入侵其他国家，人民的生命、尊严和财产被摧毁，例如，仅仅以一个村庄、城市或者一个车队有存在罪犯的可能性，尽管这种可能性很小，就使得整个村庄、城市或者车队变为一片火海。”

关于美国发动伊拉克战争所带来的严重灾难，他向小布什指出说：“难道仅仅因为一个国家有可能存在大规模杀伤性武器，就去占领它？（期间）大约10万民众被杀害，水源、农业和工业被摧毁，18万外国军队进驻，破坏无辜公民的房屋，致使该国大约倒退50年……付出了多大的代价？一个国家为此花费数千亿美元，其他国家成千上万的小伙子和姑娘也以占领军的身份来到这里，并深受其害。他们被迫与家人和爱人分离，手上也沾满了别人的鲜血，因此承受着巨大的精神压力。一些人回国后因绝望而选择自杀，一些人患病不起。同样也有一些人在这个被占领国失去了年轻的生命。以该国存在大规模杀伤性武器为由发动的战争，对被占国和占领国来说都是一场巨大的灾难。但后来却证明根本就没有大规模杀伤性武器。”

关于推翻萨达姆的问题，内贾德对小布什说：“当然，萨达姆是一个凶残的独裁者。但是战争的借口和目的却不是推翻他，战争的宣传口号是寻找并摧毁大规模杀伤性武器。这个目的没有实现，萨达姆却在这个过程中被推翻了。尽管该地区的人们为此欢呼，但我要指出的是，多年来支持萨达姆对伊朗发动战争的却是西方国家。”

在写到美国的罪行时，他在信中指控说：“总统先生，你可能知道吧，我是一位教师。在关塔那摩基地，仍有大量战俘没有被审问，他们也没有法律辩护人，他们被关押在陌生的国外，家人无法探视他们，同时，也没有国际机构能够监视他们的生活条件和命运。没人知道他们是战俘、战犯、被告还是罪犯。……欧洲的情报人员已经确认欧洲也存在着秘密监狱。我不能确定某些被关在这些秘密监狱里的人，是被诱拐关进监狱，还是通过正常的司法途径。因此，我也不能确认这些行动是否合乎这封信开头部分所阐述的价值观，即耶稣基督（让他安息吧）的教义、人权和自由。”

在信中他认为以色列没有存在的理由。他说：“年轻人、大学生和普通百姓对于以色列现象存在很多疑问。我肯定你也对其中一些问题非常熟悉。历史上，很多国家都曾被占领过，但是我认为，一个由新的人民组成一个新的国家，在我们这个时代是少有的新现象。我告诉他们要学习有关第一次和第二次世界大战的历史。我的一位学生告诉我，在第二次世界大战期间，数以千万的人死于战争，交战各方迅速散发各种战争消息，各方都鼓吹各自取得的胜利以及前线歼敌的战果。战争结束后，他们宣称600万犹太人被杀害。600万人口应该意味着至少200多万个家庭。……就让我们假设这些都是事实，但是这能成为犹太人在中东建立以色列国、或者支持他们建国的正当理由吗？这能解释得通吗？”

他在信中继续阐述说：“总统先生，我敢肯定，你知道以色列是怎么建立起来的，代价是什么：成千上万的人在以色列建国进程中被杀害；数百万当地居民成为难民；数十万公顷的农田和橄榄植园、城镇和村庄被毁灭。这种灾难并不单单存在于以色列建国过程中，不幸的是，这种灾难已经持续了60多年。……这个政权建立在毫无仁慈的基础之上，以色列对孩子们也同样不心慈手软，即使当地居民居住其中，他们仍坚持摧毁那些房屋，并宣布暗杀巴勒斯坦重要人物名单和暗杀计划，成千上万的巴勒斯坦人被关进监狱。这种现象在当代独一无二，或者至少极其罕见。”

内贾德在信中进一步指出说：“人们问的另外一个问题就是，为什么这个政权会得到支持？这种支持符合耶稣基督（让他安息吧）、摩西的教导、或者自由价值观吗？不管该地区原住居民是基督徒、穆斯林或者犹太人，也不论他们是在巴勒斯坦境内还是境外，我们是否能懂得让该地区的原住居民自己决定命运？所发生的一切是否与民主、人权和先知的教导背道而驰？如果不是，为什么全民公决会遇到如此多的反对呢？即指巴勒斯坦民主选举和哈马斯上台，却遭到以美国为首的西方国家的反对。”

关于巴勒斯坦问题，内贾德在信中进一步对小布什指出：“新当选的巴勒斯坦当局最近刚刚上台执政。所有独立观察机构都已经确认这个政府代表了民意。不可思议的是，有些人却给该政府施压并要求他们承认以色列政权、放弃斗争并贯彻前政府的政策。如果巴勒斯坦现政府执行前政府的政治路线，巴勒斯坦人民当时还会选举他们上台吗？反对巴勒斯坦现政府的所作所为是否有悖于前面描述的价值观？人们也说，为什么凡是以色列反对的，都会遭到联合国安理会决议的谴责？”

在说到中东发展科学技术的问题时，他愤愤不平地对小布什说：“总统先生，你很清楚，我一直同这里的人民生活在一起，并同他们一直保持接触，许多中东人也想同我接触。他们同样对这些可疑的政策不抱信心。有证据表明，该地区的人民对这些政策的愤怒正日益增加。……中东地区所取得的技术和科学成就，为什么都被视为对犹太复国主义政权的威胁？难道科学研究和发展不是这些国家的基本权利吗？你熟悉历史，除了中世纪以外，历史上还有哪个阶段将科学和技术进步当作一种罪过？如果这种假设成立，那么所有的科学科目，包括物理、化学、数学、医学、工程学等等，都应该遭到反对。”

他还指责小布什在伊拉克问题上撒谎，说撒谎在任何文化中都会受到谴责，而小布什“也不会喜欢别人对你撒谎”。

在谈到世界人民和伊朗人民的不满和愤怒时，内贾德激动地责问说：“难道拉丁美洲的人们没有质疑的权利，为什么要与他们选出的政府作对，并要将其受到国内支持的领导人置于死地？或者，为什么他们总是会受到威胁并生活在恐惧之中？……非洲人民勤劳、富有创造力，并且聪明。在自我人性完善和寻求物质及精神进步等方面，他们能够扮演重要和有价值的角色，但是贫困和艰辛的现状使这一切不能变为现实。难道他们没有权利质疑为什么他们巨大的财富——包括矿产——被掠夺殆尽？难道他们不比别人更需要这些财富？再问一遍，难道这些行为符合基督的教导和人权的原则吗？”

他继续情绪激动地强调并指责美国政府说：“勇敢而忠实的伊朗人民也同样有许多疑问和冤屈，包括：1953年政变和随后发生的颠覆伊朗合法政府（该政变是指美国政府勾结英国在伊朗国内亲西方势力，发动政变颠覆伊朗人民选举产生的穆萨迪格合法政府，扶持封建王朝统治者巴列维国王复辟），反对以色列革命，将（美国）大使馆作为支持反对伊斯兰革命者的大本营（成千上万的文件都可以证明这一点），支持萨达姆发动对伊朗的战争，击落伊朗民航客机（即指1988年7月3日，美方击落伊朗客机，造成298人丧命），冻结伊朗国家财产，对伊朗发展科技和核技术取得进步进行威胁、感到愤怒和不满（而此时伊朗人正在为国家的进步欢呼雀跃）。伊朗人民还有更多的冤屈和愤恨，在这封信中我就不再一一列举了。”在说到“9·11”袭击事件时，他向小布什说：“总统先生，‘9·11’是一次骇人听闻的事件，全世界都为无辜者被杀害感到惋惜和震惊。事件发生后，我们的政府立刻发表声明，对犯罪者表示反感并向死难者表示哀悼和同情。”

内贾德进一步指出和质问说：“所有政府都有义务保护本国公民的生命、财产和合法权利。据说，你们政府建立了庞大的安全、防卫和情报系统——甚至追讨身处国外的反对者。“9·11”并不是孤立的事件。没有与情报和安全部门的协调或者范围广泛的渗透，能策划并发动“9·11”袭击事件吗？当然，这只是基于经验和常识的一种猜测。（更进一步的严密推测，见诸美国人写的《新珍珠港：迷雾重重的“9·11”事件与布什政府》一书）为什么各种袭击都被保密？为什么不告知我们是谁没有负起应负的责任？为什么不将这些渎职人员的名单公布于众，并将他们送上法庭？”

他继续指出说：“所有政府都有义务为本国公民提供安全和平感。多年以来，你们国家和世界上其他动荡地区的人们都没有这种安全感。自“9·11”以来，一些西方媒体不去医治和抚慰那些幸存者心灵的创伤，反而只是强调恐惧和不安的局势，以及大谈特谈遭遇新的恐怖袭击的可能性，致使人们的情绪一直处于恐惧之中。

内贾德还认为布什政府领导下的美国公民总是生活在恐惧之中。他说：“美国公民永远生活在恐惧之中，害怕新的攻击将在任何时刻、任何地点发生。不论是在大街上，还是在工作地点或者家中，他们都没有安全感。谁愿意一直处在这种状态之中？媒体为什么不给他们灌输安全和平的感觉和心态，反而是给他们一种越来越不安全的氛围呢？”

对于美国侵占别国的行经，他尖锐地批评说：“一些人认为入侵阿富汗是一场骗局（也是一种借口）。我需要再一次提到媒体的角色。在媒体的行为规范中，传递真实信息和诚实报导是公认的原则。我对西方一些媒体漠视这种原则表示遗憾。美国入侵伊拉克主要的理由是该国存在大规模杀伤性武器，一些媒体对此反复向公众报导，最终导致公众也相信大规模杀伤性武器的存在，并将这作为进攻伊拉克的借口。……在这种阴谋和欺诈性的环境中，难道真相不会被隐埋？此外，如果允许隐瞒真相，这样能符合前面提到的价值观吗？难道在全能的上帝（真主）面前也能隐瞒这些真相？”

关于布什政府花钱打仗的问题，内贾德批评说：“总统先生，世界上所有的国家，都是由其公民为政府提供费用和开支，这样政府才能返过来为人民服务。问题是每年为伊拉克战争支付的几千亿美金到底为公民带来了什么？……阁下也知道，在贵国的一些州内，人民仍生活在贫困之中，成千上万的人无家可归和失业也是一个巨大的难题。当然，其他国家也或多或少存在这种情况。想到这种状况，能解释得清这些巨大开支的合理性吗？它们原本就是来自于公共财政，难道这不是有悖于前面提到的原则吗？”

内贾德还对小布什说：“刚才说到的，都是包括我们地区和贵国在内的世界各国人民所遭受的冤情和不平。但是我想争论的是（我也希望你能同意其中的一些观点）：每届政府当政都只有特定的年限并有不确定性，但是他们的名字将会被写进历史，并经常会面对即将到来的或者遥远的未来的考验和审判。我们在各自总统任期内的所作所为，都会被人民很仔细地审查。”

接着，他感慨地发出了一连串疑问：“我们曾做过的是致力于为人民带来和平、安全和繁荣呢？还是不安全感和失业？我们曾做过的是打算建立公平的机制，还只是支持特定的利益群体，使大多数人生活在贫困之中，让少部分人变得富有和更有权势呢？我们曾做过的是捍卫穷人的权利，还是对他们漠不关心？我们曾做过的是保卫全世界人民的权利，还是给他们施以战争？我们曾做过的是给世界带来了和平呢，还是带来了压制和威胁？我们是告诉了他们我们国家和其他国家的真相，还是与事实截然相反的假相？……我们的政府是致力于发掘理性、逻辑、道德、和平、尽责、正义、服务人民、繁荣、进步和尊重人类尊严呢？还是漠视人民，使用武力胁迫其他国家，给他国和本国民众带来不安全感，延滞其他国家进步和日益繁荣，并践踏人民的权利呢？……最后，人民将对我们进行审判，看我们是否履行了上台时的宣誓——为人民服务，这也是我们主要的任务和先知们的教义。”

内贾德站在人类忧患意识的高度，继续向小布什发出一连串的充满智慧的疑问：“总统先生，这个世界还能容忍这种状况多久？这种趋势将把世界引向何方？世界人民还要为一些统治者的错误决策牺牲多长时间？还要让这种没有安全感的恐惧情绪在世界人民的心中萦绕多久？……无辜的男人、女人和孩子的鲜血还要在大街上和他们被毁的房屋里流淌多久？你对当前世界的现状满意吗？你认为现行的政策还能持续下去吗？如果用于安全措施和军事行动以及军队调动上的大量美金，被用于投资和资助贫穷国家；对付各种疾病和教育事业以提高民众的精神以及身体健康水平；资助自然灾害中的受难者；创造就业机会和发展生产；发展建设项目和减缓贫困；构建和平；调和并化解国家间的争端和不同民族、种族间的冲突以及其他矛盾，今天的世界会是什么样子？如果是这样，难道你们的政府和人民没有理由为此感到自豪和骄傲吗？”

然而，他又不得不对小布什表示遗憾地说：“但是我要很遗憾地说，在全球范围内，越来越多的民众对美国政府表示憎恨，不是吗？”

除此之外，内贾德还从宗教的角度向小布什发出疑问说：“总统先生，我并不是存心让任何人感到悲痛。……如果今天先知亚伯拉罕、以撒、雅各、以窦玛利、约瑟或者耶稣基督（让他安息吧）仍和我们在一起，他们将如何评判这样的行为？我们是否还能在那片正义无所不在、耶稣基督（让他安息吧）也和我们同在的乐土上被委以重任？他们会接受我们吗？我提出的基本问题是：难道没有更好的方式与世界各地进行相互交流和影响？”

接着，他还向小布什宣扬宗教的作用说："当今世界上有数亿基督信徒、数亿穆斯林信徒和几百万追随摩西（让他安息吧）的犹太信徒。他们都是一神论者，即信仰和崇拜世界上唯一的上帝。神圣的《古兰经》也强调了这一共同点，并号召信徒们如是说：信仰《古兰经》的人们啊！我们和你们之间要以公平的信条相处，我们只信奉真主安拉，永远追随他。除了真主之外，我们中的一些人不得再将他人视为神，但是如果有些人重新回到真主身边，就告诉他们：请你们作证，我们都是穆斯林。"

内贾德还在信中向小布什声称作恶者将受到上帝的审判，宗教是当今世界的唯一出路。对此，他十分激动地指出：

"总统先生，按照圣书，我们都被号召崇拜上帝并遵循先知们的教导，崇拜无所不能的上帝并做所有使他感到愉悦的事情。看得见也好，被隐瞒也好，上帝知道任何事情，包括过去和将来。知道他的子民们内心的想法并记录下他们的所作所为。上帝是天堂和人间以及宇宙的主人，是他亲手创造了一切，给他的子民们仁慈和宽恕。他是被压迫的同伴和压迫者的敌人。他富有同情心和仁慈。他是信徒们信心和力量的源泉，并指引他们从黑暗走向光明。……他能洞察所有子民的一举一动，号召他们要忠诚并做善事，要求他们保持正直和坚定，遵从先知们的教导，他也是子民们为人处世和行为的见证者。只有那些违背他的意愿压迫其他子民者才不会得到善果，被打入地狱。美好和永久的天堂属于那些敬畏他，并能远离自私、贪婪和淫欲的子民。……在《古兰经》中，耶稣（让他安息吧）也被一再受到赞扬和引用。真主安拉肯定是我的上帝，也是你（布什）的上帝，我们都信奉他。这才是我们正确的道路。"

内贾德继续在信中向小布什宣讲上帝的旨意和宗教的基本教义，他说："不管是在欧洲、亚洲、非洲，或者美洲、大洋洲，世间所有人都只有一个上帝。无所不能的上帝指引他的子民，并给予他们尊严。他已经给人类带来了福音。我们再次读一下圣书：全能的上帝派他的使者来到人间，给他们带来奇迹和行事的明确规范，让他们学会区分圣洁和罪恶、污秽。他也给人们带来《圣经》与和谐，这样人们就能行为正直和公正，不会变得反叛和好战。……神圣的先知曾许诺：总有一天，所有人类都将聚集在上帝面前，他们的行为将受到上帝的审判。行善者将直接进入天堂，而作恶者将遭到报应下地狱。我确信我们两人都认为这一天终将来临，但是清算统治者的行为将不是什么轻松的事情，因为我们都不仅必须对我们的国家负责，还要对那些直接的、或者间接的受到我们行为影响的生命做出回答……"

从中可以看出，内贾德在宣扬上帝和宗教的同时，实际上是对小布什进行影射、教诲和批评。但是，小布什也许根本就不会买账。

接着，他还质问小布什说："如果我们所有人继续相信并遵从这些原则（一神论、崇拜上帝、正义、尊重人的尊严、相信末日审判等），难道你不认为我们可以解决当今世界现存的问题（那是不遵从上帝的旨意和先知教导的后果），并提高和完善我们的表现吗？难道你不认为遵循这些原则能够保证和平、友谊和公正吗？难道你不认为前面描述的和未描述的这些原则受到了全世界的尊重了吗？"

内贾德从上帝和因果的角度警告小布什说："总统先生，历史告诉我们，那些压制性的残忍的政府都没有好下场。上帝已经为每个人安排好了各自的命运。上帝也不会丢下世界不管而任其发展。许多发生的事情都与政府希望和计划的背道而驰。这就告诉我们，有一种更加强大的力量在控制着一切，所有的事情都将由上帝决定。……有人能够否认当今世界的变化的迹象吗？现在与10年前的局势有可比之处吗？变化发生的如此之快，已经失去了平稳的步伐。世界人民对当今的现状不满，也不会留意一些有影响力的世界领导人的承诺和看法。世界上很多民众都有不安全感，由于这种不安全的局势和战争有逐步扩大和加深的趋势，因此他们也不赞成和接受那些可疑的政策。"

当这封十分特别的长信进入尾声时，内贾德激昂地宣称说："自由主义和西方式的民主一直没能帮助人们实现人类的理想。今天，这两种概念均已经失败。那些有洞察力的人早已经听到意识形态的自由民主系统坍塌和剥落的声音。”

内贾德最后对小布什说：“总统先生，不管我们喜欢还是不喜欢，这个世界正倾向于信任全能的上帝和正义，上帝的意志将统治一切。和平只垂青走正道的人。”

从这封具有战略眼光和充满智慧的信来看，内贾德根本不是西方媒体所宣传和丑化的那样，是个令“世界害怕的男人”，而是一个站在全人类的角度，剖析人类发展问题中所出现的种种不合理现象，并试图寻找到解决办法的哲学家。然而，企图称霸世界的美国政府并不买账，甚至不把他放在眼中。这大概是美国“太年轻”的缘故，以及没有深厚的哲学沉积。同时，也许美国根本是个只懂得恃强凌弱的粗野“牛仔”，或是资本的丑陋所致。美国只想把自己的东西强加于别国，而不接受别国的东西。

这封写给小布什的洋洋洒洒的长信，是伊美外交史上的一个重要事件，可以说该信打破了已经中断20多年的伊美高层联系和封闭状态。但是，小布什在收到内贾德的信后摇摇头说：“这封信未对国际社会担心的伊朗核项目做出反应。”

对于给小布什写信的主要玄机，在印尼巴厘岛的穆斯林国家峰会闭幕式新闻发布会上，内贾德向媒体说：“我给布什总统的信与伊朗伊斯兰共和国的核项目以及伊朗和美国的关系无关。这封信是想为全球的政治家打开新的视野，为一种基于公正、人类尊严与和平的政治文学奠定基础。”

内贾德还宣称他的信给了布什一个“历史性的机会”。他说：“人类都有选择正确还是错误道路的权利……他也可以按自己的意愿做选择，但是任何选择都会有其影响和连带作用。”

除此之外，伊朗方面也声称，内贾德致信布什并不是想恢复与美国的关系。由此看来，这纯粹是一封私人信笺，也是一种纯粹个人之间的交流和沟通。

不管怎么说，这是一封私信，信中不仅充满了政治智慧，充满了哲学智慧，还有一种深刻的新理念。因此，此信引起了外界的广泛关注。

开设网博客　祝贺大胜利

内贾德致美国总统小布什的一封长信发表后，2006年8月11日，在这个阳光明媚的夏日里，他开始在网上的博客上撰写自传。

随着博客热在全球日益升温，内贾德也充分利用这一板块和便利，开设了自己的博客，并在上面写自传，同时抨击美国政府。

内贾德在自己博客首页的显著位置向读者提问，即民意调查，其中问道："你认为美国和以色列攻击黎巴嫩的意图和目的是为引发世界大战吗？"调查给出的选择答案有两个，一个"是"，一个"否"。但是，只有17%的读者回答"是"，还有83%的人回答"否"。

接下来，内贾德讲述了自己的家庭境况和不平凡的人生经历。他用几分沉重的笔调写道："在那个高贵的出身意味着声名显赫，生活在城市就尽善尽美的时代，我出身于德黑兰以东大约90公里处偏僻的加姆萨尔村的一个贫穷家庭……在我这个老四出生后，家里的压力就更重了……"

他在自传中描述了自己的家庭境况和求学经历，其中饱尝了人生的艰辛，以及时事政治对他产生的吸引力。大学时代，他还积极参加了推翻伊朗腐败王朝，以及反抗该政权与美英勾结的革命活动，成为当时激进的革命青年。

此外，在自传中，内贾德还谈到了曾经亲自经历的两伊战争。他用充满激动的语气说："伊朗伊斯兰革命成功后，美国等西方国家妄图颠覆伊朗新政权，除了支持伊朗境内的反政府活动外，还武装伊拉克的萨达姆政权，妄图通过两伊战争将伊朗政权搞垮。"

他在自传中还用尖锐的笔调写道："美国等西方国家当时向伊拉克提供政治、军事和情报支援，萨达姆当时曾妄称3天内拿下德黑兰，但事实是，两伊战争打了8年，一寸伊朗土地也没落入萨达姆的手中，某些国际组织在战后还极力掩盖西方帮助萨达姆政权的真相。"

内贾德在回忆中还愤愤不平地说：那时候伊朗的统治者想把伊朗带入西方文明的奴役下，伊朗当时变成了西方货物的市场，但在科学方面却没有发展，统治者为了削弱"高贵且顽强的"本地文明开始执行一系列愚民政策，在这种政策鼓动下，农村人对城市生活充满向往，开始向城市移民，但生活却更加糟糕。

他在自传中高度赞扬了自己的母亲和妻子在两伊战争中的表现，这是他首次公开赞扬她们。他用热情的笔调写道："在战争开始时，我25岁。我母亲和妻子以及伊朗全国的母亲和妻子们……耐心地哺育和教育着勇敢、忠诚和坚韧的下一代。"

在自传即将收笔时，内贾德还透露，说他将继续撰写自传，只不过会简短些。

内贾德在网上开设的博客有波斯语、英语、法语和阿拉伯语四种版本。而外界有人认为他是在进行对外宣传，争取国际支持。

内贾德在很多人看来，不仅是反美英雄，更是中东地区的一头雄狮。尽管如此，外界也有些人对他很反感，甚至恶意攻击他的也大有人在。例如，有人这样写道："伊朗许多改革派和独立政党，以及一些抵制2005年伊朗总统第一轮选举的人，都呼吁组成联盟来反对内贾德。例如，全国反法西斯联盟曾呼吁人民进行第二轮投票来'预防宗教法西斯崛起的危险'，伊斯兰革命组织也称呼这是'法西斯统治的危险'。包括一些独立评论的评论家则声言，虽然内贾德的崛起和行动有时类似于法西斯，但这两者有明显的差异：第一，这运动既非民族主义也非种族主义；第二，它缺乏主义。其他评论则认为，它泛义地或错误地描述对手。许多秉持相同观点的评论家和随之产生的支持群众则认为，他的主义是'虚构的社会主义'。"

接着，评论还说："在内贾德统治伊朗期间，发展核武器，支持恐怖主义，许多反对他的人被作为政治犯关进国家监狱，有些小说家因其反对声音而受到他的追杀。基于伊斯兰教反对同性恋的教义，内贾德对同性恋者进行了严厉惩罚。同时，他也不尊重妇女的权利。然而，他在哥大讲演时却谎称：‘不像你们国家（指美国），在伊朗我们没有同性恋’，‘妇女在伊朗受到最大程度的尊重，甚至超过了男性’。”

一位不知名的中国网民还指出说：“有相当一部分中国人对伊朗及内贾德的情况缺乏了解，不明真相，认为他是抗美英雄。好像凡是抗美的都是英雄，不论是塔利班、萨达姆，还是内贾德。”

不管外界如何评说和攻击，内贾德还是内贾德，他不仅是反美斗士，还是非凡的政治家，具有深远的战略眼光。他依然是国际社会关注的重要人物。

众所周知，内贾德除了致力于国内的各项工作外，还十分关注黎巴嫩反对以色列的斗争，并为黎巴嫩打气鼓劲，进行有力的支持。

2006年8月14日晚，内贾德亲自给黎巴嫩总统埃米尔·拉胡德打电话，热情祝贺对方在与以色列的战争中取得了“胜利”。

内贾德在与拉胡德的交谈中回避了有关真主党的字眼，只谈到了“黎巴嫩的抵抗”（这是内贾德使用的委婉词语，通常在正式声明中代指真主党）。因此，在与对方的交谈中，他热情称赞“黎巴嫩的抵抗”是整个伊斯兰民族学习的榜样和自豪。

内贾德高度赞扬黎巴嫩人民说：“黎巴嫩人民是热爱自由和独立的民族，黎巴嫩人民在与以色列的所有战争中取得胜利的秘诀在于全民族的团结一致。”

他还十分感慨地对拉胡德说：“以色列依靠着美国的支持，准备重新占领黎巴嫩，征服你们的国家，但黎巴嫩人民的抵抗运动和政府的支持使以色列人遭受到惨痛的失败，这一胜利给伊斯兰人民带来了荣誉。”

在亲切友好的交谈中，内贾德还表示准备向黎巴嫩提供财政和其他援助，以帮助黎巴嫩恢复在战争中被破坏的地面设施。

此前，以色列向黎巴嫩真主党发起大规模的军事进攻，并深入黎巴嫩境内作内，占领了大片土地。对此，内贾德十分痛恨以色列的侵略行径。

对于黎巴嫩在战争所遭受的损失，内贾德在电话中对拉胡德强调说：“以色列和它的盟友（美国和英国）应该赔偿黎巴嫩在此次战争中所蒙受损失的大部分，并且应该在国际法庭为自己的战争罪行负责。”

听了内贾德的话，拉胡德十分感动，非常感谢内贾德的支持。他表示赞同说：“奋不顾身的抵抗运动和民族团结是获得战争胜利的主要因素。”

拉胡德在电话中还告诉内贾德说：“黎巴嫩人民应该时刻保持警惕，因为遭受战争失败的以色列将尽全力恢复自己的名誉。”

根据联合国的决议，8月14日，以色列与黎巴嫩的停火协议正式生效，真主党武装者互相拥抱，热烈庆祝停火，而且鲁特上空还燃起了灿烂的烟花。此时，感慨万分的真主党领导人哈桑·纳斯鲁拉豪迈地宣称说：这是一次“战略性的历史性胜利”。

然而，以色列总理奥尔默特也宣称这是一次重大胜利。他认为，以色列已经沉重打击了黎巴嫩真主党，同时发誓要继续追击真主党领导人。

痛恨以色列的内贾德，将会永远支持黎巴嫩抗击以色列的武装斗争。

较量贵坚持　行动之以恒

伊朗核问题一天得不到解决，就一天是国际社会关注的焦点，内贾德更是世人关注的焦点人物。不过，只要内贾德在伊朗执政，就决不会放弃核发展计划，并会将这一计划有力推动向前。

2006年8月26日，内贾德在伊朗中部城市阿拉克出席重水加工厂正式落成典礼发表讲话时，再次强调了伊朗不会放弃发展核技术的权力。他声称，伊朗人民将“用武力捍卫”自己发展核技术的权力。同时，他又明确重申伊朗无意寻求核武器。

内贾德宣称：“伊朗人民拒绝接受不公正，我们已经下定了追求科学进步的决心；它们（西方国家）也许能制造麻烦，但绝不能阻止我们获得科学进步；伊朗人民要求获得核能，我将为此负责到底。”

同时宣称尽管伊朗坚持要发展核科学，但却绝不是为了谋求核武器。

他说："我们从没有提到过、更没有讨论过核武器的事情，伊朗对任何国家都不是威胁，对以色列也一样。"

内贾德之所以发表这样的讲话，是为了针对联合国安理会通过的有关伊朗核问题的第1696号决议，该决议还为伊朗停止铀浓缩活动设定了期限。因此，他坚决反对联合国安理会作出的这一决议。

在此之前，即2月31日，联合国安理会通过了有关伊朗核问题的第1696号决议。这个决议要求伊朗在8月31日之前暂停所有与铀浓缩相关的活动，否则将面临制裁。不过，伊朗政府却表示难以接受。内贾德更是无法接受这一决议。

就在8月31日这天，即安理会设定期限的最后一天，内贾德在德黑兰总统府举行的记者招待会上再次强硬地重申：和平利用核能是伊朗的权力，伊朗将坚持执行相关计划，任何人都不能阻止。

内贾德还声称：伊朗不会屈服于西方压力，也不会接受对伊朗正当权利的侵犯。

他的强硬讲话已经很清楚地表明：伊朗对联合国安理会第1696号决议关于伊朗应在8月31日前中止铀浓缩活动的要求，作出了经过"深思熟虑"的正面回答。

内贾德之所以对联合国安理会的决议再次说"不"，这是因为伊朗目前的铀浓缩活动虽在质量和数量上还处于不是很高的水平，但也已达到了一定规模。据说，伊朗在纳坦兹和伊斯法罕拥有164台用于浓缩铀的离分离机，而且已计划在这年底将这一数量扩充至3000台，以形成更大的生产规模。而伊朗浓缩铀的纯度也至少达到了4.8%的水平，因此在这样的情况下，要全面暂停铀浓缩活动显然是伊朗无法接受的。

另外，伊朗一直坚称自己的核计划是基于和平目的，没有谋求核武器的企图，并且《不扩散核武器条约》也保障成员国拥有和平利用核能的权利。而美国自身一边对伊朗核研究提出严厉的批评，一边自己却又与印度积极进行核合作，因此伊朗政府感到美国始终奉行"双重标准"，有失公正。同时,也使伊朗更坚定了不放弃核计划的决心和信心。

从伊朗的发展历史来看,曾经有过被西方控制的屈辱史,因此现在伊朗民众的民族自豪感空前高涨,这就更加坚定了伊朗政府抵抗西方压力、维护本国权利的决心,并要与西方国家抗争到底。

同时,内贾德和伊朗政府之所以断然拒绝接受暗含制裁伊朗内容的安理会决议,主要是从两点重要因素出发:第一点是伊朗在过去20多年里除了在开心果、地毯和鱼子酱等领域能出口挣外汇外,其他方面一直遭受美国全方位的经济制裁。尽管如此,伊朗仍然在农业、工业方面有了很大发展,在很多生产领域能够自给自足。另外,内贾德认为,伊朗地大物博,工业实力相对雄厚,自信能够经受住美国等西方国家的进一步经济制裁。在这期间,内贾德和他的政府也对此作出过生动说明:“伊朗已习惯在制裁下生存,更多的制裁并不能伤害我们哪怕一点点”。

第二点是伊朗政府看到了国际社会在是否制裁伊朗问题上存在分歧,认准安理会大多数成员国不会盲目追随美国,从而使它们在伊朗的利益受到损害。此外,伊朗的石油生产和出口对世界石油市场有着举足轻重的影响,伊朗认为将来通过限制石油出口,必将对世界经济产生深远的负面影响,以上这些都是国际社会在考虑是否施加制裁时必须认真思考的问题。因此,内贾德在许多重要场合的讲话表达出的强硬立场鉴于此。

当然,从美国方面来说,美国绝不会容忍伊朗发展核计划,而且正在拟订对伊朗经济制裁清单,争取尽快将其提交到安理会。对内贾德方面来说,他从未对美国的意图抱任何的幻想,羊的悲剧是在于认狼为邻。内贾德正在积极进行应对各种最坏后果的准备,其中包括应对军事进攻的准备。此外,内贾德政府也采取了灵活多变、刚柔相济、巧于周旋的外交手段,积极分化欧洲国家的利益,争取避免后果更严重的全面制裁。特别值得注意的是,无所畏惧的内贾德对安理会决议所持的态度也将对中东形势产生不小的影响。

内贾德心里明白,国际环境并非对西方国家有利,伊朗也并不是孤立无援。尤其是“黎以冲突”刚刚平息，但“巴以局势”仍然十分紧张，武装冲突随时都可能发生，另外再加上伊朗核问题的持续升温，这时以色列必然越来越担心伊朗的核计划将会严重危及本国的国家安全和生存。另外，从以色列政府官员此前的多次表态来看，以色列军方在美国的支持下已对应付伊朗核危机做了准备。但是，以色列的任何实质性的举动也必将引起周边国家的强烈反应，这将使中东局势变得更加复杂化和危机化。

内贾德清楚地看到了“明知山有虎偏往虎穴行”这一点，他总是沉着而强硬的应对，同时，他也相信伊朗并不是一只小羊羔，而是正在崛起的雄师。

2006年9月下旬，内贾德再次飞往美国纽约，他这次赴美主要是出席第六十一届联合国大会，并针峰相对与美国总统小布什进行了一次有关伊朗核问题的辩论。

9月15日，在联合国大会召开前夕，美国总统小布什首先向媒体宣称，他将通过此次联合国大会向伊朗发出明确信号，警告该国重视联合国安理会呼吁伊朗停止核活动的决议。他接着强调说：“我在纽约（联合国总部）的部分目标是提醒人们，不应该允许拖延。”布什还十分担心地指出说：“如果伊朗尝试拖延时间，让人们转移视线，那么人们是不会上当的。”

尽管小布什竭力避免与内贾德正面交锋，但他还是在这次联合国大会上展示了自己对世界的规划，其中包括他的“自由议程”和民主在建立全球安全上所扮演的角色，并强调必须采取行动。与此同时，他还特别宣布，决定任命美国国际开发署前署长纳齐奥斯为苏丹问题特使，负责美国在谋求解决达尔富尔问题方面的工作。

内贾德在出席此次联大会议前，也积极为这次辩论进行精心筹备，打算与小布什针锋相对辩论一次。因为早在此前的8月间，他就已多次向小布什发出挑战，提议与他在联大会议上辩论。另外，在同月底，他还发出建议，要与小布什进行一场电视直接辩论。

内贾德在接受媒体采访时，特意对美国方面强调指出说：“美国政府不应干涉伊朗事务，白宫只要管好自己国家的事情就行了。”

针对来自美国的军事威胁，内贾德用坚定的语气指出说："伊朗不担心遭到美国的军事打击。"因为内贾德始终坚信这样一个法则，杀人一千自损八百。美国打得起仗，死不起人。

9月19日，在这个不平凡的秋日里，内贾德踏上了美国的国土，他对美国鳞次梯比的高楼大厦不宵一顾，这种城市风景使得他不动声色。唯一使他兴趣盎然的是出席了第61届联大一般性辩论会议。他在激烈的发言中重申："伊朗发展核计划是用于和平目的，伊朗依法享有发展核技术的权利。"

接着，他打着有力的手势指出说："伊朗是国际原子能机构的成员，同时也是《不扩散核武器条约》的缔约国，伊朗的全部核活动都是透明的、和平的，并且处于国际原子能机构核查人员的监督之下的。"

内贾德神采飞扬，用强硬的语气不点名地批评美国说："某些国家实行双重标准，在拒绝伊朗核权利的同时却把核技术滥用于非和平的目的，而包括联合国安理会在内的国际组织对此却束手无策。"

与此同时，内贾德特别强烈地指责美国说：某些国家把安理会作为"威胁和恐吓的工具"，破坏安理会的权威和维护国际安全的能力。

相信内贾德的讲话通过电视传播到了全世界，美国人也自然悉获这一讯息。就在同一天，美国总统小布什在第61届联大会议上发表演讲时也重申说："美国将继续寻求通过外交途径解决伊朗核问题。"

在解决伊朗核问题上，当内贾德显得越来越强硬时，相信这种强硬态度多少让美国内心发怵。一贯咄咄逼人的小布什似乎有些松口地说："美国并不反对伊朗发展民用核计划，但伊朗必须放弃其研制核武器的梦想，而且联合国安理会已通过决议，要求伊朗履行在伊核问题上的国际义务。"

布什有意转移话题还呼吁苏丹政府尽快同意在达尔富尔地区部署联合国维和部队。

9月21日，内贾德在纽约联合国总部举行的记者招待会上再次谈到了伊朗的核问题。他认为伊朗同欧盟针对核问题的谈判正步入正轨，因此他期望任何人（指美国）不要试图破坏伊朗与欧盟之间的谈判。他对此说："伊朗和欧盟就伊朗核问题展开的对话正处于正确轨道上……希望没有其他方破坏这一对话。”

内贾德表示：伊朗愿意就暂停铀浓缩活动与相关国家谈判，条件是提出伊核问题一揽子建议的六国在谈判中给予“公平保证”。

他继续表示说：“只要得到公平公正的保证，伊朗随时愿意就暂停其铀浓缩活动展开谈判磋商，并在正当合理的条件之下暂停铀浓缩活动。”

他还进一步强调说：“我们相信，这些会谈正在步入正轨上来。我们认为这是一个富有建设性的途径。我们愿意在公平公正的条件之下，就此举行磋商。”

不过，内贾德在表示准备对话这项举措的同时，并没有说明具体的时间表。他再次声称：“我们已经说过，只有在公平情况下，我们才会就此谈判。”

尽管如此，外界认为这是伊朗领导人内贾德就暂停铀浓缩活动所作的最清楚的表态。

然而，对内贾德的讲话，美国政府表示非常怀疑，认为内贾德对解决伊朗核问题不会有什么诚意。因此，美国国务卿赖斯表示出强硬的立场说：“美、俄、中、法、英、德六国解决伊朗核问题一揽子方案中的关键条件，即暂停铀浓缩没有商讨余地。”

赖斯还强调说：“如果他们中止（铀浓缩），谈判就可以开始。就这么简单，我不认为我们需要设定更多条件。”

然而，不管赖斯的语气如何强硬，态度坚决的内贾德和他的政府都是不会买账的，他们不会因为某个国家态度发生变化而放弃核计划，内贾德将义无反顾坚持要和平利用核能。

几个月来，伊朗的核问题再次在国际社会中迅速升温，尤其是引起国际原子能机构和美国的高度关注。美国一直认为伊朗有谋求核武器的野心，因此调动一切可利用的政治组织和经济资源想方设法进行多重打压。

2006年11月27日，美国驻国际原子能机构代表认为伊朗很有可能在2010年就能研制出原子弹。他对此透露说：“根据我们收集到的情报，我们估计他们最早将在2010年到2015年制造出核武器……虽然我们还有时间，但现在已是2006年，只剩下4年。因此目前的形势是，虽然我们还有时间可以展开外交斡旋，但已经没有时间（对现状）自满了。”

对于伊朗研制核武器的过程，他分析指出说：“虽然研发核武的整个过程非常复杂，但仍有许多信息可为推测提供线索，比如：伊朗究竟能得到多少外国资助，它的离心分离机运转有多成功（这是铀浓缩的关键步骤），拥有核武对伊朗领导人的重要性。”

他还认为目前伊朗领导人内贾德把研发核武器放在了“绝对最高优先考虑”的位置。

关于伊朗正在加紧进行铀浓缩活动的问题，他进一步强调指出：“伊朗现阶段正在努力研究如何成功进行铀浓缩。虽然伊朗已经有过成功的先例，但是他们还需要打下一个稳定、可靠的基础。”

关于解决伊朗核问题，他说：“美国仍然希望通过外交途径解决，因此伊朗领导人的积极选择应该是和国际社会合作，向世界保证他们的核项目完全出于和平的目的。”对于国际原子能机构几天前决定暂时不向伊朗建造阿拉克重水反应堆提供技术援助的问题，他指出说：“伊朗建造阿拉克反应堆完全偏离了国际原子能机构的要求，而且反应堆生产的钚是制造核武器的关键材料。”

在同一天，伊朗军方领导人也作出反应。伊朗革命卫队司令在对伊斯兰民兵志愿者组织发表演讲时认为：西方必须承认伊朗核国家的地位。

接着，他情绪激昂地声称：“超级大国已经得出了这样一个结论，那就是一个强大的伊朗是中东地区不可打败的国家。他们也必须承认伊朗作为拥有和平核能的地区强国的地位。他们应当与伊朗和平共处，与伊朗建立积极的互动关系。”

他在演讲中还强烈指责美国、欧洲和以色列及一些阿拉伯国家合伙共同对抗伊朗。他接着指出说：“使美国和这些国家联合起来的是一个共同目标，那就是阻止伊朗在经济、知识、军事和政治层面成为该地区内第一流的国家。”

可见，伊朗上下一致都坚称不会放弃核计划的发展。另外，由于伊朗一直拒绝接受联合国要求中止铀浓缩的警告，这使美国等国更加担心伊朗的核问题，并希望通过加强制裁来迫使伊朗放弃核计划。尽管伊朗一直坚持自己研发核能是出于和平的目的，但美国则认为伊朗发展核能为掩护秘密研制核武器。

但是，伊朗核问题仍然阴云密布，被一团迷雾包裹着，无人能看到和预测未来的结果。

只是有一点可以肯定的是，内贾德将继续与美国等国进行周旋和较量，维护伊朗的核计划，并将伊朗的核计划继续推向前进。

将伊朗建设成为中东地区强大的国家，这是内贾德的雄心壮志和远大战略抱负。

退缩无迹象　国际两种声

在2006年即将成为过去，新的一年即将来临的时候，内贾德以更为强劲的姿态活跃在国内国际政治舞台上，并制造出更大的影响力。

这个身材矮小、满脸坚硬胡子、一双闪着光芒眼睛的男子汉，并不是完全以他总统的职位而著称，而是以铁汉而闻名于世。不管怎么说内贾德已成为当今国际政治舞台上最为耀眼的人物。在有些人看来，他既是个矮小的狂人，也是个矮小的巨人，能时常在国际政治舞台上制造风起云涌的气氛。

在2006年即将被历史翻过去的时候，内贾德继续在外交上与以色列进行着较量，并继续质疑纳粹大屠杀的问题，从而再次引起国际社会的广泛关注。

2006年12月12日，在内贾德的亲自倡导下，伊朗邀请了一些西方学者参加，在德黑兰举行了质疑纳粹大屠杀的会议。会议的主要意图就是为给西方一个反思这段历史并因此反思以色列合法性的机会。

然而，美国认为：伊朗邀请的都是在西方可信度很低的学者，还有三K党领导人和名誉扫地的欧洲学者。

内贾德立即驳斥了西方的媒体，学术人没有高低之分，只是立场和观点之别。还特别把与会者说成是受压制的说真话的人。

内贾德之所以要举行这次会议，就像过去苏联领导人邀请遭受种族或政治歧视的美国人到莫斯科以让华盛顿感到难堪一样，他并驳斥说：像德国、法国和奥地利这样的国家声称支持言论自由，却把否认纳粹大屠杀说成是非法的。

由于他敢于面对和挑战西方，因此他在国内和阿拉伯世界获得了越来越多的支持。

在外界看来，内贾德似乎真的相信关于纳粹大屠杀的大量文献资料、证词和真实的记忆全都是夸张的，完全是犹太复国主义者篡改历史以便为以色列建国编造理由的阴谋。对此，正如伊朗国内的一位政治分析家所说："作为革命卫队的前成员，他（内贾德）早就被灌输了这样的思想；作为激进的学生领袖，他支持这样的观点。"

内贾德之所以质疑纳粹大屠杀是有一定基础的，因为从整个中东地区的历史和现实来看，蔑视犹太人和犹太复国主义的情绪非常普遍，完全成为了主流。与此同时，还有许多人认为：大屠杀的事实被严重夸大了，完全是用来为以色列建国并损害巴勒斯坦人找利益所得的理由。

实际上，内贾德对抗美国和以色列并不是孤立的，因为这既有历史的原因，也有现实的原因。例如，反西方的愤怒情绪引发了1979年的伊朗革命，内贾德一直试图通过扩大伊朗在国外的影响来重新积聚能量。例如对抗美国华盛顿，指责阿拉伯领导人并声称促进巴勒斯坦事业等，这些惊人之举使他深受从埃及到摩洛哥在内的阿拉伯各国人民的欢迎和支持。

外界认为，由于内贾德这些惊人的举动还帮助分散了人们对他未能兑现承诺的注意，这些承诺包括重新分配财富和给本国努力维持生计的大部分人更大的社会正义。

不过，内贾德的独特思想并没有引起所有伊朗人的共鸣，正如伊朗的一些政治学家对此分析说："这让一些官员感到难堪，这些官员即便赞同总统的想法，也不希望因为否认大屠杀使伊朗进一步与欧洲隔离开来。"

也有一些人认为：内贾德在犹太人、大屠杀和以色列的问题上的高调态度，集中反映了他在伊拉克之后更有野心勃勃的强国计划。

此外，外界一位伊朗问题专家还分析说："这是为了让阿拉伯国家的公众知道这件事，尤其是为了加深人民与政府之间的分歧，为了让统治者难堪，这样伊朗就可以填补在萨达姆倒台以后留下的地区权力真空。"

非常明显，内贾德之所以要举行质疑纳粹大屠杀会议就是为了再次挑战美国和以色列的权威，让这两个国家更加气急败坏。

在中东、乃至全世界，除了在质疑纳粹大屠杀问题上与美国等较劲外，面对来自美国的军事威胁内贾德也仍然表现的毫不畏惧，特别是在"限核"问题上与美国针锋相对。

2007年1月18日，在新的一年刚刚到来不久，美国国防部新任部长盖茨就对伊朗摆出一副强硬姿态，以"老大"的架势警告说："伊朗近来一些做法让人担忧，其目的令人怀疑。"

就在同一天，盖茨还视察了美军在海湾地区的指挥中心和军事基地，并讨论了增兵海湾的军事部署，这其中也是为了军事进攻伊朗做必要的准备。

面对美国新的军事威胁和盖茨的讲话，同一天，内贾德也以斗士的架势，毫不示弱地宣称说："伊朗已经做好应对'任何威胁的准备'。"

他还依然那么强硬地指出说：伊朗已经做好准备，应对"一切可能出现的情况"，制裁和威胁吓不倒伊朗。

他特别声称说："为了国家利益，伊朗将继续推进其核计划。"

对于美军在海湾地区的新的军事部署，内贾德挥动着有力的手势指出说："他们（美军）的目的是恐吓伊朗，削弱伊朗的抵抗能力，但他们不会得逞。"

从各种情况看来，内贾德决心要与美国抗争到底。

1月18日，在美国的操纵下，伊拉克宣布要严格控制伊朗外交官。美军还策划破坏伊拉克安全局势为由，逮捕了数名伊朗驻伊拉克外交官。

这一情形立即引起了内贾德的高度重视，在表示抗议的同时和寻求解决这一问题的方案。同时，伊拉克政府也决定加强对驻本国伊朗外交官的控制，并要求伊朗政府提供驻伊拉克外交使团的详细资料，而且要保证伊朗外交官员不与伊拉克非法武装组织有任何牵连。

在此之前，即2006年12月20日至21日和2007年1月11日，驻伊拉克美军连续在突袭行动中逮捕了许多伊朗人，其理由是怀疑这些人为伊朗革命卫队成员。

针对美国在伊拉克的这一举动，内贾德和伊朗政府表示了强烈不满。同时，美军的这一做法也使伊拉克政府感到十分的难堪。因为被美军逮捕的伊朗外交官均拥有合法身份，他们是经伊拉克政府获准进入伊拉克的，而美军“先斩后奏”，事前没有与伊拉克政府商量就展开了逮捕行动，伊拉克总统塔拉巴尼就此事向美国方面提出抗议。

对于伊朗在伊拉克的外交官人数，同年1月18日，伊拉克外交部长兹巴里对媒体透露，伊朗驻伊拉克外交官数量共计为56人。其中在巴格达使馆内共有36人。除此之外，其他地方的伊朗联络处并不具备外交地位，数量也不得而知。对此，他说：“这些联络处都在公开活动，并非开展秘密行动。”

外交官事件的发生，对两国外交关系带来了一些负面影响。例如，伊拉克方面开始重新审查与伊朗之间的外交协议。对此，兹巴里说：“我们甚至召回了伊拉克驻伊朗大使商讨此事，同时也告知了伊朗方面。”

同时，伊拉克政府还要求伊朗政府提供其驻伊拉克外交使团的详细资料，承诺密切与伊拉克政府协调以及不会与伊拉克非政府武装联系。对此，兹巴里说：“伊拉克可能要求所有入境的伊朗官员得到伊拉克总理马利基的亲自批准，就连伊朗革命卫队成员也不例外。这些持外交护照入境的伊朗官员必须说明他们在伊拉克的任务性质和可能停留的时间。”

关于被捕的伊朗外交官，由于伊朗方面的抗议，特别是内贾德总统表达的强烈不满，迫使伊拉克方面不久之后便释放了一部分。对此，一名驻巴格达的伊朗外交官透露说："兹巴里已承诺，在埃尔比勒的伊朗联络处被捕的5名官员将很快获释。"

然而，伊拉克外交部部长兹巴里却说："我本人对此事并不了解内情，只是听说，如果没有发现这些被捕的伊朗人行为不轨，驻伊美军将在接下来10天内将他们释放。"兹巴里还说：美国有权调查涉嫌策划实施袭击的人。但是"我们，作为伊拉克政府，是在走钢丝"。

对于伊拉克政府所处的左右为难的问题，兹巴里说："一方面，我们要理解美国的立场，另一方面，我们也理解我们（与伊朗相邻）的地理位置。"

实际上，更重要的是伊朗与伊拉克的外交关系，因为伊拉克要真正实现社会局势的稳定，离不开伊朗的帮助和支持。

重视邻国关系也就是维护国家利益。内贾德除了重视与伊拉克的关系外，还十分重视与沙特阿拉伯的关系，并将两国的关系推向新的高度。伊朗和沙特阿拉伯同属于中东地区的石油大国，因此加强两国的合作关系，已显得越来越重要。

另外，内贾德亲自前往沙特阿拉伯进行国事访问，以打开两国外交上的新局面。这是新的一年刚刚到来不久，他在外交上所展示的又一新的重要举动。

2007年3月3日，在这个美好的初春时节里，内贾德乘专机飞抵沙特阿拉伯首都利雅得，开始对沙特进行正式友好访问。

阿拉伯国家不仅有共同的教义，而且还有需要共同维护的利益。就在这个晴朗的日子里，内贾德与沙特阿拉伯国王阿卜杜拉举行了亲切友好的会谈。在会谈中，他们不仅在许多合作领域达成了共识，而且均表示将共同致力于打击正在蔓延的极端性的教派冲突。

关于两国领导人共同致力于教派冲突的问题，一位沙特政府官员对此说："沙特将在缓解伊拉克日益紧张的宗派主义冲突方面寻求伊朗的协助，以避免伊拉克演变成为全面内战。"

伊朗是中东重要的什叶派穆斯林国家，而沙特阿拉伯则是中东重要的逊尼派穆斯林国家。因此两国加强宗教方面的合作已显得十分迫切。不过，外界认为，伊拉克教派冲突和黎巴嫩政治危机对两国关系提出了严峻考验。对此，沙特外长阿尔·法希尔王子说：“两国同意阻止任何妄图使宗派主义冲突在这一地区蔓延的行为。”

在会谈中，内贾德与阿卜杜拉还强调指出：对于伊拉克最大的威胁是逊尼派与什叶派之间的冲突愈演越烈，我们不能袖手旁观，更不能坐视不管。

内贾德与阿卜杜拉都表示，要积极支持伊拉克政府为国家稳定所做的一切工作，同时也希望伊拉克民族团结、人民和平共处。

内贾德还强调说：伊朗将支持沙特遏制黎巴嫩的紧张局势。

在会谈中，内贾德和阿卜杜拉还呼吁各方共同协作努力，解决纷争。不过，在此次会谈中，内贾德与阿卜杜拉没有讨论伊朗核计划这个敏感问题，阿卜杜拉支持或反对伊朗核计划只字未提，这似乎与沙特一贯保持中立观点有关，可是这又出乎外界的意料。因为此前外界很多人预测两国领导人将会讨论伊朗核问题。

近年来，沙特阿拉伯在中东外交上迅速崛起，因此普遍认为沙特是为了平衡伊朗在伊拉克、黎巴嫩和巴勒斯坦等国的影响力。

与此同时，沙特阿拉伯政府官员也对此透露说：“利雅得希望伊朗向真主党施压，以中止黎巴嫩的政治对立局面。”

伊朗希望在当年3月份召开的阿拉伯国家联盟峰会前化解这些疑虑。而埃及、约旦和沙特也积极发挥着联盟的威力，以阿拉伯世界的名义讲话。但是，伊朗必须确保峰会与会者听到伊朗在阿拉伯事务上的观点和立场。

内贾德在与阿卜杜拉会谈结束后，并没有对沙特阿拉伯继续访问，而是离开沙特迅速回国。因此，这实际上是一次闪电式的访问。在外界看看，这种闪电式的访问还带有几分神秘感。

内贾德在沙特的访问时间尽管很短暂，但却是非常成功的一次访问，不仅更进一步深化了两国关系，而且达成了许多共识、取得了重要成果。

内贾德上台后除了继续与美国对抗外，还着重抓了外交工作，并再次展示了自己的惊人勇气和智慧。

山雨欲满楼　处危无惧色

世界本来不那么安宁，特别是国与国之间矛盾彼起此伏。由于内贾德与美国小布什政府叫板，并屡屡声称绝不放弃伊朗的核计划，同时再三扬言要与美国血战到底，积极进行备战。这样一来，使本来就不安定的海湾地区局势变得日趋紧张起来。

贫穷和落后是一个国家及民族莫大的悲哀。在这场强与弱的博弈中，伊朗坚始终持要发展核计划，而美国认为贫穷国家发展核计划是发达国家安全的隐患，所以只有以武力摧毁伊朗的核设施，以达到彻底解决伊朗核问题的目的，这样发达国家才有安全感。

由于内贾德坚定不移地要发展核计划，而2007年4月初，美国大举向海湾地区集结兵力，使海湾地区的局势骤然紧张起来，其上空布满了战争乌云，似乎战争一触即发。与此同时，俄罗斯媒体大势借题发挥预测两天后便会开战。

4月2日，美国“尼米兹”号核动力航母战斗群从加州圣迭戈基地出发开赴波斯湾，与先期进驻海湾地区的“艾森豪威尔”号和“斯坦尼斯”号核动力航母战斗群汇合。因此，美国的军事分析家认为：如此规模的军事存在足以向伊朗发动一场大规模的军事行动。而且根据美军近来的一系列举动表明，美国武力攻打伊朗的征兆越来越明显。

此次随“尼米兹”号一起开往海湾地区的还有1艘巡洋舰和4艘导弹驱逐舰。对于美军此次向海湾地区集结重兵，美国方面却否认增派第三艘航母与伊朗局势有关，并一再声称美军没有同时在波斯湾部署两支航母战斗群的计划，则“尼米兹”号此次开往海湾地区只是为了替代正在该海域战斗值勤的“艾森豪威尔”号航母。然而，美方的说法并不能使外界信服，因为外界认为美军此举就是要攻打伊朗的前奏。

与此同时，一些军事观察家也将“尼米兹”号的此次调动与伊朗局势联系起来，认为这是为攻打伊朗作准备。另外，俄罗斯卡耐基中心主任格杰穆勒在分析时认为：美国增派第三艘航母显然是针对伊朗而来，其目的是加大施压力度。

美国空军一位退役中将对媒体散布说：一旦“尼米兹”号部署到位，美国驻海湾水域的兵力足以向伊朗发动一场大规模军事行动，在48小时内足够摧毁核设施、指挥所、防空设施、空海部队、“流星-3”导弹阵地等2500多个目标。

除此之外，美军可能进攻伊朗的另一个迹象是：在美军主力航母“尼米兹”号前往海湾的前一天，负责中东地区事务的美军中央司令部司令威廉·法伦突然抵达沙特阿拉伯进行访问，并先后与沙特国王阿卜杜拉，以及王储兼副首相、国防航空大臣、军队总监苏尔坦亲王进行了会谈。这些会谈均是闭门进行的，不准许记者进入现场采访，因此谈话的内容不得而知。

不过，外界有人在猜测时认为：法伦此次突访沙特背景微妙，因为几天前美国刚刚举行了海湾军演，3月28日沙特国王阿卜杜拉出席阿盟峰会时突然猛裂抨击美军驻守伊拉克的行为是“非法占领”，三天后卡塔尔第一副首相兼外交大臣阿勒萨尼又明确表示，包括沙特在内的海合作国家不会参与针对伊朗的军事行动。因此，法伦的到访显然是探底，其实也是与美国寻求加强和沙特军事合作有关。

由此推断，美国希望本国在攻打伊朗时，能得到沙特阿拉伯的帮助和支持。企图借别人的嘴来讲话、借别人的手来打对方，这都是阿卜杜拉所不容忍的。尽管、部分会谈内容没有公开，不过有一点是可以肯定的：沙特是不会支持美军进攻伊朗的，更不会像其他国家一样与美国狼狈为奸。

还有个迹象也表明美军可能会进攻伊朗，像是美国负责中东事务的国防部部长助理就把“基地”组织和伊朗联系在一起，他对媒体说：“‘基地’正在努力获得大规模杀伤性武器，从长远看，该组织仍是最大的威胁”，而“情况从2006年开始有些变化，但是从中短期看，伊朗已经成为最大威胁”。

就在美国扬言要攻打伊朗期间，美军还制定了攻击伊朗的目标清单。如果美军一旦接到命令，随时可以展开打击伊朗的行动，首批打击的目标主要有：纳坦兹、伊斯法罕、阿拉克、克什系等核设施，以及空军和海军基地、防空阵地、导弹工厂和指挥所。与此同时，将有75架B-2、F-117、F-22隐形战机足以对伊朗目标实施致命打击，还有约250架F-15、F-16、B-52、B-1战机和3个航母战斗群随时待命出征。

在此前的3月31日，当有关美国要以武力攻打伊朗来解决核问题的传闻越来越多时，俄罗斯情报部门也透露说：美国准备在4月5日到6日间发动一项代号“乌喀乌斯”（俄文翻译为“蚊子叮伤）的行动，攻击伊朗核设施。

不过，对于俄罗斯情报部门散布的这一消息，美国驻俄罗斯大使馆没有对此发表任何评论。另外，在伊朗邻国巴林的一些美国投资商提供的有关消息似乎证实了俄情报部门的说法。这些美国商人对媒体透露说，总部设在巴林首都麦纳麦的美国海军中央司令部第五舰队的官员告诉他们，目前海湾地区的安全局势非常紧张，建议他们处理完他们的生意后离开巴林。由此看来，各种迹象表明，美国好象真的要对伊朗动武了。

此外，期间发生的扣押英国水兵事件也引起了人们的注意。就在伊朗核危机不断升级时，伊朗扣押英国水兵事件的谈判仍无重大进展。不过，到了4月1日这天，英国当局的态度突然出现松动，决定派遣一名海军高级军官前往德黑兰进行谈判。以解决英国水兵的扣押问题。然而，就在这时，一直不愿就英国水兵事件表明立场的美国布什政府却一下子变得强硬起来。在3月31日这天，小布什在马里兰州戴维营与来访的巴西总统卢拉共同出席联合国新闻发布会时强硬地说：“扣人事件问题严重……不可原谅。”

小布什还表示坚决反对用被驻伊拉克美军扣押的伊朗人交换英军水兵的条件，称绝不会满足内贾德政府的这一要求。由于小布什的态度强硬，因此外界认为，不排除布什政府借扣押水兵事件发动伊朗战争的可能，因为美国很长时间以来都在摩拳擦掌。

这次开往海湾地区的美军“尼米兹”号航母，号称美国海军中最大的一艘核动力航母，舰身全长332.9米，宽76.8米，甲板面积足有3个足球场大，舰身高达30层楼，被誉为“海上巨兽”。

“尼米兹”号航母的基本参数为：动力装置有2台通用电气（GA）A4W/AIG型冷却压水反应堆，4台蒸汽轮机，4轴推进，共26万马力，而所带核燃料可用13年；航速/续航力为30节以上/80万–100万海里；武器装备主要为，配载9个中队共86架各型飞机，以及配备3座MK八联装“海麻雀”舰对空导弹发射装置，3部MK91–1导弹发射控制系统指挥仪，3座6管20mm“火神密集阵”快炮系统，2座MK32三联装324mm鱼雷发射管；舰员编制有舰员3360人（军官160人），航空人员2500人（军官366人）。

“尼米兹”号航母不愧为美国海军中的“海上巨兽”。此次这个庞然大物驶往海湾地区，更加引人注目，因为它的出现无不给海湾地区带来了战争的气氛。

还有一个因素就是，由于美国联邦调查局（FBI）一名前特工在伊朗境内失踪的事件，也引起了美方的高度关注。同时，这也为美国攻打伊朗多了一份理由或推动力。

对于这一事件，一名美国政府官员说：美方以请求伊朗方面协助查找此人下落。

美国联邦调查局发言人向外透露说：“这名前特工在10年前退休，可能在伊朗处理私人事务，最近一次出现在2007年3月份，当时他并不为美国联邦调查局工作。”

这位发言人还指出：“这名前特工在美国联邦调查局的工作是处理传统犯罪案件，如有组织犯罪等，并非国际恐怖主义和情报工作等可能让他前往伊朗的工作。”

美国国务院也对此积极作出反应，并通过发言人宣称：“美方正在追查这名因私在伊朗活动的美国公民的情况，美国国务院密切注意这一动向已有两个星期，已通过瑞士驻伊朗大使馆向伊朗方面递交了一封信，请求伊朗当局协助调查失踪前特工下落。”

美国之所以通过瑞士驻伊朗大使馆转交这一信笺，主要是自1979年因美国驻伊朗大使馆人质危机以来，瑞士驻伊朗大使馆便代表美国在伊朗的利益。瑞士是美国与伊朗之间的联系桥梁。

美国国务院发言人还声称：“美方认为，该男子失踪与伊朗扣押英军人员事件无关。”

不过，发言人并没有过多解释美方为何花费近一个月时间才与伊朗方面取得接触，而只是说从该前特工失踪以来，美国国务院一直与他的家人和雇主保持联系。

在讲话中，发言人没有透露这名失踪的前特工的真实姓名、年龄和职业。不过，美国有线电视新闻网却对此透露说：“此人受雇于美国一家独立媒体制作商，在伊朗南部采访时失踪。”

对于这名美国联邦调查局前特工失踪事件，外界把其与美国此次在海湾地区集结重兵的事联系起来，认为这也将成为美国进攻伊朗最有利的借口之一。

离媒体预测战争的时间越来越近了，内贾德并没有一丝的惧怕，依旧像往常一样出现在大众之中。4月3日，就在美国向海弯集结兵力、海湾上空战争阴云密布的时候，内贾德和伊朗政府抛开美国的军事威胁，于这天正式启动了布什尔核电站的两个小型后勤机组。对此，伊朗第一副总统帕尔维兹·达乌迪在出席启动仪式上宣称：“伊朗计划建设新的核电站，联合国安理会的任何决议都不能阻止伊朗发展核计划。”

帕尔维兹·达乌迪还用坚决的语气说：“此举表明了我们修建和改进核电站的决心。该电站拥有高标准的安全措施，已做好接收燃料的准备。”

伊朗启动的是一座400千瓦的后勤机组和一个水净化与冷却系统的。在启动仪式上，达乌迪还对外宣称说：“我们建设和开发核电站的想法是严肃认真的。”

同一天，伊朗原子能组织副主席穆罕默德·赛义迪也对外宣布说：“我们将在3或4个月后招标建设一座2000兆瓦的核电站。”

他们两人的讲话更进一步证实了3月初伊朗原子能组织主席吴拉姆·礼

萨·阿加扎德有关伊朗将自主建设一批核电站的讲话是完全可信的。另外，从3月21日开始执行的伊朗新一年度财政预算，用于建设核项目的投资将达到13亿美元。根据伊朗的计划，将在25年后通过核能发电满足其10%的电子需求。

各种迹象表明，在美国重兵压境的势态下，内贾德在核计划发展方面不但没有收敛，反而有加紧发展的迹象。3月26日，联合国安理会一致通过决议，对伊朗拒绝暂停铀浓缩活动施加进一步制裁。就在安理会的制裁决议出台之前，内贾德用强硬的语气宣称："安理会有关决议不会阻止伊朗的核计划。"

这次美军向海湾地区集结，无不使海湾地区的局势骤然紧张起来，而且充满了战争的阴云和火药味；面对来势汹汹的美军，内贾德毫无惧怕，他料定美国政府不敢随便对伊朗动武，因为美国不会用付出惨重代价换来进攻伊朗。

面对风起云涌、山雨欲来的中东局势，内贾德勇敢而沉着地站在风口浪尖上，他毫无惧色地向全世界喊话：如果美国人胆敢来进攻，就让他们尝尝伊朗人民的厉害，让美国人遍体鳞伤，付出惨重代价。

内贾德还站在战略的高度用他充满智慧的眼光来观察，结论是美国不会对伊朗动武，至少在小布什任期内不会动武。因为美国在国际事务中已经焦头烂额，而且伊朗不是伊拉克。在内贾德冷静的眼光看来，此次乌云翻卷的中东紧张局势只不过是一种虚无缥渺的表面现象，只会起风却不会下雨。

第七章　咄咄逼人气更盛　威胁反促核发展

有人总认为自己只要坚持及发展了帝国主义的进步事业，那就是夸大了本国的作用，并采取措施扼制别国的发展，只有让不同的声音变得越来越小，方能彰显自己每天的乐声如雷。谁知压制的效果恰恰适得其反，对方的声音反而愈来愈大，听起来简直就如同万箭穿心……

风云多变幻　莫测生迷局

一段时间以来，小布什政府多次扬言要对伊朗动武，紧接着又向海湾地区集结兵力，这立即引起了国际社会的广泛关注，认为美国这次对伊核到了零容忍程度，真的要对伊朗动武了，绝不仅仅是虚晃一枪。

就如同一首歌所唱：“朋友来了有好酒，敌人来了迎接他的是枪炮。”就在美国真真假假扬言要进攻伊朗的时刻，内贾德和他的政府也在积极进行迎战准备。一时间两国举行大规模的军事演习，使开仗的气氛日益浓重。因此，风起云涌的中东局势再次成为世人关注的焦点。看来，中东地区会因美伊战争爆发，而再次变得热闹起来。

在人们眼里，不论此次美国和伊朗短期内会不会开战，这都好像是一场双方都在期待和都不愿回避的战争。

然而，从形势来看，美国现在的军事力量并不是那么的乐观，总的形势来看不利于发动伊朗战争。因为伊拉克、阿富汗战争已经牵扯了美军很多的精力、兵力和财力，而且深陷焦头烂额中不能自拔，同时这种不利的局势还在进一步恶化。此外，朝鲜的核问题也不能让美国完全放心，总是放出令美国人头痛的卫星，甚至解决的难度也越来越大，也让美国措手不及。因此，外界认为美国的军事力量陷入了泥潭中，无暇发动伊朗攻势。

不过，从美国国家安全利益的角度来看，由于内贾德始终坚称绝不放弃和坚持发展核计划，使伊朗的核问题演变了核危机。在这种无可奈何的情况下，摆在美国政府面前的似乎只有两条路：其一对现行外交政策进行重大改革；其二就是除了武力解决别无选择。但是，这两点实施起来都相当困难，也很难作出最后的决定。

与此同时，美国方面也十分清楚地看到，伊朗作为欧佩克第二大产油国，为了解决自身能源问题而发展核技术是没有说服力的。伊朗之所以不顾一切发展核计划出发点主要有三点：一是出于自身安全考虑；二是为了掌握伊斯兰世界主导权；三是出于国内政治需要。由于这三个动机都关系到伊朗国家的最根本利益，因此内贾德绝不可能在外来压力面前做出任何实质性让步。

另外，在美国看来更严重的是，由内贾德主导的伊朗核计划已经产生了“多米诺”骨牌效应。自从2006年以来，埃及、土耳其以及沙特等15个中东国家也纷纷高调启动各自的核研究计划。在这种情况下，美国如果不能干净利索地解决伊朗核问题，使伊朗终结核计划，那么就无法有效遏制其他国家的核研究活动。更严重的是，一旦任由核技术在中东泛滥失控，阿拉伯国家和以色列之间，甚至伊斯兰世界内部什叶派和逊居派之间互相使用或威胁使用核武器就绝不是天方夜谭，而且那将出现“村村着火户户冒烟”的局面。因此，到那时美国想要既确保自己在中东的石油利益不受侵犯，又确保以色列免遭阿拉伯国家的核威胁，另外还确保中东的各种极端势力、恐怖分子不会趁乱得到核武器危害美国自身安全等一大堆“不可能完成的任务”，小布什政府就会手忙脚乱。

当美国清楚地看到这一点后，因此这种灾难性的局面是美国绝不容忍出现的。对美来说，在伊朗核问题上仅仅依靠谈判是远远不够的，而且谈判就意味着要相互妥协。更重要的是这种马拉松式的谈判还会使中东其他有核企图的国家低估美国的决心和能力。此外，一旦又有其他国家大胆效仿伊朗迈向核门槛，那么美国不仅在中东威信扫地，而且更有可能大难临头。

确实，伊朗一旦拥有了核武器，不仅对美国是个巨大的威胁，而且直接威胁着还有以色列的生存。在美国看来，由以色列直接发起军事进攻来消灭伊朗的核潜力，可能很难实现，这就离不开美国的直接出手。由于这一因素，近来以来美国政坛的以色列“院外集团”异常活跃地向小布什政府施加影响，希望美国尽早解决伊朗核问题。

实际上，以色列和美国是穿一条裤子的盟友，那么以色列在中东的利益也是美国的利益。不过，目前的美国政府并不想发动伊朗战争。因为他们要充分考虑到本届美国政府浓厚的军工集团背景。小布什作为连任届满的总统在政治上无欲无求，倘若发动一场新的战争只会给美国的政治留下更鲜明的“布什主义”烙印；而从经济角度来看，伊朗战争将会在捍卫美国利益的同时，更好地裹及美国军工集团的利益，这对小布什来说是真正的一举两得。

再且，美国之所以没有发动伊朗战争，并不是因为伊拉克战场和阿富汗战场拖住了美国的后腿，而且区区伊拉克和阿富汗不可能拖住美国庞大的战争机器。其实，这台战争机器正在为多方面的利益而加速运转。因此，在这种情况下，内贾德似乎也不期待着这场战争来临。从伊朗国内的情况来看，内贾德和伊朗政府目前面临的最严重的问题主要是来自经济发展滞后引起的国内深刻矛盾，并不是表面上的国家安全问题。自从1979年伊朗伊斯兰革命成功以来，美国始终对伊朗实行经济封锁，并且还软硬兼施阻碍其他国家同伊朗的贸易往来，以此扼制伊朗的经济发展。富强安康是国家目的。这样一来，就给伊朗发展经济带来了严重困难。另外，由于伊朗自己在经济发展上走了不少弯路，也引发了严重的民生问题。例如，2005年，伊朗政府公布的失业率已高达惊人的16%。这就给内贾德政府带来了巨大的压力。

国富民强是国家的核心。当内贾德上台执政后，不仅面临经济压力，还面临着各种政治压力和挑战。例如，在伊朗经济形势进一步恶化时，于2006年底结束的伊朗地方议会选举中，内贾德代表的保守派政治力量全面落败，这将给他执政带来很大压力。2007年初，伊朗150名议员联名写信，批评内贾德的经济政策造成了更严重的通货膨胀和失业率。这表明，伊朗经济的衰落正在国内酝酿政治动荡，甚至可能削弱强硬保守派执政的合法性。

在这种情势下，"核技术开发"对内贾德政府来说就不止是国家安全的需要，而是国家根本利益所在。在核问题上立场越坚定，就越有利于争取国内群众支持。同时，如果取得的成果越大，就越有利于树立政府威信和国际形象。但是，这样做会进一步刺激美国的利益神经，也是会使战争的危险性大大增加。

不过，内贾德和伊朗政府认准了两点：一是美国即便发动战争，也不敢派地面部队入侵，只会采取空中打击形式，伊朗政权可以无虞；二是伊朗固然将在战争中蒙受巨大人员伤亡和财产损失，但其核设施却有把握在美国空袭中不被完全摧毁。总之，美国不可能通过这场战争达到自己的私欲和目的，美国人的炸弹只会让伊朗人民更紧密地团结在政府周围。

另外，内贾德和伊朗政府还认为：如果美国发动霸权式的战争，在伊斯兰世界，必将使饱受战火摧残的伊朗更会因其"西方霸权受害者"的形象得到更多同情和支持。那么，这样一来，伊朗不仅可以暂时摆脱由于经济失败而引发的执政危机，更可以在国际斗争中取得更大影响。在内贾德看来，这场战争更像是其自导自演的一出苦肉计，"得"将远大于"失"。不过，问题在于，当美国和伊朗政府都在从各自的角度期待着一场战争的降临时，并没有人真正考虑到，承受战争无尽苦难的，永远是社会底层的人民。

不过，在内贾德看来，如果战争给伊朗人民带来了深重苦难，这不能怪罪伊朗政府，而应归罪于美国的侵略战争。最魁祸首是美国。

在料定美国不敢对伊朗动武后，内贾德继续对美国摆出强硬的姿态，并继续与美国叫板。

2007年4月14日下午，为期三天的第三届支援泛伊斯兰民权大会在德黑兰国际会议中心召开。此次大会是由伊朗最高精神领袖哈梅内伊亲自倡议召开的。内贾德依然精神抖擞出席了大会开幕式。此外，出席大会开幕式的还有伊朗议长阿德勒、司法总监沙赫鲁迪，以及来自50个伊斯兰国家的约600名代表，其中包括26个国家的议长、11个国家的副议长以及政界、文化界的知名人士。这是一次十分隆重而富有挑战性的大会。

在大会上，内贾德发表了慷慨激昂的讲话，再次诅骂和攻击了以色列复国主义。在讲话中他再次对德国纳粹屠杀犹太人这段历史的真实性表示怀疑，“西方国家认为犹太人曾经被屠杀，所以作为补偿才建立了以色列国”，但以色列“很快将会被消灭”，并将永远成为历史。

内贾德在声调激昂的讲话中，手舞足蹈地对与会者强调指出：“以色列的存在是对伊斯兰世界的一个大威胁，这个复国主义国家已经腐烂了，干枯了，很快将会被风暴所摧毁。”

在讲到纳粹大屠杀的问题时，他认为德国纳粹屠杀犹太人这段历史是“虚拟的”。对此，他指出说：“……这是犹太人故意编造的，目的是赢得西方国家的同情，从而协助其建立以色列国。”

内贾德还从仇视的角度宣称说：以色列和整个腐朽的西方世界目前“正在走向毁灭”，整个中东地区“很快将会得以解放”，伊朗将会向巴勒斯坦政府提供必要的经济援助。

内贾德讲话时往往勇气十足，但有时候也会有点丧失理智发表一些毫无原则的讲话。因此，很多人认为他是个“病态狂”。例如，他还批评过与伊朗有着友好合作关系的国家，他认为其对本国穆斯林进行了打压。

在伊朗民权大会召开前，内贾德在接见东土耳其斯坦青年杂志总编辑时，不点名的批评有的国家“镇压争取民族自决、民主发展的维吾尔人的行为”，并赞扬对世世代代生活在那块土地上的人的反抗行为是豪迈而正义的事业。他还呼吁伊斯兰世界向东土耳其斯坦人民提供必要的“武力”和

"经济援助"。

内贾德还狂妄地指出:"……任何穆斯林有表达争取民族独立愿望的权利,伊斯兰民族有采用正当的方式追求民族独立的权利。尽管人们今天主张"'和平、理性和非暴力',但是,在反抗暴力镇压伊斯兰人民的正义事业中,正当的反抗形式并不局限于'和平、理性和非暴力',伊朗的核能力将是整个伊斯兰世界的利刃,是为了全世界的伊斯兰人民不再受压迫。"

可以说,充满激情的内贾德是当今国际政治舞台上最爱抬杠、最爱较劲和最爱攻击对方的国家领导人。

内贾德就是这样有着鲜明的个性,不愧为当今世界政坛上罕见的"狂人"。

与此同时,内贾德也总是以空目一切强硬的态度面对风云变幻的局面。

微妙会反击　准备扼要害

在美国面前表现出永不屈服的内贾德,总是扬言要给美国"上课",或是"教训"美国。他的这种毫不顾忌的"狂言"已经为世界所熟悉。

内贾德与美国千丝万缕的恩怨,在他成为伊朗总统后就像火山一样爆发出来,赤膊上阵,与美国公开叫上了板,成为名符其实的反美斗士。

他的反美情绪和思想也使伊朗政府官员深受影响,并对美国充满了深深的仇视,所到之处都会发表反美宣言。

2007年5月19日,在约旦举行的世界经济论坛中东会议上,伊朗外交部长努切赫尔·穆塔基根据内贾德的指示在讲话时扬言说伊朗将与美国在伊拉克举行的大使级会谈上"教训"美国一下,告诉美国在对外政策上已经犯下了哪些错误。

与此前相比,伊朗这次所谓的"教训"已经在语气上缓和了许多。这大概是由于近来有关伊朗和美国正在进行"闭门密谈"、寻求相互合作的结果所致。不过，伊美“闭门密谈”的主要内容是伊拉克问题。

实际上，伊朗外长讲话的语气仍然是十分强硬的，他对此指出：伊朗希望，美国可以借美伊会谈修正伊拉克战争等错误政策，“我们将告诉他们错在何处”。他说，伊朗先前已多次警告美国审视其对外政策的“错误”，尤其是针对伊战问题，但“他们从未听取”。

另外，由于在此前的2006年12月间，美国国会资助的“伊拉克研究小组”发表的一篇报告中，批评小布什政府在伊战中没有与伊朗和叙利亚接触，提出美国应与伊朗直接接触对话，但小布什政府拒绝接受这一建议。对此，穆塔基透露说：美国一年前曾提出与伊朗举行会谈，但伊朗认为缺乏诚意的美国此举纯粹是为“外交宣传”作姿态，所以会谈一直未能举行。

特别是到了2007年5月，在埃及沙姆沙伊赫举行的“伊拉克国际契约”大会期间，他曾与美国国务卿康多莉扎·赖斯举行被外界寄予厚望的直接对话，但未能取得任何成果。而5月28日的大使级会谈再次给美伊双方提供了面对面对话的平台和机会，尽管会议议题仅限于伊拉克问题。

当穆塔基讲到伊拉克局势问题时，再次用强硬的语调将美国与恐怖主义组织相提并论，并强烈要求美国从伊拉克撤军。

当他讲到伊朗与美国会谈的问题时，与会者中有人提到，美国推翻萨达姆政权也间接帮助了伊朗，使伊朗在中东地区影响力得到增强。但穆塔基却断然反驳说：“我们不需要任何帮助。”

不过，伊朗外长接着用开玩笑的语调说：“有人说，我们（伊美）正闭门密谈，只不过是哪道门呢？”

在伊拉克问题上，美国希望伊朗在伊拉克事务上给予支持和帮助，以使自己可以从困境中抽身，但内贾德需要美国帮助什么呢？据伊拉克媒体说：“一个伊朗境外反政府组织将是美伊会议议题之一。”

国家利益永远是外交战略的一个重要法码。也就是说，美伊之间即将举行的会谈无非都是在相互利用对方。

5月28日，经过充分准备，美国驻伊拉克大使瑞安·克罗克与伊朗驻伊拉克大使哈桑·卡齐术·库米终于在伊拉克首都巴格达“缓区”举行会谈。这是美国与伊朗这对老“冤家”自1980年断交以来公开的高级别会谈。因此，这次会谈格外引起国际社会的关注。此次会谈的重点是伊拉克安全局势等问题，双方在这一点上总是努力寻找共同点，但能找到的共同点毕竟十分有限。但是，不管怎么说，对话比对抗有利，此次会谈是有积极意义的，两个敌对国家毕竟拉开了两国直接进行接触的序幕。

化敌为友仅有积极态度是不够的，必须要有诚意。在4个小时的会谈中，伊美双方尽管未能一下子化解多年积怨，但在相互会谈结束后均用“积极”来描述此次会谈。

在会谈结束后，美方代表对媒体说：伊朗对伊拉克的政策与美国有“相似之处”，双方同样支持马利基政府和希望伊拉克稳定。

他还强调说：伊朗还需要拿出实际行动来。美方要求伊朗停止资助和训练伊拉克境内的非政府武装。……这些非政府武装使用的大量炸药和武器都来自伊朗。但是，对于这一点，伊朗方面没有直接回应。

不过，伊朗代表却对媒体透露说：“美伊双方提出和研究了一些问题，双方都表示支持伊拉克政府，这是会谈取得的积极进展。但伊拉克当前乱局缘于美军的存在，而且美军在培训伊拉克安全部队方面做得不够，对此，伊朗愿意提供帮助。”

他说：伊朗在会谈中提议帮助装备并培训伊拉克军队，“建立一个新军事和安全架构”。

关于是否有第二次会谈的计划时，他告诉媒体说：“下次会议会在伊拉克，会在一个月内。”

对此，美方代表却比较含蓄地说：伊拉克计划提议第二次会晤，美国会在邀请发出后再作出决定。

从会谈后双方的表态来看，双方共同关心的伊朗核计划并没有在此次会谈中提及，仅仅只谈了伊拉克问题。但实际上双方都心知肚明，伊朗核问题正处于紧张和敏感时期。从美国的角度来说，美方此时主动同伊朗接触，一方面体现了伊朗对于伊拉克的重要性，另一方面也反映出美国希望尽快从伊拉克泥潭中脱身的迫切心理。

小布什政府还认识到：解决伊拉克安全问题离不开伊朗的配合，对伊朗持傲慢和强硬态度既不理智也是非常不务实的。自从1980年两国断交以来，美国与伊朗一直处于拒绝对话的敌对状态。现在，双方以伊拉克问题为契机举行了27年来最为公开的较高级别的会谈，因此被美国的媒体称为一次“奠基性的会晤”。

不过在外界看来，尽管双方举行了会谈，但会谈的议题受到很大局限，双方回避了敏感的核计划问题，而且在关键部分上互不让步，因此使得这次大使级会谈仅停留在象征意义的层面上。

应该说，伊朗核问题是当前美国与伊朗之间矛盾最为核心的部分。尽管在巴格达的会谈能够在一定程度上反映出双方改善关系的愿望，但由于双方在伊朗核问题上仍然是针尖对麦芒，这次巴格达会谈并不能使美国与伊朗的紧张关系得到根本扭转。

虽然美伊两国大使在巴格达举行了具有转暖意义的会谈，但两国之间的坚冰并没有打破，仇视的态度也没有从根本上得到改变，多年积怨并没有融化。同时，内贾德对美国的强硬态度也没有什么改变。不过，伊美双方之所以能举行会谈，也充分体现了内贾德在外交上的灵活务实战略，以及并不是个死板的保守主义者。

在会谈结束后的第二天，即5月29日，伊朗方面指控3名伊美双重国籍者为美国充当间谍。这3人分别是：女学者哈莱·埃斯凡迪亚里、城市规划专家齐安·塔杰巴赫什和记者帕纳斯·阿齐马。

伊朗司法部门发言人说：“伊方已对3名拥有伊朗和美国双重国籍者提起指控，3人被怀疑为外国充当间谍。”他措词强烈地说：“埃斯凡迪亚里已被正式指控危害国家安全，她的行为包括散布反对我们制度的言论以及为外国人作间谍。指控已向她宣读。提出指控的是情报部。”

与此同时，另外两名也以间谍罪遭到指控。

除此之外，在军事对抗上，伊朗仍然摆出了绝不向美国屈服的架势，并积极进行迎战的准备。特别是强硬的内贾德仍然号召全国军民与美国血战到底。

6月10日，伊朗军方一位高级将领以强硬的态度宣称：如果美国胆敢用武力袭击伊朗的核设施，伊朗不会坐以待毙，将用导弹对海湾地区的美军基地和支持美军的海湾国家发动“闪电战”反击行动，将整个中东地区拖入战争。

其实，这位高级将领说出这一番话，并非完全是在吹牛，因为伊朗的军事实力不可小视。尽管伊朗的总体军事实力和美国相差甚远，但现在仍然是中东地区的军事大国之一，具备和美军进行周旋甚至实施反击的能力。

一个国家的强硬，一是靠国防及综合实力，二是靠势气。眼下，这位前国防部长担任着伊朗战略研究中心负责人。该智囊机构成员由曾经在伊朗政府中担任外交部长、国防部长和内政部长的卸任政要组成，主要任务是为伊朗最高精神领袖哈梅内伊提供建议和决策依据。他本人也是哈梅内伊的高级军事顾问。

他还声称：“伊朗军方已经制订了周密的军事计划，并且做好了实施反击战的准备，如果美军袭击伊朗的核设施，伊朗会毫不犹豫地在第一时间里用弹道导弹展开反击‘闪电战’。”他还指出：“美军在海湾地区的军事基地是伊朗实施导弹反击的首要目标。此外，为美军提供基地和军事合作的海湾国家也将成为伊朗的报复对象，这些国家的炼油厂、发电站等设施都将成为伊朗导弹袭击的战略目标。”

他在讲话中气愤地指出部分海湾国家为美军提供帮助，使美国蓄谋对伊朗核设施发动“先发制人”的打击，这些朋比为奸的国家要为战争承担后果。

对于伊朗要攻击的海湾国家，他公开点名说：“目前卡塔尔、巴林和阿曼这三个海湾国家同时存在美军重要基地和英国驻军，很可能成为伊朗导弹的首要打击目标。此外，沙特、阿联酋和科威特等国也将被卷入战争，整个中东地区将陷入一片战火。”

他还强调说："伊朗的'闪电式'反击战还包括对以色列的空袭。"另外，伊朗外交部的一位高级官员也宣扬说：伊朗实施"闪电式"反击战的目标是同时对特定目标发射数十枚甚至数百枚导弹，使美国精心部署的导弹防御系统根本无法招架。

与此同时，另一位伊朗政府官员在谈到伊朗的"报告计划"时，强硬地声称说："伊朗的大规模反击行动将在核设施遭到袭击的一小时内展开。此外，伊朗还将策动真主党武装和伊拉克境内的反美武装同时展开袭击行动。"

这位政府官员还进一步说："届时，美国人会对伊朗的军事能力感到震惊，就像以色列人在2006年夏天的黎巴嫩战争中对真主党表现出的强大战斗力感到意外一样。"

不过，外界对伊朗的军事实力持有不同的看法，其中大部分军事专家有这样一个共识，即弹道导弹是伊朗国防力量的"撒手锏"之一。

尽管近期由于美国的调兵遣将举动，使海湾地区的局势骤然紧张起来，但说到底美国不敢轻易对伊朗动武。如果对伊朗动武，很可能整个海湾陷入一片战火之中。

内贾德在领导伊朗全国积极准备迎战美军的同时，依然断定美国不会对伊朗动武，无非是一种恐吓的心理战术。

尖锐影射中 彰显其魅力

美伊会谈并没有使内贾德放松警惕，相反更加提高了警惕。在这期间，内贾德继续以强硬的态度与美国和以色列对抗，仍然一个劲儿猛烈攻击美国和以色列。这一点，也是他在政坛上最闪耀的地方。

2007年6月18日，内贾德出席一个宗教集会并发表讲话。他在讲话中仍然对以色列发起了攻击，并用尖刻的语调宣称说：以色列根本就是一个标准的"恶魔撒旦"的信使，而"以色列作为一个国家很快也必将不得存在"。

内贾德提高语调强调说:“这个犹太复国的政权根本就是侵略、强占和恶魔撒旦的信使。”

内贾德还一针见血地说:如果一个政权建立的基础受到质疑,无疑国家将开始衰败直至解体。

尽管内贾德在讲话中没有明确指出谁是“撒旦”,不过自从1979年伊朗伊斯兰革命成功并建立新政权之后,伊朗就一直将美国称为是“大恶魔撒旦”。因此,他所说的“撒旦”显然是指美国和以色列朋比为奸。

就在内贾德肆无忌惮发表攻击美国和以色列言论的同一天,伊朗伊斯兰革命卫队也发表宣誓,表示绝不会屈服于美国的军事压力,并有力地痛击美国,表现出了极其高涨的反美情绪。

对于美国正在拟定计划,准备把伊朗伊斯兰革命卫队列为恐怖组织的问题,伊朗伊斯兰革命卫队司令告诉外界媒体说:这是由于“伊斯兰革命卫队发挥的反美‘杠杆作用’令美国对其极为痛恨”。

伊朗伊斯兰革命卫队司令还用坚定的声调扬言说:“美国将来会遭到革命卫队更沉重的打击。面对美国的压力,我们永远不会保持沉默,我们将(继续)发挥我们的反美‘杠杆作用’。”

伊朗伊斯兰革命卫队领导人之所以说出这番话,是因为在此前的6月14日,小布什政府计划将伊朗革命卫队列为恐怖组织,以向伊朗施加更大的压力。在美国拟定的恐怖组织名单中包括“基地”组织、哈马斯和真主党游击队。如果伊朗伊斯兰革命卫队也被美国列入其中,那么这将是进入该名单中的首支主权国家政府军队。不过,除了伊朗对此表示强烈愤怒之外,国际社会也并不赞成美国的这一做法。

不管美国采取何种手段吓唬伊朗,有胆有识的内贾德都看得一清二楚。不过,在伊核问题上,他在坚持原则的情况下,仍然采取了灵活务实的外交战略,即并不拒绝与国际原子能机构在伊核问题上进行有效合作。

6月22日,国际原子能机构总干事巴拉迪与伊朗首席核谈判代表阿里·拉里贾尼在维也纳举行了会谈。在会谈结束后,巴拉迪对外透露说:

“我和拉里贾尼均同意，在两个月内就如何解决外界对伊朗核计划的疑问拟定‘行动计划’。”

巴拉迪还说：伊朗准备在今后几个月内解答关于其核活动的疑问。

不过，伊朗政府官员仍指出说：这种合作是有前提条件的，即联合国安理会停止介入伊朗核问题。

与此同时，伊朗首席核谈判代表拉里贾尼却积极称赞此次会谈取得的“良好进展”。不过，会谈后并没有宣布在停止铀浓缩活动这一关键问题上取得突破。

关于会谈中未能突破的问题，巴拉迪在国际原子能机构总部对媒体说：“我希望，我们在今后几星期能够处在一个可以前进的位置，打破过去几月的僵局。”

然而，在此后的第二天，即6月23日，英国方面正在提出一份新的联合国决议草案。该草案建议把制裁伊朗的范围扩大到航空公司和海运公司，增加冻结伊朗银行的数量。在该草案中，英国提议：各国拒绝伊朗航空公司飞机着陆，不准伊朗船只通行，再冻结两家伊朗银行的资产。

英国还进一步提议：各国禁止与伊朗签署新武器合同、禁止伊朗高级安全官员出入境。同时，呼吁俄罗斯停止对伊朗布什尔核反应堆援建。

英国拟定的草案，其主要意图在于进一步增强对伊朗的压力，迫使伊朗停止铀浓缩活动。

同时，美国和欧洲国家政府官员特地指出：“这些尚处讨论之中的提议并非有意影响国际石油市场。”

不管西方国家对伊朗采取何种制裁措施，内贾德和伊朗政府都绝不会屈服，更不会放弃伊朗的核计划。

由于内贾德向来以强硬和好斗闻名于世，成为当今世界上有影响力的人物，因此就连美国好莱坞的名导演也对他产生了浓厚的兴趣，打算为他拍记录片。可见，他已是美国人熟悉的世界重量级领导人。

尽管内贾德面对媒体发表演讲时侃侃而谈，滔滔不绝，可是当他面对好莱坞的镜头时却坚决采取了回避态度，果断拒绝了美国名导演奥利弗·斯通提出的为其拍摄纪录片的请求。不过，他表示如果他提出的“交换条件”能够实现，事情还有商议的余地。

奥利弗·斯通曾执导过《刺杀肯尼迪》、《尼克松》、《野战排》、《世贸中心》等一系列重量级影片，还两次获得过奥斯卡最佳导演奖。他也曾为古巴领导人卡斯特罗拍摄过两部纪录片，并由并与卡斯罗成为了朋友。除此之外，他还拍摄过关于巴以武装冲突的纪录片。他此次选中内贾德作为拍片对象，显然是看中了内贾德在世界上产生的惊人影响力。

在此前，这位思想左倾的大牌名导演已通过伊朗电影界人士与内贾德总统办公室取得联系，希望能够获准近距离接触内贾德，同时拍摄一部有关他的纪录片。但是，一向重视善于利用舆论工具的内贾德此次却断然拒绝了，其理由是因为他在看了斯通执导的电影之后，觉得对方的观点并不合自己的心意。

此外，贾贾德的媒体顾问也对此进行了说明。他特意指出说：尽管奥利弗·斯通在美国是针对政府的反对派，但仍然是“美国这个魔鬼撒旦的一部分”。

他还批评强调说：“我们相信，美国的电影业只是一种宣传工具和手段，毫无艺术性可言。在过去两年里，英美等国按照他们的意愿肆意丑化内贾德的形象，那些描述与事实相距甚远。好莱坞和支持犹太人的媒体总是用自己的特别方法对待他们不喜欢的东西。”

与此同时，内贾德身边的另一位顾问表示说：“如果斯通能让伊朗电影工作者为美国总统布什以及美中情局拍摄纪录片，那么伊朗政府可以重新考虑他的拍摄请求。”

这实际上是内贾德通过顾问的嘴说出了自己的意思。只要是攻击伊朗的东西，他都会感到十分厌恶。这样一来，斯通想拍内贾德的记录片也就泡汤了。另外，斯通也无法实现内贾德提出的要求。

其实，内贾德和伊朗方面对斯通没什么好感。在此前，伊朗方面曾多次指责好莱坞影片丑化伊朗形象，其中就有斯通于2004年执导的《亚历山大》一片。该片由于塑造了马其顿国亚历山大的强大形象而遭到伊朗方面的抗议。公元前334年，正是亚历山大发动了对波斯帝国的侵略战争，该战争给波斯帝国造成了毁灭性的打击。因此，伊朗人十分憎恨这部影片，总而言之对该片导演没有什么好感。

除此之外，2007年上半年，美国华纳兄弟电影公司出品的《斯巴达300勇士》再次激怒了伊朗民众。内贾德也十分厌恶该影片。

该电影描绘的是公元前480年第二次希波战争时期的温泉关战役，主要刻画了300名斯巴达战士与数万波斯大军顽强作战的情景。该片公映后，万分气愤的内贾德立即发表电视演讲，强烈指责美国“试图通过用电影篡改历史的做法严重损害伊朗形象”。

与此同时，伊朗驻联合国代表也向联合国教科文组织总干事提交了抗议书，除表示强烈抗议外，还要求联合国对该电影侮辱伊朗民族一事予以关注。

内贾德在舆论和意识形态方面十分注重维护伊朗的形象，并声嘶力竭地为此呐喊，而且是那么态度强硬。

在外界看来，内贾德是个奇怪的“狂人”，也是反美英雄。因此，引起了世人对他的极大兴趣。

与此同时，内贾德也是个极富个性魅力的国家领导人。这一点，就连美国人也都十分惊叹地承认。

艰难跨坎坷　又遇新烦恼

由于美国对伊朗国家安全的威胁越来越大，再加上美国曾多次扬言要对伊朗动武，尤其是近来美军的一些新举动，使内贾德和伊朗政府仿佛闻到战争的气味越来越浓重。因此，在这种一触即发的情况下，伊朗在积极准备迎战美军，并决定强化服兵役义务制度，以此扩大兵源，准备与美国战斗到底。这也是内贾德军事战略构想的一部分。

2007年7月30日，法国一家媒体对此报道说：华盛顿接二连三的军事行动显然吓着了伊朗，于是它现在把服兵役当成一种不可绕过的义务。数月来，免服兵役人员大大减少。根据通过电话搜集到的一些证据表明，一些已退役的年轻人又被征召入伍。

接着，法国这家媒体还举例说，一位没有透露姓名的伊朗人在被调查时说："因为体形肥胖，我已免服兵役3年，可现在突然又要应征入伍，这简直是在开玩笑。"

英国媒体还说，被调查的这个伊朗人已结婚成家，他本来以为躲过了兵役登记。此人还向英国媒体透露说，3个月来，免除那些太胖或太瘦的人的兵役这一规定已被取消。而伊朗政府发给他的信上也没有写明任何征兵原因。因此，在此人看来，"这一切很简单，面对西方日益增加的威胁，内贾德政府害怕兵源不足"。

不过英国媒体的这种报道并不可信，因为英国也是一个非常仇恨伊朗的西方国家。他们总是对伊朗不怀好意，在可能的时机总是歪曲和丑化内贾德和伊朗的形象。

根据伊朗伊斯兰共和国兵役法规定，兵役期为18个月。另外，入伍青年均为男性，入伍后先要在军营中学习3个月时间，主要是学习使用武器。然后，那些拥有大学文凭的人根据学历水平和自身特长，将分别进入属于军队、伊斯兰革命卫队或国防部的一些行政机构。而另一部分没有大学文凭的人则被分到各地方部队，并且原有的宗教宣传课程也将被免除。

纵观伊朗的服兵役历程，早在哈塔米担任伊朗总统期间，改革派占多数的议会对那些拒服兵役的人给予了相对宽松的空间。2000年，伊朗通过一项有关法律，允许通过付一定费用免除兵役，价格按学历而定，平均价格大约在1500万里亚尔（约1500欧元），已婚的男性可以减半。但是，从2002年起，这项措施因伊朗最高精神领袖哈梅内伊发布的决定而废除取消。

此外，随着国际局势和外部环境的变化，尤其来自美国的军事威胁越来越明显。2001年，美国发动了阿富汗战争；2003年，美军占领了伊拉克。与此同时，美国总统小布什宣称伊朗为“邪恶轴心”国家。在这种情况下，伊朗强烈感到自身安全受到外来的威胁。当内贾德上台执政后，由于推出的强硬政策，使伊朗与西方国家关系更加紧张起来。更引人注目的是内贾德重新启动核项目，频繁举行军事演习等。内贾德多次对美国声称：“当国家受到攻击时，我们要斩断侵略的手。”

伊朗在强化义务兵役的同时，也对逃避兵役者的刑罚加重了。但在此前，对于许多伊朗人来说，是否服过兵役是取得去外国旅游护照的一个必需条件。据一位曾经免服兵役、近来被重新征召入伍的德黑兰市民对此介绍说：“如今，逃避兵役的人将面对越来越多的禁令……这些禁令包括不能买汽车、房屋和就任公职。”此人还说：“不完成兵役，甚至不能享受医疗保障。”

另外，据一名刚刚应征入伍的新兵介绍说：“自年初以来，没有服役证明，连电话都无法安装。警察则认为每一个伊朗人的口袋里都应该装有一份兵役证明……这好似战争时期。”

对于逃避兵役的问题，伊朗总参谋部一位负责征兵工作的将军对外界媒体说：“我们的士兵应该在国家需要的时候时刻准备保卫祖国。目前，企图逃避兵役的年轻人在增多，这是一种不法行为，令人无法接受。”

由于内贾德强化了军队建设，已经为可能受到来自美国的攻击作了准备，尽管这种攻击概率极小。因此，伊朗当局更关心在面对外部威胁时如何动员人民，以压制国内的不满情绪。一场突出宗教和爱国情感的激烈宣传正在全国展开，它让人想起了两伊战争。当时数百万伊朗青年奔向战场前线。那场战争已经成为当前政治论战的焦点。其中有很多伊朗知名人士都抨击当时领导人通过蓄意延长战争以在这个年轻的伊斯兰共和国确立权威。这些人也忘记不了，当时的很多年轻人都不愿意上前线，其中有些人如哈什米·拉夫桑贾尼甚至将自己的子女送到国外，以保自身平安。

英国媒体引用一个伊朗新兵的话说：“义务兵役法应该对全体伊朗人

都运用，但现在有很多著名宗教人士的儿子却免服兵役，一旦打起仗来，遭殃的是我们而非他们。”但这可能只不过是英国媒体捕风捉影，并非伊朗征兵役的实际情况，因为伊朗国内反美情绪普遍高涨，无人惧怕与美国开战。内贾德在青年时代，就受到过两伊战争的残酷洗礼，而且军队也是他步入政坛的起点。

这次内贾德强化兵役，扩充兵源，就是要实行全民皆兵，准备与美国打一场持久战，让美军陷入人民战争的汪洋大海中，好像老鼠过街处处挨打。

就在伊朗加紧备战期间，美伊双方的较量又出现了新一轮高潮，双方摩拳擦掌，似乎随时准备出拳。同时，为了先发制人，美国准备还将伊朗伊斯兰革命卫队列为恐怖组织。

2007年8月14日，美国政府的一位高级官员对外宣称：“布什政府准备宣布伊朗革命卫队为外国恐怖组织。”

美国方面别出心裁的宣称，立即引起了国际社会的广泛关注。因为如此一来，这就充分体现了小布什政府对伊朗的敌视态度变得更加尖锐化和敌对化。更值得关注的是这也是美国首次将一个主权国家的武装部队列入恐怖组织行列。

战争不仅仅只局限于枪炮之类的武器，而且还拓展到一种势气战略上。众所周知，伊朗革命卫队是伊朗军队最大的组成部分，也是伊朗的精锐主力部队。尽管小布什政府早就将伊朗列为支持恐怖主义的国家，但决定将革命卫队单挑出来列为恐怖组织，可以说是小布什政府向内贾德政府发出的更为咄咄逼人的挑战，也是向伊朗发出的新一轮威胁信号。

小布什政府之所以对伊朗发出新一轮的挑战，从美国国务卿赖斯口中可以略知一二。她近来在与欧洲一些同级别官员谈话时，提到要对伊朗采取这样的新举动，这是由于对伊朗实施进一步经济制裁的建议迟迟得不到联合国安理会批准，使得美国政府别无选择，只好采取单方面的行动。

赖斯还认为：将伊朗革命卫队列为外国恐怖组织至少会起到两个作

用：首先可以暂时安抚政府内极力主张对伊朗采取军事行动的鹰派；其次，可以进一步催促美国的盟友加紧在安理会通过制裁伊朗的有效决议。

同时，美国国务院和财政部负责人也正敦促联合国安理会对伊朗政府官员实施更加严厉的制裁，其中包括广泛的旅行禁令和旨在限制伊朗金融机构在海外做生意等进一步举措。另外，美国官方也在设法让欧洲和亚洲的银行采取针对伊朗的额外措施。

美国政府一些官员对外界透露说："根据当前的计划，本月就要宣布将伊朗革命卫队划归为恐怖组织。"

美国官员还透露说：如果安理会能够更加迅速地采取行动，就核计划对伊朗实施广泛制裁，那么美国有可能推迟这一行动，甚至会取消该计划。

赖斯是美国政府中竭力主张制裁伊朗态度很坚定的一个。同时，她还极力主张将伊朗革命卫队定位为恐怖组织。

实际上，美国政府此次将矛头对准伊朗革命卫队，其目的也是为了分化伊朗人和伊朗军事力量。对于美国政府的这一企图，内贾德也看得十分清楚。

在此前的8月9日，小布什在记者招待会上还郑重其事、蛊惑人心地向伊朗民众发表讲话时，打着富有特色的手势说："我向伊朗人民传达的信息是：'你们可以比这届政府做得更好，你们不必受到孤立。你们不必处于这种无法彻底发挥自身经济潜力的局面'。"

内贾德对美国人的嘴脸看得十分清楚，无论美国总统小布什和他的政府威胁和蛊惑伊朗人心，他也无为所动，更不会被吓倒。因为他知道，美国是世界上最善于玩弄伎俩的国家。

所以，内贾德始终坚持的一点是不管美国是否对伊朗发动突然进攻，伊朗军队都做好了时刻迎战美军的准备。在英雄虎胆的骨子里总是透出一股不怕发生任何战争的豪壮气概。

在反对和跟美国的较量斗争中，内贾德就是这样一位英雄虎胆的人物。

面对新威胁　制订新战略

内贾德在积极抓备战工作、应对美国新挑战的同时，仍然致力于解决核问题的工作，并以此希望通过谈判解决这一难题。

伊朗核问题是伊美等国家都感到最为头痛的事，也始终是国际社会关注的事。现在可以说，伊朗的核问题就像是海湾地区局势的晴雨表，每当这一问题形成僵局时，海湾地区的局势也骤然紧张起来。

就在美国和伊朗磨拳擦掌、欲想出拳的时候，2007年8月20日，国际原子能机构副总干事奥利·海诺宁率领工作组抵达伊朗首都德黑兰，与伊朗核谈判代表就伊核计划相关事宜举行会谈。

8月21日，在一天的会谈结束后，双方在举行的新闻发布会上宣布：已经通过一份行动计划，将逐步解决伊朗核计划中悬而未决的问题。

伊朗最高国家安全委员会副秘书、核谈判副代表在新闻发布会上说：这次会谈取得“非常重大和具有建设性的成果”。他还强调指出：“我们已在伊朗和国际原子能机构之间达成一个基本框架协议，我们将认真严肃地执行。”

与此同时，国际原子能机构副总干事在介绍会谈取得的成果时也说：“双方将迅速展开工作，执行当日达成的协议，本月晚些时候以及9月、10月均有具体行动。”

他还肯定这次会谈：这是打破伊朗核问题僵局的一个“重要里程碑”。

可见，此次会谈对解决伊朗核问题具有十分积极的意义。

不过，双方并没有详细说明悬疑问题是哪些方面，也未公开时间表的具体细节。由于此次会谈引起了外界媒体的广泛关注，尤其是美国媒体的关注，美国媒体认为：所谓“悬疑问题”可能包括伊朗此前进行钚试验的相关事项，而时间表和协议则可能允许国际原子能机构更加方便地检查伊朗核设施，同时敦促伊朗就相关问题作出详细答复。

对此，伊朗核谈判代表对法国媒体透露说：该协议内容可能涉及允许国际原子能机构（IAEA）检查伊朗阿拉克重水反应堆和纳坦兹铀浓缩工厂。

外界媒体还认为：此次会谈至关重要，因为会谈成果将成为国际原子能机构总干事巴拉迪于同年9月初向国际原子能机构理事会提交的伊朗核问题进展报告的基础内容。

然而，美国政府认为会谈对解决伊核问题并没有什么积极进展。尽管从2006年12月以来，联合国安理会以伊朗拒不中止铀浓缩活动为前提，连续通过了两个制裁伊朗的决议。此外，美国也更进一步要求安理会通过更加严厉的制裁决议。在这种情况下，美国对伊朗与国际原子能机构达成的协议并不那么感兴趣。

8月21日会谈结束后的当天，美国国务院发言人很不以为然地说：这一协议“不够充分”，并不会促使伊朗遵从安理会决议而中止铀浓缩。发言人说：“合作‘计划’不能与真正的合作画等号，伊朗今后几周的行动又说明了什么更重要。”

发言人还强调说：美国认为，“联合国安理会必须尽快推动新的制裁决议”。

与此同时，负责政治事务的美国副国务卿也对此说：伊朗试图通过与国际原子能机构“调情”来规避新的制裁。

在会谈结束的同一天，伊朗首席核谈判代表说：“如果安理会提出新制裁，伊朗与国际原子能机构的合作将‘无疾而终’。”

显而易见，美国在伊朗与国际原子能机构会谈时从中作梗，而且指责这种会谈没有任何意义。同时，关于美国即将进攻伊朗的传言越来越多，因为美军的一系列举动似乎也证明了这一点。

例如，在此前的5月22日，载有约17000人的美国舰队驶向海湾。第二天早晨，包括两艘航母在内的美国9艘军舰驶过霍尔木兹海峡进入海湾，随即进行日间集训。据美国海军指挥员说：这是2003年伊拉克战争爆发以来这类行动中规模最大的一次。这些都充分表明美国进攻伊朗的企图越来越明显，军事行动已经迫在眉睫。

与此同时，很多人认为美国此次肯定会进攻伊朗，其中包括一些美国政府前高官们。

8月21日，就国际原子能机构副总干事海诺宁和伊朗核谈判副代表瓦伊迪举行会谈结束的同一天，一位前美国中情局情报官员还专门发表了一篇文章，就美国是否会进攻伊朗进行了全面分析。他在文中认为：布什政府有关宣布伊朗革命卫队为恐怖组织的决定是“对伊朗发动战争的前奏”。

他还煞有介事地断定说：“有关布什政府将宣布伊朗革命卫队为恐怖组织的决定可以解读为对伊朗发出的进一步威胁，也可以解读为对伊朗发动战争的倒计时。”

据他本人透露，曾与他有过交谈的华盛顿官员也证实说，他们投票支持对伊朗革命卫队实施打击，打击行动可能在未来6个月内进行。

华盛顿的官员们还认为：只要美国拥有轰炸机和导弹，美国就可以打击伊朗的核设施，这可能是一场小规模的“震慑”空袭行动。

关于美国进攻伊朗的理由在于：与萨达姆和他所谓的大规模杀伤性武器一样，布什政府有关针对伊朗革命卫队的指控也没有直接证据。美军怀疑伊朗革命卫队向伊拉克和阿富汗的武装分子提供了先进的简易爆炸装置，但是它没有证据证实这一点。伊拉克和阿富汗武装分子所拥有的最先进的简易爆炸装置可以击穿美军阿布拉莫斯坦克的装甲，而且还会杀死坦克里面的士兵，因此伊朗人正在制造这些尖端的爆炸装置。但得出这一结论的证据最终只是伊朗具备生产这种爆炸装置的能力。

他在文章中还提到，一位仍在伊拉克工作的中情局爆炸物专家认为：伊朗革命卫队帮助伊拉克什叶派武装分子“校准了他们瞄准巴格达绿区的迫击炮”，“他们发射迫击炮弹的方式说明什叶派得到了帮助，肯定是伊朗革命卫队向他们提供了帮助。”

在他看来美国政府对伊朗革命卫队采取打击行动的第二个理由是伊朗革命卫队过去曾多次杀害过美国人。伊朗革命卫队曾于1983年对驻贝鲁特的美国海军陆战队实施了袭击。伊朗革命卫队还在2006年的以黎战争帮助黎巴嫩真主党武装与以色列交战。因此，布什政府中的一些幕僚认为，美国早就应当对付伊朗革命卫队了。

尤其是美国的新保守主义派还认为伊朗革命卫队是“伊朗实现民主和对美持友好立场的一个障碍”。当被问及如果美国对伊朗的攻击导致伊朗人更加团结在伊朗政权周围的情况该怎么办时，一位政府官员称，美国政府没有考虑这一点。此人还说：对于政府来说，伊朗革命卫队的简易爆炸物就是开战理由，美国将会对伊朗采取打击行动。

这位情报官员除了在美国杂志上发表文章外，还在8月21日这天接受了美国某家电视台的专题采访，并再次预测说美国可能在6个月内对伊朗实施军事打击。他还告诉这家电视台说：我在政府内部作了一次“非正式”调查。我感觉，我们将打击伊朗伊斯兰革命卫队。

布什政府认为，“伊朗正在干涉伊拉克等海湾地区事务”，但布什政府并不打算发动一场“严格意义上的战争”。

他还认为：“我们不会看到美国军队跨过（伊朗）边界。……如果有什么事情发生，那就会突然发生，让许多人目瞪口呆。”

从许多迹象表明小布什政府一直否认将对伊朗采取军事行动，同时又扬言不排除使用武力解决。可见这是一种十分含糊的话。然而，据对108名美国政治和军事专家的调查显示，有89%的受访者认为美国不会“先发制人”攻击，但有65%的受访者则相信，小布什将在任期内授权攻击伊朗核设施。

实际上，这些看法和分析都只是一些猜测而已，因为从目前的国际局势来看，小布什政府根本不敢发动伊朗战争，因为国内日益高涨的反战情绪和国际事务复杂性，已经使小布什政府焦头烂额了。内贾德也从战略的高度始终认为，美国目前国力处于日渐衰退的状况，坚信布什不会对伊朗动武，至少在他任期内不会动武。

不过从情感上来讲，小布什政府痛恨伊朗革命卫队都是事实。伊朗革命卫队已成为美国的心腹大患，欲消灭而后快。这已经成为美国的一个军事目标。

其实，美国之所以多次扬言要对伊朗动武，最重要的一个理由还是伊朗的核计划问题。

8月27日，国际原子能机构在其网站上公布了伊朗与国际原子能机构在8月21日会谈后达成的协议。该协议宣布说：伊朗已经解释清楚联合国关于伊朗钚问题的许多疑问。

与此同时，国际原子能机构也认为这一问题已经基本结束。

这一协议公布后，立即引起了外界媒体的关注，其中路透社认为：协议目的是解决联合国关于伊朗核计划的疑问，以及保证国际原子能机构核查人员能定期核查伊朗的地下铀浓缩设施。根据该协议，一旦伊朗澄清联合国列出的所有问题，国际原子能机构将宣布“对伊朗过去的活动没有遗留问题及不清楚的地方”。

该协议是应伊朗驻国际原子能机构代表团的要求向外公布的。该协议指出：国际原子能机构近期研究了伊朗同年夏天递交给该机构的文件，认为这份关于伊朗钚问题的信息同检查人员的核实结果一致，“这样，这一问题已经解决。国际原子能机构将通过信函把它告知伊朗”。

但有一点是可以肯定的，那就是伊朗和平利用核能的目标始终不会放弃。而民用核能项目需要钚和浓缩铀，但这两种物质同样也可以用于制造核武器，因此美国等西方国家一直以来指责伊朗以民用核计划为幌子，秘密发展核武器。对于外界的猜测和指控伊朗坚决否认，坚称自己的核计划完全出于和平目的。尽管联合国采取制裁措施，可伊朗并没有因此而退缩。

尽管如此，此次会谈达成的协议，可以说是国际原子能机构在伊朗核问题纠纷4年多来，第一次解决涉及伊朗核计划的一个主要问题。因此，是具有十分积极意义的。

在该协议中还列出向国际原子能机构提供其他敏感信息的时间表。同时，伊朗方面在协议中重申西方寻找所谓“绿盐计划”的信息出于“政治动机”，完全是出于“无根据的指责”。

有关“绿盐计划”的信息来自美国情报机构。美国情报机构声称伊朗这一计划中包含一个涉及铀活动的秘密场所，伊朗的研究人员还根据这一计划研究如何将核弹头装到导弹上。

伊朗一面不承认有“绿盐计划”，一面却在同国际原子能机构达成的协议中特意强调说：“作为善意和与原子能机构合作的信号，伊朗愿意察看国际原子能机构提供的这一计划的文件，并会将伊朗的评估通知国际原子能机构。”

除此之外，伊朗还同意就离心机和重水反应堆等问题回答国际原子能机构提出的疑问。双方也同意在这年9月底前达成关于核查纳坦兹铀浓缩设施的协议。该协议一旦达成，将具法律效力。

对此，一些西方国家的外交官认为：“伊朗和国际原子能机构达成这份协议的目的是要在同年12月前解释清楚关于伊朗核问题的所有疑问。”

不过，也有人认为：这一协议的不足之处在于没有能提供伊朗采取的具体步骤。尽管国际原子能机构还未就这一协议发表评论，而就伊朗核问题悬而未决之事达成协议毕竟令国际社会感到十分鼓舞。可是有西方外交官认为：协议行文并不严谨，这使伊朗能在是否同国际原子能机构全面合作问题上选择观望姿态。

有位西方外交官还指出说：“伊朗现在有几个月时间来向世界证明它真正严肃对待这些让世界怀疑的问题。”

一位美国核问题分析师对媒体说：“这一计划看起来仍然还有疑问……你永远不能放弃提问题及跟进的任何有效权利。”

不管有关解决伊朗核问题的谈判进程如何，但是内贾德和他的政府都不会放弃发展伊朗核计划的权利。

与此同时，内贾德也将推动伊朗核计划继续向前发展。这是他远大政治抱负中的重要一环，也是他在执政中所追求的重要目标之一。

会谈彰友善　刁难好无稽

尽管越来越多的传言和美军在海湾地区的频繁举动表明，美国似乎真的要对伊朗大打出手了，但面对这种十分紧张的局势，强悍的内贾德毫无惧色，冷静观察和应对，充分体现了他英雄虎胆的本色。同时，他料定每况愈下的美国不会对伊朗动武，因为狗狂吠的时候不会咬人，种种迹象表明这不过是美国所采取的惯常心理战术。

内贾德除在国际政治舞台上以态度强硬和语出惊人而著称，尤其以反美而闻名天下外，实际上他是个十分普通的国家领导人，也是个很有人情味的人，在家庭中他还是个好丈夫，并经常下厨做饭。

据说，内贾德的“厨艺”相当不错，能做出一手“好菜”，但遗憾自己整天服务于国家不能在家里多待些时间，否则他会经常下厨做菜。这一点，大概是外界的人们也是没有想到的。

在一次接受电视采访时，内贾德一反常态，既没有谈政治，更没有谈及伊朗与西方国家（在核问题上的）纠纷和较量，而是纯粹地谈自己个人生活和家庭问题。他说，我不仅是个爱妻子的丈夫，更是个经常做家务的勤劳丈夫。我喜欢做些家务活，只是经常没有时间，因为我把几乎所有的时间都用在工作中，我实际上是个工作狂。我能够帮妻子干些家务活，主要是在当总统之前干得多些，那时他休息的时间也多些，但当总统后就不同了。他说：“当总统之前，我常去杂货铺购物。现在，我有时会去厨房帮帮忙，而且我会做各式的伊朗食物。”

内贾德在谈到自己“厨艺”时说：“我的厨艺确实不错……去问问尝过的人就知道了！我会做各式的鲜汤和伊朗炖菜。”

在采访中，内贾德还介绍了自己的工作情况。可以说，他不仅只是努力工作，而且拼命工作，在伊朗简直是个少有的工作狂。他对此介绍说，自己经常工作到凌晨5点半，有时到了半夜才离开办公室。

在谈到与亲戚之间的交往时，内贾德微笑着说："过去我经常走走亲戚，现在走的少了。我会在他们聚在一起时去看望他们，不过我经常去看我母亲，这个时候，其他亲戚会赶过来看我。"

意志坚强，感情丰富，这是内贾德的特征。可见，内贾德是个极富人情味的国家领导人，在他身上也闪现着亲情和人性的光芒，尽管他一再与美国等西方国家讲"狠"话，但是他在情感方面是非常柔和的。

不过，尽管内贾德谈了他生活的一面，但与其他国家领导人一样，他的私生活一直受到严密保护。另外，作为国家的最高领导人，他对家室和子女的要求都是十分严格的，特别是其妻子、两个儿子和女儿很少在公共场合抛头露面，他们的生活也没什么特殊化，更没有任何特权，像普通人一样生活着。

内贾德在对待家人时，其态度是温和的，但在政治舞台上他却变成了另外一个人，态度出奇的强硬，尤其在对待伊朗核问题上始终保持着誓死捍卫的姿态。

2007年8月28日，在德黑兰总统府举行的记者招待会上，内贾德再次慷慨激昂对媒体宣称说：伊朗核问题"已经了结"，伊朗已是一个拥有完整核燃料循环体系的"核国家"，将继续推行其和平利用核能的计划。

内贾德毫不隐讳的讲话，再次成为国际媒体关注的焦点新闻。

此外，更受媒体关注的还有，内贾德在2007年9月间前往纽约出席联合国大会，并提出在会议期间去参观"9·11"事件中遭袭的世贸大楼遗址。这在美国国内立即引起了强烈反响，因为内贾德是位不受美国欢迎的外国国家领导人。

9月19日，针对内贾德参观遗址的要求，美国纽约警方发言人宣称：伊朗总统内贾德日前表示希望能够前往"9·11"事件中遭袭的世贸大楼遗址参观，但经过美国多家政府机构的会议协商，他们一致决定拒绝内贾德的这项参观请求。

这位警官在向媒体透露其中的原因时说，本月早些时候，他们接到伊朗方面的书面请求，希望美国能够同意内贾德在出席联合国大会期间参观世贸大楼遭袭遗址，并允许内贾德在现场向遇难者敬献花圈。但经过纽约警察局、美国秘密情报局和纽约港务局的会议协商，他们认为内贾德希望参观的世贸大楼是美国遭受恐怖袭击的最中心，这里目前还正在进行重建施工，内贾德前往参观将会非常的不方便。

他还告诉媒体说："由于施工现场相对混乱，安全警戒也存在较大的困难，因此才拒绝了内贾德的参观请求。到目前为止，尚不清楚内贾德会否在纽约其他地方参观或者敬献花圈。"

显而易见，总统的要求在美国并不能完全得到满足，美国方面以现场正在施工为由拒绝了内贾德的参观要求。

除此之外，另一个原因在于，迄今为止，美国国内一直存在着指责伊朗与"9·11"恐怖袭击有牵联的声音。例如，在"9·11"恐怖袭击事件发生后不久，美国一家网站就发表文章说："美国'9·11'事件独立调查委员会掌握的证明据显示，在参与'9·11'袭击事件的恐怖分子中，有8至10人曾在事前从伊朗过境。"

对于美国的无端猜测和指责，伊朗政府坚决否认与此事有联系，并揭露这完全是美国政府一贯玩弄的宣传伎俩。

伊朗外交部还发表声明说：任何关于伊朗直接或间接与"9·11"恐怖袭击有关的说法都是捏造和虚构的，这完全是美国政府煽动民众情绪的手段，因为他们早已清楚美国情报机构所提供的都是政府所需要的东西。伊朗反对一切形式的恐怖主义，美国对伊朗的指控十分荒唐，恰恰相反，与"9·11"事件有关的恐怖组织正是美国自己精心培植起来的。

伊朗还反驳说：一些参与制造9·11恐怖袭击事件的"基地"组织成员可能是通过非法手段从伊朗过境的，但这绝对不能就说明伊朗与他们有什么联系。

然而，美国根本不听伊朗的辩解，始终认为伊朗与"基地"组织有着千丝万缕的联系。例如，美国纽约州一位议员就说："伊朗政府此前为了放'基地'恐怖分子过境而故意放松对边境的控制，下令边防不要在那些从阿富汗入境劫机犯的护照上留下任何过境记录。伊朗方面甚至还曾提出和本·拉登联手袭击美国的计划，但这一建议却遭到了拒绝。拉登给出的理由十分明确，他不希望因为沙特和伊朗交恶的问题导致自己在沙特的支持者不断流失。”

这位州议员公开认为：“伊朗方面保持恐怖分子过境记录清白的做法是非常危险的，因为如果恐怖分子在潜入美国时，其护照上没有显示他曾经去过阿富汗等国家的话，美国国家安全机构是不可能给予足够重视的。”

另外，纽约警察局长也对媒体说，我不清楚内贾德为何期间安排参观“9·11”遗址，“究意出于什么原因？我们还不清楚”，但纽约市正在考虑艾哈迈德·内贾德的参观计划。可是，在两个小时后，美方便作出了拒绝内贾德参观的决定。因为美国一直以来将伊朗视为“支持恐怖主义的无损国家”。

作为伊朗总统的内贾德要求参观世贸遗址“零地带”的愿望，立即在美国上下掀起了轩然大波，很多美国人对此表示惊诧和愤慨。与此同时，美国的白宫发言人发表评论说：“是否批准这一计划将由纽约市有关方面决定，介作为一个‘支持恐怖主义国家’的领导人，艾哈迈德·内贾德的参观计划实在荒谬，简直不可以接受。”

尽管很多美国人对内贾德的参观计划表示反对，但是在美国国内也有开明的民间人士对他的参观表示支持的，并发出支持的声音。这些美国人呼吁美国人对此多给予宽容和理解，其中有一位署名特雷西的美国网友在《纽约时报》上发表评论时认为：“应该批准艾哈迈德·内贾德参观‘零地带’，我认为纽约市警察局长此前同意考虑这一计划的做法正确。……在一个自由民主的社会里，我们不应该剥夺任何人参观的权利……同意艾哈迈德·内贾德的参观计划并不意味着赞同他的政治理念。”

另一位名网友也认为：“如果艾哈迈德·内贾德愿意的话，他的参观计划应该被批准。美伊之间的分歧应该通过和平的外交途径解决，以避免不必要的流血冲突。”

由于美国方面紧紧咬住内贾德支持恐怖主义不放，以不受欢迎者采取了故意刁难等，内贾德参观世贸大楼遗址的愿望看来很难实现了。

第八章　乌云笼罩天空暗　驱迷雾遨翔宇宙

任何事物都是在静态与动静之中周而复始地运转着，在他并不那么平静的心目中，即使所希望的一切和信赖的一切都已经摧毁了，仍有一种追求是始终存在的。透过希特勒的强暴与灭亡，他仿佛看到了霸权主义可怜的画面及可悲的影子……

英雄生虎胆　挑战迎霸权

就在美国向海湾地区忙碌派兵，整个海湾地区战争的气味越来越浓重时，内贾德却在冷静地观察和分析海湾局势和小布什政府的意图之后，胸有成竹地断定西方国家短时间内不敢也没有胆量对伊朗发动武装袭击。

2007年9月4日，内贾德通过电视向伊朗全国发表讲话时说：有两个证据可以证明任何国家没有胆量向内贾德和他的国家发动袭击：其一，是他的筹划无能；其二是对真主的信仰。

内贾德在讲话中还一边打着强有力的手势，一边用响亮而坚信地语气说："我是一名工程师，同时也学过计算和数据专业。……我经常绘图，同时在数个小时里，以逻辑的方式研究各种假设，最后得出一个有据的结论，他们美国已经无能为伊朗制造问题。第二个证据是，我信仰伟大的真主，因为真主说那些追随正道的人才是取得成功的人。"

在世人的眼中，无论在什么时候，面对任何险恶的局势，真主只能保佑正义者，惩罚那些邪恶者。内贾德总是那样坚定自信，那样胸有成竹，那样具有战略眼光和智慧，同时还充分展示了一种相当惊人的英雄虎胆。

人们没有理由不相信，只要内贾德一天还是伊朗总统，他就会继续率领伊朗民众与美国对抗，不管在什么情况下都不会屈服。世界属于一切善良的人们，而美国方面也总是找他的麻烦，甚至经常挑衅伊朗，不是借核问题，就是找这样那样的问题。但是，这些都不会改变内贾德恨美反美的坚定意志。

2007年9月7日，美国华盛顿一家联邦法院作出判决，伊朗应向1983年发生在黎巴嫩首都贝鲁特的爆炸案中死亡的241名美军士兵的家属赔偿265亿美元。

这起事件的原委还得从1983年说起，当年美军士兵作为联合国授权的多国部队的一部分部署在内鲁特，有一天突然遭到黎巴嫩真主党的袭击，该地区的美军死伤惨重。袭击事件发生后，一直咽不下这口恶气的美国于2003年作出判定，指控伊朗为真主党的此次袭击提供了财政后勤援助。

然而，伊朗政府对美国法院的这一指控予以坚决否认。

在美国法院再次作出判决的第二天，伊朗政府迅速作出反应，表示强烈抨击和反对。伊朗政府发言人严厉抨击美国这家联邦法院7日作出的巨额赔偿判决，并谴责这个单方面的判决“毫无根据”，其目的是想“侵占”伊朗在美财产。

发言人还强烈谴责说：“这是毫无根据的判决，不幸的是有些美国法院在没有经过调查和听取另一方意见的情况下作出了决定，这在法律上经不起推敲；判决显示有政治压力介入其中，企图侵占伊朗在美国的财产。”

发言人还说：“伊朗将通过自己在联合国的代表继续跟踪事件的发展。”

不管美国当局对伊朗如何挑衅，内贾德和他的政府将与之坚决斗争到底，绝不向美国表示半点屈服之意。

除此之外，内贾德还直接挑战美国总统小布什，并兴师动众地向对方下“战书”，这再次体现了他英雄虎胆的反美本色。

9月16日，即将前往美国纽约出席联合国大会前夕，内贾德通过媒体向外界宣称，将在此次联合国大会上与布什进行公开辩论，同时提议举行一次“全球公投”来确定包括伊拉克战争在内的国际问题解决方案。

内贾德在接受媒体采访中还透露，将第三次前往美国纽约，出席9月27日举行的联合国大会。他神采飞扬地说：“我将前往纽约。让我们坐下来谈，但不要关起门来谈。……我要求在联合国大会上讨论国际问题，以达到解决这些问题的目的。”

在慷慨激昂的讲话中，他还从独特的视角提出非常希望和布什在联大上各自阐述对伊拉克战争等国际问题的立场，并由二百个成员国的代表来做出裁判。

其实，早在2006年内贾德出席联大会议前夕，就曾提出要与小布什进行公开辩论。然而，美国白宫不仅断然拒绝这一提议，还指责这种辩论的提议缺乏严肃性。对此，他嘲笑和挖苦小布什和美国说：布什不敢与其辩论，是因为他“高傲和缺乏逻辑”，再次证明美国倡导的所谓自由民主是极其虚伪的。

内贾德不仅敢于挑战布什，而且敢于在联大会上给布什下战书，这充分表现了他超人的胆识和政治智慧。这真可谓是英雄虎胆挑战布什，困疲虎豹难接招。

与此同时，内贾德还从独特的视角提出了一个全新的理念，即在解决国际问题时举行“全球公投”可以说至今为止还没有任何一个国家的领导人提出过这种新颖的政治观点。他大声疾呼：“我们（伊朗人）提出解决国际问题的方案，他们（美国人）则提出他们的方案……我们将组织一个全球公投，让（全世界）人民来投票。”他还特别建议和强调：“得票更高的方案将付诸实施。”

内贾德再次向小布什下“战书”，正值海湾局势十分紧张和外界媒体纷纷传出“美国即将攻打伊朗”之时；而在这针锋相对的期间，美国也多次扬言要对伊朗核设施进行打击，而且从未排除动武的可能。就在内贾德向小布什发出挑战的同一天，新任美国国防部长说："尽管宣称外交和经济手段仍是美国解决伊核问题的优先选项，但同时强调'所有选项都摆在桌面上'。

与此同时，法国外交部长在接受本国电台采访时说：国际社会应为伊朗核问题做"最坏打算"，而"最坏（的可能）就是战争"。

但内贾德根本不相信这些扬言和蜚语，因为他此前早已断言过，没有哪个国家有胆量进攻伊朗，当然也包括四处插手的美国。

除了向小布什发出新的挑战，并投下"战书"之外，内贾德在接受采访时还特意谈到了伊朗核问题。他再次重申："西方国家没有理由因伊朗核计划对伊朗实施制裁。"他还声嘶力竭地申辩："西方不能对伊朗实施制裁。制裁的理由不成立，因为我们没有做错什么。"

内贾德进一步强调指出："国际原子能机构（IAEA）已肯定伊朗核计划没有不当的活动，因为伊朗愿意与国际原子能机构继续进行公平合作。"他继续指出：西方国家不能在建立国际机构、确立相关规定后"再破坏这些机构的职责，违反这些早已形成的规定"。

内贾德还明确声称："伊朗绝不会迫于西方国家的压力而终止铀浓缩计划。"

关于伊朗核问题解决的进展，除了8月21日伊朗与国际原子能机构会谈达成的协议外，8月30日国际原子能机构还在奥地利首都维也纳发表了一份报告，说：伊朗目前生产核燃料的进度慢于预期。同时，该报告还称赞伊朗在澄清过去核活动方面取得"显著进步"。

伊朗和平利用核能始终是内贾德全力捍卫的战略目标，也是他最为重视的计划。

9月16日，内贾德还强烈要求美国应该对伊朗意图发展核武器的指控公开向道歉。

在讲话中，他暗示如果美国攻击伊朗，伊朗将以石油作武器。但是，他在讲话时却这样声称："我们从未想把石当武器使用，或诉诸任何非法行动，但是如果美国采取行动对付我们，我们知道应如何予以回应。”

与此同时，国际社会担心美国攻击伊朗会导致伊朗停止石油出口，或封锁油轮主要航运海峡，这样必将导致油价飙升到历史新纪录。但是，内贾德从战略的高度断定，美伊两国不会爆发战争。

内贾德在发表电视讲话时用有力的语调向美国指出：“你们（美国及其西方盟友）基于错误的信息通过了两项（联合国）协议，现在你们发现那些信息纯属失实，你们要勇敢面对，站出来对伊朗承认‘自己犯了错’，并且向伊朗道歉。”

对于伊朗一再声称发展核计划是出于和平的目的，美国则一口咬定伊朗在暗中制造核武器的问题。对此内贾德强调指出：“全世界都发现美国的指控完全是错误的，伊朗的核活动是透明而用于和平的。”

就在前一天，即9月15日，国际原子能机构总干事巴拉迪提交的一份报告中也肯定了伊朗在铀浓缩问题上积极合作的态度。巴拉迪肯定地说：在澄清过去核活动方面，伊朗总体上是“诚实的”。

不过，巴拉迪同时又指出：伊朗在两年前对联合国核查人员的限令导致国际原子能机构无法完全排除伊朗秘密发展核武项目的可能性。

对于内贾德要求美国道歉的讲话，美国国务院发言人则回敬：“伊朗政府应该向它的人民道歉，因为他们一步步把国家与国际社会孤立开来。”

除了与美国方面在核问题上较劲外，内贾德还亲自致信法国新任总统萨科奇，以暗含威胁的语调回应法国日趋强硬的立场。

另外，内贾德还让瑞士（作为美国在伊朗的代表）这样的第三国为其提供浓缩铀的建议。对此，瑞士女总统卡尔来瑞于9月18日透露：瑞士准备促成伊朗和美国直接会谈。

在此之前，海湾合作委员会的六个阿拉伯国家也相继提出建议，即由一个多国财团负责向伊朗及其他希望发展核能的中东国家提供核燃料。该计划既可以允许伊朗继续开展其核计划，又可以消除国际社会对伊朗用浓缩铀发展核武器的担忧。对于这一点，此后内贾德在沙特出席欧佩克峰会时也透露，他将与其他阿拉伯国家在瑞士这样的第三国进行浓缩铀的计划。不过，他没有说明伊朗是否会考虑放弃自己的铀浓缩计划。尽管可能面临联合国越来越多的制裁，但伊朗坚持发展民用核技术的权利是不能谈判的。

瑞士女总统卡尔来瑞认为：国际社会在劝说伊朗放弃浓缩铀的问题上已经失败，而且能否通过压力让伊朗终止核计划也值得怀疑。

卡尔来瑞还特别指出："美国和伊朗之间应避免紧张关系的进一步加剧。"

不过，尽管到伊朗之外进行浓缩铀是个解决问题的出路，但瑞士能否同意在自己的领土上进行这一计划还很难说。

此外，联合国安理会五个常任理事国与德国的代表9月19日将在鲁塞尔举行会议，专门讨论是否对伊朗实施新的制裁。据国际原子能机构在报告中说：伊朗按照承诺向国际原子能机构提供了过去核活动的数据。但该机构的另一份报告又指出：伊朗并未遵照联合国安理会的要求停止铀浓缩的活动，而且拥有3000台离心机。

关于伊朗在境外进行铀浓缩的问题，沙特阿拉伯外交部长说：根据波斯湾合作理事会六个成员向伊朗提出的建议案，该理事会成员的多国国际财团将提供浓缩铀给伊朗境内的发电厂。

这座设施生产的核燃料将由这个国际财团提供给伊朗或其他希望建立核发电计划的中东国家。对此，他认为："我们认为这座设施应该设在中立国家——瑞士。"

除此之外，9月18日，伊朗外交部发言人尼却宣称伊朗和平核活动是透明和正确的。他强调指出：国际原子能机构总干事巴拉迪最近提交的新报告"再次证明了伊朗和平核活动的透明度和正确性"。

发言人继续指出："巴拉迪的报告'已经消除了部分国家针对伊朗核活动做出的无端的和毫无根据的指责'。"

他还强调："应当避开任何针对伊朗核问题采取的非逻辑和非法律的

政策”，希望“有影响力的国家采取逻辑方式支持伊朗与国际原子能机构进行的公开合作”。

他还特别警告：“新一轮制裁伊朗的决议将破坏伊朗与国际原子能机构展开建设性和积极的合作……通过任何针对伊朗活动的新制裁举措将对双方所执行的计划进程产生负面影响。”

他在谈到伊拉克问题时则指出：“美国官员最近做出的与伊朗和伊拉克混乱局势有关的无端指责是为了继续推行华盛顿转移公众视线的政策。”

他还特别强调：“加强马利基政府的作用、加强伊拉克警察和安全部队在反恐方面的行动及减少外国军队的干涉性政策是建立伊拉克安全的最重要因素。”

关于扣留英国水兵的问题，他对媒体说，委内瑞拉总统查韦斯将协同该国扣留英国士兵以来，伊朗要求英国政府道歉，认为这是解决问题的先决条件。尽管英国始终没有道歉，但伊朗在这场外交风波中的表现令西方国家不可小觑，甚至表现得相当出色。

早在9月4日，内贾德就决定释放15名英军水兵。这天，他在举行的新闻发布会上宣布：伊朗将立即释放因“非法进入伊朗水域”而被扣留的15名英国水兵。

不过，内贾德还以胜利者的语气特别指出：伊朗作出上述举动不是因为与英国达成了协议，而是“伊朗人民送给英国人民的一份礼物”。

在此，内贾德充分展示出了一种超人的胆识，越是在逆流到来时，越是在紧张的局势面前，他越是要与以美国为首的西方国家较劲和展示出斗争的策略。这就是他惊人的英雄虎胆和战略智慧的表现。

阴影笼天空　战争一触发

由前面我们得知，在出席联大会议前夕，内贾德再次语出惊人，公开提出要与美国总统小布什在联合国大什公开辩论，公开挑战小布什；还提出“让全世界人民投票”的主张，再次在国际社会引起强烈反响，各国纷纷对此发表评论。

对于内贾德提出的与小布什公开辩论的提议，美国方面第二天就拒绝了。

2007年9月17日，美国白宫发言人说：美国拒绝伊朗总统艾哈迈德·内贾德提出的有关美伊两国总统在联合国大会上进行辩论的提议。

发言人还透露：美国方面已经向艾哈迈德·内贾德发放了签证，他可以来纽约出席联合国大会。

美国总统小布什和美国政府对内贾德的态度依然很傲慢。

除此之外，内贾德在9月16日发表的有关伊朗核问题的言论，同样在国际社会上引起了强烈反响，一些西方国家纷纷要求加大对伊朗的制裁力度，其中法国表现得尤为突出。

就在内贾德发表讲话的当天，即9月16日，法国外长库什内告诉媒体：国际社会应该准备在核问题上与伊朗进行一场战争，但寻求对话解决仍是目前的首选方案。

库什还危言耸听地宣称：“我们已经做好最坏的打算，那就是战争。但我们不能放弃与伊朗在核武器开发问题上的谈判。”

他认为：一旦德黑兰拥有了核武器，那将是“对整个世界的真正威胁”。他把伊朗核僵局视为当前的“最重大危机”，并强调法国政府决不会接受伊朗拥有原子弹，同时暗示军方正在制定针对伊朗的行动计划。不过，他同时又说：“虽然战争不会很快发生，但我们必须为任何不测提前做好准备。”

他继续说：法国希望欧盟能够撇开联合国安理会采取针对伊朗的制裁措施，迫使伊朗放弃核计划。

他还告诉媒体：“法国已经决定，在谈判进行的同时准备制定针对伊朗的最终制裁方案，这是我们的朋友德国建议我们这么做的。”

另外，他透露说：法国政府已经要求法国的几个大公司终止与伊朗的商业往来，不要与伊朗签署新合同或在伊朗开展新项目。

然而，就在法国外长发表威胁伊朗言论的第二天，即9月17日，法国总理却强调必须竭尽全力避免与伊朗开战。此前，在美、德、法、英、俄、中六国的支持下，联合国已经对伊朗实施了两轮制裁，因为伊朗拒绝停止铀浓缩活动和其他可能用于制造核武器的敏感活动。曾在2003年强烈反对美国入侵伊拉克的法国，自尼古拉·萨科齐当选总统以来立即改变了对外政策，并率先要求对伊朗实施进一步制裁，同时扬言有可能对伊朗采取军事行动。

因此，法国总理在法国西部城镇昂古莱姆接媒体采访时强调指出："必须竭尽全力避免战争。当前形势对世界其他地区而言可能会变得极度危险，而法国的角色就是引领（国际社会）和平解决这一问题。"

与此同时，他还肯定了外长关于危险局势应当严肃对待的观点。

不过，还是在这天，外长对几天前的高调讲话有很大收敛，而且声调软了许多，并将注意的焦点从战争威胁重新转移到呼吁进行艰苦的谈判上，以此来迫使伊朗放弃关键的核活动。

另外，美国国防部部长在回应法国方面的讲话时说：目前美国政府仍将通过外交和经济手段与伊朗进行接触，这是最终解决争端的最好方式。

面对法国的不友好言行，内贾德要求伊朗外交部立即进行有力回击。因此，伊朗外交部发言人通过国家通讯社发表声明说："使用制造危机的言辞，与法国崇高的历史文化地位相悖，与法国的文明相悖。"

此前，法国总统萨科齐扬言可能要对伊朗开战，他认为世界主要大国所进行的外交努力是替代"伊朗炸弹或轰炸伊朗"的唯一选择，并说后者将是"灾难性的"。另外，法国认为：欧盟应当考虑跳出联合国框架，单独对德黑兰实施制裁。

对于法国政府要求该国石油巨头道达尔等公司不要参与伊朗的招标活动问题，伊朗议会外交政策和国家安全委员会主席批评指出：萨科齐及其政府的立场"草率且有失公平"，这将损害两国的经济关系。他还要求法国向伊朗道歉。

此外，作为欧盟成员国，德国经过深思熟虑后也不赞成对伊朗动武。德国外交部发言人说：柏林绝不考虑用战争手段。

他强调说：德国政府正全力推动通过外交手段解决问题，而“所有其他的选择还没有提上议事日程”。

另外，意大利外长也在9月17日这天强调：由于伊朗的核计划问题而谈论开战不会达到任何目的，国际社会应该留出更多时间使制裁和外交行动发挥更大作用。

面对来自美国和以色列的军事威胁，伊朗已有600枚“流星3”导弹瞄准以色列和美国的目标。一旦伊朗或叙利亚遭到攻击，伊朗就会立即发射这些导弹袭击以色列境内目标。美国在伊拉克的目标也在伊朗导弹的射程之内。而这600枚导弹只是伊朗做出反应的第一步。

对于法国外交部长发表的有关对伊朗动武的威胁言论，伊朗外交部发言人在发表声明时谴责：库什内的言论会破坏法国在世界舆论，特别是在中东地区舆论中的可信性。

应该说，伊朗核问题引发的紧张局势再度风起云涌，就在法国扬言要对伊朗动武的同时，内贾德也随即强硬地声称：如果以色列对伊朗发动军事打击，伊朗将对以色列采取报复性轰炸，并且已经制定了相关作战计划。

与此同时，面对联合国可能进行的新制裁等问题，内贾德和伊朗政府从战略上做了两手准备。这两手准备如下：一是以《不扩散核武器条约》为武器，占据法理的制高点。同时，在国际上广泛地宣传伊朗无意研制核武器，发展核技术是为了和平利用核能。这一策略能使伊朗发展核技术获得法律依据。二是分化美国与其他大国的势力。因为在2006年1月美国组织建立了由联合国安理会5个常任理事国加德国组成的磋商伊朗核问题的国际机制，还不断对其他五国施加影响，力图保持五国与其一致对伊朗进一步施压。在这种情况下，伊朗可以充分利用欧盟、俄罗斯和中国与美国立场的差别和利益的不同，对6国机制进行分化。此外，内贾德清楚地看到，伊朗核问题说到底是美伊之间的斗争。美国的终极目标就是改变伊朗的伊斯兰政权，核问题只是个切入点和突破口。美国选择解决问题的方式无非有这样三点：谈判、制裁、动武。但伊朗的核心利益是维护伊斯兰政权，而核技术涉及伊朗的国家安全、地区大国地位和国内的民意，因此要伊朗放弃发展核技术是绝对不可能的。这样一来，伊朗在选择发展和拥核问题上几乎没有退路，只能在拥核的规模和透明度方面作出策略性让步。

由于对谈判不抱什么希望，美国选择是制裁伊朗，不过在伊朗与国际原子能机构采取合作态度的情况下，就制裁伊朗的问题要求六国取得一致意见也越来越困难。在这种情况下，美国政府内部要求小布什在任期前对伊朗实施空中打击的呼声再次高涨起来。

从伊朗方面来说，针对美国的军事威胁，伊朗积极在军事上做好了与美国开战的准备。与此同时，以内贾德为首的伊朗最高决策层在研究分析时认为，目前美国深陷伊拉克的泥潭中无力进攻伊朗，因此将对伊朗动武的情报视为美国的“心理战”。另外，内贾德在不断发表辞强烈的言论的同时，也在外交上尽力破解美国的制裁。这也是内贾德与美国小布什政府较量的重要战略之一。

另外，小布什曾反复强调指出：对伊朗“所有的选择都放在桌面上”，但也不放弃动武的选择。

从常规的角度来说，一个理智的政治家都不会首先选择战争。同时，历史也充分证明，发动战争的决策往往不是理智的政治家做出的，大都是丧心病狂者做出的。但是，由于高傲的美国历来好战，因此进攻伊朗的可能性也不能排除，也许真的有一天美国就会发动伊朗战争。

不过，美国在解决伊核问题和朝核问题上却有所不同，尽管朝鲜和伊朗同样被美国看作“邪恶轴心”国家，美朝两国却可以面对面坐下来谈判，而且朝鲜也可以被纳入六方会谈的框架。美国却拒绝与伊朗坐下来谈判，同时拒绝将伊朗纳入多方会谈机制。美国之所以采取这种态度和立场，其根本原因在于朝鲜和伊朗在美国全球战略中的地位不同。美国尽管深恶痛绝朝鲜的社会主义制度和政权，但由于朝鲜位于中、俄、日、韩之间，目前对美国的全球战略利益不构成严重威胁，伊朗却在伊拉克战后迅速在中东崛起，并直接挑战美国的战略利益。因此，伊朗对美国的威胁远胜于朝鲜，致使美国必欲除之而后快，特别是内贾德的一贯强硬态度和伊朗核问题又是美伊关系恶化的重要因素。

美伊两国关系日趋紧张，并充满火药味，也引起了国际社会的广泛关注，进而对此议论纷纷，媒体也争相报道。俄罗斯某家权威报刊于9月18日发表一篇题为《美国人会攻打伊朗吗》的文章，对美国是否会攻打伊朗进行了另一番分析。该文认为：美国对伊朗动武有三种可能采取的方案。

该文还引用了法国外长发表的可能要对伊朗开战的讲话，接着说五角大楼已经确定了打击伊朗境内2000个目标的清单，石油价格可能会很快上涨到每桶150美元。随后，该文发出一连串疑问：事态确定正朝着战争的方向发展吗？那么将发生什么样的战争？是伊拉克或阿富汗那种旷日持久的真正战争，还是在不出动陆军的情况下只轰炸核设施呢？

接着，该文在分析时提出了三种可能实施的作战方案。这三种方案如下：

第一种方案：像在伊拉克那样出动陆军，占领德黑兰，推翻“阿亚图拉政权”。要想“彻底解决”伊朗核问题，此举当然是最可靠的办法。仅占领伊朗的行动就可以确保美国人彻底毁掉德黑兰的核计划。另外，除掉在反美方面比已被绞死的萨达姆更甚的内贾德具有很大诱惑力。但是，美国是否能在发动战争后达到这个目的呢？这一点似乎连美国也没有完全的把握，因为伊朗与当年被制裁搞得非常虚弱且军队处于半解体状态的萨达姆政权显然不同。此外，由于伊朗面积相当于3个法国，加之拥有7000万人口，占领它已经是个很大的问题，而要控制住它，即使是世界上唯一的超级大国美国也未必能胜任。如果要完全占领伊朗至少需要50万美国士兵，而不是像在伊拉克那样只驻扎16.8万部队。那么，美国有如此数量的后备部队吗？美伊大战必然需要的数千亿美元又从哪里来呢？这是摆在美国面前最严峻的问题。还有一点值得注意的是，如果美国进攻伊朗，也必将使俄罗斯受到威胁，俄罗斯岂能坐视不管。

第二种方案是从空中和海上对伊朗发动攻击，对确定的1200个目标进行狂轰滥炸。其战略意图是让伊朗主要的"战略设施"瘫痪，使伊朗的核计划倒退几十年，甚至回归到零，同时尽可能消灭伊朗最高领导人，以达到树倒猢狲散的目的。与地面进攻相比，这种作战方案对美国人有很大保护作用。兵员损失将不会数以千计，顶多损失几十人（被击落战机的驾驶员）。然而，这样外科手术似的打击根本无法让伊朗人停止核计划。如果不占领伊朗，美国人怎么能知道哪些地下实验室被摧毁了？哪些又没有被摧毁呢？另外，轰炸会导致伊朗统治者对美国持更加不妥协的态度。可以肯定的是，伊朗人会联合给驻伊拉克和阿富汗的美国军人制造极不愉快事件。特别是在伊拉克，那里倾向于德黑兰的什叶派占人口的大多数，这样一来必然会使中东局势变得更加动荡和更加错综复杂化。因此，美国和伊朗方面均看到了这一点。

第三种方案是美国不对伊朗进行军事打击，不会爆发战争。美国人以强大的政治攻势故意向媒体透露五角大楼对伊朗作战计划，只不过是以此向伊朗施加心理压力，同时也向其他一些仇视美国的国家施加压力。这种做法可能会在伊朗危机将成为焦点的联合国大会召开前夕带来一些效果。美国的如意算盘是自己的伙伴们害怕采取军事行动，因而同意采取其他的替代方案，例如对德黑兰采取新的制裁行动。

该文还分析：与此同时，美国和其他许多国家并不抱什么幻想，因为任何制裁都阻止不了内贾德的行为。毕竟他公开向美国发出挑战并不是为了退缩，也不是要完成布什提出的各种要求和终止核计划。好像伊朗人并不相信华盛顿会下决心与他们开战，因此在许多国际场合才表现得如此咄咄逼人。

然而，不管美国是否会对伊朗开战，内贾德从国家安全利益出发都做好了一切应对准备。同时，无论在什么情况和局势下，他都绝不会向美国屈服。

这就是笼罩在伊朗上空的战争阴影。

进攻与反击　智勇殊较量

面对美国越来越强烈的战争威胁，以强硬著称的内贾德毫不惧怕，而是沉着冷静地应对。

面对美国人拒绝他参观世贸大楼遗址，内贾德也是坦然应对，并没有为此破口大骂美国。特别是在“9·11”事件发生时，正担任纽约市长的朱利亚尼却丑化和指责内贾德：“伊朗现在为‘基地’组织头目拉登的儿子和其他‘基地’领导人提供庇护，为伊拉克的非法武装分子运送武器，而内贾德是个对美国和以色列发出威胁的危险人物。”

朱利亚尼还恨之入骨地说：“‘零地带’是全体美国人民的神圣地带。参观计划如果被批准，会令美国人忍无可忍。”

面对来自美国人如此恶劣的态度，内贾德却不以为然，对美国并不那么深恶痛绝。他在接受媒体采访时仍然充满希望地说：“尽管美伊两国近期关系紧张，伊朗仍希望与美国和平共处、友好往来。”

内贾德这样说并不代表他对美国的强硬立场发生了松软的变化，也不代表他要与美国达成什么妥协。在不放弃核计划的情况下，内贾德愿意与美国和平共处、友好往来。这一点充分体现了他在外交战略上的灵活和务实。

2007年9月19日，在这个晴朗的秋日里，内贾德在伊朗西部省份洛雷斯坦省雷勒姆·阿巴德市考察工作时，再次向该市民发表了态度强硬的讲话。他的讲话仍然充满了惊人的鼓动力。他在讲话中挥舞着有力的手势，高呼着指出：“如果谁企图侵犯伊朗民族的权利，那么伊朗人民将让他后悔莫及。”

内贾德在讲话中手舞足蹈地指出说：“伊朗的核活动完全出于和平目的，国际原子能机构的核查人员已经证明了这一言论的真实性。”

他还特别呼吁和强调：“国际社会应该尊重伊朗民族掌握和平的核技术的权利。”

在讲到一些国家领导人的胆量和与人民的关系时，他笑着指出：“那些拥有核武器国家的首脑甚至没有胆量走到人民中去。”

他接着用坚定的语气强调:“……如果国际社会无视伊朗民族的愿望,伊朗民族将选择自己的道路。”

在讲到霸权主义问题时,他尖锐地指出:“……当今世界控制在霸权势力手中。”

在讲到和平和稳定的问题时,内贾德满怀希望地宣称:“伊朗民族希望各国之间、尤其是伊朗邻国和伊斯兰国家之间实现和平与稳定并建立公正的国际新秩序。”

内贾德曾无数次声称伊朗有和平利用核技术的权利,伊朗并不想拥有核武器和威胁他国。9月20日,国际原子能机构总干事巴拉迪也认为:伊朗对国际社会不构成“直接威胁”,伊朗核问题应通过谈判解决。

9月20日,法国总统萨科齐对待伊朗核问题的态度也明显软了许多。他在通过电视发表讲话时指出:伊朗试图拥有核弹是“难以接受的”,但法国不想与伊朗开战。

萨科齐发表讲话主要是针对法国外长在9月16日发表的有关国际社会应为伊朗核问题做“最坏打算”,而“最坏(的可能)就是战争”的言论,因为这一爆炸式言论引起了世界的关注和伊朗的强烈反应。对此,萨科齐还辩解说:外长原本不想用“战争”一词,他本人对此已经作了补救性解释。

不过,萨科齐同时又指出:“国际社会是通过磋商、对话和制裁说服朝鲜和利比亚放弃核计划的,如果制裁力度不够就应该加强。”道理很简单,我们应该禁止的不是以民事用途为目的核项目,而是以军事用途为目的的核项目。

这次内贾德没有回应萨科齐的讲话,他认为这无非是西方国家玩得另一番花招。

时间到了9月20日这天,针对美国警方拒绝内贾德参观世贸大楼遗址的问题,美国总统小布什也发表了讲话。他在讲话中表示,他完全支持纽约市政府作出的禁止伊朗总统艾哈迈德·内贾德下周在出席联大会议期间参观世贸中心遗址的决定。

与此同时，美国国务院副发言人也宣布：纽约市政府拒绝了艾哈迈德·内贾德参观世贸中心遗址的请求，因为纽约市政府认为不能向他提供足够的安全保证。

早在2001年9月11日，纽约世贸中心双子塔楼在遭到恐怖分子劫持的两架飞机的袭击后倒塌，同时造成数以千计人员的伤亡。

尽管美国对伊朗的态度越来越强硬，同时积极加强部署的海湾地区的军事力量，但美国政府并没有明确宣称要攻打伊朗。

随着伊朗核问题再度陷入僵局，美军在海湾重兵云集，导致美国将对伊朗动武的传言四起，一时间成为国际社会的热点话题。外界认为，美国很可能采取"闪电战"打击伊朗。所谓"闪电战"，到目前为止已经历了地空闪击、海空闪击、立体闪击和精确闪击四个阶段。例如，在2003年美国发动的伊拉克战争中，美军就采取了"精确闪击战"的战术，这一战术使全世界为之震动。该战术也令人耳目一新。

9月20日，英国媒体发表了一篇题为《五角大楼规划"三日闪击"伊朗》的文章。该文透露：五角大楼已拟定大规模空袭计划，用以对伊朗境内的目标实施大规模空袭。美军将在3天内一举清除伊朗的全部军事实力。

早在伊拉克战争中，美军在强大的战场信息情报的帮助下，完全改变了过去那种"重兵压境、长期空袭"的作战模式，充分利用信息主导、精确打击、直取要害等战术迅速达到了战争目的。尽管美军在伊拉克战争中达到了目的，但伊朗却与伊拉克不同，究竟采取什么样的作战手段才能达到战争的最终目的呢？这使得美国五角大楼依然举棋不定。这于这一点，在外界看来，就目前情况看，美国对伊朗的军事打击将会采取以下几种方式和手段：

其一是："外科手术"式的有限闪击，即出动战机进行空中打击或者发射远程导弹袭击伊朗核设施、军事基地以及生产导弹的工厂。从中东整体战略的角度来看，迟滞并迫使伊朗核能力发展进程倒退是美国的首要目标。因此，通过"外科手术"式的有限空袭行动将发展核武器的能力从伊朗政府身上"切除"，将是美国军事打击伊朗时的首选模式之一。

其二是:“科索沃”式的全面闪击,即借助大规模、高密度的空中打击行动摧毁伊朗的基础设施、工业目标,以此打压伊朗政治领导的意志,动摇其统治地位,从而引发伊朗社会内部分裂,迫使内贾德政府屈服。从目前中东地区形势和美军的部署情况来看,美军已经具备实施大规模空袭的条件。

其三是:“伊拉克”式的精确闪击,即美军通过“斩首领导人”、“清除核设施”和“推翻内贾德政权”三个阶段,对伊朗发动空袭与地面作战相结合的“空地一体战”。美国在伊朗的最终战略目的是控制伊朗石油并进一步完善在中东地区的战略布局。因此,“空地一体战”能够实现美国推翻伊朗现政权——内贾德,并建立一个亲美政府以及维护战后美国在这一地区利益的根本目的。

虽然美国制定了几种完整的作战计划,但对伊朗究竟采取哪一种作战方案却至今举棋不定,从军事上无法下最后决心,这是因为其中存在多种制约因素。外界认为:美国在达到军事战略目标时,也不排除可能采取以往传统的战略战术,同时也许美国对伊朗进攻的模式会大大出乎人们的意料,不过这主要看时局和战局的发展而定。

面对美军越来越严重的军事威胁,内贾德和他的政府并没有畏惧和退缩,而是采取了更加强硬的态度,迎战而上。这是由于一方面伊朗的军事实力显然要高于伊拉克,而且伊朗的国情也与伊拉克明显不同,伊朗国民的反美情绪普遍高涨,同时还有许多与美国较量的筹码;另一方面,内贾德看准了美国的心理战术,于是与美国展开心理较量,发动全民做好“圣战”的准备。应该说内贾德和伊朗政府面对美国的军事威胁,也做好了防御和反击的两手准备。内贾德进行的反击准备主要有以下几种:

第一,导弹是反击的王牌。伊朗现拥有54万常备兵力和35万预备役士兵,军队数量在中东地区名列第一。另外,尤其是伊朗可以像生产小汽车那样,大量制造“流星3”型中程弹道导弹。该导弹可以灵活地在公路上机动发射,射程达1500公里,美国建在中东地区的诸多军事设施都在导弹射程之内。

第二,采取非对称作战战术。即以“游击战”和“机动战”为主的“非对称作战”战法，走小国对诸如美国这样的强国实施最有效打击的捷径。例如，伊朗曾举行过“神圣追随者”演习，就是以美军从伊拉克和海上两个方向入侵伊朗为“假想”，演练了伊朗军队如何进行反击。可见，伊朗军民已充分做好反击美军的准备。

第三，作战环境。伊朗能够抗衡美国的一个重要因素，就在于它的作战环境与伊拉克有着很大的不同。伊朗西部靠近伊拉克有扎格罗斯山脉，向东一点是与之平行的库赫鲁德山脉，西南部和南部还有许多平行的山岭，北部沿里海处有厄尔布尔士山脉，形成从北面护卫德黑兰的天然屏障。因些，无论是美国陆军的重装甲部队，还是海军的空中打击力量，难免会受到以上复杂的地形限制，并会给美军的作战带来很大影响和许多困难。

第四，“边缘化”报复手段。一旦遭到美国打击，伊朗有可能动用包括派特种部队渗透至阿富汗和伊拉克进行破坏、布设水雷封锁霍尔木兹海峡以影响世界能源供应等多种“边缘化”的手段来实施报复。

最后也是最重要的一点，即伊朗拥有狂热的宗教精神。尽管伊朗国内也有这样那样的矛盾，但由于宗教在国家政权、人民生活中的影响很大，总体上使国家凝聚力很强。一直以来，伊朗最高精神领袖始终都在号召全民，甚至全世界所有的伊斯兰对美国发动“圣战”。宗教在伊朗政权中占有十分重要地位，它不但为国民提供了强大的向心力，同时更使伊朗军队具有狂热的自我牺牲精神。

美国在发动伊朗战争后，可能会在军事上取得胜利，但无法在“文化战”中取得胜利。外界媒体和人士分析认为：伊拉克战争已经证明，技术优势使美军能够打赢“网络中心战”，但却缺少文化感知能力和战争艺术来打赢一场“文化中心战”。当前，军事行动中文化因素的重要性并不亚于战略战术的重要性。一旦对伊朗战争打响，战争就可能越来越具有宗教（伊斯兰教和基督教）对抗的性质，甚至是文化和文明对抗的性质。

美伊一旦开战，很可能导致以下几种结果：第一，大量人员伤亡无法避免。美军计划攻打的伊朗核设施大部分都在人烟稠密的地区，一旦行动，必将造成大量伤亡。如果伊朗进行反击，死亡人数必将大量增加。第二，美军打击的重点是核目标，如果美军突袭核电站，必将造成极为严重的辐射污染，将祸及整个地区的生态安全。第三，它可能引发世界性能源危机。一旦遭到打击，伊朗可能首先会封锁霍尔木滋海峡，切断从波斯海湾到印度洋的石油运输要道，停止对欧洲的能源供应，从而引起连锁反应，导致世界油价急剧上涨，引发能源危机。第四，将使大规模杀伤武器肆意扩散，恐怖袭击浪潮迭起。一旦遭到美国袭击，伊朗必然会退出《不扩散核武器条约》，加速核武器研制进程，向地区国家扩散各种大规模杀伤性武器，给世界带来更严重的安全威胁。

还有最让国际社会担心的就是，真正打起来将不再是简单的地区冲突，而是伊斯兰世界同西方国家的混战。战争爆发后，伊朗还可能利用对所有什叶派穆斯林的影响，鼓动伊拉克什叶派武装发起反美浪潮，对驻伊拉克美军展开各种各样的袭击，使美军更加陷入战争的困苦之中。同时，还可以充分利用黎巴嫩真主党武装对以色列发动攻击。这样一来，伊拉克、以色列、黎巴嫩和其他国家将会被卷入战争及武装冲突中，因此伊朗战争将有可能演变成伊斯兰世界与西方国家旷日持久的混战，使本就复杂的中东局势陷入更加可怕的动荡之中。

一旦出现这种混战的局面，交战双方谁也不可能成为事实上的赢家。美国和伊朗仿佛都看到了这一点。

由于这些利害因素，权衡利弊，小布什政府至今迟迟不敢对伊朗动武。同时，美国政府也为此陷入深深的打与不打的矛盾之中。打吧，美国很可能付出惨重代价，而又达不到战争的预期目标；不打吧，伊朗的核问题又很难以解决，对于任何制裁伊朗的决定内贾德都不买账和不屈服，仍然坚持走核发展道路。面对这种僵持的情况，美国焦头烂额。

与此同时，内贾德始终断定美国不会对伊朗发动进攻，因为对于美国来说，国内和国外因素都不有利于美国对伊朗发动战争。因此，他从战略的高度看到了这一点。

另外，内贾德也认为，即便美国对伊朗发动战争，伊朗也将迎头痛击美军，使美军陷入伊朗人民战争的汪洋大海中，让美军官兵在伊朗的土地上尸横遍野，付出惨重代价。用他的话说，就是让侵略者后悔莫及，陷入无法自拔的深渊和泥潭之中。

旅美会元首　强烈吸眼球

随着第62届联合国大会的日子临近，内贾德正积极准备出席联大会议。尽管联大不能解决国际间矛盾和冲突的根本性问题，内贾德仍将以精神格外焕发的新姿态出现在这次联合国大会上。

内贾德将前往美国纽约出席联大会议事，再次引起了国际社会的广泛关注，各国媒体争相报道，他也成了国际上最引人关注的人物。据说，美国的大学将特邀他发表演讲。

2007年9月20日，在内贾德出席联大会议前夕，尽管遭到美国国内多方的极力反对，哥伦比亚大学仍然决定邀请他于9月24日在该校发表演讲。另外，他还将参加哥伦比亚大学主持的世界领导人论坛，以及与该校师生举行互动问答等活动。

内贾德欣然接受了这一邀请，他认为这是与美国知识界一次难得交流和沟通的机会。

然而，美国的一些政府官员都对哥伦比亚大学邀请内贾德发表演讲表示反对，纽约市议会议长还强烈要求哥伦比亚大学立即取消邀请，并危言耸听地说："纽约市任何地方邀请艾哈迈德·内贾德作为嘉宾都是对全体纽约人的冒犯。"

9月20日这天，美国哥伦比亚大学发言人说："学校2006年出于安全等考虑，取消了艾哈迈德·内贾德的演讲计划，但今年不会取消这一邀请。"

由此可见，具有传奇色彩的内贾德对美国民众和大学生们也产生了巨大吸引力。9月23日这一天气格外晴朗，经过充分的准备，内贾德将离开伊朗飞往美国纽约出席第62届联合国大会，对他来说这是一次具有重要意义而又隆重的大会。

在登机飞往美国前，内贾德还在德黑兰的梅赫拉巴德机场接受了国内外记者们的采访。在采访中，他满脸笑容而又开心地回答了记者们的提问。

采访结束后，内贾德精神焕发地登上飞机。走到飞机门前时他停了下来，并转过身来，露出春风般的笑容不断地挥动着双手，亲切地向机场的人们道别。这天，他没有穿西装，而是穿着一件灰色的夹克衫，显得格外朴素。

当天晚上，内贾德乘专机飞抵美国纽约市，准备出席第二天在联合国总部举行的第62届联大会议，以及在美国哥伦比亚大学发表演讲。此外，他还将在联大会议上发表演讲。

对于演讲的意义，内贾德在飞抵纽约前自信地告诉本国媒体："……我去美国会给美国人一次倾听不同声音的机会。"

他还说："美国是一个拥有3亿人口的重要大国。出于某些问题，美国人民过去没有得到关于全球发展准确清晰的信息，他们也想听到其他民族不同的观点。"

根据联大会议的安排，内贾德将于9月25日在联大会议上发表演讲。与2006年在联大演讲时一样，他此次也被排在美国总统小布什之后发言。他的发言将与往常一样是十分惊人的，尤其是其中新的反美言论。这也是他再次与小布什针锋相对的较量。

尽管内贾德对参观世贸大楼遗址遭拒绝而感到遗憾，但并没有为此过多指责美国。不过，他说出了要去参观世贸大楼遗址的理由。他说："一般来说，你去这些地方表达敬意，同时也可能就这种事件（"9·11"恐怖袭击事件）的根源发表一番见解。"

在前往美国纽约的当天，内贾德还十分高兴地接受了美国哥伦比亚广播公司的采访。在采访中，他向美国媒体着重强调的一点就是：伊朗既不需要核武器，也不想同美国发生战争。

他强调说："所谓伊朗和美国正在走向战争的想法完全是一种错误。"

在谈到伊朗核问题时，他再次重申：伊朗的核计划完全用于和平目的，而且是"非常透明的"。

他还用十分响亮的语调指出："使用核武器的时代已经过去。就今天的国际政治关系而言，核武器是没有作用的。"

在谈到伊拉克问题时，内贾德坚决拒绝美国有关伊朗干涉伊拉克事务、向伊拉克教派武装提供武器装备及培训的指控。他说："伊朗没有必要这样做，因为伊拉克局势动荡同样损害伊朗的利益。"

9月24日，在联合国大会召开前，内贾德再次接受了媒体的采访。他通过媒体发表声明："伊朗从不寻求扩张领土，不会攻击任何国家。"

他还特别强调：伊朗采取的是防卫政策而不是进攻政策。

对于外界传言美国即将对伊朗动武的问题，他表示不相信美国正在准备发动对伊朗的战争。接着，他用有力的语调指出："所谓美国准备袭击伊朗之说是要服务于美国国内的大选和掩盖美国在伊拉克战争中的失败。"

他在讲话中还再次表示：希望在联大开会期间能够与美国总统小布什就国际问题进行辩论。然而，美国方面是绝对不会同意的。

对于内贾德不会攻击任何国家的讲话，媒体认为，这显然是针对以色列而言的。然而，就在9月23日这天，当内贾德对媒体宣称美国不会对伊朗发动战争时，英国媒体却大肆鼓吹美国已做好了军事攻打伊朗的准备。该国媒体还发表了一篇题为《美国组建秘密空军小组完善打击伊朗计划》的文章。

文章认为：随着美国同伊朗关系日趋紧张，美国空军已经建立了一个高度机密的战略策划小组，以使与伊朗的紧张关系升级时"计划打下一场战争"。

该文透露，这个名叫（国际象棋中）"将死"的秘密小组是五角大楼在2007年6月悄悄建立的，其前身是策划1991年海湾战争中的空袭行动的组织。

这个战略策划小组直接由美国国防部领导，并直接向美国空军参谋长迈克尔·莫斯利将军汇报工作。该小组成员由20至30位空军高级军官、国防和网络战专家组成，均是美国军界的精英。该小组还拥有特殊的权力，可以直接与白宫、中央情报局和其他情报机构联系。

“将死”秘密小组的主要任务是充当空军的智囊团，为战斗拟定创新型战略，并评估未来美军对空战、太空战和网络战的需求。

这个秘密小组的主要负责人是一位名准将，并且被美国军方视为空军将领中的佼佼者和精英。

不过，尽管美国策划了周密攻打伊朗的计划，但在真正对伊朗动武的问题上，小布什政府却面临着巨大的阻力，就连美军参谋长联席会议都表示反对。一位美国军方人士说：“……我们都觉得这不是个好主意，但假如总统下令要求我们这么做，我们还是会执行。”

与此同时，美国前中央司令部司令认为既然不能阻止伊朗拥有核武器，那就干脆承认伊朗是个核国家。他对媒体说：“我们应该尽一切努力阻止伊朗获得核武器，但假如这一切都失败了，我想世界上也能接受一个拥有核武器的伊朗。”

然而，他的讲话却引起了一些美国官员的担忧，认为伊朗一旦拥有了核武器，很有可能会用核武器来武装真主党这样的激进组织，这就会滋生核恐怖主义。对于这一点，美国伊朗政策委员会的退役空军中将说：“你可以威慑伊朗，但没有任何战略能阻止核恐怖主义。”

他还说：“我们可以打赢伊朗，这是毫无疑问的，但问题是打赢了以后该怎么办？怎么让伊朗人知道这不是针对他们，而是针对伊朗政权的呢？”

这充分表明了，美国人还拿不定主意是否要攻打伊朗。而伊朗就像卡在美国喉咙里的一根鱼刺，想吞又吞不进去，想吐又吐不出来。

据说，“将死”秘密小组除了为打击伊朗的行动出谋划策之外，同时还研究朝鲜可能对美国构成的威胁，并对这种威胁加以评估。

不过，不管美国什么小组在策划攻打伊朗，正如内贾德一针见血地指出的那样，美国不可能对伊朗发生战争。这一点也是他出席联大会议期间要大力宣扬的。

内贾德在政治舞台上是个善于打宣传战的高手。对于这一点，正如外界媒体说的：内贾德善于打宣传战，他到纽约出席联合国大会，又应邀参加哥伦比亚大学的世界领袖论坛，其真正的用意是要抢占舆论阵地。此外，他还经常使出怪招或惊人言论，令美国政界难于应付。因此，内贾德无疑又是此次联大会议上最受关注的热点人物。

9月24日，就在内贾德前往美国哥伦比亚大学发表演讲前夕，该校一些学生对他的到来表示强烈抗议，并在校大门外举行示威。抗议的学生们高举标语牌，还齐声高呼“不要向他提供仇恨平台”等口号，同时攻击他是“希特勒再世”，因为他几次公然否认纳粹大屠杀事实。

几个纽约州众议员还气急败坏地说：哥大根本就不该邀请“这名狂人、这个小希特勒”。

与此同时，华盛顿全国新闻大厦外也聚集了很多示威者，对内贾德的到来表示强烈抗议。而内贾德并不理睬这些抗议，依然对他们笑容满面。

然而，当内贾德赶到新闻大厦时却迟到了10分钟，因此未能准时出现在纽约的电视直播时间，真不知是他有意还是无意迟到。

内贾德到达新闻大厦后，随即发表激昂而豪迈的演说。但是，伊朗代表团却在他激昂演说的半途，突然通过新闻俱乐部表示必须要提前15分钟离开这里，以便在内贾德总统到哥伦比亚大学演说前进行祈祷。

内贾德演说时没系领扣，而且戴着眼镜的他在新闻俱乐部一开口就失去了观众。他的讲话翻译只翻了一句便不再往下翻译，解释说，“总统在诵读古兰经”，祷告之后他开始用20分钟抒发感情。

尽管很多美国人对他的到来表示不欢迎或板起很不友好的面孔，但内贾德无论走到哪里都露出十分开心的笑容，这让一些美国人心中更不是滋味。

内贾德就是要露出开心的笑容，就是这样自信地走进哥伦比亚大学发表惊人演说的姿态。

不管怎么说，内贾德一踏上美国的土地不仅吸引了绝大多数的美国民众，而且极大地吸引了国际社会关注的目光。显然，他身上有一种不凡的魅力，尽管有些人不喜欢这种古怪的魅力，但他却仍然那么光芒四射。

演讲震世界　气冲贯宵汉

2007年9月24日，对美国社会和世界各国媒体来说是一个非同寻常的日子，也是美国哥伦比亚大学最为热闹的一天。因为这一天，一向以语出惊人著称并对世界产生了很大影响的伊朗总统内贾德要来到该校发表最为惊人的演讲。对哥大来说，这是一次别开生面、绝无仅有的演讲。同时，这也是一次哥大师生永远无法忘怀的精彩演说。

这天，纽约联合国总部外边有数千名美国示威者抗议内贾德的到来，而在内贾德前往哥伦比亚大学校园的沿途却戒备森严，但仍有百余人聚集在校门外手拿标语牌举行抗议活动。但这种微不足道的抗议并不能阻止内贾德在该校发表演讲。

尽管很多美国人板起了很不友好的面孔，但内贾德依然笑容满面地来到哥伦比亚大学。他发表演讲的地方已经坐满了听众，可谓坐无虚席。尽管一些美国人对他到来表示不欢迎，但实际上也十分愿意听听这位独特领导人的演讲，并对他的演讲充满了浓厚兴趣。另外，人们也十分好奇地想领教一下他的独特风格和个性。

9月24日下午，这是个阳光灿烂的日子，内贾德来到了哥伦比亚大学。对于他的到来，素有礼仪之邦之称的美国既没有兴奋的欢呼声，也没有热烈的掌声。不过，在整个演讲过程中，他始终保持着镇定和微笑。

在这场别开生面的演讲开始时，内贾德微笑着坐在讲台上，哥伦比亚大学校长李·博林格首先致欢迎辞，实际是一种别有用心的挑衅辞。博林格此次邀请内贾德来哥大演讲，尽管遭到了国内许多人的批评，但校方宣扬的目的非常简单：为了体现美国的言论自由。

在十分不友好的致辞中，博林格出言伤人地说："总统先生，你展现了一个狭隘、残酷的独裁者所拥有的一切特征。"

博林格话音刚落，台下便爆发了一片火暴的掌声。在很多人看来，这位不顾多方反对，以极大勇气做出邀请伊朗总统演讲决定的邀请人、高等学府校长、学者，却用近乎谩骂的语言开始了这场标榜“言论自由”的演讲。这种带侮辱性的“欢迎辞”一出，必定会使所有听众感到震惊，因为这位校长丧失了人与人交往的一个最基本礼节。

有人认为，内贾德是以伊朗总统身份被该大学邀请来演讲的，而不是参加一次私人活动，因此岂能不顾必要的外交礼仪。那么，这样的开场白只能被理解为，这位美国高校的校长实际上是想借此次演讲的所谓言论自由，展开对伊朗总统的声讨，在世界媒体面前公开羞辱内贾德。

从另一边来说，美国媒体迅速跟进，不仅聚焦跟踪内贾德，还将他以往的种种言论列举登载，为肆意攻击内贾德造势，大有要将伊朗总统放在烤架上来回烘烤之势。内贾德尽管算不上一个十分老练的政治家，但作为社会活动家，这位其貌不扬的小个子伊朗人并不惧怕演讲和攻击，而且在任何情况下都能保持坚强斗志。即使如此，在一群高大威猛的美国人面前，他还是显得有些势单力薄和孤立无援。不过好在内贾德从不退缩、敢于碰硬，是个越战越勇的人。

内贾德为什么要答应此次邀请呢？难道是想借这个平台与美国面对面地沟通？对此外界有人认为他太天真。他是不是脑子出毛病了？自以为面对面地与美国人沟通就能还原真实；以为伊朗与美国的冲突仅仅只是因为隔阂太深，只要他亲自加以解释就会得到美国人的理解。他也许并不知道，他早已是美国媒体臭名昭著的“名人”。他的言论经过精心剪辑后在美国满天飞，例如“从地图上抹掉以色列”、“犹太人大屠杀不存在”之类。而他本人的形象早已被美国人妖魔化了。可想而知，在如此恶劣的环境下，内贾德不可能改变什么，当然他想表达的东西也不可能在美国被正确地传达和理解。更严重的是，在美国处境困难的内贾德还“哪壶不开提哪壶”，提出要参观纽约“世贸遗址”时，结果触动了美国政界和新闻界的敏感神经，舆论一片哗然。结果，美国国务卿赖斯出面严正拒绝。

对于内贾德提出参观世贸大楼遗址的动机，外界媒体分析认为有两种：一是讽刺美国，用他的话说就是和美国一起探讨“9·11”事件的根源；二是提醒美国，“9·11”之后，是伊朗支持你们打倒了阿富汗塔利班政权，以此证明伊朗曾经是美国反恐战争的支持者。

此外，有人认为内贾德与美国媒体较量是自不量力，并描述：由此可见，艾哈迈德·内贾德总统以为以他的个人之力，就能与美国媒体的影响力一较高下，这的确有些不自量力了。不过有一点，内贾德相信美国有“言论自由”。因此，对哥大校长的出言不逊，他只是轻描淡写地回应：这是“对在场观众的信息和知识的侮辱”。他还宽容地认为，这位校长不过是受到了政客和恶意媒体的影响而已。他希望所有在场的观众能够独立作出自己的判断。

当博林格在欢迎辞中说他是狭隘、残酷的独裁者时，内贾德并没有激动起来，而是站起身，向听众露出平静的微笑。因此，他的镇静和大度同样引起了听众的一阵热烈掌声。

对于伊朗的核计划，博林格在欢迎辞中质问内贾德：“我怀疑，你能否有如此的知识分子的能力回答有关提问？”

博林格在致上述“欢迎辞”时，内贾德就在3米之内，但他并没有打断博林格的讲话，而是始终保持平静的微笑。

博林格致“欢迎辞”结束后，内贾德从容而自信地走到演讲台前，开始发表别具一格的惊人演讲。他演讲的主要内容有伊朗核问题、纳粹在屠杀等敏感问题。这也是美国听众最为感兴趣的问题。

在演讲开始时，对于博林格锋芒毕露的“挑衅”，内贾德没有正面回应，只是镇静自如地指出：“依照伊朗的传统，如果邀请别人来演讲，我们实际上给予学生充分的尊重，允许他们有自己的判断，因此不会在演讲开始前就来一串抱怨，我们认为没有必要为学生和教员‘接种疫苗’。”

他还指出：“对我的一些攻击和说法是不正确的……我不会受这种不公正对待。”

内贾德继续指出：博林格听信对伊朗不友好的美国媒体和政客的片面之词，这种开场白对自己“不公正”，对了解真相的观众也是“一种侮辱”。

讲话结束后，内贾德不乏幽默的表现，与主持人的机智对答还赢得了听众阵阵热烈的笑声。

主持人问："您和您的政府是否寻求摧毁以色列？"

内贾德微笑着回答："我们爱所有人，是犹太人的朋友。"

主持人要求说："请以简单的'是'或'否'回答问题。"

内贾德以政治家的老练反问道："巴勒斯坦问题是不是有重要的国际意义，请以'是'或'否'回答。"

在精彩的辩论中，内贾德还以有力的语气重申：伊朗不会承认以色列，因为以色列是"一个以种族偏见、占领和侵占为基础的国家且一贯威胁邻国"。

在说到纳粹大屠杀问题时，博林格指责内贾德否认纳粹大屠杀，要么是出于"挑衅"目的，要么是缺乏"教育"。他以很不友好的语气说："你要么在无耻地煽动，要么令人惊讶的无知。事实是犹太屠杀事件是人类历史上有最充分记录的事件。"

听了博林格指责的讲话，内贾德表现得十分冷静和理智。随后，他一边打着各种有力的手势，一边用洪亮的语调辩解。他首先否认自己抹杀大屠杀存在的事实，并强调要对大屠杀展开更深入的研究，已知的一切没有绝对的，不知的一切更是没有绝对的，相对性才是合理存在的。他认为大屠杀已经成为以色列压迫巴勒斯坦人的借口和理由。他对此雄辩地指出："……没有什么是绝对的，假设它发生了，那么它与巴勒斯坦人有何关系？"

内贾德仍然打着有力的手势指出："如果大屠杀发生在欧洲，那么欧洲国家应该对犹太人负责，而不是让巴勒斯坦人来负责，来承担罪孽。"

在谈到"9·11"恐怖袭击事件时，内贾德重新提出希望能参观"9·11"恐怖袭击遗址，以此来对遇难者表示同情。同时，他提醒听众审视袭击发生的根源。接着，他发出一连串的疑问："为什么会发生这样的事情？是什么招致这样的灾难？在什么样的条件下出现种种事情？"

他还以深远的战略眼光指出："如果能够对造成'9·11'事件的根源进行适当的研究——它为什么会发生、导致它发生的原因是什么、是什么条件导致它发生的、谁真正卷入了这一事件、把这些因素综合起来以理解如何防止在伊拉克出现危机、解决阿富汗和伊拉克的问题。”

在提问中，内贾德多次与主持人发生激烈的争论。在谈到核武器问题时，他更是以有力的语调和深刻的表情加以雄辩。他指责美国支持恐怖主义组织，并将美欧约束伊朗核野心的努力斥为虚伪。

他愤愤不平地指出：“你们已生产出了第五代原子弹并完成了有关测试，你们有何权利对其他仅仅希望获得核能的人提出质疑呢？”他还尖锐地嘲讽说：“我认为，从政治上讲，那些对原子弹纠缠不放的政客资质不高而且智力迟钝。”

内贾德着重指出核武器的危害性说：“我们不相信核武器是万能的。核武器违反人性。”

他强调说：伊朗正在与国际原子能机构合作，伊朗的核活动“合法，完全出于和平目的”。说到这里，他打着有力的手势质问道：“为什么你们拥有这个权利（指和平利用核能），而我们却没有呢？”

关于近来对伊朗开战的各种传言，内贾德强烈批评美国渲染同伊朗开战的做法，并指出“谈论战争完全是出于宣传目的”，而伊朗和美国不会走向战争。

在说到伊拉克问题时，内贾德坚决否认伊朗向伊武装人员提供武器。他接着指出：美国抨击伊朗干涉伊拉克事务，目的是掩盖自己的失败。

对于这种失败的原因，内贾德指出：“我们认为，美国军队应该通过别的方式寻找在伊拉克失败的答案。”

除此之外，对于美国拒绝让他参观世贸大楼遗址的问题，内贾德表示尊重纽约当局的决定，不会坚持。因此，他的言行其实无非是要表明，他并非好战，只不过想借此机会争取国际舆论支持。

内贾德在哥伦比亚大学的演讲在美国引起了强烈反响，同时引起了世人的极大关注。在长达两个小时的演讲中，他在美国大学生面前充分展示了自己的独特魅力。正如美国媒体写道：尽管博林格出言不逊，内贾德始终

“显得放松、理智、开通，甚至有性格魅力”。内贾德还擅长“政治柔道，把对手所发之力变为自己所用”。

可以说，内贾德在美国哥伦比亚大学的演讲是一次非常成功的演讲，完全是不同凡响的演讲。在演讲中，他不仅充分展示了自己独特的政治眼光和政治智慧，而且使许多美国人为之所折服。

内贾德不愧为传奇人物，不仅有奇念，而且敢于创造奇事。

再掀民情愫　英雄贯长虹

内贾德在哥伦比亚大学发表的别开生面的惊人演讲，立即引起了美国民众和世界各国媒体的高度关注，他也成为此次联大会议上最为亮点的人物，就连美国总统小布什也对他的演讲表示出极大兴趣。

就在很多美国官员对哥伦比亚大学邀请内贾德的决定提出批评时，小布什却对此表示“理解”。

小布什在接受电视台新闻频道采访时从独特的角度认为：艾哈迈德·内贾德出现在哥伦比亚大学的讲台上说明了“美国的伟大”。

小布什还说：如果博林格认为艾哈迈德·内贾德的哥大之行对学生教育有帮助，“我想对我来说也没有什么”。

同时，小布什也表达了自己的保留意见，他并没有对内贾德表示特别的反感和讨厌。

另外，美国民主党总统竞选人贝拉克·奥巴马在发表自己的看法时说，我也许不会邀请艾哈迈德·内贾德前往哥伦比亚大学，但我当选总统后愿意和艾哈迈德·内贾德举行会面，因为“艾哈迈德·内贾德有权说出自己的想法”。

同时，小布什也认为：尽管艾哈迈德·内贾德是“支持恐怖主义的”国家领导人，但美国却给了他一个表达自己看法的舞台和机会。

内贾德在美国哥伦比亚的惊人演说立即引起了美国和其他一些国家网民的高度关注和浓厚兴趣，并对此发表热烈的评说，一时间内贾德成了网站上最抢眼的焦点人物。

对于内贾德哥大激昂而又不失理智的演讲，网民们发表了各种各样的评说，真可谓留言如潮。一部分网友像哥大李·博林格校长一样遣责内贾德是独裁者，而且认为哥伦比亚大学不应该为内贾德提供讲坛。网民还危言耸听地惊问道："他是个恐怖分子！怎么能让他进入美国呢？"

有一个网民言辞激烈地评论："我觉得内贾德在哥伦比亚大学发表演讲无非是为了向世人展示他是多么博学，羞辱美国的警察，欺骗无知的美国民众相信他。我不了解内贾德，但请记住，历史上所有独裁者都是先利用民众的信任获得自身利益，然后再残酷压迫他们的。"

但也有许多美国网民借此机会强烈表示对小布什的不满。有的网民还骂小布什是世界上最烂的总统。这些网民气愤地说："尽管我不会到伊朗去，但从演讲上来看，内贾德显然比这个世界上最烂的总统——布什要更为明智和准确。"

另外，还有一部分怀有强烈反战心理的网民也纷纷发表自己的看法。有的网民忿忿不平地说："内贾德杀了多少人？布什又杀了多少人？先想清楚这个问题再下结论。"网民接着说："与其浪费时间批评一个被他的人民爱戴的总统，还不如谴责一个杀害了伊拉克成千上万平民的人。"

有一部分网民希望小布什和内贾德进行"巅峰对决"，不过绝大部分人并不看好小布什的演讲口才，认为地未必是内贾德的对手。尽管如此，但可以想象这种"巅峰对决"一定很精彩。其中有网民说："我看这家伙真想要和平，应该让布什来回答这些问题，但估计他对每个问题都是'无可奉告'。"

网民们认为："布什和内贾德的辩论一定非常精彩，但我敢保证布什不会占上风。"网民们还说："我真希望内贾德能尽快访问布什，给他上一课。也许他们会见面，但我知道内贾德准备好了，而布什还没有。"

此外，网站和媒体对内贾德在哥大的演讲给予了热烈的报道，网民们也是高度关注，有些网民们还在自己的博客上兴高彩烈地贴出内贾德演讲的照片，并发表文章表示支持。支持者的主要观点在于：内贾德的讲演可谓是舌战群儒，让美国人狼狈不堪。有人在文后留言说："这回可有一个能代替塔利班与萨达姆出来抵抗美国的人了！一时间，内贾德成了狂热爱国者心目中的抗美英雄，倍受爱戴……"

有的网民还写道："……他在总统大选前几天接受伊朗伊斯兰共和国国家广播电台专访时，指控联合国'一味与伊斯兰世界作对'。他也公开反对联合国安理会赋予五个常任理事国的否决权。在此专访中，他提及'全球议题不是可以只由五个国家来肯定或否决的。如果这种特权继续保持下去的话，那拥有15亿人口的伊斯兰世界也应该伸张特权才对'。并且替伊朗核计划辩护，指控一些烦人的国家试图限制伊朗在此和相关领域的工业和科技发展。在谈到伊朗自由派大报《资讯报》记者要求他释放在其总统任内的政治犯时，他却狡辩道：'哪些政治犯？在美国的政治犯吗？'……"

同时，有两名大学生也在网上留言评论，他们愤愤不平地说："……很奇怪有这么多人为所谓的伟大领袖（指内贾德）叫好。请一个臭名昭著的极端种族主义者到学校演讲，这并无不可。但是如果作为学界领袖的名校校长对此不做点表示，他的知识分子的良知又到哪里去了？如果某些同胞认为二战犹太人受屠杀是可以轻易否认的，那么凭什么叫日本人承认错误，更凭什么叫美国人通过法案谴责不承认屠杀中国人的日本呢？面对一个有着一定势力的极端种族主义者，面对一个至今仍追杀一些小说作者的国家，是挺身而出质问可耻还是躲到一边不出声可耻呢？……"

这两名情绪冲动的大学生网民还评论说："在此，我想提醒某些狂热爱国者要讲道义、有正义感。当你为别人主持正义时，别人也会为你主持正义。在正义的选择上，我们与二战时期被屠杀的犹太人是站在一条船上的。如果我们认为选择机会主义而无视其他民族的受害者是对的，那么当需要别人为我们主持公道时，得不到帮助也是应该的。同时，不能为了反美国而无条件地认一些无赖（如塔利班与萨达姆）为盟友，只要这些无赖是反美的就行。要知道，在二战时期解救犹太人、在今天为南京受害者伸张正义的问题上，美国是我们的盟友。《南京》的拍摄者是美国人，不是伊朗人，更不是日本人。”

这两名网民是在为美国辩护，并不欣赏内贾德的惊人言论和个性。但是，在大多数人看来，内贾德就是个勇敢的反美英雄。

内贾德毕竟是个有个性魅力的国家元首，他正在影响世界格局的发展。同时，他在哥大的演讲也是相当成功的，因为引起了包括美国民众在内的许多人的反响。

可以说许多美国人也很欣赏内贾德的个性，同时他也是该国媒体最为关注的外国领导人之一，尽管有些美国媒体对他进行丑化。

在国际政治舞台上，内贾德是个善于制造波澜和掀起风波的政治家，而且在中东地区被视为英雄。9月24日，就在内贾德在哥大发表惊人演讲的这一天，美国《一家媒体》网站发表了一篇题为《内贾德在中东广受拥戴》的文章。该文透露，从现在看来内贾德在中东被视为英雄。

由于内贾德不仅一向言辞犀利，而且从来不把华盛顿政府放在眼里，因此往往被美国为首的西方媒体丑化。但是，由于内贾德彰显着强烈的民族主义色彩，因而他在中东地区跨越了民族与宗教的鸿沟，成为整个中东地区人们心目中的英雄。

在许多人看来，这位身材矮小、神秘莫测的伊朗总统是穆斯林的精神和勇气的源泉。因此，一些穆斯林常常抱怨自己国家的领导人对小布什政府唯唯诺诺、战战兢兢。很多人认为，在国际政治舞台上，内贾德可谓是个炙手可热的人物，更是个心怀核野心、口无遮栏而又老于世故的政治家。

另外，不仅许多美国年轻人和大学生从演讲中喜欢上了内贾德，而且中东地区年轻人和大学生更加喜欢他。一位在开罗读医学专业的大学生说：“我很喜欢他。他极力保护自己和国家免受别国的欺辱损害。他让我感到骄傲。他是伊斯兰世界的象征。他似乎是唯一能与以色列和西方抗争的人。”

内贾德在埃及尤其受拥戴，一些埃及人还把他与已故前总统纳赛尔相提并论。纳赛尔曾在20世纪50年代提出了大胆但注定失败的泛阿拉伯主义构想，其宗旨也是遏制西方在中东的影响力和渗透势力。在很多埃及人看来，伊朗无视联合国的制裁，坚决推行核计划，这与纳赛尔当时无视英国、法国的反对实行苏伊士运河国有化相似。更值得关注的是，内贾德这位非阿拉伯的什叶派国家的领导人，却在以逊尼派占人口多数的中东博得了广泛的欢迎和称赞。

阿拉伯人十分拥戴伊朗总统内贾德，轻松地抛开了以往的宗教敌意和对当今伊朗的种种忧虑，即伊朗正在削弱伊拉克及其他国家逊尼派的势力，他们宁愿说在该地区无力解决伊拉克、黎巴嫩和巴以冲突，内贾德无疑是伊斯兰世界具有号召力的代言人。

内贾德还是个有鲜明个性和特征的领导人。人们看得最清楚的一点是，他发表威胁和反威胁的言论，并在国际上迅速树立起硬拼的形象，提升了其民粹主义的风格，这些与埃及总统穆巴拉克、约旦国王阿卜杜拉二世，以及沙特阿拉伯国王阿卜杜拉冷漠超然的风格形成了鲜明对比。因此，他也无愧中东少有的英雄豪杰。

除此之外，还有一点截然不同的是，在人们看来，埃及、约旦等政府削弱了媒体自由，并压制持不同政见者，因此很多国民将它们视为腐败政府，还认为他们在解决经济和社会问题方面缺乏策略，没有起到什么作用。而内贾德却对美国心存怀疑、对以色列深恶痛绝、凝聚起了伊朗社会的力量，这就将他提升到了神一样的地位。

正是由于这些个性、特征和鲜明对比，埃及民众不仅对内贾德充满了好感，而且还十分崇敬。有一位埃及医生说："毫无疑问，内贾德的民众支持率超过中东任何其他领导人。我们不应指责他寻求获得核武器。以色列拥有核武器，如果我们穆斯林也有核武器，那才更公平。对于这个世界来说，以色列比内贾德危险得多。"

不过，尽管内贾德在很多中东人眼里是英雄，也有一部分人在十分赞赏的同时对他喜欢挑衅的、好战的性格和一贯以“狠话”当先，以及对伊朗核计划遮遮掩掩的做法感到担忧。因为他好战的性格可能会招致美国和以色列对伊朗开战，这样就会给中东地区带来新的灾难。

正如一个开罗人说：“他太鲁莽。他没有权力说要消灭以色列。他必须理智一些，而不要铤而走险。很不幸，我们过去因冒险而吃尽苦头。看看纳赛尔，他做了鲁莽的决定，使我们深受损害。而我们现在不要再让更多的人成为殉难者。”

尽管如此，内贾德仍然被视为中东反美和以色列的风向标，是中东具有重要影响力的人物。

内贾德就是中东一个勇敢的枭雄。

第九章　霸权频繁穷施压　箭拔弩张生危情

在内贾德漫长而沉重的记忆里，某些西方国家整天就是“拿自己开涮”的自嘲者。然而他再拿自己乃至别人开涮几次又怎么啦？被开涮如梦初醒，你一个小国偷偷发展核武，企图摧毁一个强大的帝国，用心何在？这个“涮”开得也太大了吧……

为国誓捐躯　智勇斗强悍

2007年9月25日，内贾德在美国哥伦比亚大学发表完惊人演讲的第二天，便迈着自信稳健的步伐走进纽约联合国总部，以良好的精神状态出席第62届联大一般性辩论会议。这次联大辩论的主题是“应对气候变化的挑战”。

在这次联大会议上，内贾德和美国总统小布什是最为亮点和受关注的人物。而他们情绪激昂的发言，也成为会上最为热烈和精彩的场面。

小布什和内贾德这两个倍受关注的国家领导人，先后登台做了惊人发言。虽然两人没有正面交锋，也没有拼得你死我活，但却各自话里藏刀、相互攻击。对于这一点，与会者都看得十分清楚。

不过在外人看来，内贾德和小布什的“交锋”并没有预想中的那么激烈。这是因为小布什没有过多批评伊朗的所作所为，内贾德也只是不点名地批评了美国。然而，出乎人们意料的是，倒是尼加拉瓜总统丹尼尔·奥尔特加·萨韦德拉在发言中对美国进行了猛烈批评。

尽管此次联大辩论的主题是“应对气候变化的挑战”，但小布什和内贾德的发言却显然偏离了主题，而是借发言互相攻击对方的政权。

在这天上午的会议上，小布什首先登台发言。在发言的开篇，他照例三句话不离本行大谈什么“民主”，因为谈“民主”是他的拿手好戏。他在不断打着手势的发言中认为，联合国有义务让那些受“暴政”统治的人们获得“自由”。同时，他还点名批评白俄罗斯、朝鲜、叙利亚和伊朗等国家，并指出这些国家的人民至今仍不能享有基本的民主权利。

除此之外，小布什还以缅甸、古巴、津巴布韦等国为例，并特别宣称“古巴残酷独裁者的长期统治快要结束”，而津巴布韦领导人的统治“是对其民众的攻击”。在大约15分钟的发言中，小布什却用了将近一半的时间来宣讲所谓“民主”，以及指责别国政府的政策。当他在发言中攻击古巴时，古巴常驻联合国代表团十分气愤地离开会场，以此表示强烈抗议。

在说到伊朗时，小布什在指责的同时，还将伊朗列入“暴政国家”名单，并批评伊朗人权状况十分糟糕等。

这时，内贾德坐在听众席上听小布什毫无顾忌地指责伊朗暴政等，脸上却没有露出任何表情，也没有为此激动，而是十分镇定地坐在那儿。

另外，就在小布什发言期间，他的妻子劳拉·布什也出席了此次会议，还特地从内贾德座席边经过，并很快瞅了内贾德一眼，但双方并没有讲一句话，而是对望了一眼。不过，他们的目光是充满深远隔阂的。

在发言中，小布什还猛烈抨击伊朗政府“剥夺了人们最基本的权利”，同时呼吁联合国推进民主和自由，帮助阿富汗、伊拉克和黎巴嫩等国家实现稳定。

当内贾德发言时，他针对小布什对伊朗的指责也进行了反击。不过，当他上台发言时，美国代表团一窝蜂似地离开了会场，只剩下了一名书记员。

在情绪激昂的发言中，内贾德除了不点名地抨击美国人权状况恶劣外，还批评美国等西方国家对伊拉克的占领政策是导致该国和整个地区形势动荡的主要原因。他指出：“伊拉克平均每天都有上百人丧命。”与此同时，他重申了伊朗拥有和平开发核能的权利，并谴责美、英两国企图阻止伊朗获得核技术的行为是“以世界的主人和统治者自居，而把其他国家当作二流国家”。

在讲到人权问题时，内贾德并用响亮的语调抨击道：“不幸的是，某些国家严重侵犯人权的同时，却装作是人权维护者。设立秘密监狱、绑架人员、秘密审判、不遵守任何程序……窃听、窃取邮件在这个国家已成为普遍现象。”

除了抨击美国人权之外，内贾德在惊人的发言中还指责安理会一些常任理事国“傲慢而盛气凌人”，由于这些国家“滥用职权”而最终影响了安理会的决议，安理会对伊朗的制裁应被视为极端“非法”，伊朗也不会遵守执行。

他在发言中还大声质问道：“需要回答的问题是，如果作为安理会常任理事国的英、美两国犯下了侵略、占领和违反国际法的事情，联合国的哪个机构可以让他们负责呢？”他打着有力的手势进一步质问道：“如果他们与一个国家存在分歧，就把问题弄到联合国，自己同时充当起诉方、法官和执行人，这是公平的秩序吗？”他在发言中还抨击美国“以推翻独裁和大规模杀伤性武器为借口”占领伊拉克，在整个过程中“只顾及自身利益”。

内贾德在语气强硬的发言中还专门讲到了伊朗的核问题，并详细阐述了在核问题上的立场。他在大声为伊朗的核计划辩护时，重申了伊朗的核项目是透明并以和平利用为目的的。他还强调关于伊核问题的讨论已经结束，由于国际原子能机构已“重获话语权”，伊朗核问题今后将在该机构框架下解决。

他在宣称伊朗核计划引发的争议已经“终结”的同时，又重申了伊朗不会制造核武器。他强调：“世界没必要向伊朗证明，伊朗正在造核弹；伊朗必须说服世界，伊朗没有朝这个方向前进。”

内贾德还声称：“由于伊朗的抗争，核问题已交由国际原子能机构（IAEA）处理。我正式宣布，所谓的核问题已经终结，已经成为普通的机构事务问题……当然，伊朗愿意同各方举行建设性会谈。”

可以说，内贾德在会上的发言是与会者和媒体最为关注的焦点。他的尖锐发言不仅引起了美国的不满，同时也引起了以色列的强烈反对。以色列前总理内塔尼亚胡在接受美国媒体彩访时非常气愤地说：联合国不应该邀请内贾德在大会发言，“他借此散布狂热的言论，还暗自发展核武器企图达到他的狂热目标”。

另外，一些媒体认为，内贾德此次纽约之行是与美国的一场外交之战，但这场较量的胜负却难以评定。

可以这样说，内贾德的纽约之行本身就是一种胜利。“他的出现解释了发展中国家对其崇敬的原因，因为他对西方特别是美国的蔑视让许多小国家刮目相看。”

实际上，内贾德出席联大会议，为他直接与小布什政府较量提供了一个很好的舞台。因此，他在这个舞台上充分展示了他反美斗士的风采。正如伊朗媒体评价的那样，他不仅是伊朗人民的英雄，更是伊斯兰世界的骄傲。

在内贾德尖锐而精彩的发言结束后，尼加拉瓜总统丹尼尔·奥尔特加·萨韦德拉发言时，也对美国进行了猛烈抨击。他首先从全球气候变暖说起，突然话锋一转迅速将矛头直指美国和小布什。他不仅用大部分时间来抨击美国，而且发言时间也大大超过了规定的15分钟。这一幕成了整个会议上的精彩插曲。

萨韦德拉尖锐地抨击美国总统不过是帝国的工具而已。他用激动的语调指出：“美国总统……也许感觉他们在做有益于人类的事情，但他们没有认识到自己只不过是一个帝国的工具而已。”

接着萨韦德拉将美国说成是独裁的“北美帝国”。

此外，萨韦德拉还强烈抨击小布什政府对古巴缺乏应有的尊重。他指责说：“美国的总统在提到古巴时，没有任何尊重。”

萨韦德拉抨击美国是“北美帝国”，这不由得让人想起委内瑞拉总统查韦斯。这是查韦斯在2006年联大会议上将小布什说成“魔鬼”。不过，查韦斯此次没有出席联大会议的计划，因此没有出席第62届联大会议。

此外，法国总统萨科齐在发言时着重讲了伊朗的核问题。他在分析时认为：“允许伊朗获得核武器将破坏世界的稳定，进而导致战争……”

萨科齐指出："如果国际社会在面临核扩散威胁时没有及时采取行动，那么世界上将不会有和平。"

萨科齐还强硬地指出：虽然伊朗称核计划完全出于民用目的，"但如果我们允许伊朗获得核武器的话，将招致这一地区乃至全世界难以接受的危险"。

萨科齐还危言耸听地补充道："软弱和放弃不会带来和平，而只是带来战争。"

在讲到如何应对伊朗的核问题时，萨科齐自以为是地认为："应该将强硬立场和外交手段结合起来才能解决这一问题。"

萨科齐的意思十分明确，无非是采取软硬兼施的手段来解决伊朗核问题。

内贾德听了萨科齐的发言后没有感到特别的惊讶，而是不屑一顾地坐在听众席上。

可以说，内贾德出席联大会议是一次交外上的重大胜利。而前两次出席联大会议也充分展示了他在外交上的勇气和智慧。

此次联大会议上，内贾德无疑是最热点的人物，引起了国际社会的广泛关注，尤其是在美国国内引起了高度关注。不过美国人对他的纽约之行嘘声不断，并对他此行的真实用意进行种种猜测，但却始终猜不透他在美国、伊朗外交较量中如何出牌，这大概是美国人最头痛的一点。正如美国媒体询问："不知道明年他会干什么？""艾哈迈德·内贾德为什么如此爱纽约？"

同时，一些媒体还回顾了内贾德连续三年纽约之行的情形，从中可以看见他一年比一年"动静大"、"名望盛"，在纽约的活动范围已经从联合国总部扩大到美国高等学校。由此可见，他的活动范围正不断地向美国纵深渗透。

早在2005年9月内贾德第一次前往美国纽约出席联大会议时，就因签证问题让美国陷入尴尬境地。起初，美国方面不顾伊朗方面的否认，死咬住内贾德曾涉嫌参与1979年扣押美国使馆人质事件不放，声称要调查结束后才能向他发放签证。不过，美方如果拒绝向伊朗总统发放入境签证，这就违反了与联合国签署的协议，必然遭到国际社会批评，使其陷入更加被动的境地。在这种情况下，美方抵住了国土安全部等部门的压力，不得不为内贾德发放签证。2006年，他出席联大会议时再次挑战美国总统小布什，提出要与小布什在联大会议上公开辩论，但小布什退缩了。他却欣然接受了美国外交学会的安排，在走下联大讲坛之后积极与美国这家民间智库的成员见面，但会谈中双方多次正面交锋。而他此次出席联大会议更加在美国国内掀起了一股政治浪潮。

9月26日，第62届联大会议结束后，内贾德胜利结束了为期4天的纽约之行，准备飞往玻利维亚，对该国进行国事访问。

9月27日，心情舒畅的内贾德乘专机抵达玻利维亚行政首都拉巴斯，开始为期一天的国事访问，并受到该国领导人的热烈欢迎。

内贾德乘坐的专机在机场降落后，玻利维亚总统莫拉莱斯已在机场迎接他。莫拉莱斯对内贾德的来访表示热烈欢迎，并感谢他为促使两国在石油天然气和工业化计划等方面的合作所作的努力。

满面笑容的内贾德也在机场发表了简短讲话。他热情洋溢地说：“伊朗与玻利维亚是友好国家，相信此次访问将使两国在各个领域的友好合作关系得到进一步加强。”

随后，内贾德同莫拉莱斯就能源及其他感兴趣的问题举行了会谈。会谈结束时，伊玻两国还签署了石油天然气等方面的合作协定。

9月28日晚，内贾德结束了美洲之行回到伊朗首都德黑兰，并在这天接受了媒体采访。对于此次在美国的一些情形，他用洪亮的声调告诉媒体：“在美国哥伦比亚大学所受到的不公待遇并没有损害伊朗的形象，反而破坏了美国自身的形象。”

他继续用激昂的语调指出：“全世界当时（在哥伦比亚大学演讲）都看到了伊朗民族的伟大，同时也看到美国东道主（对我）的冒犯，哥大事件显示了他们好斗、可鄙的形象。”

内贾德还用政治家的智慧强调：美国人“犯了个大错误，这使他们的形象受到损害”。

另外，由于内贾德在美国哥伦比亚大学发表了演讲，因此他决定回邀美国小布什来伊朗大学发表演讲，为小布什提供一个相似的发表言论的舞台。对此，他在拉美国家访问期间也多次表示，如果布什到伊朗，伊方也会为他准备一场大学演讲。

对于内贾德回邀布什演讲的问题，美国媒体也认为：“艾哈迈德·内贾德的话暗示，两国断交20多年来，伊朗方面似乎有意接待一位美国总统。”

然而，美国白宫没有对此做出回应。对此，有人认为：鉴于布什经常在演讲中露怯的表现以及他在伊朗并不受欢迎，因此伊朗总统的“邀请”可能再次被置之不理。

在国内，伊朗民众和和媒体对内贾德在美国的惊人表现和凯旋回来给予高度称赞。而对于他在哥大遭到的“侮辱”性挑衅，伊朗民众表示普遍感到愤怒。另外，伊朗各大媒体纷纷在显要位置发表评论文章，强烈谴美国方面对内贾德总统的“侮辱”行为，同时高度赞扬他的临场表现有胆有识，认为他是个了不起的政治家。此时，伊朗7所大学的校长联名致信哥大校长博林格，强烈指责其言论“极其可耻”。

总之，内贾德的此次纽约之行是伊朗外交战略上的一次重大胜利。同时，他也更加展现出了自己的政治智慧和勇气，使美国人更加领略到了伊朗人不会向任何人屈服的精神。可以说，内贾德的此次纽约之行是非常成功的。内贾德无愧为内贾德，他永远都是那样的自信。

针锋对弩弓　怒涛劲拍岸

2007年9月28日，内贾德结束美国和拉美之行回国的当天，伊朗核问题再次引起国际社会和联合国的关注，他们开始积极寻找解决方案，争取用和平的手段解决这一久拖不决的问题。因此，正在出席第62届联合国大会的美国、俄罗斯、中国、法国、英国和德国6国外长在这天就伊朗核问题在联合国总部举行了会议，经过讨论和磋商，一致同意将联合国制裁伊朗意决议草案的表决日期推迟到同年11月。

会议还决定：将在审议国际原子能机构（IAEA）和欧盟有关伊朗核问题的报告后，最早在11月底决定是否对草案表决。

除了6国外长外，欧盟负责外交和安全政策的高级代表哈维尔·索拉纳也出席了这次具有特别意义的会议。

会议结束后还发表了一份声明，指出：是否对新制裁决议草案表决，取决于国际原子能机构和欧盟就伊朗核问题提交的报告。

声明还特别强调："我们同意完成联合国安理会第三次制裁伊朗的草案文本……除非索拉纳和国际原子能机构提交的报告表明相关努力取得积极成果，安理会将对决议草案进行表决。"

另外，由于6国外长对国际原子能机构在此前同伊朗达成的协议表示欢迎，同时敦促伊朗更详细地解释其核活动，而伊朗也在协议中承诺提供关于核问题的敏感信息，对此声明呼吁说："我们呼吁伊朗解释围绕核计划的所有问题，包括有潜在军事意义的内容，尽快拿出具体成果。"

这份声明立即引起了国际媒体的高度关注，路透社评论说："声明对美国、法国来说是一次挫折，因为两国希望尽快实施制裁措施，加大对伊朗压力。"

美国国务卿康多莉扎·赖斯向媒体表示："我们早就清楚地表示，制裁和谈判将齐头并进，美国将认真观察谈判进展情况。"

但美国负责政治事务的副国务卿尼古拉斯·伯恩斯则认为：6国外长队表决决议草案"威胁"伊朗，但同时"不愿意排除"谈判在两个月内取得成果的可能性。

法国外长贝尔纳·库什内也对此发表评论：会谈各方发生争执，但最终"达成妥协，且是个不错的妥协"。

然而，对于6国外长就制裁伊朗问题举行的会议，内贾德和伊朗政府并没有去特别关注，甚至不予理睬，因为伊朗在任何情况下都不会放弃自己的核计划。对此，伊朗当局声称：制裁不会产生效果，伊朗将我行我素继续其核计划。

9月28日这天，伊朗外长马努切洋·穆塔基也在美国纽约发表讲话时声称：制裁不会改变伊朗“理性的”核政策。

穆塔基还强调：“作为一种施加政治压力的工具，制裁不会影响伊朗理性的选择。”

可见，解决伊朗核问题不是在短期内可以达到目的，仍将是长期的过程。

9月29日，内贾德在结束了联合国之行和对玻利维亚、委内瑞拉的访问回到德黑兰后，继续致力于同美国政府的斗争和较量，决定将美军和美国中央情报局列为“恐怖组织”，以此对美国“以牙还牙”。

29日，伊朗议会举行秋季开会期首场会议，有290名议员出席会议。会议批准了一项无约束力的决议，即将美国中央情报局和美军列为“恐怖组织”。这一惊人决议显然是对美国国会“以牙还牙”，因为此前美国参众两院先后通过支持呼吁把伊朗伊斯兰革命卫队列为“恐怖组织”的决议。由此可见，伊朗方面不仅没有示弱，反而更加强硬，这充分体现了内贾德政府的强势执政风格。

在伊朗议会的290名议员中，就有215人签署了这项决议，批准将美国中情局和美军定为“恐怖组织”。从此在伊朗人眼中，美国中情局和美军就是世界上的“恐怖组织”。

伊朗议会在决议中声明：“之所以把中情局和美军列为恐怖组织是因为它们参与向日本投掷原子弹，在巴尔干地区、阿富汗和伊拉克使用贫铀弹，支持以色列杀害巴勒斯坦人，轰炸、杀害伊拉克平民，以及在监狱中拷打恐怖嫌疑人。”

该决议还敦促伊朗政府把美军和中情局当作“恐怖组织”对待。如果该决议获得宪法监督机构批准，将被写入伊朗法律。

伊朗议会的这项决议立即引起了媒体的高度关注，尤其是美国媒体的关注。美媒体说：伊朗政府预计将对这项决议保持沉默，直到美国方面做出反应，再就决议做决定。但是，美国政府在同一天拒绝就此发表评论。看来，美国方面不敢正面回应这个问题。

伊朗议会的决议其目的就是对美国国会的有力回击——“以牙还牙”。因为在同年9月25日，美国众议院以397票赞成、16票反对的表决结果通过了一项旨在强化对伊朗制裁的法案，同时强烈要求美国国务院将伊朗革命卫队定性为“恐怖组织”。另外，第二天，美国参议院通过了将伊朗革命卫队列为“恐怖组织”的决议。这一决议引起了伊朗方面的强烈愤怒。

伊朗与美国的冤仇由来已久，有很深的历史渊源，这其中就包括美国中央情报局策动的1953年伊朗政变，成功推翻了当选首相的穆罕默德·摩萨台，并恢复了国王巴列维的王位。这一历史事件伊朗人至今仍然牢记在心。

不过，近几年来，尤其是自内贾德上台执政以来，伊美两国的关系更加紧张起来，甚至一度到了动武的边沿。总之，伊美两国关系陷入了极度的僵局之中。尽管如此，内贾德仍然保持着毫不退缩的强硬立场，在任何时候都保持着针锋相对、以牙还牙的态势。

由于伊美两国关系陷入极度的紧张之中，美国三番五次扬言要对伊朗动武，以武力迫使伊朗屈服。与此同时，美国的媒体也在为此鼓劲打气。10月2日，美国某家杂志载文说，美国计划对伊朗伊斯兰革命卫队发动“外科手术”式精确打击，以达到摧毁伊朗军事主力的目的。

该杂志还说：美国政府把驻伊拉克美英联军受袭归咎于伊朗伊斯兰革命卫队。考虑到全面进攻伊朗核设施负面影响大，美国计划以保护这些驻伊士兵为由，针对伊朗革命卫队展开有限规模空袭。

除空袭之外，美军还计划从海面发射巡航导弹、从陆地上精确攻击，以从根本上摧毁大多数革命卫队重要训练营地、军备库和指挥设施。

尽管可能有这样一个进攻伊朗的作战计划，但美国总统小布什并没有在公开场合明确表态，并且也未下令实施这个军事进攻计划。不过，数名美国国防部、中央情报局和前白宫官员都说，他们知道有关这一作战计划的讨论和制定。

为什么有这样一个攻打伊朗的计划，美国却迟迟不敢下最后的决定呢？因为美国方面已陷入进退两难之中。正如9月30日美国国防部发言人宣称："总统已明确表态，美国政府仍致力于通过尊重伊朗的外交解决问题。"

美国还是最期望通过外交手段解决伊朗核问题。不过，从小布什的内心来说，他确实想动用武力打击伊朗，因为他对内贾德和伊朗政府恨之入骨。

不过小布什最大的愿望还是通过外交手段解决伊朗核问题，也就是说像解决朝核问题那样解决伊核问题。他认为朝鲜是伊朗的最好"榜样"。

10月3日，朝核问题第六轮六方会谈第二阶段会议通过了《落实共同声明第二阶段行动》共同文件。根据该文件，朝鲜将在同年12月31日前完成对宁边核设施的去功能化并申报全部核计划。因此，小布什对会谈取得的这一结果感到满意。

在朝核问题第六轮六方会谈第二阶段会议达成共同文件的同一天，美国总统小布什在发表演讲时说：朝鲜为伊朗核问题的解决提供了一个"可能的榜样"。

小布什还满怀希望地表示："如果伊朗中止铀浓缩活动，美国愿意与伊朗展开对话。"这天，小布什是在美国宾夕法尼亚州地方商会的活动上发表演讲时说出上述一番话的。在演讲中，当有人问到美国为什么不愿意与伊朗直接对话时，他打了个手势回答说："朝鲜的局势对伊朗而言是一个'案例'。"

小布什接着提高了语调进一步辩解道："如果你的问题换成：你是否将来会与他们坐下来（对话）？我们已经证明，我们可能与朝鲜这么做……只要我们能有所收获，只要我们能达成我们的目标，答案是'可以'。"

小布什还强调指出："为谈判而谈判往往会给对方释放错误信号……只有能取得成果的谈判才值得去做。"

从小布什的话中可以看出，美国方面不想坐下来直接与伊朗对话。内贾德对布什的讲话没有作出任何反应，因为他认为没必要作出回应。

与此同时，美国助理国务卿克里斯托弗·希尔在谈到朝核六方会谈问题时表示："第六轮六方会谈第二阶段会议当天通过《落实共同声明第二阶段行动》共同文件后，我希望美方专家组能在下周末之前前往朝鲜，启动宁边核设施的去功能化工作。"

第二天，韩国的联合通讯社也认为：第二次南北首脑会谈后，朝鲜半岛开始为建立和平机制采取具体行动，而共同文件的落实或将成为朝鲜半岛局势发生巨变的象征之一。

就在同一天，内贾德方面却并不关注朝鲜核六方会谈取得的成果，同时并不赞成小布什把伊朗核问题与朝核问题相提并论，这不过是小布什的牵强附会。对此，伊朗外长在联合国总部举行的发布会上强调指出说：朝核问题讨论的是核武器问题，而在伊朗核问题上，"我们谈论的是核能，这是和平（利用）"。

从伊朗政府的角度来看，朝核问题和伊核问题完全是两回事。而内贾德对小布什把朝核和伊核问题混为一谈的言论也表现得嗤之以鼻。

就在小布什发表朝鲜核问题的解决应是伊朗的"榜样"的言论一天后，即10月5日，内贾德再次发表了反以和反美言论，语调仍然那么强硬。

这天，数以百万计的伊朗民众在全国各地举行"国际耶路撒冷日"游行示威，以此反对以色列和支持巴勒斯坦人。在声势浩大的游行示威中，伊朗民众高呼反美和反以口号。另外，还有许多参与首都德黑兰集会的民众愤怒地焚烧了美国和以色列国旗。

所谓"国际耶路撒冷日"，是已故伊朗最高精神领袖霍梅尼于1979年倡导确立的。霍梅尼号召民众在每年斋月的最后一个星期五举行集会游行活动，以声援巴勒斯坦人民的斗争。因此，伊朗每年都要在这一纪念日上举行声势浩大的集会活动，而反对以色列也是活动的主要内容之一。

这天，精神高涨的内贾德亲自来到德黑兰大学，满怀豪情地参加了在该大学举行的群众集会，并发表了热情洋溢的、具有鼓动性的讲话。他再次发表了反对以色列的激烈言论，认为以色列的存在是对人类尊严的侮辱。他一边打着富有个性的手势，一边宣称：“以色列政权的建立、继续存在以及对这一政权的无约束支持，是对人类尊严的侮辱。”

他在讲话中重申：“……欧洲应该让以色列人在加拿大或阿拉斯加地区建国，而不应在中东地区建国。”

当讲到用“自由公决”的方式来解决巴勒斯坦问题时，内贾德强调说：举行“自由公决”应是解决巴勒斯坦问题的方案，应该让500万巴勒斯坦难民同犹太人一起投票决定自己的前途和命运。

他还在激昂的讲话中讲到了伊朗的核计划，重申不会放弃铀浓缩活动。他用坚定的语气强调：伊朗绝对不会放弃铀浓缩活动。伊朗人民还没有准备好坐在圆桌旁讨论他们绝对的核权利。它们（世界大国）应该知道这一点。

内贾德还在讲话中进一步豪迈地指出：伊朗认为核问题已经结束。伊朗不会在意美国及其欧洲盟友将这一问题进一步政治化的企图。“现在，从我们的观点看，这一问题已经结束……这是伊朗国家的伟大胜利”。

内贾德还毫不留情地指出：“它们在核问题上遭遇了失败，但它们还试图在其他领域给伊朗制造麻烦。”

内贾德的惊人讲话引起了媒体的高度关注，同时引起了以色列的强烈不满。对此，以色列外交部发言人呼吁：“伊朗领导人极端且带有憎恨性的言语证明，国际社会应加强阻止伊朗获得核武器的立场。”

内贾德无论在什么时候讲话都会语出惊人，同时更喜欢以强硬的立场来同西方针锋相对、以牙还牙。

内贾德这个不同凡响的名字，总是在不断地产生着惊人的影响力。

风起云烟涌　苍穹惘惜泪

内贾德已成为世界上具有重要影响力的人物，他的每一次惊人讲话都可以牵动国际社会的神经，尤其是牵动美国、以色列等国的神经。另外，他的言行似乎也成了海湾地区局势的晴雨表，他一旦讲出强硬的话，海湾地区的局势就会再度紧张起来。

2007年10月9日，内贾德再次谈到了伊朗的核问题，使中东局势再次紧张起来。这天，他向全世界豪迈地宣布："敌人把联合国安理会作为工具来阻止伊朗取得进步，但从今天起，伊朗已加入能进行工业规模核燃料性国家的行列。"

此语一出，立即引起了国际社会的广泛关注，尤其是引起了美国等一些国家的关注和担忧。美国国家安全委员会发言人说：美国对伊朗宣布开始大规模生产核燃料表示"非常担忧"，伊朗目前的做法是千万不能被接受的，这分明是对联合国决议的蔑视。

俄罗斯国际事务委员会主席也认为："伊朗总统内贾德9日的讲话是对国际社会的挑衅，伊朗的行动将导致局势更加恶化。"

他还指出："事情很清楚……包括俄罗斯在内的很多国家仍将尽力在政治框架内妥善解决伊核问题。"

此外，法国也对内贾德的讲话表示强烈谴责，并发出威胁的信号。法国政府的官员扬言：由于伊朗坚持发展自己的核计划，拒不执行联合国有关决议，对伊朗的军事打击不能排除。法国政府官员还强调："伊朗不要错误地估计形势，认为美国在伊拉克处境困难，就不可能对伊朗采取进一步的行动，不排除美国对伊朗进行军事打击的可能。"

`法国政府官员接着威胁道："在今年年底前，美国有可能对伊朗的核设施进行军事打击，伊朗必须严肃认真考虑。"

法国的媒体也纷纷评论：伊朗扣押英国水兵问题刚解决，剑拔弩张的海湾局势似乎有所缓和，这次内贾德关于伊朗核计划的讲话又使局势再度紧张。

可见，内贾德一段有关伊朗核问题的讲话，立即就会引起西方国家的一阵恐慌。但他心里却在暗暗笑话这些国家，因为这些西方国家正被他牵着鼻子走。同时，他的话对西方国家而言具有意想不到的影响力。

然而，就在西方国家谴责内贾德的讲话期间，10月16日，在德黑兰举行的里海沿岸国家峰会结束时，与会领导人发表共同声明，表示完全支持伊朗在相关国际条约和机构框架内和平利用核能。这一声明对伊朗无疑是个很大的鼓舞，内贾德也感到十分欣慰，因为伊朗坚持和平利用核能的权利并不是孤立的。

此外，为了争取伊朗和平利用核能的权利，内贾德还亲自致信法国总统萨科齐重申了伊朗的核计划立场。此前，他还致信美国总统小布什、德国总理安格拉·默克尔等西方国家领导人，明确阐述了伊朗方面的核看法和立场。

然而，法国媒体在报道时却歪曲了内贾德给萨科齐信件的内容。对此，伊朗总统顾问进行了说明和反驳："总统艾哈迈德·内贾德致法国总萨科齐信件的内容，只是关于两国当前关系及未来前景。"

他还说：伊朗反对法国媒体对信件内容的"不实"报道。

法国某家报纸是这样对内贾德信件进行歪曲的，该报不怀好意地报道：艾哈迈德·内贾德给萨科齐的这封信措辞"激烈"，带有"威胁"口吻。

该报还捕风捉影地说：艾哈迈德·内贾德在信中称萨科齐是一个"年轻、没有经验"的领导人，并愿意向萨科齐提供建议。"艾哈迈德·内贾德暗示，法国和伊朗有'历史联系和共同利益'，尤其在黎巴嫩问题上，丧失这些将会是个莫大的遗憾。"

该报还说：法国与黎巴嫩政府关系良好，而伊朗与黎巴嫩真主党关系密切。

由于萨科齐担任法国总统以来在伊朗核问题上采取更加强硬态度，同时与主张制裁伊朗的美国渐行渐近，这引起了伊朗的高度关注。因此，内贾德亲自致信萨科齐完全是希望法国在伊朗核问题上能发出与美国不一样的声音。但是，国际形势风云变幻，萨科齐是否会买内贾德的账，不得而知。

10月16日这天对内贾德来说是个充满喜悦的日子，因为这天在德黑兰举行的俄罗斯、伊朗、哈萨克斯坦、阿塞拜疆、土库曼斯坦等5个里海沿岸国峰会圆满结束，会后5国领导人发表的共同声明对伊朗极为有利。其中至少有两点让内贾德感到格外高兴，即伊朗自身安全方面的保障及对其和平利用核能的支持。

该声明宣称："在任何情况下，5个里海沿岸国家不会允许第三国利用一个在海沿岸国领土对另一个沿岸国实施侵略或发动军事打击。"

声明还强调：只有沿岸国家才拥有里海及其所有资源的全部主权。

共同声明还对伊朗和平利用核能表示支持，并强调：所有签署《不扩散核武器条约》的国家都有权"在这一条约框架内以及联合国核监管机制之下出于和平目的研究、生产和使用核能"。

内贾德作为这次峰会东道主国的主席，对这一共同声明感到十分满意。

而对于里海沿岸最大的国家俄罗斯来说，共同声明中有关安全的内容不仅给了伊朗安全保障，而且在无形中限制了阿塞拜疆与西方国家之间的军事合作。

这样一来，美国可能寻求与同样作为里海沿岸国家的阿塞拜疆展开军事合作，在这个高加索地区国家部署军事设施对付伊朗，但这类计划遭到俄罗斯的强烈反对。

不过，还有一点值得关注的是，有恐怖组织企图阻止俄罗斯总统普京前往德黑兰出席里海沿岸国家峰会和对伊朗进行历史性访问。

10月14日晚，俄罗斯联邦安全局从境外消息渠道获得情报，一批自杀式炸弹袭击者准备在普京访伊过程中发动暗杀袭击，克里姆林宫官员事后也证实相关情报已向普京通报。然而，令美国感到头痛的是，"境外消息源"传出的暗杀威胁不仅没有带来美国希望看到的结果，反而出现了更多美国不希望看到的情况。

普京并没有被威胁消息吓倒，而是如期出席了此次里海沿岸国家峰会，同时对伊朗进行了历史性访问。

内贾德对普京的到访表示热烈欢迎，并与普京举行了亲切友好的会谈，使两国合作关系得到了加强，迈上了新的高度。

对于内贾德和普京亲密友好的会谈，美国总统小布什看在眼中急在心里，甚至气得暴跳如雷，于是说出了一番耸人听闻的话。

10月17日，小布什在白宫举行的记者执行会上猛烈抨击伊朗，同时危言耸听地声称将阻止伊朗获得核武器，防止发生“第三次世界大战”。

接着，小布什高声强调：“国际社会必须阻止伊朗获得核武器，保持对伊朗政府的强势压力。”

小布什严重指出：“伊朗领导人宣称要摧毁以色列……我曾经说，为了避免第三次世界大战，你不得不阻止伊朗获得制造核武器的知识。”

与此同时，他还竭力为美国制裁、孤立伊朗的政策进行辩护，强调这种制裁可能迫使伊朗自动放弃核计划。他对此进一步摇旗呐喊：“美国对伊朗的策略是，（通过制裁、孤立措施）使伊朗自己逐渐感觉到核计划得不偿失。我认为，保持对伊朗的压力是必要的。”小布什之所以猛烈抨击伊朗，可能与普京刚刚访问伊朗有直接关系。对于这一点，他督促说：希望普京说明他与伊朗总统艾哈迈德·内贾德的会谈内容。

小布什还表示：“我盼望着普京说明会谈情况。我最关心的是普京是否依然关注我关心的（伊朗核问题）。”

另外，小布什还十分不快地对报纸上普京与内贾德亲密并肩站立的大幅照片品头论足：照片不代表两人立场一致，“一般来说，领导人接受拍照时，不喜欢板着脸怒视对方”。

关于美俄两国关系，他在讲话中没有回避美俄之间的矛盾，不过又指出双方在伊朗核问题上立场接近。他认为：“我们在很多问题上意见相左，但在某些问题上立场一致，其中一个就是伊朗问题，另外一个是核扩散问题。”

小布什还向媒体透露，我曾直视普京的双眼，并读懂了普京的“心灵”。然而，这成了此后美国国内的一句笑话，美国媒体也经常用这句话嘲笑他。

小布什在讲话中承认在澳大利亚与普京会面时，问起普京的执政计划，但普京没有回答他提出的这个问题，因此没有得到答案。他说：“我试图从他那里获得一些情况，比如他明年期满离职后，谁将成为俄罗斯总统，以及他离开总统职位后的计划……他就是不说。”

布什之所以猛烈抨击伊朗核计划，其主要意图是要澄清一些美国官员的说法，因为前美军中央司令部司令曾在9月份说美国“有办法与拥有核武器的伊朗共处”。

小布什此次疯狂抨击伊朗和内贾德，内贾德尽管没有进行正面回应，但他一定感到十分好笑，因为他看到小布什像疯狗一样暴跳如雷。

不管小布什如何气急败坏地加以抨击，内贾德却总是露出坦然的嘲笑和懒得理睬的自信，甚至根本不把小布什的言论放在心里。

由于总是很理性、智慧和自信地应对，内贾德总是在小布什面前立于不败之地，同时在风起云涌的时候，再显示出自己的英雄本色。

履险如步夷　临危撑片天

由于内贾德再次昭示了对伊朗核问题的强硬立场和有关新的惊人言论，伊朗核问题风起云涌，掀起新的紧张高潮，真是一波未平，一波又起，从而也加剧了美国与伊朗的相互对决。美国方面将对伊朗采取更加严厉的措施，而内贾德依然率领政府迎难而上，毫不退缩。

由于伊朗核问题引起一波又一波的巨浪，伊朗政府内部的人事也发生了一些变化。对于那些在工作中不得力的政府官员，内贾德毫不留情地要求他们腾位离去，大胆地启用那些有头脑、有知识、有智慧和有立场的官员。因此，工作不力的伊朗首席核谈判代表不得不主动辞职。

2007年10月20日，伊朗政府发言人宣布：伊朗最高国家安全委员会秘书兼首席核谈判代表阿里·拉里贾尼已经辞职。

他宣称：“伊朗核政策不会因此改变。”

此前，拉里贾尼曾多次向内贾德提出辞职，因为内贾德经常批评他工作软弱涣散，尽管一度没有批准他的辞职，那也是从大局着眼。对此，发言人做了说明：“拉里贾尼曾多次提出辞职。最终，总统接受了他的辞职。”

他还宣布："拉里贾尼的辞职立即生效，负责欧洲和美国事务的外交部副部长赛义德·贾利利将接替拉里贾尼，出任首席核谈判代表。"

新任首席核谈判代表贾利利，当年42岁，拥有博士学位，年富力强，有丰富工作经验，深得内贾德赏识。

此外，发言人还特别强调：伊朗核政策不会因拉里贾尼辞职而改变，"伊朗的核政策平稳不变，人事上的变动不会给政策带来任何影响"。

发言人继续强调："伊朗首席核谈判代表与欧盟负责外交和安全事务的高级代表哈维尔·索拉纳的会晤将如期举行。"这是因为索拉纳原定于本月23日在意大利首都罗马会晤拉里贾尼。

发言人还告诉外界："尽管拉里贾尼辞职，但会晤不会改动。拉里贾尼的继任将会晤索拉纳。"

不过，发言人并没有具体解释拉里贾尼辞职的原因，只是说他出于"个人原因"，希望专注于"其他政治活动"。但实际上，这是内贾德进行的一次大的人事调整。

与此同时，外界许多人也清楚地看到了这一点，因在处理伊朗核问题的"战术"上，拉里贾尼与总统内贾德存在严重分歧，尽管两人均反对中止核计划。而且，内贾德也不欣赏此人的作风。

另外，对于俄罗斯总统普京在此次访问伊朗期间的讲话，拉里贾尼与内贾德也有不同的说法。例如，拉里贾尼说：普京总统在与伊朗最高领袖大阿亚图拉阿里·哈梅内伊会晤中，就解决伊朗核问题提出了"特别建议"。而内贾德在10月19日的讲话中却否认了拉里贾尼的说法，并声称普京除了"友谊"，没有谈其他问题。

还有一点值得注意的是，伊朗最高精神领袖哈梅内伊在会见普京时，但作为最高领袖顾问和哈梅内伊在最高国家安全委员会的代表，拉里贾尼却没有参加会见，这可能引起了哈梅内伊的不满，也引起了伊朗政界的一点小小变动。

在外界看来，包括核政策在内，伊朗最高宗教领袖在一切国家事务上拥有最终决定权，但一般不干涉总统的工作。拉里贾尼曾在2005年参加过竞选总统，那年他只有47岁，被视为保守派阵形营的最主要候选人，但最终败在内贾德手下。因此，拉里贾尼可能对内贾德一直心存不满，自古胜败两帅不可谋局，这就产生了他们之间的政见分歧。

不过，拉里贾尼的辞职并没有影响伊朗政局，伊朗政局依然十分稳定，同时也没有影响到内贾德在伊朗政坛的威信。

除此之外，由于伊美两国间再次出现紧张关系，为了应对美国军队的突然进攻，内贾德积极做好了迎战准备。他要求伊朗军队保持高度警惕，随时关注美军的动向，准备在第一时间内向美军发起反击。

根据内贾德的作战指导思想，伊朗革命卫队已经做好了反击美军的准备。10月20日，就在拉里贾尼辞职的同一天，伊朗革命卫队导弹部队司令声称：伊朗已经识别所有敌方阵地，“如有任何针对伊朗领土的袭击，1分钟内革命队队就能向已识别阵形地发射1.1万发火箭”。

他宣称：伊朗拥有能躲避雷达监控的火箭，“射程能覆盖整个波斯湾和伊朗与伊拉克边界”。

他还饶有兴趣地介绍：“这种射程达250公里的火箭将很快配备苦命卫队的地面部队。”

10月25日，新任伊朗革命卫队总司令贾法里也发表了有关已做好反击美军的讲话。他在接受伊朗学生通讯社采访时强硬地声称：如果遭到美国攻击，伊朗将采取“更具有决定性的打击”。

不过，贾法里同时又指出：有关美国准备军事打击伊朗的说法都是“虚张声势”，因此“我不认为这些构成了什么威胁”。

在讲到伊朗的反击力量时，贾法里用自信的语调介绍道：伊朗“拥有人民的忠诚力量……这一力量与国防经验、知识和技术相结合；敌人知道自己不能犯任何错误，所以那些言辞只是虚张声势”。

贾法里还强硬地声称：一旦遭到任何攻击，“我们将报以更具决定性的打击”。

同一天，伊朗内政部长穆斯塔法·普尔·穆罕默迪也发表了同样强硬的讲话。他在情绪激昂的讲话中发誓：任何试图对伊朗动武者，“将发现他们面对严厉而具有决定性的反击”。

穆罕默迪接着指出：“美国知道，尽管它能发动战争，但如何结束（战争）却不掌握在华盛顿手中。这样的攻击将导致美国崩溃。”

普尔·穆罕默迪还断定：美国军事打击伊朗的可能性“非常小”。

由于联合国安理会将11月间磋商制裁伊朗新决议草案，而急不可耐的美国政府已经难以等待，因此单方面加大了对伊朗的言语恫吓和制裁力度。与此同时，美国政府领导人也先后发表强硬讲话。首先，小布什在10月17日威胁说，为防止“第三次世界大战”的发生，必须阻止伊朗获得核武器。

10月21日，美国副总统迪克·切尼也威胁说：伊朗寻求获得核武器将面临“严重后果”。

10月24日，美国国务卿赖斯在国会作证时特别声称：伊朗“可能对美国安全构成最大挑战”和威胁。

10月25日，美国政府紧接着宣布：冻结包括伊朗国防部、革命卫队在内的20多个伊朗政府机构、银行和个人在美国的资产；美国私人团体或个人不得与这些被制裁的伊朗机构或个人进行金融往来。

10月26日，赖斯在美国全国广播公司“今日”栏目上讲到加大制裁伊朗力度的理由时再次强调伊朗核计划的“威胁”，因此必须对伊朗采取更加严厉的制裁措施。

赖斯在大声疾呼的同时指出：“国际社会不能无所事事，直至我们不得不面对糟糕的选择。伊朗拥有核武器将使世界上最不稳定的地区更趋动荡。”

赖斯具有强烈威胁性的讲话露出了一种咄咄逼人的色彩。

美国当局对伊核问题不断升级和毫无掩饰的敌意，使人们联想到伊拉克战争爆发前，美国方面攻击和威胁萨达姆政权的言论与现在威胁伊朗的言论有些相似，如出一辙。从这一点来看，小布什政府对伊朗动武的步伐又向前迈出了一大步，伊朗战争很可能不久会真的爆发。

10月26日，就在人们做种种猜测的时候，美国白宫发言人却指出：两者没有可比性，美国“绝对致力于”通过外交手段来解决伊朗问题。

发言人同时又宣称：美国不排除采取任何选择的可能。

美国对伊朗采取新一轮制裁措施，立即引起了媒体的广泛关注，许多人还纷纷评说。关于美国制裁的用意和效果，伊朗德黑兰大学一位教授认为：鉴于革命卫队在伊朗人心目中的特殊地位，“如果有人跟革命卫队过不去，就意味着他也会与（伊朗）伊斯兰共和国过不去”。

外界分析人士认为：伊朗总统内贾德出身革命卫队，他从革命卫队中提拔了许多人出任省长等高级官员。因此，美国制裁革命卫队既能削弱革命卫队在伊朗国内的影响，又能打击以内贾德为代表的强硬派的势力。

另外，美国媒体指出：“制裁可能会使伊朗国内批评内贾德总统的声音加大，但也有可能使内贾德阵营凝聚伊朗人的反美情绪。”

从伊朗政府的角度来说，美国实施的新制裁不会影响伊朗的核政策，也不会改变内贾德的核战略构想，更不会分化不解伊朗国内团结的势力。

10月26日，就在美国宣布对伊朗进行新制裁的第二天，伊朗刚刚上任的首席核谈判代表贾利利在结束对欧洲的访问回到德黑兰梅赫拉巴德机场时对媒体明确指出：美国对伊朗实施的一系列新制裁措施不会影响伊朗的核政策，伊朗在这方面的基本政策“完全没有什么变化”。

贾利利继续在谴责美国时强调指出：“伊朗在过去28年来一直遭受美国的制裁，因此美国此次宣布的新制裁措施没有任何新意，只是延续了敌视伊朗的一贯政策，并且这种做法只会使美国自己在国际社会中被孤立。”

贾利利还进一步指出：伊朗在核问题上的基本政策是“通过谈判寻找与国际原子能机构合作解决未决问题的新途径，从而消除人们对伊朗核计划的误解”。目前伊朗的这一政策“完全没有变化”。

尽管美国政府对伊朗实施更加严厉的制裁，但伊朗是不会因此妥协，更不会寻求与美国方面直接对话，将坚持走自己的核发展道路。

早在10月7日内贾德就明确声称：伊朗目前不寻求与美国对话，除非美国改变对伊朗的政策。

他进一步指出:“我们首先要说我们不会寻求与美国谈判。如果美国从根本上改变对伊朗的行为和态度,我们会寻求对话。”

内贾德同时还强硬地强调:伊朗也“不会和以色列谈判”。

不管美国如何在政治和经济上制裁、从资源方面封锁伊朗,内贾德是绝不会妥协的,并将与美国布什政府抗争到底。

内贾德是个喜欢迎着暴风雨前进的人。暴风雨越猛,他也会变得越勇敢,斗志越发高涨。同时,他更加喜欢在血与火的光芒中洗礼,因为这样才能创造出历史奇迹。

声讨叛逆者 坚定民众心

内贾德在与美国小布什政府对抗的同时,积极参与解决伊拉克的安全问题。在他看来,只有美军全部撤出伊拉克,伊拉克动荡的局势才会有所改变。另外,他还有个惊人的构想就是海湾国家组织一支联军进驻伊拉克以取代驻伊美军,因为美军长期驻扎在伊拉克对伊朗的安全是个极大的威胁。然而,他也深深知道,美国在短时间内是绝对不会从伊拉克撤军的。

2007年11月3日,在沙漠地区不冷不热的季节里,关于伊拉克前途的一系列国际会议的第二次会议在伊拉克巴格达举行,有20多个国家和国际组织的高级外交官出席会议,主要是讨论如何进一步解决伊拉克的安全形势问题。出席会议的大多是伊拉克的周边地区国家。

伊朗派外长穆塔基出席会议。在会上,伊朗代表提出的一项由该国和叙利亚及其他一些阿拉伯国家军队取代美国驻伊拉克军队的建议,却遭到了与会许多国家的拒绝和嘲讽,而美国方面甚至认为这简直是白日做梦。

出席此次会议的美国驻伊拉克大使尖刻驳斥道:穆塔基特别指明伊朗和叙利亚是可能派兵的国家;但伊朗的主张是“白日梦”,不值得理睬。

会上,沙特阿拉伯外交大臣沙特·费萨尔对穆塔基的提议反对最为强烈。他认为：那时对伊拉克的稳定毫无助益。

一些出席会议的外交官还对媒体透露，会上几乎没人支持这一建议，但不清楚伊朗的建议是否至少会得到叙利亚的支持。

伊朗在会上的建议显得十分孤立，这是因为大多数中东国家都乐于受美国的指使。尽管伊朗方面提出的这一独特建议遭到拒绝，尽管内贾德得知相反的结果后心里有些不是滋味，但他仍然显得那么自信。

出于报复，伊朗也同样断然拒绝了一些海湾阿拉伯邻国为解决伊朗核危机提出的在中东之外一个中立国家建立铀浓缩工厂的建议。

伊朗国家最高安全委员会副主席贾瓦德·瓦伊迪通过伊朗学生通讯社对此强调说："建立一个联合机构提供浓缩铀是好办法，只要不要求伊朗停止在它领土上的铀浓缩活动。"

瓦伊迪还断然拒绝："如果要求伊朗停止在自己领土上的浓缩活动，那是完全不可接受的。"

然而，对伊朗恨之入骨的美国则竭力寻找伊朗在伊拉克的罪证，以便更好地动员国际社会打击伊朗。

据说：美国军官正对审问伊拉克武装分子的人员施加巨大压力，要求这些人查出涉及伊朗的犯罪证据。

为了寻找到伊朗所谓的罪证，美国军方不惜以低劣的手段雇佣一些人来作假证，获取一些假材料。例如，一个当年30岁、名叫迈卡·布罗斯的人以个人身份与美国空军签约，在伊拉克审问被俘的武装分子。此人介绍说，关于伊朗的材料是"金子"，而他在伊拉克主要是从被关押者嘴里榨取材料。

他向媒体介绍这方面的情形时说："他们（美军）对我们施加了很大压力，要我们寻找与伊朗的关联。他们把预先确定范围的审问材料让我们看，仅就这些材料的数量而言，针对伊朗的材料显然远远超过了其他任何问题。在对我最近进行的审问中，绝大部分是关于伊朗问题的。"

布罗斯还进一步介绍："我感觉，好像如果你查出了什么情况，而它跟伊朗无关，就是令人非常失望的事。"

布罗斯还继续说:“我还听有的人说,‘他们真的对伊朗问题逼问得很紧’。”

布罗斯认为:“关于华盛顿对德黑兰的立场越来越强硬——包括可能采取军事行动的报道与我的感觉相符。”

布罗斯还介绍说:“我觉得,他们想一点不漏地搜集所有弹药,如果我们在这里挖出了什么材料,那就正合他们的心意。发动机需要有推动力,他们指望我们找到这些燃料——一种特殊的燃料。”

美国除了绞尽汁寻找伊朗的罪证外,还希望英、德两国学法国对伊朗越来越强硬的态度,这样就可以更加紧密地联手对付伊朗。

现在,美国小布什政府对英国首相布朗在伊朗问题上的态度正日益丧失耐心,这是因为布朗不愿直接宣布绝不允许伊朗的伊斯兰政权拥有核武器。一个国家剥夺另外一个主权国家权利,实在是缺乏充分的理由。布朗对伊朗的态度不够强硬。

同时,美国国务卿赖斯通过她的支持者说:为避免中东爆发新战争,布朗应该效仿法国总统萨科奇,警告伊朗可能遭到军事打击。

另外,美国政府也非常担心,布朗不会把对伊朗问题的较强私人表态转变为公开的强硬声明,以向伊朗施压。而美国政府的一些官员认为,除非内贾德认为自己无视国际社会的态度会导致经济和军事方面的严重后果,否则外交手段将毫无成功希望,那么英国是做到这一点的关键。

还有一位美国国务院的官员说“如果布朗公开采取强硬的立场,将对事态有所帮助。我们必须让伊朗相信,西方不会容忍心它研制核武器”。

此人还认为:“目前,我认为伊朗并未把这种威胁当真。我们需要让伊朗和其他国家认识到,并不是疯狂的美国人站在一边,古怪的欧洲人站在另一边,我们是站在同一立场的。”

除了英国之外,美国同时也在对德国进行外交施压,要求德国在伊朗问题上更为积极。

在伊朗核问题上态度强硬的法国总统萨科齐前脚刚离开美国,以“安静外交”著称的德国总理默克尔后脚就踏进了美国。这正是美国给德国施压的好机会。对于小布什来说，来客不同，菜单却一样，都是伊朗问题。

布什决定向来访的默克尔说明，过去在伊拉克问题上的分歧已成为历史的一页，已被彻底翻过，因此希望德国在下一次研究国际原子能机构总干事巴拉迪的报告之前，大家能在伊朗问题上达成一致意见。

另外，小布什还想说服默克尔接受自己的观点，如果有必要，应该在联合国框架之外对伊朗实施新的制裁。此前，尽管德国已经采取了一些限制措施，但德国仍然是伊朗的第一大贸易伙伴。

对于这一点，美国国家安全委员会发言人透露：“我们在战略上观点完全一致，在战术上存在一些分歧。”

然而，默克尔在访美前夕却表示：希望通过外交途径解决伊朗危机，并准备为这一目标竭尽全力。

在西方一些领导人纷纷怒斥伊朗的时候，默克尔的谨慎和沉默却让小布什有些恼火，他认为德国在制裁伊朗的立场上不够坚定。

不过，设在华盛顿的德国马歇尔基金会的约翰·格伦对此解释说：“德国人认为联合国是实施制裁的唯一合法机构。萨科齐表示支持在联合国框架之外实施制裁，等于对这种看法提出质疑，这让布什总统感到很满意。”

默克尔最终也不会反对欧盟对伊朗实施单独制裁。对此，格论说：“这种制裁必须把一些企业和专门的基金会包括在内。……默克尔的外交风格比萨科齐和布什要谨慎许多。”

尽管美国对默克尔在伊朗问题上的态度感到不满，她的外交立场却得到国内执政两党的一致支持。在德国看来，美国对伊朗的态度有时让德国感到困惑。这一点，正如德国社会民主党一位议员所说的那样：“我们想知道美国人到底想走哪条路。”

另外，一些议员希望依靠默克尔在美国的声望来说服美国倾听德国的立场。基督教社会联盟一位议员说：“我们认为她的意见很受重视，因为她不是每天都在提新建议。”

德国外交政策协会的专家则称赞默克尔在批评小布什的情况下，还能同他发展友好关系，同时又认为在伊朗问题上“美国人认为法国总统的作用更大，因为德国比较谨慎”。

德国在更进一步制裁伊朗的问题上表现得并不是很积极，而且和美国保持着一定距离。

就在美国进一步寻求制裁伊朗的同时，伊朗内部也暴露出了明显的核分歧，因此内贾德认为政府内部存在着“核叛徒”。

11月12日，内贾德特地来到德黑兰科技大学，并发表了慷慨激昂的演说。他在演说中照例语出惊人，宣称要曝光伊朗内部的“核叛徒”。他让人吃惊的演讲主题可以说一下子将伊朗民众的注意力从伊朗与西方的“核对抗”转移到伊朗内部的“核分歧”上来了。与此同时，人们进行着各种猜测，他所说的“核叛徒”究竟是什么人呢？

在这次很平常的演讲中，内贾德首次把伊朗内部对核政策的分歧暴露在民众面前，并用“叛徒”一词来谴责那些持不同意见的人，而且声称要把这些人的名字曝光。

在演说中内贾德用异常响亮的语调说：“在核问题上，如果伊朗内部一些人不能停止向政府施压的话，那么他们将被暴露在伊朗人民面前。他们是叛徒，我们发誓要与国家站在一起，不会退缩，更不会对他们的行为听之任之。”

他接着强调，出于问题的敏感性，我眼下不会透露这些人的姓名，但在核问题结束后将考虑公开讨论这些问题。

内贾德告诉大学生们，他不但要承受来自西方国家的压力，还要应付国内批评者的刁难和阻碍。

在讲到铀浓缩问题时他指出：在铀浓缩问题上，“国内因素”的破坏作用比外来威胁严重得多，政府已掌握了“罪证”——有人要求外国对伊朗施加更大压力的录音对话。

内贾德还说：“他们（国内批评者）定期派人向敌人泄露伊朗内部情

报。我们甚至有录音证实，其中一个人告诉敌人‘你们为什么放弃……加大压力，迫使伊朗退缩’。”

内贾德的讲话立即引起了媒体的高度关注，大家纷纷对此进行评说，认为内贾德这番话意在反击国内温和派对其核谈判政策的批评。前伊朗首席核问题谈判代表阿里·拉里贾尼曾抨击内贾德的核政策，指责他的强硬言论使伊朗的敌人增多。内贾德在反驳中指出，我的批评者还向一名调查间谍案的法官施压。他同时指出，我不会让这名间谍逃脱法律制裁。

可见，伊朗前首席核谈判代表拉里贾尼不久前的辞职与这是有关系的。不过，对于谁是“叛徒内鬼”，内贾德没有直接指出名字，但从他讲话的言语里似乎可以找到一些蛛丝马迹。

美国媒体分析说：这个内贾德故意吞吞吐吐，话到嘴边又咽下的“间谍”，很可能是伊朗前核问题高级谈判代表侯赛因·穆萨维恩。当年5月初他曾被伊朗当局拘捕，主要罪名是“危害国家安全”。那么，依此推断，向审理“间谍”的法官施压的“叛徒”，无疑是穆萨维恩的“铁哥们”。

美国媒体还认为：这人很可能是内贾德的政治对手——伊朗前总统拉夫桑贾尼，因为能向法官施压的人肯定大有来头。由于拉夫桑贾尼主张在核问题上和西方合作，一直被外界视为温和派的代表。

在此前的2007年5月初，穆萨维恩在自己家中被警察带走。不过，事情很快发生了戏剧性变化。10天之后，他交纳了保证金遂被释放，直到目前该案也没有结案，似乎有不了了之的迹象。这种情况引起了内贾德的高度重视，他扬言要揪出“叛徒”。

其实，早在2005年穆萨维恩从伊朗最高国家安全委员会外交政策主席的职位下来之后经常出国，因此很多伊朗政府官员怀疑穆萨维恩与伊朗外部一些利益集团有关系，便借这起事件向他变相施压。

伊朗官方允许穆萨维恩保释出狱，意味着穆萨维恩将伊朗核机密情报出卖给外界理由已经不成立。

穆萨维恩被捕事件或许牵涉到总统内贾德和前总统拉夫桑贾尼等温和

派的权力角逐。早在2003年-2005年，伊朗与欧盟就核问题进行谈判的时候，穆萨维恩在其中扮演了重要角色。20世纪90年代后期，他曾担任伊朗驻德国大使等要职，2005年内贾德当选总统之后，穆萨维恩的职位就被拉里贾尼取代。以强硬著称的内贾德也逐步撤换了那些温和派官员。

另外，就在内贾德在德黑兰工业科技大学发表有关揪出"叛徒"演说的前一天，即11月11日，内贾德还公开讽刺那些批评他政策的温和派官员，嘲笑这些人的智商还不如山羊。

还有一点值得关注的是，就在内贾德扬言要揪出伊朗内部"核叛徒"的前几天，一向务实的他离开德黑兰，深入基层农村，开始了任内的第二次对全国30个省的视察，以更多地了解和关心最支持他执政政策的草根阶层，同时指导工作和帮助群众解决实际困难。

当内贾德来到伊朗东南部的南克拉萨省考察时，他还特地给当地的孩子们捐赠了一些钱和自行车，孩子们高兴得活蹦乱跳。同时，他还挤出大量时间专门与民众面对面交谈，在嘘寒问暖的同时还详细了解大家对自己的内政和外交有如何看法，以及对国家的发展有何建议。

内贾德与民众打成一片，始终露出亲切的微笑给民众留下了美好的印象。他身上总是发出一种特殊的亲和力，并深深吸引着伊朗民众。

另外，不管美国小布什政府如何拉拢英国、德国等国家联合对付伊朗，内贾德的外交战略都不会发生根本改变，他将沿着自己设定的路线坚定地走下去。

掳掠不可怕　烈火见真金

就在扬言要供出伊朗内部"核叛徒"的同时，内贾德仍然积极致力于外交工作，因为外交是伊朗政治和经济发展中至关重要的一环，也是伊朗赢得国际社会支持的重要途径。就在同年11月13日，内贾德还对美国组织的即将召开的中东和会进行了猛烈抨击，认为这是一个充满欺骗的国际会议。

同时，伊朗最高精神领袖哈梅内伊也对中东和会进行猛烈批评，并在批评中呼吁中东各国抵制定于下月在美国召开的中东问题国际会议。

伊朗之所以要抵制美国发起中东和会，其根本的一点是由美国主导，因为它具有“欺骗性”，而且巴勒斯坦方面也这样认为，并且明确表示“拒绝参加”。

不过，巴勒斯坦民族权力机构主席阿巴斯已同意参加这次会议，但哈马斯方面却没有表示将要参加会议。

中东和会由美国总统小布什于2007年提出。他希望以色列、巴勒斯坦、中东问题有关四方（联合国、欧盟、美国、俄罗斯）以及巴以周边国家参加，以促成巴以和谈，重启中东和平进程。

对此，哈梅内伊揭露：“在促成和平的名义之下，美国打算将其意志强加给巴勒斯坦人民。”

哈梅内伊还认为：这次和会的目的是“拯救”以色列。

除此之外，有关伊朗核问题，国际原子能机构（IAEA）决定在几天内就伊朗核问题提交一份报告，该报告将与欧盟负责外交和安全政策的高级代表哈维尔·索拉纳在同月底提交的另一份报告，一并被作为联合国安全理事会是否对伊朗实施新制裁的重要依据。

11月13日这天，伊朗向国际原子能机构交出一份有关核问题的关键文件，它被认为是伊朗在面临高制裁压力后作出的重要妥协。实际上，这一点充分显示了内贾德灵活务实的外交战略，因为他要以这种外交战略同西方国家还有国际原子能机构进行周旋。

在此之前，伊朗原子能组织副主席穆罕默德赛义迪已前往维也纳，亲手将这份文件交给国际原子能机构负责伊朗核问题的副总干事奥利·海诺宁。这份文件的主要内容包括提交缩铀等原料浇铸和加工成可作核武器弹头的半球形的设计图纸。早在2005年国际原子能机构对伊朗核设施展开检查时，调查人员就偶然发现了这一设计图纸。而当时，伊朗方面只允许调查人员现场查看，此后始终拒绝提交设计图纸的复印件。这份设计图纸近来也是国际原子能机构关于伊朗问题调查的关键要求之一。因此，直到现在，伊朗方面才签回提交这份设计图纸。

关于这份核武器设计图纸的来历，伊朗方面透露：设计图纸来自于巴基斯坦“核弹之父”阿卜杜勒·卡迪尔汗建立的国际核黑市，但没有主动索要这份文件，也从未应用过这一设计方案。

对于与国际原子能机构合作的问题，一位伊朗外交官认为：“我们也许看到了伊朗方面一些明确的合作举措，不过还不清楚合作是否会在‘工作方案’中获得继续推进。”

这位伊朗外交官还透露：伊朗同年8月承诺逐一解决国际原子能机构有关核问题提出的问题和要求。

关于国际原子能机构的报告，可能会在当地时间11月14日下午或15日正式公布关于伊朗核问题的报告。随后，索拉纳也将提交一份欧盟调查报告。

在此之前，由于美国、俄罗斯、中国、法国、英国和德国六国外长同意将联合国制裁伊朗新决议草案的表决日期推迟到11月进行，因此外界认为国际原子弹机构的报告很可能提及伊朗方面在澄清核问题方面履行承诺的努力，不过该报告将同时证实伊朗仍在开展铀浓缩活动。在这种情况下，六国很可能出现不同看法，也会发表不同的意见。

另外，尤其是俄罗斯等不认同成美国做法的国家，将呼吁国际社会给伊朗更多时间澄清核问题，这是因为伊朗方面正在作出妥协；美国、英国、法国等可能忽略伊朗这种具有意义的妥协，继续推动联合国安理会对伊朗实施新制裁。因为在美国等看来，伊朗方面没有完全履行与澄清核问题有关的承诺。可见，俄罗斯、中国等国与美国、法国等国在解决伊朗核问题上存在严重分歧。

随着国际原子能机构的报告即将公布，美、英、法等国也随之加大了对伊朗的指责和打压，同时在舆论方面为推动实施新制裁大造声势。11月12日，英国首相布朗宣称：伊朗是“核不扩散体系面临的最大直接威胁”，而英国将带头推动欧盟和联合国两个层面对伊朗实施制裁。

同时，法国总统萨科齐和德国总理默克尔也强调：新的制裁措施可能是伊朗核问题的解决方案，也可能各自减少与伊朗的贸易联系。

在寻求解决伊朗核问题上，伊朗的宿敌以色列在这一问题上的立场更为强硬。以色列宣称：必须把“所有选项都要摆在桌面上”，不排除用武力手段解决伊朗核问题。

以色列副总理莫法兹基在指责伊朗的同时还认为：作为国际原子能机构总干事的穆罕默德·巴拉迪应该立即辞职，因为是他对伊朗的核动机睁一只眼闭一只眼。以色列不仅对伊朗充满了深仇大恨，而且对国际原子能机构也充满了怨言。以色列总想采取各种手段致伊朗于死地而后快。

11月15日，以色列政府和官方官员还说：以色列正在秘密地为应对拥有核武器的伊朗做准备，尽管以色列公开保证不会让伊朗获得对其构成威胁的核武器，但是对策也仅仅限于纸上谈兵。

以色列总理埃胡德·奥尔默特的助手们正在起草一份防御计划，其主要内容包括以色列如何应对其核武器垄断地位的丧失，这是因为以色列的安全战略与其在中东地区的核垄断地位密不可分。

除制定战略防御计划外，以色列已经开始准备一份秘密备忘录，其中主要内容是，以色列在伊朗拥有核弹头后的“第二天”该如何作出反应，以及如何保持以色列的威慑力及军事的能力等。

除此之外，奥尔默特政府安全内阁官员在接受媒体采访时透露：以色列将从三个方面处理伊朗问题。

这位内阁官员着重强调了三点：“首先，我们必须明确指出这不仅是对以色列的威胁，而且是对更广泛世界的威胁；其次，我们必须全面彻底地考虑各种预防性选择；第三，我们必须考虑到这些选择无法奏效的可能性。”

11月15日，联合国认为伊朗提交的核报告非常含糊，对伊朗核活动的评价简直就是喜忧参半。联合国公布的一份新报告说：伊朗透露了它过去的核活动新的但是不完整的信息，错过了它与原子能机构（IAEA）的协议所规定的重要期限。

该报告首次披露：伊朗已经突破运行3000台离心机的数量。从理论上说，这意味着伊朗有能力在1年到18个月期间内，生产出制造一件核武器所需要的铀。

报告继续透露：这些离心机——在位于纳坦兹巨大的设施里快速旋转的浓缩铀的机器，但没有满负荷运转。国际原子能机构说，到目前为止，尚无证据表明伊朗的浓缩水平达到了可以生产核弹的级别。

该报告还得出结论说：伊朗的“合作一直是被动而非主动的”。另外，由于伊朗对检查人员的限制，国际原子能机构对伊朗核计划的全面了解正在“减少”。

这份报告一经公布，美国、英国、法国三国肯定会充分利用这份报告呼吁联合国对伊朗施加更严厉的制裁，尽管俄罗斯和中国一直强烈反对推出新一轮制裁。不过，该报告还会使得需要给外交手段留多长时间的讨论变得更加激烈。

11月15日这天，国际原子能机构总干事巴拉迪在维也纳原子能机构总部向机构成员国提交了一份名为“伊朗执行《不扩散核武器条约》保障协定和安理会第1737号和第1747号决议情况”的报告。该报告共9页纸，详细阐述了伊朗的核问题。

这份长达9页的报告认为：伊朗在回答有关伊核技术未决问题方面与原子能机构的合作是“足够”的，但欠“积极主动”。

报告指出：国际原子能机构认为，伊朗在回答有关铀浓缩计划问题方面采取了与机构配合的态度，但机构仍将继续就这一问题进行探讨。

该报告对伊朗的核活动进行了披露，指出：伊朗已经开始试验一种更新型、更高效的离心机。这种设备能够更快地进行铀浓缩活动。“伊朗在纳坦兹的核设里有约3000台离心机在运转。”

报告还批评了伊朗的核活动，指责伊朗继续无视联合国要求，拒绝停止铀浓缩活动，而且开始试验效率更高的P–2离心机，以取代目前使用的

P-1离心机。

巴拉迪提交的这份报告立即在国际社会上引起强烈反响，人们纷纷对此进行评说，认为该报告得出的“杯子半满”的结论很可能令国际社会不知所措。另外，一些专家认为这是内贾德的刻意安排，它聪明地提供了恰到好处的合作，以此阻止国际社会对伊朗的第三轮制裁，因为美国希望在年底之前通过这项制裁决议。

在伊朗核问题上，安理会成员国间也出现了较大分歧，中国和英国这两个拥有否决权的安理会成员国提出了应对伊朗的不同构想。一个可能的结果是西方国家改变向伊朗施压的方式，即从利用安理会的决议转为由伊朗联系最紧密的经济体单独施加制裁，不过这要看德国方面会提供多大程度的支持。

国际原子能机构对伊朗的态度留有余地，它既说伊朗合作，又说伊朗合作态度不够积极；既说没有证据表明伊朗在偷偷发展核武器，又说联合国决议要求停止的浓缩铀活动仍在继续。国际原子能机构将要求伊朗继续与其合作。

与此同时，伊朗一方发现与国际原子能机构合作并做出妥协可破解美国封锁政策。在巴拉迪提交报告的前一天，伊朗提供了核武器绝密文件，这被广泛看作是伊朗的重大妥协。而在接下来的时间，伊朗会继续与国际原子能机构合作，可能还会做出更多让步。

美国则主张进一步制裁伊朗。欧洲逐渐与美国观点相似，而俄罗斯和中国的态度会比较温和。报告正在给国际原子能机构的35个理事国审阅。如果理事国同意报告内容，国际原子能机构将报告授时交给联合国。这样一来，美国等国家希望进一步制裁伊朗的主张将遇到很大阻力。

同时，有人分析说，伊朗内部政局正对德黑兰推行核计划的方式产生更大的影响。一位伊朗问题专家分析：“伊朗的精英对伊朗与国家关系恶化日益感到不安。由于议会选举将于2008年3月举行，该国的务实派和支持内贾德的意识形态派之间的权力斗争正在进一步激化。”

另外，有人还质疑巴拉迪将利用其报告“争取时间”，因为这位国际原子能机构的领导人已认定他的作用是避免美国对伊朗开战。"巴拉迪的观点是如果他在这份报告中说伊朗不肯充分合作，进一步谈判纯属浪费时间，那么他就是在帮切尼等主战派的忙。"

巴拉迪提交的这份有关伊朗核问题的报告不仅引起了国际社会的广泛关注，尤其是引起了美国等西方国家的高度重视，美国国务院发言人指出："部分积极进展"不能解决问题。

美国对此是极不满意的。白宫发言人认为："报告只是证明伊朗没有兴趣与世界各国合作……美国将与其他联合国安理会成员以及德国合作，促使联合国对伊朗实施第三次制裁。"可以看出，美伊两国的新一轮较量正在紧张上演。巴拉迪的报告出台后，一段时间来一直对伊朗施压的美国更会以伊朗没有遵照联合国安理会的要求停止铀浓缩活动、与原子能机构的合作不充分为由，积极推动新的制裁。英、法等欧洲国家也会加大对伊朗的压力。

然而，伊朗却发出了不同的声音，认为巴拉迪的报告是客观、公正的，充分证明了伊朗在核问题上是清白的。对此，伊朗驻中国大使在同一天傍晚举行的新闻发布会上重申了伊朗在核问题上的立场。他激动地指出："伊朗核问题是谣言是阴谋，通过这个谣言和阴谋给一些国家带来了利益。"

他还语调激昂地宣称："美国在阿富汗和伊拉克失败了，美国的中东政策失败了，美国陷入困境和危机，它要说服美国人敌视伊朗。美国为推行它的政策会利用任何手段，但这不会给它带来好处。同时，以色列是反对伊朗的最明显的国家。"

在新闻发布会上，他还回答了记者的一些提问。当有媒体问巴拉迪报告是否指出伊朗在与国际原子能机构的合作上欠缺配合的问题时，他表示："伊朗很愿意与国际原子能机构合作，而且合作是按计划进行的。合作的几个月里，伊朗对国际原子能任何问题都给予了回答。但很遗憾，美国在提出报告前就一直称伊朗不合作，报告之后还坚持合作不多。"

关于报告中提到的伊朗没有停止浓缩铀活动的问题，他回答说："伊朗有进行浓缩铀活动的权利，伊朗不会放弃这个权利。尽管美国看到巴拉迪报告是积极的，但美国还要采取新的制裁。”

关于伊朗是否能承受美国的军事打击的问题，他指出：“军事打击伊朗不会解决任何问题。伊朗经受过战争和制裁，国家和人民的态度已经很清楚。”

在回答媒体的提问时，曼苏里赞赏中国在伊核问题上发挥的作用。他接着强调：“中国政府一贯支持伊朗和国际原子能机构的合作。我认为中国不会接受美国对伊朗的单边制裁行为。”

对关于伊核问题是否会引起核武器在中东地区扩散的问题，他说：“拥有百多枚核弹头的国家就应注意这件事，伊朗没有核武器，核扩散问题没有伊朗的事。”

同时，伊朗核问题也引起了伊朗政府内部的一些反应，其中包括拘捕了一些泄漏核机密的嫌疑人。11月15日这天，伊朗总检察长透露：“伊朗拘捕了核泄密案中其他一些嫌疑人。”他公开说：“核泄密案中其他一些嫌疑人已经被拘捕。”

不过，纳贾法巴迪没有透露遭拘捕的嫌犯的详细情况。

在前一天，伊朗情报部长就点了嫌疑人穆萨维安的名，指控他向英国等泄漏机密情报，危害国家安全。

穆萨维安曾经担任过伊朗驻德国大使，也曾作为首席核谈判代表多次参与伊朗和欧盟的核问题谈判。另外，他还是伊朗前总统拉夫桑贾尼的重要盟友，而拉夫桑贾尼一直被视为内贾德主要的政治对手。

内贾德曾多次批评穆萨维安在核谈判中“过于软弱怯懦”，损害了伊朗的国家利益，因此将穆萨维赶下了政治舞台，并下令逮捕。

关于穆萨维安的罪行，伊朗情报部长在向媒体介绍时指出：“他（穆萨维安）向外国机构提供机密情报，包括英国驻伊朗大使馆……危及伊朗国家利益与国家安全。”

他还强调：“伊朗情报部认为，他的罪行事实清楚、证据确凿。”他透露：“有权势的人物背后试图为他洗脱罪名……这些大人物已经和法官‘联系’过几次。”

情报部长还透露："安全部门已经将指控穆萨维安的消息通知他本人。穆萨维安尚未做出反应，英国大使馆也没有发表任何评论。"

在此之前，穆萨维安等温和派官员曾猛烈抨击伊朗核政策，语调十分尖锐，这是内贾德遭到的最"罕见"的批评。11月12日，穆萨维安还和他的政治盟友、伊朗前总统拉夫桑贾尼一起出现在公共场合，并不怀好意地宣扬：伊朗正面临着"严重的威胁"。

一向以强硬手段著称的内贾德当然不能坐视穆萨维安等损害国家利益和国家安全，将给予坚决打击。

就在巴拉迪提交伊朗核问题报告的同一天，内贾德对这份报告表示欢迎，并用响亮的声调指出：国际原子能机构提交的有关伊朗核问题报告"证明了伊朗的清白"。

他还高兴地强调：伊朗对国际原子能机构的这份报告表示欢迎，"这份报告诉世界知道伊朗所做的反抗是正确的"。

内贾德认为：联合国安理会继续有关对伊制裁的讨论将是"没有法律根据的"，尤其是美国的制裁完全是非法的。

在伊朗看来，巴拉迪的报告充分证明伊朗没有研制核武器。对于这一点，伊朗首席谈判代表赛义德·贾利利在巴拉迪递交报告的当天声称："报告证明，那些有关伊朗核项目有军事目的的说法完全是错误的……报告清楚地证明，把伊朗核问题提交联合国安理会讨论的做法毫无根据。"

贾利利还以警告的语气强调："如果联合国对伊朗实施第三轮制裁，将严重影响伊朗与国际原子能机构之间的合作。"

不管怎么说，巴拉迪的报告对伊朗来说是个非常有利的信号，这为内贾德在伊核问题上猛烈反击美国的强压提供了有力证据。伊朗将更加坚定地沿着确定的核目标走下去。

巴拉迪的伊朗核问题报告一时间在国际社会中引起了极大反响，像大海般激起了各种波浪。内贾德却偏偏迎着波浪航行，满腔热忱地对这份报告表示了高度赞赏。

第十章 摒弃相互滥仇杀 远离战争求和平

这并非是一场简单的游戏，更不是一个随随便便的玩笑，这表明所发生的一切都是要尽快发展壮大自己的国家。这个国家不能再陷入一片哭叫和呼唤声中，他每天都在祈祷要把握自己国家的决定命运，让国家兴旺和人民一天天富强起来。

石油频危机 屡震欧佩克

内贾德除积极致力于伊朗的核能发展之外，高度关注的另一点就是石油。石油越来越成为世界上的紧缺资源，因此国际社会正在演变成一场空前的石油大战。

伊朗作为欧佩克成员国，一直在该组织中发挥着积极作用。由于第三届石油输出国组织（欧佩克）首脑会议即将在沙特阿拉伯首都利雅得召开，内贾德积极准备出席这一重要的石油会议。

伊朗作为中东地区生产石油的大国，内贾德非常关注全球对石油需求的局面。他十分敏锐地看到，由于世界经济的快速发展，世界对石油的需求与日俱增，出现了供与求紧张局面。在这种情况下，石油价格也在节节攀升。随着石油价格的暴涨，尽管给产油国带来了巨大的经济效益，但同时也潜在着严重的石油危机。石油危机已经成为全球的共识。

许多年以来，石油危机几乎一直存在，而近几年来尤为严重。在此之前，世界上曾发生过几次比较突出的石油危机。石油危机对世界经济发展的影响十分巨大，对经济发展的冲击力也是不可估量的。

石油这种事关世界动脉的能源，是任何特效所无法替代的。早在20世纪70年代至80年代初世界石油供需就出现了紧张局面，从而引发了世界上第一次石油危机。由于进入20世纪80年代以来，在东西方冷战开始逐渐融化的时候，东方亚洲的大部分国家开始搞改革和发展经济，使石油的需求迅猛增加。恰逢此时，石油也成为西方世界的主要能源，经济发展的重要支柱，因此石油成为了西方国家必争的安全战略物资。

对任何国家来说，石油都是至关重要的战略物资，如果没有石油整个国家就会陷入瘫痪状态。早在1973年第4次中东战争爆发后，阿拉伯国家联手为了打击以色列及其西方的支持者，维护阿拉伯民族权益，并联合其他产油国采取减产、禁运、提价、增加本国参与股权和国有化等措施进行一场石油斗争。这些国家充分以石油为武器，同西方国家较量。这样一来，石油供应突然短缺，使那些主要从中东进口石油的国家的能源供应陷入了极度紧张的境地，从而引发了世界上第一次石油危机。这就是第一次石油危机产生的原因，对全球的影响是十分巨大的。

到了1980年，由于伊拉克与伊朗两大产油国之间爆发了长达8年的战争，因此再一次冲击了世界的能源形势，尤其是对世界石油市场的冲击。在这种情况下，导致石油大幅度减产和竞相抢购石油的紧张局面，从而引起了油价暴涨，因此被称为是世界第二次石油危机。这就是世界上连续出现的二次石油危机。

然而内贾德弄明白了这个道理，在这个世界上谁控制了石油，谁就掌握了陆海空交通的命脉了。由于第二次石油危机的爆发所导致的石油短缺，使依靠石油进口的发达国家经济遭到了沉重打击，而且某些发达国家甚至出现负增长（如日本）。除此之外，石油危机还波及到了世界大多数国家和地区，给世界经济的发展带来了很大的冲击和困难。针对上述两次石油危机，为了有效缓和与解决能源危机，自20世纪80年代以来，各国政府相继提出了各种能源政策，减少国内的石油消耗，加强同发展中国家产油国的关系，开辟更多的石油进口途径，加强石油、天然气、煤炭三种能源的生产，开辟新能源以摆脱困境。到了20世纪80年代后半期开始，世界能源危机已基本得到缓解。尽管如此，但如果各国政府不加紧管理和应对，随着世界经济的快速发展，新一轮石油危机将还会爆发。

内贾德打心里明白，石油是极其重要的能源，是不可再生产的能源，因此世界上还专门为此成立了一个石油大会组织，即世界石油大会。所谓世界石油大会，是一个国际性的石油代表机构，是非政府、非盈利的国际石油组织，被公认为世界权威性的石油科技论坛。该石油大会于1933年8月在英国伦敦成立，每隔4年举行一次。不过，在第二次世界大战期间曾一度中断大会活动，直到1951年战争结束后才恢复活动。总部依然设在伦敦。该大会在石油领域积极发挥着作用。

世界石油大会的宗旨，即为了人类的利益，加强对世界石油资源的管理，在世界石油工业中不断促进先进的石油技术的应用和促进对有关的经济、金融及管理问题的研究。同时，在世界范围内为石油科技人员、管理者和行政人员交流信息和讨论研究提供论坛。

2001年9月，世界石油大会组织得到空前发展，加入该组织共有59个主要石油生产国和石油消费国。其中的创建成员有：奥地利、比利时、联邦德国、法国、荷兰、加拿大、美国、墨西哥、苏联、委内瑞拉、意大利、英国、伊朗、日本。

1979年9月13日，该组织在布加勒斯特举行的第10届大会通过决议，同意中国国家委员会被接纳为该大会常任理事会成员，从而为该组织注入了新的活力。1994年2月26日，第15届世界石油大会组委会宣布成立，中国石油天然气总公司总经理王涛被选为组委会主席。1997年10月12日至16日，第15届世界石油大会在中国的首都北京举行。

伊朗是中东地区的石油大国，不仅很早就加入了世界石油大会这个组织，而且还是该组织的创建者之一。伊朗在该组织中发挥着积极作用，并作出过许多贡献。

除了世界石油大会这个组织外，以中东地区为主的国家还专门成立了一个石油输出国组织，即欧佩克组织。该组织的成立对世界石油市场有着非常重要的影响力。伊朗也是该组织中重要的国家之一，并在其中发挥着非常重要的作用。

早在1960年9月10日，由于中东地区已经探明出有丰富的石油，于是伊朗、伊拉克、科威特、沙特阿拉伯和委内瑞拉决定派出代表，在伊拉克首都巴格达举行会议，联合起来共同对付西方石油公司，维护欧佩克各国的石油经济利益，以此来带动经济的大发展。9月14日，石油输出国组织宣告成立，并简称为“欧佩克”。从此该组织在世界石油市场中起着非常重要的作用。

石油输出国组织（欧佩克）成立时的主要宗旨是：协调和统一成员国的石油政策、石油产量，同时确定以最适宜的手段来维护他们各自和共同的利益，即经济利益。该组织成立后，起初的成员国共有11个，除了5个创始成员国以外，还有阿尔及利亚、阿拉伯联合酋长国、卡塔尔、尼日利亚和印度尼西亚。然而到了后来，厄瓜多尔、加蓬分别于1992、1996年退出该组织。不过，这对欧佩克组织并没有产生什么影响，因为日后欧佩克组织得到了进一步壮大。

从欧佩克的组织机构来看，主要由大会、理事会和秘书处组成。大会是最高权力机构，一般由成员国石油部长率领的代表团组成，规定每年至少要开两次会议，并为该组织制定总的政策，审查通过理事会提交的建议和报告，批准各成员国委任的理事和选理事会主席等；理事会由各成员国派一名理事组成，每年至少要开两次会议，主要负责执行大会决议和指导该组织的管理；秘书长是该组织的执行机构，秘书长是该组织依法授权的代表，任期两年。另外，秘书处内还设了一个专门机构，即经济委员会，主要是协助该组织把国际石油价格稳定在一个公平合理的水平上。

石油输出国组织（欧佩克）成立后，充分以石油为武器，为反对西方大国对世界石油的垄断，并进行了坚持不懈的斗争，有效地夺回了制定油价和控制石油生产的权力。可以看出，该组织在国际石油市场中扮演着重要角色和发挥着重要作用。例如，在1973年那年，欧佩克充分采取减产、提价等手段，配合第四次中东战争，打了自成立以来第一次最重要的一场石油大战。此次发动的石油大战，在很大程度上冲击了二战结束以来形成的布雷顿体系，同时也动摇了美元的霸主地位。从而提升了产油国在世界经济中的地位。欧佩克已成为世界著名的石油组织。

除此之外，即使到了现在，欧佩克依然在国际石油市场中发挥着举足轻重的作用。在石油日益紧张的当今世界，欧佩克更是充分地发挥着该组织的作用。因此，第三届石油输出国组织（欧佩克）首脑会议即将举行，以探讨石油的价格、供给等问题。前两届峰会分别于1975年和2000年在阿尔及利亚和委内瑞拉召开。在本次石油峰会上，于1992年退出的厄瓜多尔将再次回归欧佩克，这样欧佩克共有13个成员国。

2007年11月17日，第三届石油输出国组织（欧佩克）首脑会议在水特利雅得隆重开幕。内贾德依然是面带微笑，而且是非常自信地出席了会议。

除利比亚和印度尼西亚外，欧佩克其他成员国的元首均以饱满的热情出席了会议。他们中有阿联酋总统哈利法、委内瑞拉总统查韦斯、沙特阿拉伯国王阿卜杜拉、伊拉克总统塔拉巴尼、印尼副总统尤素夫和内贾德等。出席会议的各国领导人还合影留念。

这是在全球石油居高不下，具有重要意义的一次石油会议。此次峰会为期两天，将就加强环境保护、能源与可持续发展，以及保障国际原油供应等问题进行讨论，并制定具体的应对方案。

针对日趋紧张的石油市场，此次欧佩克会议却不会对高油价问题做出实质性回应。有关这一问题，在此之前的欧佩克部长级预备会议就透露说，此次峰会将讨论建立两个基金会。即：一是国际发展基金会，为不是欧佩克成员的发展中国家提供经济和能源支持；二是建立一个环保基金会，以加强欧佩克与其他国际组织在减少温室气体排放方面的合作。

对欧佩克来说，尽管目前石油市场的价格迅猛攀升，给该组织成员国均带来了惊人的经济效益，但这并非完全是积极的一面，为此也带来了负面的影响，这就是同时面临的巨大通货膨胀的压力。针对这一越来越严峻的问题，在此前召开的欧佩克部长级预备会议上，包括伊朗石油部长大臣，以及欧佩克秘书长在内的多位部长强调：此次会议不会有原油增产的议题出现，目前市场供应状况良好。与此同时，欧佩克部长们还承诺，欧佩克远期会进一步扩大原油生产，以满足全球能源需求。

会议开始后，内贾德在会上的发言排在委内瑞拉总统查韦斯和沙特国王阿卜杜拉等之后。他是结束对巴林的短暂访问后，于16日晚间抵达沙特首都利雅利出席会议的。

在会上，委内瑞拉总统查韦斯首先发言，他用洪亮的语调指出说："目前近100美元的国际油价是正常的，但如果美国对伊朗动武的话，油价将可能升至每桶200美元。"查韦斯在发言中还希望欧佩克在政治上更加强大，在国际政治舞台上发挥更大的作用。

随后，沙特国王阿卜杜拉本届欧佩克会议主席也在会上发了言。他在发言时指出说："欧佩克成立近50年来，一直致力于实现两个基本目标：一是维护各成员国共同的利益，二是向国际能源市场提供充足供应，保护世界经济免受非正常动荡油价的冲击和损害。"

在讲到目前的高油价问题时，阿卜杜拉对此指出说："将欧佩克形容为垄断和剥削的组织是不公正的，如果将通货膨胀的因素考虑在内，目前的油价实际上只相当于上个世纪80年代的水平。"

在讲到欧佩克在发送全球环境中应发挥积极作用时，阿卜杜拉强调说："欧佩克成员国应与世界其他国家加强合作，共同努力改善全球环境。"

同时，阿卜杜拉还宣布沙特阿拉伯决定出资3亿美元，专门用于能源、环境和气候变化方面的研究。

在讲到欧佩克成员国应加强同消费国共同协作的问题时，阿卜杜拉表示说："……希望石油生产国和消费国共同协作，在充分满足全球日益增长的原油需求的同时，积极致力于保护世界环境安全的各项计划。"

内贾德在会上发言时引起了与会者和媒体的高度关注。他与众不同的发言，不仅只谈石油问题，而且还谈到了中东的局势。在讲到中东局势问题时，又必须牵涉到美国。而说到美国时，他就十分生气。

“我认为海湾地区不会发生新的战争，事实上现在也没有发生战争的任何迹象，人们没有必要担心，说海湾地区局势紧张那是媒体的误导。另外，美国也希望加剧海湾局势，因为美国不希望伊朗核问题取得进展。”在讲话中，内贾德对海湾地区那种表面紧张的局势十分乐观，始终认为美国不会对伊朗发动进攻。

为什么美国不会对伊朗动武呢？因为他看到美国在海湾地区的政策已经以失败而告终。对此，内贾德用高昂的语调指出说：“美国的海湾政策已经失败，美国肯定要从海湾地区撤出，美国不断在海湾地区制造混乱并使局势紧张，其目的是为了保持在这一地区的利益存在。”

虽然，目前美国不会对伊朗动武，但伊朗却做好了迎战的一切准备工作。对此，内贾德告诉与会者说：“尽管海湾地区不会发生战争，但伊朗还是要做好应对任何可能的准备。”

在讲到石油结算问题时，内贾德认为选择使用美元严重损害了石油生产国的利益，因为美元在不断贬值。对此，他在呼吁中强调指出说：“在国际石油市场上选择使用美元这严重损害了石油生产国的利益。由于美元不断贬值，目前的国际石油价格还很低，没有反映出石油的实际价格，石油价格还应该增加。”

内贾德的发言不仅引起了与会者的高度关注，而且成为了媒体争相报道的新闻。

在此次会上，尽管欧佩克强调了自身在国际石油市场中的作用，然而在外界有些看来：近年来，随着影响油价走势的因素日趋复杂化，加上欧佩克自身存在的各种局限，该组织对油价的影响力有所下降。

长期以来，欧佩克影响油价主要通过调节其原油产量来实现。但近年来，该组织成员国在生产政策上存在分歧，加上欧佩克对成员国生产限额执行情况缺乏足够有力的监督，这些都使欧佩克影响油价的能力受到局限。

诚然，在全球经济一体化的今天，欧佩克国家已经不可能采取类似政治性动作来操纵油价。欧佩克内部尽管有伊朗、委内瑞拉这样的国家与美国对抗，但绝大多数成员都与西方保持着良好的合作关系和经济联系。在石油、美元滚滚流入后，中东产油国在西方国家进行了巨额投资，因此相互利益已密不可分。不过，鉴于欧佩克的原油产量是世界总产量的40%，因此其原油生产政策仍对国际市场油价有相当的影响。

虽说有些分析只是从某个方面和某个角度来看问题的，但明显缺乏一种全面分析。实际在当今世界上，欧佩克拥有丰富的石油，因此对国际石油市场有举足轻重的影响力。目前，在石油这一重要领域，世界上还没有任何一个石油组织可以取代欧佩克在石油市场中的主导地位。

欧佩克的一举一动都会引起国际社会的高度关注。因此，欧佩克此次举行的会议更牵动着世界各国的神经。伊朗是这一组织中的重要国家，内贾德也就自然而然地成为会上的一位十分亮点的人物。特别是伊朗核问题，也使他成为一位家喻户晓的人物。

能源当武器　猎奇另有别

2007年11月18日，内贾德继续在利雅得出席第三届石油输出国组织（欧佩克）会议。在会上，他与出席会议的各国领导人继续讨论石油的未来，并积极提出科学合理的建议，以推动欧佩克在国际石油市场中发挥更为重要的作用。

在为期两天的第三届石油输出国组织（欧佩克）首脑会议，经过与会各国元首的热烈讨论，终于一致通过了《利雅得宣言》。该《宣言》是这石油盛会取得的重要成果，同时也是欧佩克今后工作的基本方针，并更进一步使欧佩克在世界石油市场中发挥更为重要的作用和影响力。

在通过《利雅得宣言》后,会议顺利闭幕。

从《利雅得宣言》的内容来看世界石油充满危机,欧佩克将对今后国际市场油价的影响力逐渐下降。为了避免这一下降趋势,欧佩克不得不努力寻求突破口,开始由一个单纯的石油供应组织向更加多元化的国际合作组织转变,使欧佩克能够发挥世界经济主导作用。

"宣言"承诺将保证国际原油市场的充足供应,加强环境保护和帮助发展中国家实现可持续发展。

"宣言"强调说:"为了实现国际原油市场的稳定,欧佩克成员国将努力实现充足、及时的原油供应。"

"宣言"特别强调指出说:"保证消费国对原油的需求符合生产者和消费者的共同利益,这也是欧佩克的使命所在。欧佩克成员国将在维护环境安全的基础上加大投资,努力发展石油工业,提高各自的产油能力,以避免国际油价动荡对产油国和消费国利益的共同损害。"

"宣言"还呼吁以建立国际发展基金会等形式帮助所有国家实现经济发展和共同繁荣。

在"宣言"号召下,沙特、科威特、卡塔尔、阿拉伯联合酋长国决定为这个国际发展基金出资7.5亿美元。

这次欧佩克首脑会议,不仅引起了国际社会的广泛关注,同时也引起了很大反响,并纷纷进行评说,人们认为,此次首脑会议是欧佩克的一个重要转折点,也是欧佩克进入转型期的开始。

从欧佩克发展的历程和所产生的影响力来看,该组织自从1960年成立以来,各成员国主要是通过协调各自的石油政策,特别是协调各自的石油生产配额来维护成员国的共同利益。但是近年来,由于世界经济发展格局发生了新变化,影响国际油价的因素日益复杂化,因素不只是传统而简单的供求关系。那么在这种新的形势下,欧佩克左右国际油价的能力实际上已大为降低,再加上对其成员国石油生产限额执行情况缺乏足够有力的监督等。从上述因素来看，欧佩克的国际影响力逐渐受到越来越多的怀疑，其影响力至少受到了严峻挑战。

对于这些，欧佩克自身也看到了。不过反过来说，在未来的经济发展中，也许欧佩克对国际石油市场的影响越来越大，甚至起到决定性的作用。

对于这次欧佩克首脑会议所讨论的一些主要问题，却并没有涉及到实质性的问题。对此人们认为：成员国领导人没有讨论外界广泛期待的原油增产问题，只不过是无精打采地表态将保证原油的充足供应。然而在讨论石油以外的问题时，却当作重点来讨论要加强环境保护和帮助发展中国家实现可持续发展的问题。与此同时，会议还就此达成了一致看法，并将这两个与石油没有多大关系的问题提高到了一个前所未有的高度。由此看来，这就是本次欧佩克首脑会议发生的新变化。

关于全球变暖等环境问题，尽管欧佩克是产油国，但同样也应该负有责任。按常理说，阻止全球变暖等环境问题更多应该是石油消费国的责任，但部分欧佩克成员国也在减少温室气体排放问题上受到指责。

一些欧佩克成员国的领导人已经注意到了。内贾德也敏锐意识到，尽管他没有像沙特、科威特、卡塔尔等当即决定拿出多少资金来致力于能源、环境气候变化等方面的改善工作，但是他提出了以牺牲人居环境为代价发展经济是完全不可取的观点。

从本次欧佩克会议中可以看出，欧佩克正在以更加积极的高调和姿态投入到石油供应以外的国际合作领域，由此充分体现了一个更加负责的国际组织形象。欧佩克之所以在决策上做出调整，一方面是世界发展格局出现的新变化和外来压力的迫使；另一方面也符合欧佩克的长远利益；在会议期间，内贾德也积极参与讨论这些问题，并为制定方案提出好的建议。

关于加强同发展中国家进行合作的问题，实际上也是为了欧佩克自身更好的发展。而其实欧佩克成员国中大多数是发展中国家，进一步加强与发展中国家的石油进口国的合作，向这些国家提供充足的原油供应，帮助这些国家实现可持续发展，同样也符合欧佩克成员国的长期利益。这一点充分体现了欧佩克深远的战略眼光。

对于美元是否继续作为国际石油贸易结算的问题也引了起欧佩克的注意，但没有作出现在就放弃按美元结算的决定。内贾德和委内瑞拉总统查韦斯尤其十分关注这一问题，并呼吁放弃按美元结算。对于欧佩克未来是否改变以美元作为国际石油贸易结算货币的传统做法值得长期关注，因为这一发生转变性的决定无疑会对国际能源市场产生深远的影响。但是欧佩克各成员国在这一问题上存在较大分歧。

由于东道主沙特阿拉伯的本国货币依然与美元挂钩，并在沙特阿拉伯的坚持下，此次通过的《利雅得宣言》中也就没有出现“对美元贬值表示关切”的字样。但在这一点上，内贾德和委内瑞拉总统查韦斯明确提出了一系列货币取代美元的方案，以此作为该组织各成员国石油贸易的结算货币。可遗憾的是，他们提出的取代美元的方案，并没有得到大多数欧佩克成员国的赞同。

这也就成为内贾德对本届欧佩克会议感到最遗憾的地方。他不由得在心中叹息，他心中对美元的耿耿于怀又有谁能够真正理解呢？恐怕只有兄弟查韦斯方才能够理解。

但是，实际上欧佩克成员国都十分关注美元贬值对国际市场油价的影响，许多成员国领导人也十分清楚地看到了这一点。沙特国王阿卜杜拉已在会上指出说：由于石油出口是大多数欧佩克成员国最主要的外汇来源，美元一路走低正使这些产油国的财富大大缩水，也就是说经济效益不增反降。

虽然大家都看到了这一点，但大家却又都认为目前还没有任何货币可以取代美元。因此，欧佩克会议经过权衡利弊没有作出而又无法作出要取代美元的决定。

另外，在第三届石油输出国组织（欧佩克）首脑会议召开之前举行的部长级预备会议也与以往不同，这一点同样引起了外界的关注和议论。值得注意的是参加本届首脑会议部长级预备会议的不仅有成员国的外交部长和石油部长，各国财政部长也应邀出席。在这次隆重的预备会上，欧佩克还专门要求其成员国财政部长研究如何应对美元贬值。这一点，充分证明欧佩克已十分关注美元下滑贬值的问题。

欧佩克秘书长巴德里透露说："该组织将研究扩大成员国金融合作的途径和方法，包括一些成员国国家领导人在首脑会议上提出的建议。"

巴德里所提到的成员国国家领导人提出的建议，实际上指的就是内贾德、查韦斯等成员国领导人的呼吁。因为他们声称要独自与美元脱钩，不以美元来结算。

在此次欧佩克会议上，内贾德关注和呼吁最多的就是美元贬值损害成员国经济利益的问题。他在会上指出说："欧佩克的一些成员国有兴趣将现金储备转换成非美元货币。"内贾德在呼吁中强调说："会议上部分人士指出原油生产国应该确定除美元以外的一个单一硬通货，作为石油交易的基础。"

内贾德还站在经济利益的高度进一步强调指出说："美元价格下滑，所有（欧佩克）成员国都不高兴将资金存在银行的产油国，目前正面临着石油收入的重大贬值。"

在第三届石油输出国组织闭幕后的当天，内贾德还接受了媒体的采访。他十分清楚地看到，由于国际市场上的石油贸易主要以美元标价和买卖，而美元近期的弱势表现使石油出口国普遍担心，因为他们赚取的石油美元值也将在大幅缩水。

因此，内贾德一针见血地指出说：布什政府应该为美元走弱及其带给他国的负面影响负责。"他们拿走我们的石油，给我们一张没用的纸"。他继续愤愤不平地指出说："我们都知道，现在美元已经没有经济价值，这与美国政府的经济政策有关。"接着，内贾德语气缓和下来透露说："欧佩克成员国的财政部长和外交部长已经着手研究弱势美元的影响。"

其实早在11月16日举行的峰会预备会议上，伊朗外长穆塔基也提议说："应该在峰会声明中提及欧佩克对美元走弱的担忧。"

然而，伊朗方面的这一提议却遭到东道主沙特外交大臣沙特·本·费萨的坚决反对。他反对的理由是:“公开讨论美元弱势问题,会进一步加剧美元下跌。”

虽然《利雅得宣言》没有写入美元贬值的问题,但欧佩克首脑会议闭幕的当天,伊朗石油部长吴拉姆·侯赛在·诺扎里透露说:欧佩克成员国同意成立一个由石油部长和财长组成的委员会,研究美元对石油价格的影响。

伊拉克石油部长侯赛因·沙赫里斯塔尼也说:新成立的委员会将向欧佩克作出关于一揽子货币的建议。

有人提出在国际原油价格迅猛攀升的形势下,内贾德政府很可能利用高油价和弱势美元来牵制美国,使美国不敢轻言用武力打击伊朗。也就是说,内贾德政府会拿石油当武器与美国对抗。

但是,内贾德给予了坚决反驳。他明确指出说:伊朗不希望使用石油武器,但如果美国胆敢攻打伊朗,伊朗“知道该如何回击”。不过“我们绝对不喜欢把石油当作武器……我们有其他回应方式,我们显然会对制裁作出回应”。他十分坚信地指出说:相信美国国内有“明智之士”,他们不会允许布什政府对伊朗发动军事打击。

内贾德还断定说:“我的预言是这一地区不会爆发战争。”

内贾德是这次欧佩克首脑峰会上的焦点人物。不过他对此次峰会感到有些失望,因为会议没有采取应对美元贬值的积极措施。

这个反美斗士不管走到哪里都会发表反美言论。美国永远都是刺激他神经的国家。

密友赴猎场 鸣枪驱虎豹

在第三届石油输出国组织(欧佩克)首脑会议闭幕后,内贾德决定第二天离开沙特首都利雅得返回伊朗。不过,令外界关注的是,他将和好友委内瑞拉总统查韦斯一起飞回德黑兰。以这种特殊的方式欢迎查韦斯访问伊朗。这也是查韦斯自2005年以来第四次正式访问伊朗。

2007年11月19日，对于内贾德和查韦斯来说，这是个十分难忘的日子，也是个非常美好的日子。因为在这个晴朗的日子里，他们兄弟俩一起飞抵德黑兰。

在欧佩克首脑会议期间，内贾德和查韦斯表现的十分亲密，会前会后几乎形影不离，在一些与会者看来，他们好像亲兄弟。飞机抵达德黑兰，他们之间关系就更加亲密了。内贾德还亲热地称呼查韦斯为“亲爱的兄弟”。

早在同年9月27日，内贾德对委内瑞拉进行第三次正式访问时，他也同样称查韦斯为“亲爱的兄弟”。

当查韦斯在总统府为内贾德举行隆重的欢迎仪式时，以十分钦佩的语调高度赞扬内贾德在美国哥伦比亚大学演讲时的惊人表现。对此，他用充满感情的语调称赞说：艾哈迈德·内贾德在美国哥伦比亚大学的演讲和在第62届联合国大会上的表现体现了一名政治家的“尊严、勇气和果断”。

当时查韦斯没有出席第62届联大会议，使内贾德在美国进行的反美活动有些势单力薄，否则内贾德不至于在美国感到很孤单，甚至感到有些无助。

面对杰韦斯的赞扬，内贾德也满怀豪情和斗志说：“伊朗和委内瑞拉与所有革命的、受压迫的人民站在一起。抵抗帝国主义霸权的战斗不会停止。”

在隆重的欢迎仪式结束后，内贾德与查韦斯举行了亲密的私人会谈，并研究了两国签署多项合作协议的落实情况。可见他们的亲密关系到了何种地步。

这次查韦斯对伊朗进行访问，使他们愈见的亲密关系得到了更进一步加强。因为他们共同宣称将以紧密合作来共同对抗美国霸权主义。同时还宣称美元的衰落就是终结美国全球霸权的序幕。

内贾德和查韦斯还坚定地声称说：“两国的联盟牢不可破。”

11月19日这天，查韦斯在抵达德黑兰机场后还发表了热情洋溢的讲话。他打着有力的手势，用充满豪迈的语调说：“委内瑞拉和伊朗是两个兄弟国家，我们像一个拳头一样紧紧地团结在一起。”

随后，内贾德与查韦斯举行了两个小时的闭门会谈。会谈是在亲密的气氛中进行的。

在亲密友好的会谈结束后，内贾德与查韦斯共同签署了四项备忘录，其中包括组建合资银行、成立基金公司、实行石油工业科技培训计划，以及一项工业合作协议等。这使两国亲密的合作关系得到了更进一步的加强，也使两国的战友关系更加牢固。

在两个小时的会谈结束后，查韦斯对媒体尖锐地指出说："美国正在走向衰落，美元的疲软是其丧失全球统治权的前奏。"

查韦斯接着宣称说："委内瑞拉将和伊朗一起，共同与美帝国主义作斗争。"

查韦斯还坚信地对媒体说："我们要谈论美元，因为美元在衰落。而且美国帝国体系也将随之崩溃。"

在谈到用欧元替代美元的问题时，查韦斯认为：国际社会应该放弃美元，而用欧元替代美元是个不错的选择，拉美国家也将考虑使用一种共同货币进行结算。

在讲到美国进攻伊朗所带来的后果时，查韦斯再次指出说："如果美国进攻伊朗，将会使油价进一步上涨。"他接着强调说："让我们这些主要的产油国生活在和平之中，对世界非常重要。"

查韦斯还说："西方国家需要做出承诺，保证主要产油国的安全。如果布什政府下令侵犯伊朗，我敢肯定伊朗人会坚决反击，他们不会让美国人夺走他们的石油，委内瑞拉对侵略行为也决不会袖手旁观。"

查韦斯与内贾德之间那种亲密的战友情以及牢固的盟友关系可以说，他们两个是美国小布什政府的克星，并且同样被称为"坚定的反美斗士"。也可以说，他们俩是古巴反美斗士卡斯特罗的后起之秀。

内贾德对查韦斯发表的反美言论由衷地表示赞赏。于是，他抑制不住内心的激动之情，亲热地称呼查韦斯为"亲爱的兄弟"，这种称号，这种亲密的感情，在各国领导人的交往关系中都是惊人的、罕见的。

在讲到伊、委两国要联起手来反对小布什政府时，内贾德用豪迈的语调强调说："我和查韦斯总统的观点一致，两国将继续努力，直到完成最终目标。真主与我们在一起，胜利正在前方向我们招手，我们将为两国人民的理想战斗到最后一刻。"

内贾德和查韦斯已经结成了反美盟友，他们发誓将与美国斗争到底。

查韦斯在结束为期一天的访问离开伊朗前，内贾德专门为他举行了盛大而隆重的欢送仪式。分别前，他们兄弟俩紧紧地拥抱在一起，难分难舍，就像一对亲密无间的恋人一样流下了激动的热泪。这是多么感人的场面，给在场的人都留下了深刻难忘的回忆 同时，这十分感人的一幕充分地体现出两个反美斗士的真挚情谊。

由于内贾德与查韦斯结成为反美盟友，同是一个战壕里的亲密战友，这引起了外界的关注和评论。应该说：两国联盟已经体现出了他们给美国制造麻烦的重大潜力。这将使小布什政府更加焦头烂额。

在送走查韦斯后，内贾德又以更加旺盛的精力投入到新的工作中，着重有效地致力于外交战略上的工作，并继续在国际政治舞台上发挥着影响力。

由于中东和会即将在美国召开，内贾德高度关注这一会议，认为这个会议具有很大的虚伪性和欺骗性。

2007年11月25日，内贾德接受媒体采访时，批评一些决定出席即将在美国召开的中东问题国际会议的阿拉伯国家，并强调该会议不会有任何实际效果，只会"帮助"以色列。对此，他用洪亮的语调指出说："这个所谓的会议对巴勒斯坦人民毫无益处，其目的只是为了支持以色列。"

与此同时，内赞德还指责一些参会的阿拉伯国家是对以色列作出的一种软弱的"妥协"。

只要说起以色列，内贾德的心中总是充满了愤怒的火焰。对他来说，以色列是伊朗的敌人。同一天，伊朗外交部发言人在谈到安纳波斯中东和平会议时说："经验已经表明，美国人全面支持以色列，他们不是公正和有效的仲裁者。过去举行的所有会议在更大程度上破坏了巴勒斯坦人民的合法权力。”

所谓中东和会，完全是根据美国总统小布什的提议定于11月27日在美国马里兰州安纳波利斯，参加此次会议的有以色列、巴勒斯坦、中东问题有关四方（联合国、欧盟、美国、俄罗斯）以及巴以周边国家和国际组织等。此前，尽管叙利亚认为这次中东和会“缺乏成功机会”，但还是在2007年11月25日这天决定派代表团参加。这次会议美国将伊朗排斥在外。不过，即便美国邀请，内贾德也必定会断然拒绝。

内贾德认为外部势力的干涉，黎巴嫩内政将会带来更大的负面影响，对此，他指出说：“外部势力干涉黎巴嫩内政将给该国局势加剧产生极大的影响……希望黎巴嫩各政党、各组织达成谅解，解决该国存在的问题。”

在讲到伊朗方面已从国际原子能机构秘书处收到了两封有关已结束的P-1、P-2离心机问题和金属铀文件的正式信件时，内贾德说：“根据伊朗与国际原子能机构间的行动计划，双方将在12月11日就污染源、210钋、矿物质等剩余问题进行研究的磋商。”

然而，美国总统小布什与内贾德对此次中东和会的看法恰恰相反，他对中东和会前景表示非常乐观。

11月26日，小布什在白宫会见来访的以色列总理奥尔默特时表示了自己的乐观态度。他说：“我期待继续与奥尔默特和巴勒斯坦领导人阿巴斯开展‘认真对话’，讨论和平的可能性。”

此前，美国国家安全顾问也说：“中东和平会议将为各方交谈提供一个相当开放的话坛”，但是“这不是一个谈判的论坛”。

同时，小布什在中东和会召开前夕，已经分别与巴勒斯坦和以色列领导人举行会谈。巴以双方代表和美国国务卿赖斯也在华盛顿举行了会晤，并为此次会议定下基调，创造了一个好的前奏。

除了伊朗反对中东和会之外，哈马斯组织也坚决反对此次会议的召开。由于曾在巴勒斯坦执政过的哈马斯运动没有被美国邀请出席会议，因此该组织宣布说：“巴民族权力机构主席阿巴斯没有得到授权代表大多数巴勒斯坦人。”

哈马斯目前仍控制着加沙地区，这是对抗以色列的重要武装力量。该组织还声称说：中东和会达成的任何协议对于巴勒斯坦人民来说没有任何约束力。

阿巴斯的顾问也说：“即使这次会议失败，巴勒斯坦人决不会放弃追求他们的民族利益。”

虽然叙利亚决定派副外长参加会议，但内心里却对这次会议充满反感，因为叙利亚也是美国打压的对象。例如，叙利亚驻伦敦大使认为：希望“这次会议给美国提供了恢复在中东失去信誉的一个机会”。

在这次会议上，叙利亚将要求会议必须讨论戈兰高地问题。以色列早在1967年“六日战争”结束阶段就占领了戈兰高地。戈兰高地必须作为全面中东和平协议的一部分加以解决。

在同一天，伊朗最高精神领袖哈梅内伊认为这次中东和会“决定要失败”。

哈梅内伊是在对伊斯兰志愿民兵成员发表讲话时宣称中东和会“注定要失败”的。他还愤怒地说：“美国与其盟国召开这次会议旨在达到他们的罪恶目标，继续为这个犹太复国主义政府争取支持。”

在之前，哈梅内伊还专门给沙特阿拉伯国王阿卜杜拉打电话，希望沙特不要参加这次中东和会。

此次在美国马里前兰州安纳波里斯海军学院举行的会议，是继2000年之后规模最大的一次中东问题会议。很多人在会议召开之前就对会议可能出现的结果进行了预测，尤其对能否真正取得实现中东和平进程表示相当的悲观。

11月27日，中东和会在美国安纳波利斯市召开，来自世界40多个国家的代表团参加了会议，其中包括12个阿拉伯国家代表和阿拉伯国家联盟领导层。

在会议结束后，美国、以色列和巴勒斯坦政府宣布：创立三方机制监督“路线图”为名的中东调解计划要求的履行情况。另外，美国还承担了监督和评估以色列及巴勒斯坦民族权力机构履行义务情况的职责。

就在中东和会召开的第二天，即2007年11月28日，本来就对中东和会充满反感的内贾德在接受媒体采访时肯定地说："11月27日在美国安纳波利斯市开幕的调解中东问题的国际会议是失败的。"

内贾德用嘲讽的语调接着说："就连最愚蠢的政治家都会很快明白，从政治角度而言，这次会议从一开始就注定会失败。"

随后，他一边分析一边尖锐地指出说："类似活动已经举行过多次，但是，因为它们都没有取得最起码的成果，所以它们全都是失败的。这次安纳波利斯会议的与会者只是追求政治宣传的目的。"他以政治家的眼光和从政治的高度指出说："如果未来召开的调解中东问题的各种国际会议的与会者不正式承认巴勒斯坦人民的权利、并且巴勒斯坦民族和巴勒斯坦反对组织的正式代表不列席这些会议的话，那么这些会议将会无果而终。"

内贾德还告诉媒体说：我在目前与沙特阿拉伯国王阿卜杜拉进行电话会谈时，阿卜杜拉证实，他的国家"不承认以色列，并且不允许巴勒斯坦人民的权利受损"。

12月2日，内贾德再次猛烈地抨击了美国倡导并主持的中东问题国际会议。他在接受日本媒体采访时一针见血地说：美国源源不断地向以色列提供大约10亿美元的武器和装备，"这样的国家不可能给巴勒斯坦带来和平"。他进一步指出说："会议主持方（美国）拒绝承认巴勒斯坦问题的根本原因……他们只是在维护巴勒斯坦人的压迫者。"

内贾德还着重强调说："巴勒斯坦人的真正代表并没有参加会谈。他们的利益完全被忽视。"

在这段日子里，内贾德依然忙忙碌碌与美国展开外交上的斗争，并再次展示出他勇敢无畏的精神，永远不退缩的强硬立场，其反美斗志其无比坚强。

内贾德这不同凡响的名字，总是放射出惊人的魅力和光彩。

祸从口中出　败在细节疏

内贾德在积极推动伊朗经济向前发展，以及致力于外交工作的同时，仍然没有放松军事备战，时刻对美国保持高度警惕，窥视美军的一举一动，随时准备迎战美军。因此，他命令伊朗革命卫队加强对海湾的巡逻，以防范美军发动的突然进攻。

2007年11月28日，针对伊朗革命卫队在海湾的巡逻，驻扎在巴林的美国海军第五舰队在一份声明中透露说："伊朗伊斯兰革命卫队已代替伊朗正规海军，开始在海湾执行巡逻任务。"

美军还在声明认为："根据过去几个月的观察，伊朗革命卫队的海上部队成为伊朗海军在海湾的主要存在。"

伊朗革命卫队开始在海湾巡罗，这就意味着伊朗革命卫队与美国海军在同一水域执行任务。多年以来，美国一直指责伊朗革命卫队支持恐怖主义，还宣布对该卫队实施军事打击。此外，美军还认为伊朗革命卫队比伊朗正规海军更具敌意。

因此，美国参谋长联席会议主席说："伊朗的这一举动是件大事，因为在伊朗与美国的较量中，革命卫队处于前沿位置。"

如果伊朗革命卫队和美军在海湾长期对峙，很可能会擦枪走火。同时，也会使海湾的局势更加紧张起来。

除了在军事上积极备战外，内贾德继续推动伊朗核问题的解决工作，继续积极保持与国际原子能机构的合作，使合作不断取得新的进展。他始终强调的一点就是，伊朗并不谋求核武器，只是想和平利用核能，以此来推动伊朗的国民经济的发展。

11月29日，正在阿根廷访问的国际原子能机构总干事巴拉迪肯定说："伊朗与国际原子能机构的合作已取得进展，希望能够通过国际社会的通力合作解决伊朗核问题。"

巴拉迪还向媒体说：“目前各方对于解决伊朗核问题存在分歧，美国和欧盟在这个问题上也有不同看法。国际原子能机构将倾听各方意见，寻找解决伊朗核问题的最佳途径。”

除了积极推动解决伊朗核问题的进程外，在外交上一向以强硬态度著称的内贾德亲自下令驱逐加拿大驻伊朗大使馆大使。主要原因是由加拿大一名女摄影师引起的。伊朗方面怀疑这名女摄影师在伊朗从事收集情报活动，尽管伊朗方面没有明确声称这一点。

据说，加拿大与伊朗两国紧张关系由伊朗裔加拿大女摄影师扎赫拉·卡齐米事件引发。卡齐米是加拿大魁北克省的自由摄影记者，拥有伊朗和加拿大双重国籍。早在2003年6月23日，54岁的卡齐米在德黑兰市埃温监狱外拍摄照片时被警察逮捕。同年7月11日，她死于德黑兰北部的一家军队医院里。

关于卡齐米的死因，伊朗警方声称是死于中风，不过时任伊朗的哈塔米任命的特别调查委员会认定，卡齐米死于因遭受“身体打击”导致的头骨破裂与脑出血。到了2004年，伊朗法院判决被指控谋杀卡齐米的情报部门特工无罪。2005年，伊朗一家上诉法院也裁定维持原判。

然而，由于对卡齐米死因的调查，却引发了伊朗和加拿大两国外交纠纷。在这期间，加拿大一直要求介入对该案的调查工作，但遇到伊朗方面的坚决拒绝，其理由是卡齐米持伊朗护照进入伊朗境内，因此该案属于伊朗内部事务。

在遭到伊朗方面禁止加拿大观察员参加卡齐米死亡案审理后，于2004年7月加拿大召回了驻伊朗大使，以示强烈抗议。

2007年11月，伊朗最高法院宣布重新调查卡齐米事件。但卡齐米的家属对此反应冷淡，认为伊朗的姿态“没有价值”。

不过，对于伊朗方面驱逐加拿大大使的事，加拿大却表示了不满和抗议。

2007年12月3日，加拿大外交部部长马克西姆·贝尼耶说，加拿大对该国驻伊朗大使约翰·蒙迪遭伊朗驱逐表示“遗憾”。他在声明中对此说：“加拿大为伊朗政府作出命令我们大使离开伊朗的决定表示遗憾，这一决定完全没有道理。”

对于内贾德政府驱逐加拿大大使的原因，贝尼耶透露说：“驱逐大使是伊朗对加拿大政府采取的报复措施。”

贝尼耶还表示说：“加拿大和伊朗两国在过去一段时间里一直努力就两国互派大使一事达成一致，但我们一直无法接受德黑兰提交的大使人选。我们相信，驱逐我们在大使是此种情形下一个不幸和没有道理的结果。”

然而，内贾德政府并没有通过官方渠道说明驱逐加拿大大使的原因，而且未能就这一事件作出评论。

由于加拿大拒绝接受伊朗选派的大使人员，因此在大使名额空缺的情况下，伊朗驻加拿大使馆由临时代办赛义德·迈赫迪·莫赫比负责。他向媒体透露说，我曾两次向加拿大政府要求与其恢复外长级联系，但均遭到拒绝。

与此同时，加拿大外交部发言人却声称说：“伊朗拒绝让我们的大使呈交国书并就职，他们已经决定将我们的关系降级……我们将在接下来几天内等待伊朗给出的解释。”

对于两国的关系，加拿大外交部长贝尼耶强调说：加拿大同伊朗的关系将继续遵循“承诺的推行自由、民主、人权和法律约束”的方针，同时符合国家和国际利益。两个国家在对方的大使馆将正常运转，加拿大驻伊朗大使馆暂由临时代办负责。

贝尼耶还表示说：“加拿大一如既往地准备接受一名伊朗大使的合适人选的到来……我们支持我们的大使，他带着专业精神和奉献精神履行了外交职责。我们将继续关注在德黑兰大使馆其他工作人员的福利。”

除了在伊加两国外交关系上表现强硬外，内贾德又因伊朗核问题与美国总统小布什打起了唇枪舌战，掀起了新一轮的口水战。他不仅毫无退缩之意，反而在叫板的时候越来越勇。

引起内贾德与小布什的唇枪舌战，主要是因为美国情报部门的一份报告。

2007年12月3日，美国情报部门推出了一份名为《国家情报评估报告》。

报告一经出来，立即在美国引起一片哗然，也成为了美国媒体争相炒作的焦点新闻。同时也引起了小布什的高度关注。由于此前他多次宣称伊朗在秘密研制核武器，其中在同年的10月份他还危言耸听地说要避免第三次世界大战，就必须阻止伊朗拥有核武器。然而，这份报告等于给了小布什当头一棒，而且完全定义为“伊朗核威胁论”的基调。

美国的媒体认为：这份报告是“对布什德黑兰政策的一次沉重打击”并“将阻碍美国制裁伊朗的各种努力”。该报告不仅削弱了布什的“伊朗核威胁论”，而且可能挫败布什政府对伊朗进行“先发制人”的打击计划。

另外，美国参议多数党领袖哈里·黑德却认为：应该以这份报告为契机加强外交努力，以解决美国同伊朗的矛盾。

美国战略与国际研究中心一位学者却提出不同的看法，他认为：情报权威部门所披露的情况促使人们“对美国外交进行重新评估”。

与此同时，美国中央情况局和五角大楼一位前任高级官员则担心认为，美国争取联合国安理会通过对伊朗新一轮制裁决议的努力很可能半途而废。

美国情报部门的这份报告证明，伊朗早已停止核武器研制。这一结论大出人们的意料之外，但内贾德政府却对这一结论表示极大赞誉。小布什政府却为此焦头烂额。

在美国情报部门报告公布的第二天，即12月4日，伊朗政府官员根据这份报告指责美国说：美国国家情报评估最新报告证明，伊朗核计划用于和平目的，美国此前对伊朗核计划的指责和诽谤都“毫无根据”。

就在同一天，美国、法国和英国政府的官员却声称说：不会改变在伊朗核问题上的强硬态度。但报告无疑让主张军事“闪击”伊朗的美国“鹰派”势力处于十分不利位置。

对此，伊朗政府发言人十分高兴地说：伊朗欢迎美国“更正”自己的错误，美国必须向伊朗进行赔偿。

发言人在谴责美国时还进一步强调说：“美国官员一直在伊朗核问题上散布谣言，蛊惑公众，给伊朗造成了巨大损失……美国人必须向伊朗赔偿。”

与此同时，伊朗外交部长直气壮声称说："报告证明伊朗的核计划完全用于和平目的，西方国家应该重新考虑在这一问题上的立场。"

伊朗首席核谈判代表寒义德·贾利利当天在莫斯科同时任俄罗斯总统普京举行会谈，谈到美国的报告时，普京高兴地对他表示说："得知伊朗更积极地与国际原子能机构合作，我们很高兴。"

另外，据普京的外交事务助理透露说：在双方会谈前，美国总统小布什打来电话，与普京商讨伊朗问题。

同一天，英、法两国方面仍然扬言，将继续寻求制裁伊朗。然而，国际原子能机构总干事巴拉迪却认为美国情报部门的这份报告是可以起到一定正面作用。他在一份声明中说：评估报告"应有助于缓和危机"。

巴拉迪继续指出说："尽管伊朗仍然需要澄清一核活动的重要细节，但国际原子能机构没有发现伊朗正在研制核武器的证据。也没有证据显示，伊朗境内存在没有报告的秘密核设施。"

此时正在南美访问的巴拉迪还说：评估报告令人"很感兴趣"，并且"应该有助于缓和目前的危机"，减少人们对美国可能军事打击伊朗的担心。

巴拉迪同时呼吁伊朗加大与国际原子能机构合作的力度。

另外，欧洲安全方面的一些官员也认为，美国情报部门在伊朗核问题上的立场发生改变，将大大削弱主张军事攻打伊朗的美国鹰派势力，欧洲对此表示欢迎。

更值得关注的是，在12月4日这天，小布什对美国情报部门的这份报告十分生气，甚至是气急败坏，并对这份报告发表了不同看法。在这天举行的新闻发布会上，他用强硬的语调强调说："尽管美国情报部门日前公布的报告说伊朗在2003年就停止了核武器项目，但是伊朗对美国来说仍然是个威胁，国际社会应继续对伊朗保持压力。"

小布什重申说："在伊朗核问题上，美国的政策不会有任何改变。"接着，小布什很气愤地指出说："在我看来，评估报告发出了一个警报信号，伊朗人正在秘密进行研制核武器的项目，他们后来停止了这个项目……与此同时，他们也能重新启动这个项目。”

关于他得知这个报告的内容，小布什告诉媒体说：我上周才得知报告内容，但美国对伊朗的政策“什么都不会改变”。

在气愤的讲话中，小布什再次强调伊朗是个威胁。他说：“美国应该向伊朗施加更大压力……谁知道伊朗会不会启动另外一个研制核武器的项目？我强烈地感到伊朗是个威胁。”

尽管小布什强调要保持对伊朗的强硬态度，而且对伊朗的制裁政策不变，但与他当年10月间发表的激烈言论相比显然“低调”了很多。他当时声称说必须阻止伊朗获得核武器，否则可能会导致“第三次世界大战”。

小布什告诉媒体说：应该继续严肃对待伊朗核问题“给和平带来的威胁”，国际社会应通过外交施压解决这一问题。

布什还说：“在伊朗核问题上，最好的外交手段就是不排除任何选择。”

然而，不管怎么说，美国情报告部门公布这份有关伊朗的核报告，对美国小布什政府扬言要进攻的锐气是个极大的挫伤，在很大程度上对伊朗是十分有利的。同时，也在一定程度上缓和了美国与伊朗对峙的紧张局面。

对内贾德来说，他非常的高兴，因为这份报告为他提供了抨击小布什一贯疑神疑鬼的有力证据。他将充分利用这一证据为国家利益所用。

美国情报部门的这份报告在国际社会上引起了巨大反响，激起了新的波浪。

烈马难服驭　火焰见水熄

面对小布什始终表现出时伊朗的强硬态度，内贾德是不会退让的，他将给予坚决的反击，他将充分利用美国情报部门的报告为伊朗的核问题进行辩护。

2007年12月5日，内贾德在伊朗伊拉姆省参加了一个大规模的群众集会，并发表了慷慨激昂的讲话。他在讲话中着重宣称的一点是，最新发布的关于伊朗核问题的美国国家情报告评估报告是伊朗的"胜利宣言"，同时再次强调伊朗不会终止自己的核计划。

在近乎高呼般的讲话中，内贾德一边打着有力的手势，一边大声宣告说："今天，伊朗获得胜利，而你（美国）却是两手空空！"

内贾德继续对伊朗民众高呼般的声称说：美国的国家情报评估报告证明，伊朗在核问题上取得胜利，敌人反对伊朗的"阴谋"破产！

在强烈抨击美国时，他紧握着拳头指出说："（美国国家情报评估报告）对伊朗来说如同胜利宣言，表明伊朗在核问题上战胜了世界霸权，那些国家对伊朗不怀好意，几年来一直通过散布谎言制造威胁……但他们现在自己证明，伊朗是正确的。"

他在充满激情的讲话中告诉广大民众说：伊朗准备就铀浓缩活动与国际社会开展"诚恳、合作"的会谈。

同时，他还重申说：伊朗希望通过对话解决因核问题产生的一切矛盾和争端。

虽然情报部门的报告使美国感到从未有过的难堪，但是小布什却依然坚持寻求联合国安理会通过制裁伊朗的新决议。针对这一点，内贾德强硬地回击说："如果你（布什）想开始新一场政治游戏，团结一致的伊朗将抵抗到底，不会在核问题上退后一步。"

人们从内贾德的讲话中可以看出，内贾德在伊朗核问题上的态度是何等强硬，而且充分把握着有力的先机，与小布什针锋相对，越战越勇，不愧为中东的雄狮。

除了内贾德猛烈地抨击美国外，伊朗的其他官员也纷纷抨击美国，此前除了伊朗政府发言人和外交部长发表批评美国和为伊朗核问题辩护外，12月5日这天正在阿布扎比出席石油输出国组织部长级会议的伊朗石油部长也在会议期间猛烈地抨击美国。他说：美国应该正视国家情报评估报告内容，取消对伊朗的制裁。

在抨击美国时，他还认为："在发表评估报告后，美国还要继续对伊朗制裁吗？如果美国坚持制裁的话，我无法理解其中的逻辑。美国以后如何取信于国际社会？"

除此之外，小布什的态度依然表现的十分强硬，他除了在12月4日发表针对伊朗的强硬讲话后，5日这天，他同样继续坚持对伊朗实施制裁。对此，他强硬地声称说："伊朗应该立即停止铀浓缩活动，否则将继续受到孤立。"

小布什接着指出说："评估报告表明，伊朗依然隐瞒部分秘密核活动。"他甚至认为："伊朗核计划仍然充满疑问，必须得到解决。"

针对内贾德宣称伊朗在核问题上取得胜利和伊朗政府官员要求美国道歉的言论，小布什在评论时，不由得笑了起来。这笑充满了轻蔑和不屑一顾。他笑着对媒体这样说："你们可以写下来，我笑起来了。"

小布什的笑，当然是一种外交上的嘲笑。

在美国方面，除了小布什连续发表针对伊朗核问题的强硬讲话外，美国国务卿赖斯也立马上阵，为小布什呐喊助威。这天，她正在埃塞俄比亚访问。在接受媒体访采时，她特别指出说：伊朗仍然很"危险"。

从赖斯的讲话来看，她和小布什简直是一个鼻孔出气。接着，她语气强调地指出说："伊朗应立即停止铀浓缩活动。因为如果这些活动取得进展，伊朗可能生产出用来制造核武器的原料。"

尽管小布什和赖斯都发表了针对伊朗核问题的讲话。但是，在局外人看来，小布什是明知故犯，因为他此前已经知道此事的内幕。

由于美国的最新伊核评估报告出笼后，事件的真相也逐渐浮出水面，因此小布什开始成为不仅是国内、而且是国际社会质疑的焦点。因为他明明知道报告的事，却故意装作不知情。

对于这一点，正如美国白宫发言人透露说：国家情报总监麦康奈尔2007年8月告知布什，最新情报可能显示，"伊朗确定拥有秘密核武器项目，但可能已经被中止"。

另外，其他高级情报官员也透露说：在向布什汇报情况时，麦康奈尔措辞非常谨慎，以避免重蹈导致伊拉克战争的错误情报覆辙。

与此同时，小布什也向媒体承认，麦康奈尔8月曾告诉自己有关伊朗的新情报。然而，仅过了一天，他就推翻了自己前一天所说过的话，并在一天之后改口说："他（指麦康奈尔）没有告诉我情报是什么，只是说需要一段时间来分析。"

由此可见，小布什十分狡辩，企图将责任推到麦康奈尔的头上。

小布什也没有因为这份报告而改变对伊朗的政策，反而更加强硬。外界也分析认为：布什近几个月来针对伊朗的言辞并没有因为情报出现转折而软化，反而更趋强硬。"这与布什在伊拉克战争前夕做法完全一致"。

与此同时，美国民主党总统竞选人约瑟夫·拜登也分析说："布什不断夸大威胁的情报，而没有告诉美国人民，情报并非如此。"

美国情报部门的这份报告，在国际社会上也引起极大反响，并纷纷对此评说。例如，12月5日这天，国际原子能机构总干事巴拉迪在评论时认为："评估报告为解决伊朗核问题提供了机会，但任务依然艰巨。"

巴拉迪还指出说："伊朗核问题尽快得以和平解决，有利于中东地区和平。"

在同一天，俄罗斯外长谢尔盖·拉夫罗夫也对此评论说："美国国家情报评估报告宣称伊朗2003年停止核武器研发项目，但没有证据表明伊朗2003年前进行过此类项目。"拉夫罗夫进一步指出说："根据掌握的资料，我们无法断定伊朗是否开展过研发核武器项目。"拉夫罗夫接着透露说："美国过去几年来向俄方提供了这些资料。"

拉夫罗夫还强调说：俄罗斯在审议联合国安理会有关制裁伊朗的决议草案时，将"充分考虑所有的因素"，包括美国国家情报评估报告。

此外，欧洲的安全官员却分析认为：美国情报部门的判断正在与欧洲同行接近……同伊朗进行谈判，比鹰派要求军事打击伊朗的做法更现实。

欧洲一些安全官员还认为：实际上"也没有确切的证据"证明，伊朗是否在2003年停止了研制核武器的秘密项目。

然而，不管外界如何评说，内贾德依然坚定地认为，美国国家情报部门的评估报告充分宣告了伊朗核计划的胜利。与此同时，他也为此而欢呼。

除了美国情况部门的报告引起风波外，美国媒体透露的一则有关美国中情局秘密收买伊朗核专家的消息，再次引起了人们的关注。美国中情局是个无孔不入的组织，以善于渗透和颠覆而著称。

2007年12月9日，美国《某家媒体》披露说，美国中央情报局（CIA）两年前启动一项名为“洗脑”的秘密计划，收买伊朗涉核专家和官员，借以迟滞伊朗核研发进程。尽管这一计划至今收效不大，但却给美国情报部带来了“意外”收获。这就是叛逃的伊朗核专家提供的情报帮助美国最新公布的伊核报告得出结论，该结论是：伊朗2003年已停止核武器研发。

这时人们恍然大悟，原来美国国家情报部门对伊朗核问题的评估报告是这样得来的。

据说，美国白宫于2005年授意中情局启动“洗脑”计划，诱惑和策动参与核研发项目的伊朗专家和官员叛逃。在实施核计划时，中情局开出了极具吸引的条件：不菲的赏金、定居他国和终生财政补助等。

关于这项“洗脑”计划，据中情局参与了该计划的官员透露说：中情局罗列了数十名目标人物，确定标准只有一个：“谁的离开能最大限度延缓甚至中止伊朗核计划”。

不过，美国情报人员当时无法直接接触伊朗核专家，只能通过他们在伊朗国内发展的线人间接联系。

这位中情局的官员还透露说：中情局当初还与白宫就这一计划的实施规模产生争论。白宫下属国家安全事务委员会要求中情局把摊子铺得越大越好。中情局则认为应该适度控制规模，以免引起伊朗情报部门警觉。

但是针对这种说法，一位中情局发言人却拒绝证实“洗脑”计划是否存在。因为他认为按照惯例，中情局不应对这种事情作出评论。

对中情局来说，“洗脑”计划并没有达到预期效果。对此，据一些中情局的官员透露说，至今只有不到6名伊朗中、高层官员和专家接受收买。其中，无人位居伊朗核项目关键职位，或能提供有关伊朗核研发的深度信息。

可见，伊朗人都多么的爱国，甚至都对美国感到不满。

尽管成效不大，但美国中情局却不承认该计划失败了。其中一名该局官员声称说："我们确定延缓了伊朗核研发进程。"

美国中情局对叛逃伊朗核专家和官员的身份高度保密，其中伊朗前国防部副部长阿里·礼萨·阿斯加里的秘密失踪就是个很好的说明。

阿斯加里于2007年3月在土耳其因私旅行时失踪。阿斯加里熟悉伊朗常规武器研发计划，但被认为没有涉足伊朗核计划。伊朗方面则放风说阿斯加里可能遭西方国家情报机构特工绑架。但是，英国的媒体则说，阿斯加里可能叛逃美国。而美国情报部门却一直声称与此事无关。

对于这一事件，内贾德在研究后断定，此事肯定是美国中央情报局干的。

对于美国情报部门来说，"洗脑"计划在几乎没有成效的情况下，却突然出现了一个颇为让人意料的成果。这便是叛逃到美国的伊朗核专家提供的情报，为美国情况部门12月3日公布的最新伊朗核报告起了关键性的作用。

然而，这份报告的出台却使美国小布什政府陷入了尴尬境地。正如一位中情局的官员说："洗脑"计划收集到的情报让美国得出这样的的结论，恐怕出乎白宫种中情局当初的推测。

中情局这位特工还说："我认为，他们当初根本没有猜到，他们获得的情报会显示，伊朗核武器项目已经停止。"

不过，美国方面没有想到的是，美国情报部门精心整理出来的评估报告反而帮了伊朗的大忙，因为这充分证明伊朗没有谋求核武器的野心，而只是想和平利用核能。

由此可见，内贾德在这一轮与小布什的较量中明显占据了上风。正因为欣喜地宣布伊朗在核问题上"赢得了胜利"一样。内贾德还坚定地声称说："我们会继续核项目，我们决不放弃。"

第十一章　立足海湾释善意　致力外交谋合作

伊朗在发展核计划的进程中总是一波三折，在西方国家看来，伊朗根本就不能拥有核技术，因为伊朗拥有核技术就等于拥有了核武器。由此以来，这不仅对中东地区、亚洲国家、西方世界乃至全人类都是一个致命性的威胁。

卓然浪头人　天赖烟缥纱

在美国情报部门有关伊朗核问题评估报告上，内贾德与小布什唇枪舌战时表现得十分轻松、自信，以胜利者自居，并趁机狠狠打了小布什一耳光。但小布什尽管处境很尴尬，但态度依然强硬，丝毫没有退缩。

然而没过几天，内贾德的态度突然温和下来，连说话的语气也变得温柔起来。

2007年12月11日，在这天举行的一场新闻发布会上，针对美国情报部门有关伊朗核问题报告，他面带微笑用温和的语气告诉媒体说：最新发布的关于伊朗核问题的美国国家情报评估报告为伊美两国解决分歧提供了新的契机。

与此同时，内贾德还再次邀请美国总统小布什与他进行电视辩论。在政治和外交领域，他无疑是个雄辩家，小布什可能不是对手。

在这天的讲话中，内贾德突然收敛了许多以往强悍倔犟的锐气，并不想继续与小布什展开唇枪舌战，而是想心平气和地与小布什化解分歧。他对此表示说：美国“再迈出一两步”，伊朗和美国就有可能结束双方诸多争执，甚至围绕以色列的问题都可以解决。

在脸上充满笑容的讲话中，他对美国国家情报评估报告表示赞赏。他高兴地说：报告是“向前迈进的一步”。他接着强调说：“如果（美国）再迈出一步或两步，我们面临的问题将完全不同，它们将失去复杂性，中地东区和伊美两国间的基本问题也有望解决。”内贾德还欣喜地看到，并指出说：“一个良好契机已出现，需要好好把握机会。”他认为：美国迈出的下一步就是宣布“伊朗核问题终结”。

那么在这种情况下，美国应该放弃对伊朗的制裁，并且也没有理由坚持对伊朗保持敌意，内贾德对此微笑着指出说：根据美国报告内容所示，已没有必要对伊朗采取进一步制裁，也没有“任何理由保持敌对状态”。

内贾德在讲话中说到如果美国改变对伊朗的政策，那么积怨60年的巴以问题可能会化解。他对此满怀信心的指出说：如果美国果真改变对伊朗的政策，“你将看到……一个已持续60年的问题（巴以问题）并非无法解决”。内贾德讲出这番话的意思是，伊朗可以在解决巴以问题上发挥重要作用。

除此之外，内贾德还再次提出并邀请小布什与自己进行电视辩论。他接着强调说：伊美关系和美国在中东地区的政策中仍有许多问题有待讨论，美国“必须”重新审视它在中东地区的政策。

内贾德的讲话无疑希望能改善伊美两国紧张的敌对关系，并且怀着某种期待。他希望以美国对伊朗核问题的评估报告为契机点，来打开伊美两国关系新局面，化解多年的敌对关系。他此次以这种充满几分友好的温和语气讲话是极少见的。

然而，美国总统小布什并不买他的账，并在同一天，不仅以冷脸回应他的讲话，而且态度依然那么的强硬。

在这天接受美国广播公司采访时，小布什在讲话中仍然强调伊朗是“危险国家”，并要求伊朗坦白“秘密核武器项目”。同时，坚称对伊朗的制裁绝对不会改变。

关于伊朗的核计划，小布什坚信地指出说："我对伊朗人的回答是：你们曾有一个秘密核武器项目。"

小布什以强硬的态度在质问中进一步指出说："我们认为你们已停止了这一项目。但你们有义务向全世界大声解释清楚，你们为什么曾有一个核武器项目，是否打算重启，换言之，球仍在你们那边。"

小布什还在白宫对来访的意大利总统乔治·纳波利塔诺说："伊朗相当危险。"由此可见，小布什仍然对伊朗充满了深深的敌意，对内贾德希望两国言和的讲话不仅不理睬，反而充满了气愤。

不过，在内贾德发表讲话的当天，美国国家安全委员会发言人作了积极反应，并同意内贾德的看法。对此，该发言人强调说："我们完全同意伊朗总统说的话，的确需要再迈进一步或两步。但让我们从伊朗终止铀浓缩活动开始。"他还说：伊朗应停止支持巴勒斯坦伊斯兰抵抗运动（哈马斯）和黎巴嫩真主党等武装组织，"之后我们可以从那里起步"。

如此看来，美国方面要求内贾德先迈进一步或两步后，才可以坐下来谈。

与此同时，美国、英国、德国和俄罗斯的外交官也举行了长达90分钟的电话会议，主要是讨论联合国有关伊朗核问题的决议草案。

关于会议的情形，美国国务院发言人介绍说："他们的谈话愉快而且有建设性，他们将为确定联合国安理会决议的最终文本继续工作。"不过，发言人没有透露决议草案具体内容。该会议讨论的决议草案由法国方面草拟，其中的内容主要是要求进一步制裁伊朗，而且还包括制裁伊朗革命卫队下属"圣城军"和伊朗国民银行。

人们不禁要问内贾德讲话态度怎么突然变得这样温和起来，是不是他的低调姿态，一方面是为把寻求进一步制裁伊朗的美国拉回谈判桌，另一方面是为减轻来自国内的批评压力。难道这是内贾德外交策略上的一个转变吗？也许他采取的是以退为进，更加务实的策略。他也许不是那种死板的政治家。为了伊朗的利益，他是可以采取各种灵活策略的。

然而在伊朗国内有些人看来，内贾德的这种软话温语是外交上的一种失败。伊朗议会前第一副议长认为：内贾德政府的外交政策陷入失败。

无论是成功还是失败，内贾德继续致力于外交工作，尤其是重点致力于同海湾六国的关系以此来打开伊朗在中东地区外交的新局面。

12月16日，在不平凡的一年即将过去，新的和充满美好希望的一年即将来临的时候，内贾德受沙特阿拉伯国王阿卜杜拉邀请，前往沙特伊斯兰教圣城麦加参加朝觐活动。

被沙特阿拉伯邀请的还有伊朗最高精神领袖哈梅内伊。内贾德十分愉快地接受了阿卜杜拉邀请。可以说，这是沙特国王首次邀请伊朗总统参加麦加朝觐，同时这也是他自1979年伊朗伊斯兰革命后第一位受邀赴麦加朝觐的伊朗领导人。

就在内贾德准备前往沙特阿拉伯的同一天，当他得知俄罗斯开始为伊朗第一座核电站提供燃料时，感到十分高兴。

在即将前往沙特阿拉伯前夕，内贾德还专门接受了媒体的采访。他告诉媒体说："这次访问除了参加朝觐仪式外，还将和一些官员进行会见也列入了工作议程。"内贾德进一步介绍说："此次访问的工作议程之一是会见参加此次朝觐的穆斯林知名社会人士。"内贾德将在此次朝觐中推动与海湾六国关系来一个大跃进。

其实，沙特阿拉伯国王邀请伊朗总统内贾德参加朝觐仪式"旨在加强伊斯兰各国家间的团结"。沙特国王的邀请表明了该国希望伊斯兰国家加强团结的真诚意愿，因为麦加圣地在全世界穆斯林心目中都具有崇高的地位。

12月17日，在这个晴朗而美好的日子里，经过充分准备，内贾德率代表团抵达沙特阿拉伯，准备参加第二天在麦加圣城举行的一年一度的朝觐仪式。

内贾德的此次朝觐之旅，不仅怀着无比虔诚的心情，其行动也是非常虔诚的。因为在前往麦加的途中，他一直都在捧读《古兰经》，虔诚的表情令人感动。

内贾德在抵达沙特麦地那市准备在这儿中转时，人们看见他仍然是手不离经书，而且用洪亮的声音诵读《古兰经》里的诗篇。这一幕给在场的人留下了十分深刻的印象。

不过，内贾德此次沙特之行，并非单纯的为朝觐而来，同时也是为了实施他的外交战略构想。他率领的代表团中除了外交部长穆塔基外，还包括许多高级官员。他想要好好利用这个机会商谈两国关系发展中的一些具体问题。另外，正如他自己此前也透露说，我要与很多参加朝觐的穆斯林知名人士举行会谈，充分了解他们的想法，同时希望建立“良好的友谊”。

内贾德此次要加强的海湾六国关系格外引人注目。这海湾六国是：沙特、阿联酋、阿曼、卡塔尔、科威特和巴林。

然而在西方人看来，内贾德此次来沙特参加朝觐仪式令他们感到很吃惊，因为阿拉伯世界与伊朗关系的发展实在太快了。例如，早在2007年3月初，内贾德应邀首次访问沙特阿拉伯，这是一次打破坚冰的访问，开创了两国外交的新局面。当时，当内贾德的专机降落在利雅得机场后，阿卜杜拉在机场为他举行了隆重的欢迎仪式，并上前亲热地拉着他的手走上红地毯。这历史性的一幕，却被美国媒体看作是波斯人来“拉拢”美国最大的阿拉伯盟国了。

在此前的12月3日，人们记忆犹新的是海合会峰会在卡塔尔召开时，内贾德和沙特国王阿卜杜拉也是亲热地拉着手，一起出席会议开幕式。这一幕引起了与会者的极大关注。这也是内贾德首次出席海合会，并在会上作了精彩发言。因此，美国媒体认为内贾德想拉海湾六国一起“抗美”。

在海合会峰会召开的当天，内贾德不声不响地在美国和海湾阿拉伯国家中间打了个楔子。此外，与以前相比，可以说伊朗与海湾六国的关系是一次前所未有的大跃进。在海合会峰会上，内贾德在发言时提议说：海湾各国应该加强经贸是能源方面的联系，并愿意出口清水和天然气给海湾六国，帮助这些国家进行国内建设，同时清除“外来势力的影响”。内贾德的发言，在与会者中引起了很大反响。

除此之外，在12月6日这天，伊朗国防部长纳贾尔在德黑兰会见来访的阿曼军事代表团时就强调表示：伊朗愿意与海湾沿岸国家组建一支联合部队，以应对地区安全等诸多问题。

12月18日这天，就在内贾德在麦加圣城参加朝觐的同时，阿联酋阿布扎比国家能源公司的总经理哈马德·苏瓦伊迪宣称说："伊朗将成为阿联酋最大的天然气供应国，从伊朗运输天然气到阿联酋的工程，即将开工建设。"

该工程建成后，伊朗和海湾六国还将修建一系列连接卡塔尔、阿曼、沙特等国的天然气管道工程，以此为当地国家提供电力等能源支持。

由此可见，伊朗与海湾国家的关系出现了飞跃般的发展，这是美国等西方国家所不愿看到的。然而内贾德却成功地做到了这一点，可见他无愧一个杰出的外交战略家。内贾德这个响亮的名字，已为全世所熟知。他已成为国际政治舞台上的巅峰人物。

内贾德这个普通铁匠的儿子。这个矮小而十分平常的人，却在不平常的人生历程中创造出了辉煌的人生奇迹，成为世界政坛上的一颗明星。

内贾德有铁一般的意志，从不低头俯首，敢说敢做，在国内外政治舞台上以态度强硬和说狠话而著称。在当今世界上，他是唯一一个敢于公然与美国总统小布什叫板最多的国家领导人。

在国际政治舞台上，内贾德是个极其传奇的人物。并产生了一种巨大影响力。他不仅影响了世界发展的格局，还影响了世界发展的进程。因此，在他身上有一种震憾世界的影响力。

内贾德将以他惊人的神奇智慧和力量，推动伊朗向新的高度发展，并谱写出更加辉煌的历史篇章。他也将带领伊朗走向更加美好的未来，让一个新的伊朗展现在世界面前。内贾德这个好斗的奇人，也是美国最强有力的克星，还是美国谈虎色变的人物。这个勇敢的反美斗士，更是中东地区最强悍的枭雄。内贾德这个矮矮的奇人，将以更加惊人的姿态昂立于国际政治舞台上。不管国际风云如何变幻，他都会更加勇敢地去迎接更加猛烈的暴风雨。内贾德是一个善于在国际风云变幻中创造奇迹的领导人。在风雨最猛烈的时候，也就是他创造历史奇迹的时刻。内贾德这个卓然不凡的奇人，在国际政治舞台上将会产生更加惊人的影响力。

狂热而有度 严谨方励行

2009年6月，内贾德被伊朗最高领袖哈梅内伊批准在竞选中获胜的内贾德为伊朗第十届总统。有人说内贾德取胜在于保守。其实，内贾德的保守是与生俱来的。他出生在一个传统的穆斯林家庭，父亲为他取名艾哈迈德·内贾德，就是“高尚的部族”之意。据内贾德的老邻居说，他的母亲是一位传统的穆斯林妇女，整天用黑纱将自己裹得严严实实，如果不是很近的亲戚，她决不会坐在一个男人的旁边。在家庭聚会中，她都会安排一个窗帘将男宾与女宾隔开。受父母的影响，内贾德在很小的时候就有了坚定的宗教信仰。10岁时，他就经常跑到宗教学校听课。当大人将他赶出来后，他还坚持着不断说“不不，我知道怎样念《古兰经》”。担任德黑兰市长时，内贾德曾下令关闭德黑兰的饭店，搞得外交官、商人一到吃饭和请客时间就犯愁。他还要求市政府办公大楼的电梯必须男女分乘，女公务员要穿保守的服装，男性工作人员则必须蓄须。种种保守主张惹得当时的改革派总统哈塔米一怒之下禁止他参加部长级例会。就任总统之后，他把第一次内阁会议安排在马什哈德的伊玛目礼萨清真寺，为了清除“腐朽的西方文化”，他下令禁止播放西方电影和音乐。

美国国防部长拉姆斯菲尔德曾预言，像内贾德这样的人，伊朗年轻人和妇女是不会接受的。然而，不少民众却坚定地支持他。一次，内贾德的车行至街头，3名头戴面纱的妇女向他递上了一张白纸，上面写着：“坚持你的伊斯兰价值观，真主会帮助你。”

与国际舞台上极具进攻性的个性相比，内贾德给人民留下的是和蔼、亲民的形象。对民众，他一直保持着高度的热情和同情心。当德黑兰市长时，他曾穿着清洁工制服主持市长工作会议，为的是提醒各级官员重视清洁工作，他甚至与清洁工一起打扫德黑兰的街道。平日里，他总是穿着一套深色西服，不系领带，出入大街小巷，了解百姓疾苦。据说，在通往内贾德住宅的小街上有个小安全岗亭，他的车从家中出来时，常有安全人员跑上前去递给他厚厚一摞求助信。内贾德的邻居们也对他的亲民作风赞不绝口。一位与他做了15年邻居的老人说，每到伊朗新年，内贾德总会邀请邻居们一起庆祝。还有一位邻居透露过这样一件事，内贾德当市长时，曾给过一家肉铺老板一些钱，好让他在遇到穷人或急需的人时打点折扣。

家人也没有因为内贾德的总统地位而改变平凡的生活。如今，他的父亲仍然在革命卫队下属的一家商店里工作，而他的两个儿子和一个女儿，也没有在学校里受到特殊照顾，许多同学甚至都不知道他们的身份。

朴实亲民为内贾德赢得了民众的支持，从德黑兰南部贫民窟的小店主到中产阶层的公司职员，他的支持者一致表示："他是我们当中的一员。"

内贾德在联合国大会发表演讲时痛批西方国家，结果美国代表带头离开会场表示抗议，来自欧盟等30多个国家的代表也先后跟进。

2011年9月20日，内贾德在联大进行一般性辩论时讲话，与往年一样，两名美国代表起身离场，以示抗议。随后27个欧洲联盟国家的代表也集体退场。他在演讲中对犹太人大屠杀和"9·11"恐怖袭击事件发生的缘由提出质疑，并抨击美国将基地组织领袖本·拉登击毙，而不是对本·拉登进行公开审讯。

他还振振有词地说，即使已经过了60年，但欧洲国家仍然以犹太人大屠杀为借口，向犹太复国主义者支付赎金，而许多战争和目前的金融危机全都是因为西方国家拥有恶魔似的目的而引起。

他未点名任何国家，但说：他们透过军事干预削弱别的国家，摧毁他国的基层建设，掠夺他国的资源，使这些国家更得仰人鼻息。

这已不是内贾德第一次在联合国大会上挑起西方国家的愤怒；在2010年的联合国大会上，他指责美国策划了9·11恐怖袭击，声称美国这么做是为了确保以色列的生存，当时美国及来自欧盟和其他国家的代表都退场以表抗议。

在此之前，内贾德在接受《纽约时报》的访问时说，如果西方国家能够为伊朗提供低浓度铀，伊朗会停止自己生产低浓度铀。但他一天前在长达20分钟的演讲中，完全没有提及与西方国家的核危机纠纷，也没有对巴勒斯坦寻求成为联合国正式会员国表态。

美国代表团发言人科恩布劳表示："艾哈迈德·内贾德有机会谈谈伊朗国民对自由和尊严的渴望，不过他却再次转移话题，发表反犹太人的可憎谩骂，并提出种种可鄙的阴谋论。"

内贾德没有再说什么，回到国内依然按部就班的工作着。然而人们特别想知道第一夫人长得是一副什么模样，特别是西方国家的媒体更想得到这方面的信息。其实内贾德夫人的首次公开亮相，是在2006年3月随丈夫出访马来西亚。那一次，伊朗第一夫人谈吐高雅，说话观点鲜明，对国际外交与政治颇为熟悉，这让各大媒体的记者惊奇万分。不过，伊朗第一夫人非常严格地遵守伊朗的宗教习俗，穿著黑色的传统服装，蒙面只露眼睛，并且自始至终没有提及自己的姓名，所以她在人们心中仍然是一个谜。

伊朗第一夫人再度出现在公众视线内。当天，为了抵消竞选对手穆萨维携妻子助选带来的轰动效应，内贾德携带家中女眷———母亲、妻子及姐姐，在自己的竞选活动中亮相。内贾德的支援者们坦言，从内贾德的妻子站在他身后支援他，能看出内贾德家庭的和睦，他的妻子也成为所有支援他的女性的典范。

内贾德第一次公开提及儿子是在2006年12月11日。正在德黑兰科技工业大学演讲的他突遭"意外"——一群大学生焚烧他的照片，高呼"打倒独裁者"的口号。内贾德当场表示："我很能理解大家的青春与热血，因为我本人和我大儿子迈赫迪都曾是这所大学的学子。"

直到这时，许多学生才知道，一年前刚刚从这里毕业的迈赫迪真是总统的儿子。大四学生穆罕默德·阿明说："他是工程专业有名的好学生，因为长得很像内贾德，许多人就传他是总统的儿子，但他遇到这话题时总是淡淡地说：‘长得像的人多了去了。’”

2008年4月15日，迈赫迪首次曝光在伊朗公众面前——他娶了时任伊朗旅游与文化遗产组织负责人马沙伊的女儿。婚礼简单得惊人：没有宴会，只有香蕉、桔子、苹果和一个大蛋糕。

内贾德是一个不怕别人骂的人，他觉得别人误解就会产生怨言，这是基本的人性问题，用不着跟别人计较。他认为骂别人与被别人骂都很正常。世界的发展也存在许多不明朗的因素，令人越来越感到困惑、迷茫。在阿拉伯国家发生动荡之前，也就是2010年6月15日，在内贾德发给阿卜杜拉的个人信件中写道，敦促他在目前加沙激烈危机中采取明确立场和态度。全文如下：

奉至仁至慈　真主之尊名

敬启者沙特阿拉伯国王阿卜杜拉·本·阿卜杜拉–阿齐兹. 阿勒沙特：

祈主赐你平安，亦赐你真主的宏大宽恕和恩典。

你已得知，在过去的十九天里，非人性的犹太复国主义向加沙地带无辜与无设防的居民发动了野蛮和恐怖的攻击，使他们成为受害者。他们在海陆空的全面掩护下，对那个地区实行了最为猛烈的轰炸，今天在那里最艰难的时刻，轰炸还在进行中。

妇女、儿童、老人和平民，在他们的家乡遭到大屠杀。在加沙地带所发生事件，其情形之残酷和暴烈，使所有自由的人感到撕心裂肺般难过，使人怒发冲冠。

那些侵略成性的强国，自称是民主与人权的旗手，把犹太复国主义的杀手们武装到了牙齿；帮助他们建立了一个政权，目的就是为了犯罪、蹂躏和占领。这些国家不但对他们的野蛮行为给予支持，而且利用他们对国际组织控制的权力为那个政权赢得时间，继续扩大这场大屠杀。

他们的行为都在我们的意料之中，但是不幸的是，在这个地区的某些伊斯兰和阿拉伯“敏感字”，在面对如此空前的种族大屠杀却用他们满意的沉默和微笑给予宽容。

这些“敏感字”在等待着，希望看到一个无设防民族的英勇抵抗运动彻底失败，对占领者的野蛮压迫表示屈膝投降；真主不会容忍他们这样。

稍有常识的人都能看得明白，这个犹太复国政权不会有好下场，它今天的行动只是表现了它的绝望，在那个地区垂死挣扎。

正当所有自由的人们和国家都在提高他们反对犹太政权及其在加沙地带残暴行动的声浪，我们都期待你，沙特阿拉伯国王兼两大圣城麦加与麦地那的监护者，对这个重大灾祸事件和在加沙的大屠杀打破你的沉默，对你那些遭受屠杀的孩子们表明你的立场和态度，因为他们都是我们穆斯林稳麦的宝贵财富。

我深信，你的表态将破碎那些腐败世界霸权的残梦，使他们破坏伊斯兰世界团结的阴谋不会得逞。

我向真主祈祷，让所有热爱自由的国家和加沙地带英勇的抵抗运动获得全胜！我祈祷真主消灭犹太复国政权之类的压迫者。

此致敬礼！

马哈姆德·艾哈迈德·内贾德

透过自2011年1月以来阿拉伯世界动荡不安的局势，内贾德的信隐隐约约看到阿拉伯世界的一种潜在危机，他认为应该引起阿拉伯世界各国的高度关注。

重启和平路　敲定核谈判

2011年12月5日，内贾德在德黑兰发表讲话称，核武器时代已经结束，原子弹等核武器将不会出现在战场。"美国发动了伊拉克及阿富汗战争，但战场上并未出现原子弹，原因是核武器的年代已经结束……你们（西方国家）拥有上千枚原子弹，为何还要担忧伊朗是否会在三年内造出核武器？"11月底，伊朗首都德黑兰北部接连发生两起炸弹袭击事件，一名核物理学家被炸身亡，另有3人受伤。出席核物理学家葬礼的伊朗官员怒斥西方国家策动暗杀，阻挠核计划，在核谈判前夕采取挑衅行动。经过数月艰苦交涉，伊朗与美国、英国、法国、俄罗斯、中国和德国六国最终敲定于12月6日、7日两天在日内瓦重启核谈判。

此次核进展的宣布意味着伊朗"向生产武器级的浓缩铀走进一步，但是毕竟还有相当远的距离"，尚不会对美伊局势产生重大影响。美国若借此"动武"，在《不扩散核武器条约》框架内是不合法理的。

同年10月以后，美国重新聚焦"伊朗危机"。伊朗高调接招，战事似乎一触即发。美国更期望"以压促变"，通过强大的压力促使伊朗内部生变。伊朗方面"实际上在极力避免战争"，因为伊朗的基本判断是：只要有核，美国就不敢动武。

一直以来，伊朗发展核力量的立场都是坚定的，其与国际原子能机构时断时续的谈判，基本上属于拖延战术。在法律和政治手段几乎都宣告无效的情况下，以色列已经按耐不住要对伊朗动武，美国尽管尚未就此下定决心，但也准备"和以色列全力协作，步调一致"（奥巴马语）；而伊朗则争锋相对地宣布"将在随后数天内宣布新的重大核进展"（内贾德语）。在此国际政治博弈的紧要关头，人们不禁要问，为何实在国际法对伊朗核问题难以发挥应有的作用？在此我们不妨从国际条约、国家习惯和安理会决议三个方面来看一下这个问题。

国际核条约和国际法欠缺约束力在核不扩散与禁止核试验问题上，有关的国际条约主要包括《不扩散核武器条约》、《全面禁止核试验条约》、《部分禁止核试验条约》，以及《限制地下核武器试验条约》。然而，《全面禁止核试验条约》尚未生效，伊朗也没有批准该条约；伊朗也不是《部分禁止核试验条约》，以及《限制地下核武器试验条约》的缔约国；伊朗是《不扩散核武器条约》的成员国，2003年12月18日，伊朗签署了该条约附加议定书，但伊朗议会至今尚未批准该议定书。此外，20世纪90年代初，伊朗与俄罗斯签署了《和平利用核能协议》。

《不扩散核武器条约》（不包括其附加议定书）是目前唯一可以使用于伊朗核问题的多边国际条约。该条约旨在防止扩散核武器和核武器技术，推动实现核裁军；而在和平利用核能方面，《不扩散核武器条约》是予以鼓励的。伊朗一再声称自己没有违反《不扩散核武器条约》，然而众所周知，铀浓缩距离核武器只有一步之遥。现在的问题是《不扩散核武器条约》缺乏必要的强制力和监督力，对无核国家的审查制度也只限于其申报的核设施，尤其是对拒绝履行义务的国家没有明确的处罚条款。这就意味着伊朗在国际条约上仅仅承担了某种纸面上的义务。

此外，如果能够证明存在有关的国际习惯，也可以用来调整国际核问题。但是，若要证明在核不扩散或禁止核试验问题上存在"惯常行为"和"法律确信"，则目前尚不具备此种条件。可以肯定的是，世界上的多数国家都赞成禁止核扩散与核试验，形成禁止核扩散与核试验的国际习惯法既是可能的，也是必要的，甚至可以认为禁止核扩散与核试验乃是"正在形成中的国际习惯法"。但尚未形成的国际习惯法规则是无从谈起有约束力的。

事实上，《全面禁止核试验条约》的不成功，尤其是美国、朝鲜、伊朗、印度、巴基斯坦、埃及、以色列等国对禁止核试验的不同程度的反对态度，显然阻碍了禁止核扩散与核试验的国际习惯法的形成。由于上述国家都是具有核能力或核潜力的国家，它们的反对在很大程度上消解了对禁止核扩散与核试验"法律确信"的普遍性，其行为更是直接导致禁止核扩散与核试验的"惯常行为"无法产生。退一步说，即使上述国家日后大多转变了态度、禁止核扩散与核试验的国际习惯法能够形成，只要伊朗在禁止核扩散与核试验的国际习惯法规则尚未形成时就开始做出"持续的反对"，就仍然可以不受有关国际习惯法的约束。

从以上分析中可以看出，国际条约对于核试验问题是有禁止性或者限制性规范的，但问题在于这些规范和约束仅仅适用于条约的缔约国，对于伊朗这样拒不加入相关条约的国家，国际条约无法适用。而禁止或者限制核试验的国际习惯如今尚未形成，且即便形成，对于伊朗这样自始自终秉持强硬态度并主张自己有权进行核试验的国家，仍然无法适用。可以说，实在国际法（国家条约和国际习惯）尽管对核试验的问题有所规定，但它们却不能约束明确表现出相反意志的国家。

联合国安理会又是联合国内唯一有权采取行动维护国际和平与安全的机构，只要安理会做出了决议，所有成员国（包括伊朗在内）都承担执行决议的义务。2006年7月，安理会通过第1696号决议，要求伊朗在8月31日以前暂停与铀浓缩有关的一切活动。2006年12月23日，安理会一致通过关于制裁伊朗的第1737号决议，要求世界各国对进出伊朗的与铀浓缩、重水反应堆和弹道导弹相关的物资、技术和设备实行禁运，冻结同伊朗核计划和弹道导弹项目有关人员与公司的资产，防止向伊朗提供相关的技术和资金支持。2007年3月24日，安理会通过第1747号决议，禁止伊朗出口武器，继续对涉及伊朗核与导弹计划的个人及实体实施资产冻结，并扩大了制裁对象的范围。2010年6月9日，安理会通过第1929号决议，决定对伊朗实行自2006年以来的第四轮制裁。

安理会的制裁对伊朗核试验是一个有效的制约，但其影响是间接性的，无法直接限制伊朗的核计划。尽管制裁不断延续且力度不断加大，但是安理会从未使用《联合国宪章》第七章所赋予的采取武力措施的权力，去直接破坏伊朗的核设施和核潜力。因为五大常任理事国目前尚不可能就对伊朗使用武力达成一致意见。

总之，以国际条约和国际习惯为代表的实在国际法在伊核问题上陷入困境，恰恰给了各种单边手段（无论是伊朗的一意孤行还是美国的武力威胁）大行其道的空间，这对于整个国际社会来说，并不是一件好事。

叙利亚动荡既是叙利亚的问题，同时又是中东的问题，因为它将影响到中东地区下一步的格局走向，不仅如此，由此还将影响世界的下一步格局变化以及大国的关系，最后人们不得不关注中东今天的乱局会不会蔓延到亚洲，中东的今天会不会成为亚洲的明天。

目前美国和西方国家深陷债务危机，国内失业率居高不下，社会矛盾日益激化，但是令人不解的是他们不是急于解决国内问题，而是加紧全球干预，试图通过政治和军事手段挽回其经济上的衰退，重修美国为主导的西方大国秩序。由于经济实力的有限，他们改全面进攻为逐个击破，从自己动手变为幕后推动；在锁定目标后，加以孤立围困，步步进逼，实施群狼战术；具体分四步走：第一步制造舆论，妖魔对方；第二步制造地区分裂，挑起地区矛盾与冲突，推行以夷制夷的方法，而自己在后面不断煽动，通过出售武器，军演使地区局势趋于紧张；第三步制造目标国内部的矛盾，扶植和武装反对派，推动国内的政治动荡和混乱；第四步利用联合国安理会，挟天子以令诸侯，对目标国进行武力干涉，导致政权的更迭。

这一方法在利比亚得逞后，正在被复制到世界其它地区，并成为美国和西方国家推行全球干预的一种行之有效的新模式。因为它成本低，无须自己投入大规模的军事力量，其次在道义上不会受到指责，相反得分不少，美国和西方国家反而成为维护正义与和平的象征，另外美国和西方国家还可以由此出售大量武器装备赚钱，提振其衰退的经济，这与之前美国自己动手的“单边行动”，在成本与效益方面形成了极大的反差。

那么，今天的中东乱局会不会蔓延到亚洲？中东的今天会不会是亚洲的明天呢？亚洲是当今世界经济发展最有活力的地区，许多人认为21世纪将是亚洲的世纪，但是随着美国重返亚洲，亚洲的局势正在趋于紧张，国家之间矛盾在加剧。美国将全球战略目标转向亚洲，锁定中国，目的就是遏制中国的崛起，重申其在亚洲的主导地位，加固以其为主导的亚洲秩序。

对照美国和西方国家在中东的政策，我们会发现有很大的相似性。在舆论上美国鼓吹中国威胁论，以此引起亚洲国家对中国崛起的警惕和忧虑，并挑起中国与周边国家的矛盾，将区域性及历史遗留问题国际化。政治与外交上，美国宣称其在亚洲的利益和大国主导地位，推行价值观外交，重新拼凑往日同盟，并拉拢印度、越南等国家以遏制中国的崛起，对中国形成从东、南到西的C形包围圈。经济上，推出泛太平洋伙伴关系协定（TPP）计划，以此排挤中国在亚太区域的经济主导作用与地位。最后在军事上，加紧部署，并联合相应国家轮番在南中国海、东海和黄海进行军事演习，制造摩擦和危机。

对照美国和西方国家全球干预新模式，人们不难看到美国在亚洲已经完成两步，即第一步舆论造势，目前在亚洲许多国家尽管没有明说，但同时频繁军演，升级地区紧张局势，出售武器装备，加速亚洲地区的军备竞赛，亚洲地区的冲突早已愈演愈烈，由此21世纪还会将是亚洲世纪吗？事实上，美国与一些其他国家用意就是想以此乱中取胜。

听信西方言　障碍漫重重

联合国国际原子能机构向35个成员国发表一份情报分析报告。据外交官透露，有关文件指出伊朗已经用电脑绘制出核弹头的模型及展开其他相关武器的研究，进一步强化伊朗在制造核子弹的这个事实。

伊朗方面则否认要发展核武器，宣称它所进行的包括建造铀浓缩试验室的计划，只是供发展能源与研究的用途。

伊朗外交部长萨利希指责国际原子能机构向美国的压力屈服，并指伊朗打算制造核武的说法是“纯属捏造”。伊朗也警告一旦领土遭侵犯，将会“惩罚”以色列。

至今，关于攻打伊朗的猜测，只是根据以色列和西方国家领袖的强硬谈话。以色列总统佩雷斯说，以色列和其他国家对伊朗动武的可能性，会比通过外交斡旋来得大。他也认为伊朗已接近完成制造核弹。

然而，在国际原子能机构发表报告之前，以色列和西方国家目前只限于发表强硬声明，并未开始增加军力，包括在波斯湾各地和向设在巴林的第五舰队基地增派空军。美国军事策划人员说，下个月从伊拉克撤军后，美国可以把其中至少4000名士兵调到科威特，以增强美国在中东的军力部署。

军事分析员认为，无论出现怎样的情况，在如何进一步孤立伊朗的问题上，以色列和波斯湾国家的看法将越趋一致。以色列特拉维夫大学达扬研究中心的区域专才利特瓦克说："一些波斯湾国家希望以色列对伊朗表现得更加活跃，虽然他们不会公开这么说。"虽然以色列拒绝证实或否认，但一般相信它是中东地区唯一拥有核武器的国家。如果伊朗也拥有核武，将显著改变这个区域的势力均衡，也会直接影响以色列的生存问题。以色列国防部长巴拉克接受英国广播公司访问说，伊朗的核计划会使中东出现核竞赛，并加强伊朗对中东事务的影响力。

作为波斯湾权力中心的沙特，似乎热切对伊朗施加压力。沙特国王阿卜杜拉一再指责伊朗企图动摇海湾国家的稳定，包括鼓励巴林的什叶派信徒带头抗争以争取更多权利。对于美国指伊朗特工涉及企图暗杀沙特驻美大使的阴谋，沙特官员没有公开作出反驳。联合国国际原子能机构首次公开指伊朗秘密开发核武器技术。法国立即要求召开安理会会议，美国表示需要时间来研究报告的内容，但俄罗斯称该报告可能破坏伊朗核问题会谈的恢复，而中国希望伊朗显示灵活和诚意，与国际原子能机构进行认真合作。

国际原子能机构（IAEA）发布有关伊朗核计划的季度报告，明确指出伊朗通过电脑模拟核爆试验和对核武器板机展开测试。该报告也指责伊朗在帕尔钦（Parchin）军事基地建造大型安全壳，供测试核爆之用，以及研究如何让流星3型（Shahab III）中程弹道导弹装载核弹头。报告表示，伊朗至少在2003年底之前曾"有组织、有系统地"从事"与核爆炸装置有关的"活动。报告还暗示，伊朗方面可能仍在继续从事涉及核武器研发方面的活动，包括试制相关构件，进行有关测试和试验等。

报告说，虽然这当中的部分工作可能是用于民事目的，但其中很大一部分却是专门用于核武器开发的。这是迄今为止，国际原子能机构就伊核计划是否具有军事用途这个问题所做的最为明确表态。原子能机构表示，最新报告是根据多达1000页的情报资料和长达十年的研究资料得出结论的。这些文件来自该机构本身、伊朗和十多个原子能机构成员国。

内贾德在伊朗中部的一个聚会上强硬表示，伊朗不会在核研发的道路上做出一丁点让步。他指责国际原子能机构听信美国“荒唐的”指责，因此自毁了该机构的威望。伊朗驻国际原子能机构大使苏丹尼耶对这份报告所指全盘否认，坚称伊朗并无秘密发展核武计划，并指责这份报告“居心不良、缺乏专业性而且有明显的政治动机”。

预料这份报告会给欧美国家对伊朗实施新的金融制裁提供支持。法国外长朱佩表示将要求召开安理会会议，并可能要求对伊朗实施前所未见的制裁。

美国国务院发言人纽兰说，美方目前不会对这份报告进行任何评论，美国需要时间来研究报告的内容。但有高级政府官员说，如果伊朗无法解释报告中提出的疑问，美国将对伊朗施加更大压力，包括采取进一步的制裁措施。

不过，俄罗斯批评该报告将影响国际社会与伊朗的对话。对伊朗动用武力将是“非常严重的错误”，后果难以预料。拉夫罗夫在评价以色列方面有关“对伊朗动武的可能性越来越大”的言论时说，俄方认为，武力手段不能解决国际冲突，军事干预只能导致人员伤亡的成倍增长。他说，解决任何冲突都只能建立在被国际社会公认、写入联合国宪章的原则基础上。解决伊朗核问题的唯一途径是创造条件重新恢复伊朗和伊核问题六方（美国、英国、法国、俄罗斯、中国和德国）谈判。他重申，俄方愿意继续付出努力，以推动伊朗核问题的解决。中国呼吁和平解决争端，“我们希望国际原子能机构秉持公正、客观的立场，积极致力于与伊方通过合作澄清有关问题。伊朗方面也应显示灵活和诚意，与国际原子能机构进行认真合作。总之，所有有关各方都应该多做有利于促进对话与合作的事。”

以色列媒体在国际原子能机构报告出炉之前曾揣测以色列政府可能决

定袭击伊朗的核设施，但国防部长巴拉克随后澄清，当局还没有决定是否要展开军事行动。（华盛顿美联电）联合国国际原子能机构定发布有关伊核问题最新报告，美国极有可能借此要求国际社会加强对伊朗的制裁，华盛顿应该不会诉诸武力来对付德黑兰。

美国官员说，奥巴马政府将以这份报告为例，说服其他国家支持对伊朗加强制裁，并加紧执行现有各项制裁行动。美国对伊朗拥核的担忧日益加剧，已对伊朗的几十家政府机构、金融机构与船务公司，以及被指参与核计划的官员进行制裁。一旦扩大制裁范围，下一个目标很可能是伊朗的中央银行。联合国安理会至今已对伊朗展开四轮国际制裁行动，美国也向安理会施加压力，要求加重惩罚。以色列、欧洲和美国最近频频传出对伊朗动武的传言。美官员说，动武是其中一个可能性，然而，由美国出兵的可能性极微，部分原因是美国没有把握可借此成功阻止伊朗获取核武。美国之前参与伊拉克和阿富汗的战事所引起的外交与政治的反弹，也使它裹足不前。美方军事官员建设，一旦动武，伊朗可以很快对以色列或美国的盟友如土耳其作出反击。伊朗也可能鼓动极端组织如真主党向美国发动暴力攻击。

伊朗方面否认制造核武器。总部设在维也纳的国际原子能机构将发表报告，但一些主要内容已经外泄。外交人员告诉美联社，报告将指出伊朗已经用电脑绘制出核弹头的模型，卫星图象也显示伊朗所制造的大型钢库，这是用于核弹相关的高爆试验。白宫发言人卡尼说，奥巴马政府预期国际原子能的报告将“响应和加强我们向来对伊朗行为的评论，与它无法兑现对国际社会的承诺，以及响应我们对伊朗核计划的关注。”卡尼说，美国将继续专注于通过外交途径对伊朗施压以迫使它放弃核计划。但他补充说，美国也将持开放的态度，不会拒绝任何的可能性。“在现有的情况下，我们当然不会从谈判桌上排除任何的选择，但我们非常专注于外交管道。”

美国五角大楼新闻秘书利特尔说，美国注意到以色列对伊朗核计划的关注，这也是最近美以两国的国防部长互防时的主要讨论课题。

以色列把伊朗视为最危险的敌人，认为伊朗是对以色列构成存在威胁的唯一区域强国。好几名以色列领袖一再表示他们倾向于对伊朗采取经济制裁，但与此同时，坚持不会排除动武的可能性。美国对伊朗拥核的担忧日益加剧，一旦扩大制裁范围，下一个目标很可能是伊朗的中央银行（迪拜美联电），伊朗的核武研发计划让以色列和中东国家感到十分恐惧。虽然亲西方的波斯湾国家不会公开说出口，但他们私底下会默许以色列和西方国家可能对伊朗动武。

波斯湾国家是美国对伊朗施加外交和军事压力的基石，也是美国要阻挡伊朗核武野心必不可少的伙伴。在美国的穿针引线之下，以色列和沙特阿拉伯对彼此的意图取得了默契。联合国国际原子能机构定向35个成员国发表一份情报分析报告。据外交官透露，有关文件指出伊朗已经用电脑绘制出核弹头的模型及展开其他相关武器的研究，进一步强化伊朗在制造核子弹的这个事实。

伊朗方面则否认要发展核武，宣称它所进行的包括建造铀浓缩试验室的计划，只是供发展能源与研究的用途。伊朗外交部长萨利希却指责国际原子能机构向美国的压力屈服，并指伊朗打算制造核武的说法是“纯属捏造”。伊朗也警告一旦领土遭侵犯，将会“惩罚”以色列。至今，关于攻打伊朗的猜测，只是根据以色列和西方国家领袖的强硬谈话。以色列总统佩雷斯说，以色列和其他国家对伊朗动武的可能性，会比通过外交斡旋来得大。他也认为伊朗已接近完成制造核弹。

然而，在国际原子能机构发表报告之前，以色列和西方国家目前只限于发表强硬声明，并未开始增加军力，包括在波斯湾各地和向设在巴林的第五舰队基地增派空军。美国军事策划人员说，美国从伊拉克撤军后，美国可以把其中至少4000名士兵调到科威特，以增强美国在中东的军力部署。军事分析员认为，无论出现怎样的情况，在如何进一步孤立伊朗的问题上，以色列和波斯湾国家的看法将越趋一致。以色列特拉维夫大学达扬研究中心的区域专才利特瓦克说：“一些波斯湾国家希望以色列对伊朗表现得更加活跃，虽然他们不会公开这么说。”虽然以色列拒绝证实或否认，但一般相信它是中东地区唯一拥有核武器的国家。如果伊朗也拥有核武，将显著改变这个区域的势力均衡，也会直接影响以色列的生存问题。以色列国防部长巴拉克接受英国广播公司访问说，伊朗的核计划会使中东出现核竞赛，并加强伊朗对中东事务的影响力。

在伊朗核问题陷入僵局的情况下，以色列、美国、英国等国最近加大了对伊朗施压力度。国际原子能机构将在近期发布有关伊核问题的最新报告，内容可能涉及指责伊朗秘密研发核武器。以色列总统佩雷斯日前称，以色列和其他国家对伊朗动武的可能性“越来越大”。伊朗在外国科学家帮助下，已经掌握了制造核武器的必要技术。

不具姓名的西方外交官和了解联合国将要发布最新报告的核专家都说，一名前苏联武器学家，一直在指导伊朗如何建造用来引发核链式反应的高精度引爆器。掌握关键技术的巴基斯坦和朝鲜核专家，也在帮助伊朗迈进核武国家的门槛。伊朗官员已经知道原子能机构的报告内容，伊朗外长萨利希公开说，报告内容完全是“虚假”的。

西方官员表示，这些情报增加了人们的担心，即伊朗在2003年后继续进行武器相关的研究。该报还说，美国情报机构曾说，伊朗领导人迫于国际和国内的压力，停止了这类试验。《华盛顿邮报》指出，一个不为人知的关键突破就是，伊朗成功获得了R265发生器的设计原理。报道还说，这是个半球状的铝壳设备，内芯为高爆炸性材料和电线组成，因此可以非常精准地引爆。爆炸力压缩成一个浓缩铀或浓缩钚的小球，引发核子连锁反应。制造这个设备是巨大技术挑战，因此伊朗在发生器设计及性能测试上都需要外部的帮助。

提供给原子能机构的情报说，在两个方面提供主要帮助的是前苏联核科学家丹尼连科，他在1990年代中期被伊朗物理学研究中心聘用，至少为伊朗工作了五年，向伊朗提供了用于核弹头设计的研究成果。另一方面内贾德就声称，美国对伊朗军事力量增强越来越担心，因为伊朗现在已足以和以色列以及西方分庭抗礼。内贾德谴责美国企图破坏伊朗的信誉，以及挑拨伊朗和近邻沙特阿拉伯的关系。他说："美国害怕伊朗的力量，我们不会容忍任何形式的反伊朗行动。"内贾德否认伊朗在追求核武器，还警告会对任何攻击作出回应，打击以色列和美国在海湾地区的设施。内贾德说："以色列现在拥有大约300颗核弹头，而伊朗只希望拥有和平用途的核子能力，"还谴责美国把伊朗和叙利亚、哈玛斯运动以及黎巴嫩真主党相提并论。对于美国指责伊朗参与了杀害沙特驻美国大使的阴谋，内贾德说："伊朗完全没有进行这种罪恶活动的想法，但是美国早就参与了共谋反对伊朗的活动。"

民拥核计划　无惧大国威

伊朗革命卫队一名高级指挥官表示，伊朗不会将其军队缴获的一架美军无人侦察机交还给美国。伊朗革命卫队副队长胡申在官方电视台上表示，美军RQ-170型无人侦察机侵犯伊朗领空是"敌对的行为"，并警告说伊朗将做出"更大"的反应。不过，他没有透露详情。伊朗军方通过电视台，播出了伊朗军官视察美军无人侦察机的画面。据伊朗官方媒体报道，这架无人驾驶侦察机是在阿富汗边境225公里外的克什米尔城镇被发现的。美军已证实遗失无人侦察机的消息。

胡申声称，在复杂的情报与技术战中，缴获美军无人侦察机是伊朗的胜利，也是美国的失败。他说："伊朗是少数在无人侦察机方面，拥有最先进技术的国家之一。伊朗和美国之间的技术差距并不大。"伊朗此前声称，其军队通过电子伏击，以最小的损失将无人侦察机击落。不过，美国一不愿具名的官员表示，根据美国收集到的情报，无人侦察机并没有遭到伊朗使用电子或网络科技击落，而是出现故障。胡申拒绝透露缴获这架无人侦察机的详情。他说："在情报战中的赢方，不会透露其方法。我们不会详细说明我们进行拦截、控制、发现及击落无人侦察机的方法。"

美国和以色列在是否要对伊朗的核计划实施军事打击问题上，仍然存在根本性的分歧。据《纽约时报》报道，以色列国防部长巴拉克认为，根据以色列掌握的情况，需要尽快对伊朗发动攻击，因为伊朗制造核弹后将能承受任何攻击。

在这个问题上，奥巴马政府持有不同看法，认为还不到进行军事打击的时候，可以寻找别的方式，迫使伊朗停止其核计划。包括以色列外长、情报及特殊使命局局长在内的以色列高级官员，最近赴华盛顿强调伊朗正在制造核弹。美国官员也回访耶路撒冷，坚称以色列和西方还有时间，应当设法通过经济制裁和不公开的行动制止伊朗的核计划。据对这些会晤了解情况的美国官员说，美方利用这些讨论的机会，确认以色列官员多次表示的可能最早在春天对伊朗发动攻击的说法。

一些核专家认为，伊朗已经具有足够的铀提供给四个以上的核弹，但是大多数专家认为，它把铀提炼到核弹所需要的水平还需数月。除此之外，伊朗还需制造一枚能够安装在其导弹顶端的弹头。这个过程可能需要一至三年。一名不愿透露姓名的美国官员证实，奥巴马在与以色列总理内坦亚胡电话交谈中，试图说服以色列不要采取军事行动。美方劝告内坦亚胡，先让经济制裁和其他措施发挥作用。

这些天在伊朗，只要你到商店随便走走，就能看到西方经济制裁对当地人生活的影响。从韩国的冰箱到土耳其的饼干，许多进口商品的价格比往年翻了一倍，而伊朗货币里亚尔兑换美元及其他外汇的比价却大幅下降。目前，对伊朗消费者来说，市场还没有明显缺货。在这个国家拒绝停止其核计划后，西方对它实行了经济制裁。欧洲等国家的企业离开这个巨大的消费市场后，中国商品大量进入，填补空缺。从事从中国进口食品的艾利埃说："你可以找到任何想要的东西，问题是由于经济制裁和汇率的变化，购买进口商品的价格提升了。"

尽管美国和欧洲对伊朗采取新的制裁是为了阻止其石油出口，但是在电子商店、超市、汽车用品商店和德黑兰的大集市，制裁造成的影响是显而易见的。

内贾德宣称，在迫切需要能源的亚洲和其他地方，伊朗仍有足够的客户，足以填补西方制裁的打击。然而商店和市场呈现的这些问题将使消费者越来越产生抱怨。这对3月2日即将举行的议会选举不利，给伊朗的统治集团增加压力。迄今伊朗领导集团的核计划仍然得到民众的广泛支持。人们指责西方的制裁实行双重标准。西方没有迫使以色列公布其军火库的详细情况。以色列被普遍认为具有核武能力。但是它拒绝对此作出肯定或否定。

但是经济情况的恶化有可能削弱人们对核计划的支持。华盛顿近东政策学院的研究部主任克劳森说："国内经济情况的恶化可以成为伊朗的软肋。它一方面要对付西方，另一方面又要承受来自内部的压力。"美国总统奥巴马星期天签署了一项法令，对伊朗的中央银行及其他金融机构实行严厉的制裁。奥巴马在接受美国国家广播公司的采访时说，美国正在与以色列协调，希望通过外交共同解决这场危机。奥巴马谈到对伊朗的制裁已经产生了作用，"他们正在感到困苦，正在感受压力。"一些迹象表明，伊朗企业界正在出现意见分歧。进口商抱怨本国货币贬值，而供应商正在对伊朗银行越来越不满。

装饰品商店的老板阿扎德赫抱怨说，伊朗币值下跌已使商品的价格提升了30%至50%。由于人们因经济制裁引起的恐慌和政府大量削减银行利率的政策，造成了伊朗货币的贬值。本周里亚尔对美元的非官方比价是1.8万里亚尔兑换1美元，而一年前是不到1.1万兑换1美元。从事进出口贸易的商人抱怨，由于该国的经济日益孤立，在伊朗只能进行现金交易了。外国供货商在将货物起运前要求得到100%的现金。

美国高盛公司表示，未来一年到一年半的时间里，中国将超过美国成为世界最大的原油进口国。差不多同一时间，美国正在大力推动对伊朗石油禁运的外交努力。美国财政部长盖特纳先后对中日两国进行访问，外界相信，争取这两个国家对伊朗实行石油禁运的支持，是盖特纳此行的重要目的之一。单就伊朗石油禁运问题而言，盖特纳的东亚之行成果并不明显。盖特纳刚刚离开北京，美国国务院就马上宣布对中国珠海振戎公司在内的三家与伊朗存在石油贸易的公司实施制裁，这从侧面印证了外界的一种猜测，即盖特纳在北京期间，并未获得中国领导人对于石油禁运问题的支持。不过，在盖特纳访问期间，中国官方的反应还是颇为含蓄的，官方媒体的报道采取了回避而不是直接拒绝的方式，来回应外界对于这一问题的猜测。明确表达了中国“双反”的立场，即反对“对伊朗使用武力”，同时“反对一些国家单方面对伊朗实施经济和能源制裁”。而在美国国务院宣布对中国珠海振戎公司实施制裁后，中国外交部发表了措辞强硬的回应，表示“强烈不满和坚决反对”。至此可见，中国对于美国牵头推动对伊朗实施石油禁运，基本上可被视作明确的表达了反对的态度。

至于盖特纳访问的另外一站——日本的反应，则更多了一些戏剧性。尽管日本财相安住淳在会见盖特纳之后的记者会上承诺，日本将逐步减少从伊朗的石油进口，不过这一说法随后遭到了首相野田佳彦的质疑，他在记者会上表示，安住淳言论不代表政府立场。很显然，财相出身的野田佳彦，对于参与对伊朗石油禁运后日本经济可能遭受到的负面影响，有着自己的看法和顾虑。值得指出的是，中国、欧盟和日本位列伊朗石油出口国的前三位，这三方目前合计每天从伊朗进口约130万桶原油，约占伊朗石油出口量的一半。在中国（还有印度）明确反对，日本（还有韩国）态度模糊的情况下，外界高度关注即将召开的欧盟外长会议。结果，欧盟外长会议作出决议，禁止成员国从伊朗进口、转运原油和成品油，以及为伊朗的石油贸易提供融资和保险服务。决议还禁止欧盟成员国从伊朗进口石油化工产品，禁止欧盟成员国向伊朗出口石油产业关键设备和核心技术，禁止欧盟企业继续向伊朗石化产业投资或与伊朗相关企业合资经营新项目。

但是，为保护成员国及相关企业的既得利益，决议又规定那些“已签署的合同”可被执行至2012年7月1日。欧盟将于2012年5月1日开始审查对伊朗石油制裁相关措施的实施情况。可见，在欧债危机持续发酵的阴影下，欧盟必须认真评估禁运伊朗石油后对自身严峻经济形势造成的影响。

美国是否能够如愿组成禁运伊朗石油的国际联盟，尽管还是一个巨大的未知数，但是这并不是问题的关键。美国在充满巨大不确定性的情况下，坚持推动对伊朗的石油制裁，有着丰富的外交意涵。本质上说，美国推动伊朗的石油制裁是一项“一本万利”的事情。由于长期与伊朗关系紧张，美国在伊朗并无多大的直接石油利益。对伊朗进行石油制裁，尽管可能短期之内推高国际油价，但并不会对美国的原油进口造成直接威胁。但石油收入对于伊朗现政权的意义，却不言而喻。有分析指出，一旦对伊朗的石油禁运成功实施，伊朗政府收入将会锐减三成甚至五成。这一效果对于伊朗现政权的威慑是现实而巨大的。推动对伊朗的石油制裁还符合美国倡导的“聪明外交”理念。尽管外界有关美国可能对伊朗实施军事打击的猜测甚嚣尘上，不过美国推动对伊朗进行石油禁运的外交努力，也可以被视作是美国暂时不愿进行昂贵军事冒险的替代选项。尽管伊朗似乎放软立场，不再坚持封锁霍尔木兹海峡，但伊朗海军昨天却在南部海域试射一枚新型中程导弹。伊朗海军副司令穆萨维说，海军在军事演习中，成功试射一枚中程地对空导弹。这枚导弹由伊朗专家自行研制，装备先进智能系统，具有躲避雷达的功能。但他未透露该导弹的射程。伊朗革命卫队司令查扎耶里将军指出，封锁这条全球石油运输“战略水道”的构想是在五年前提出，以应对西方的侵略，但是，现在伊朗已有其他更优化的策略。

美国总统奥巴马签署一项法案，实施针对伊朗石油出口的新制裁措施。这项法案是美国国会通过的一项国防预算议案，其中包括旨在减少伊朗的石油收入的新制裁措施。如果严格执行这项制裁令的话，大部分炼油厂都将不可能再从伊朗——全球第四大石油生产商那里购买原油。不过奥巴马已经表示，该法案规定的措施应灵活应用。一些美国高官说，华盛顿正在与一些外国合作伙伴磋商，以确保新措施不会伤及全球能源市场。

为全力抵抗美国制裁内贾德称，该国的中央银行将会全力抵抗美国的制裁。他明确说，央行是抵御敌人压力的中流砥柱，它有能力消除敌人的阴谋。之前，伊朗宣称其科学家已成功制造出首个核燃料棒。西方国家此前一直质疑伊朗不具备此能力。伊朗原子能署的网站称，第一批自制的核燃料棒已装入德黑兰研究反应堆的堆心。目前不清楚这些核燃料棒是空心还是装有浓缩铀。伊朗副总统拉希米扬言，如果西方对伊朗实施石油禁运，就会封锁霍尔木兹海峡，切断波斯湾的石油出口。接着伊朗海军司令萨亚里也放话，伊朗要封锁霍尔木兹海峡易如反掌。不过，两天之后他的语调明显缓和许多。他表示，伊朗可以扼住这条重要水道的咽喉，但是目前还不打算这么做。

伊朗的言论引起美国的强烈反应，并警告德黑兰，华盛顿绝不容忍伊朗这种行径。全球近40%的海运石油是通过这条水道运出，驻在巴林的美国第五舰队已表示，绝不会允许航道受到干扰。

自欧盟领袖宣称，将在2012年1月底之前，加强对伊朗的制裁行动，以迫使它停止核计划以来，伊朗同西方国家之间的紧张关系便日益升温。分析家指出，伊朗面对联合国四轮制裁，承受的压力越来越大；德黑兰近日的激烈言论显示，该国治国宗教长老们对西方国家加大制裁感到十分担心。一些分析家指出，伊朗表现强硬态度的同时，另一方面也试图释放缓和信息。据伊朗媒体报道，该国核问题首席谈判代表贾利利将致函给欧盟外交事务专员阿什顿，通知对方伊朗已做好准备，愿就核计划重新谈判。伊朗分析家法拉瓦尚说，伊朗是要向西方放话，对伊朗施压需考虑经济代价。他说，伊朗一直都在使用“胡萝卜加大棒”的外交手法，他们先使用大棒，高调宣称将封锁水道，然后抛出胡萝卜，表示愿意举行谈判。

英国智库皇家联合军种研究院的专家查默斯对伊朗呼吁谈判表示质疑。欧盟担心这又是伊朗的缓兵之计，希望借助恢复谈判拖延西方进一步实施制裁。他指出：“伊朗深知其影响，他们很担心欧盟实施石油禁运，因为美国和其亚洲盟友之后也会跟进。”一名驻德黑兰的西方外交官说，伊朗在虚张声势，主要是担心失去油钱，伊朗的经济占60%是靠石油收入。

伊朗已在研发核武的消息引起世界各国关注，英国国防部据说准备参加美国对伊朗的攻击行动，但法国担心军事打击会令区域局势失控而倾向于加强制裁。

第十二章　选择武力四方乱　化险为夷天下安

无论是国际社会，还是国际原子能机构与伊朗举行过一轮又一轮的谈判均未解决根本性问题，政治解决伊核问题途径很多效果差，武力相威胁也此起彼伏，然而伊朗却软硬兼施，根据时局和形势变化，纵横摆阖，不断变换手中的底牌以应对千变万化的局势。

积极达协议　正面易是非

2012年2月伊朗方面就伦敦奥运会会徽向国际奥林匹克委员会提出抗议，指认会徽图案带有“种族主义倾向”、可以解读为与以色列相关联的单词“ZION”。国际奥委会与英国奥委会对伊方抗议表示拒绝。内贾德希望能够亲自参加伦敦夏季奥林匹克运动会，但预计难以获得英方同意。“我希望在伦敦奥运会上能够与伊朗运动员在一起，以支持他们，”伊朗伊斯兰共和国通讯社援引艾哈迈德?内贾德的话报道，“不过，（英国方面）就我的出席有些问题。”伊朗总统以古代传奇人物激励本国运动员夺取奥运奖牌，为国争光。伊朗和英国外交关系近来“结冰”。英国政府2011年11月21日决定对伊朗实施新一轮制裁措施；当月29日，伊朗首都德黑兰数千人冲击英国驻伊朗大使馆，抗议英方制裁；次日，英方关闭驻德黑兰使馆并要求所有伊朗驻英外交官离境。

美国放口令，英国采取行动。相互举步为奸。美国的一个智库发表报告指出，过去五年来，伊朗加速其低浓缩铀的生产，若将浓缩度提高，这些铀足以生产至少五个核弹。美国的科学与国家安全研究院是依据国际原子能机构周五的季度报告进行分析后，得出这个结论。季度报告并未直指伊朗刻意加强铀浓度。国际原子能机构核查人员2012年2月在伊朗西北部城市库姆（Qom）一处核浓缩燃料工厂内提取了环境分析样本，发现其含有27%纯度浓缩铀的试验“踪迹”。此前发现的最高纯度的浓缩铀为20%，主要用于医疗和试验。原子能机构要求伊朗就此作解释并提供细节。

伊朗方面回应称，这一“超过目标纯度”的浓缩铀可能是“技术操作失控的产物”。分析员与外交界人士也认为，铀浓度高也可能是技术人员在进行调整时，离心机（centrifuge）操作失误所致，而非伊朗为制造核弹作准备。伊朗一位高级指挥官宣称，伊朗已对击落的美军无人隐形侦察机开展“逆向工程”，并开始复制该无人机。伊朗革命卫队航空部门指挥官哈吉扎德说，专家也正在提取无人机的数据。2011年伊朗在其东部边境击落美国RQ-170“哨兵”隐形无人侦察机。美方承认损失了该架无人机，并称伊朗很难获取机上的数据和技术，因为美国已采取措施，限制了在敌境服役的无人机的情报价值。2011年底，伊朗前回教革命卫队电子战部队指官扎雷说，伊朗在电子技术方面已经取得巨大成就，德黑兰有能力生产比美国RQ-170“哨兵”隐形无人机更优越、更先进的无人机。

伊朗和世界列强在土耳其举行一年多来的第一次核会谈，各方罕见地一致指会谈“积极有用”，并同意在5月到巴格达举行下一轮会谈。美国、俄罗斯、中国、英国、法国和德国与伊朗代表举行了两场会谈。由于知道要达成协议并非易事，所以各方把焦点集中在他们所说的会谈的积极基调上。欧盟外交事务专员阿什顿表示，此次会谈“有建设性又有用”。她希望会谈将带来“一个能展开认真对话的可持续过程，让我们可以采取紧迫的实际步骤去建立互信，进而使伊朗遵守其对国际做出的所有承诺”。

伊朗首席核谈判代表贾利利说，会谈取得“一些进展”，但同时承认彼此还存在一些分歧。他在会谈结束后告诉记者：“我们在今天的会谈中看到对方渴望对话与合作，这是积极正面的迹象。”各方围绕伊核问题交换了意见，愿意本着分步、对等原则，在相互尊重、平等互利的基础上，就伊核问题进行对话与谈判，逐步积累互信，最终实现伊核问题全面、公正、妥善解决。

伊朗秘密提炼浓缩铀的计划在10年前曝光，但伊朗辩称它在《核不扩散条约》下有权力生产浓缩铀，并坚持绝不会利用这一技术制造核弹。

美国和其他国家指责伊朗一再违反《核不扩散条约》，而且在联合国安理会提出了四项决议，加上美国、欧洲和其他国家向它实施制裁后，仍继续其浓缩铀项目。它们认为，伊朗提炼的浓缩铀浓度，已经接近制造核武器所需的纯度。由于伊朗拒绝讨论浓缩铀的问题，前天的第二场会谈在没有任何进展的情况下结束。不过，各方同意在5月23日，在巴格达举行更深入的会谈。

值此西方国家与伊朗就伊核问题逼近摊牌的期限之际，尽管双方频频互动，却始终没有峰回路转的迹象，反而出现双方均被逼至墙角的不祥态势。在波斯湾上空浓郁的战争阴云趋于浓密，令世人心头的隐忧挥之不去。3月20日，伊朗最高精神领袖哈梅内在波斯新年致辞中称：“我们说过了，我们没有核武器，也不会研制核武器。”他指出，如果以色列与美国攻击伊朗，伊朗不会坐以待毙。他强调，“如果有敌人攻击，无论是美国还是犹太复国主义政权，我们都会还击”。

伊朗正由重兵把守核设施，防守严密，并对核工程进度讳莫如深。可见德黑兰否认伊朗正在研制核武器的说法，不足凭信。一旦伊朗拥有了核弹，再将核弹、导弹“两弹结合”，手中握有进行远程核打击的能力，足以对罗马、柏林、巴黎、伦敦等欧洲大都市进行毁灭性的核打击。这也就是为什么欧洲强国往往对于朝核问题作壁上观，置之不理，在伊核问题上却表现得比美国更强硬的缘由。那时散布世界各处的伊斯兰教极端势力势必麇集在德黑兰周围，唯德黑兰马首是瞻，以伊朗核导弹为护符，有恃无恐。眼下伊朗还没有拥有核弹，尚且如此桀骜不驯，一旦核导弹就手，则在伊斯兰教和基督教两大文明板块发生碰撞之际，就双方以国家意志进行较量而言，其立场势必更加强硬，难以转圜了。届时西方国家与伊朗相周旋时，就要徒呼荷荷了。国际恐怖分子来无影、去无踪。他们在宗教精神上有伊斯兰原教旨主义长期支撑，在军事实力上又有伊朗核导弹作为后盾，破坏性绝对不容低估。需要指出，伊斯兰教极端势力包括活跃在新疆等地的东突组织，不仅局限于矛头针对西方国家的国际知名的恐怖组织而已。

如今制造核弹不再是尖端技术了，制造“脏弹”的技术更加容易，难处就在于搞到武器级核燃料，而伊朗恰恰正在生产武器级核燃料方面取得了令人瞩目的进展。姑且不谈核战争的浩劫，恐怖分子仅在各大都市商业中心爆炸几颗“脏弹”，利用核材料强烈而持久的辐射性，造成大面积的“黑洞”，近千年内人类涉足即危及生命。市民惶惶不可终日，势必大举往外迁移，即此足以令这些大都市迅即趋于萧条。

在国际政治中，某一起系列事件的来龙去脉及其是非曲直，一时难作论断。如果要评估该系列事件的发展趋势，则“强权即公理（Might is right）”的法则，无论过去、目前或将来，还是放之四海而皆准的，亦即惟力是视；假若就利弊得失的角度着眼，评估本国决策时应该何去何从，则国家远近期综合利益是唯一的衡量标准。

一旦伊核危机爆发，将对中国能源安全产生何等重大的影响。接着，谈谈中国究竟应该在战略石油储备上采取何等对策，以因应类似的国际能源危机。近年中国受到既定的产业政策的推动，大力发展汽车工业并大量建筑高速公路，每年有两千万辆轿车投放市场，绝大部分属于国产轿车，仅有少数是进口的舶来品。当前中国石油对外依存度为近六成，进口石油的数量急剧增加。况且，每年消耗的石油中，很大的数量并非直接或间接地用于生产目的，而是用于代步或制冷及取暖，亦即“烧掉”了。在沿海大城市，不少家庭拥有两辆以上的轿车。中国不小比例的民众在短期内即能跨入高消费的时代，在国际上，此例绝无仅有，乃是举国之幸。然而，由于中国受到下述主客观条件的制约，能源安全根本无法获得切实的保障。中国消费性石油消耗逐年剧增，石油对外依存度过高。这一奇特的现象决定了中国能源安全始终是受制于人的。诚然，大国如印度，国产石油微乎其微，对外依存度奇高无比。可是，印度人口总数接近中国，消费性石油消耗却不多。何况，就区域性或全球性安全利益受到的挑战的严重程度而言，印度远非中国可比，因此印度能源安全的确定性也远非中国可比。

全球有十六条战略性海峡和水道。在危机阶段或者战时，美国海、空军及其盟军拥有完全控制这些海洋通道的能力，这意味着美军拥有控制全球战略资源而剥夺敌国持续获得全球战略资源的能力。亦即中国过早地迈入了高消费时代，而中国能源安全却根本经受不住直面一场国际危机的考验。概言之，中国保障能源安全的手段缺乏有效性和持久性。中国持续减少从伊朗进口石油，目前从伊朗进口的石油仅占到中国石油进口总量的约11%，同时中国从波斯湾其他产油国进口的石油在不断增加。然而，一旦美、伊开战，战火势必蔓延至邻近海洋通道，必然殃及整个波斯湾地区石油对外输出，该地区对中国的石油输出必然锐减。届时中国对进口石油的需求有增无减。值此情况下，开发新能源或寻觅替代品又缓不济急，唯有诉诸释出战略石油储备了。当前中国战略石油储备只敷全国石油消耗一个月，而自波斯湾进口的石油约占全国石油消耗量的3.6成，换言之，假如不采取限制石油消耗的紧急措施的话，即使战略石油储备全部释出，亦仅敷三、四个月之用。何况，石油是战争的“黑色血液”。战略石油储备主要用于战备，岂可平白“烧掉”呢？由此可见，战略石油储备不但可以用于战备，在本国因应国际能源危机中也能产生巨大的作用。

美国总统奥巴马指出，世界市场有足够的石油供应，这使得各国能够减少从伊朗进口石油，而美国政府将继续推动对伊朗的严厉制裁。一些国家增加石油产量，加上石油“存有的战略储备”，有助于他作出继续推动制裁的决定。他表示将会密切留意整个局面，在减少依赖伊朗石油和石油产品供应的情况下，确保市场还能够进行调适，应对供应减少的影响。不过，白宫高级官员说，释出战略储备石油是个替代选择，目前政府尚未对此作出决定。

根据奥巴马2011年12月签署的法案，是否继续制裁伊朗的决定，这项制裁是为了向德黑兰施压，以遏止伊朗发展核计划。奥巴马在声明中公开谈到政府控制的石油库存，引发市场人士的诸多猜测，认为主要石油消费国可能会在今年释出紧急石油库存。美国智库战略与国际研究中心的分析师庞弗雷（David Pumphrey）说，奥巴马谈话中提到战略储备，相当耐人寻味，有点像是在提醒大家，我们还有这一个可加以利用的工具。白宫表示，石油市场目前仍吃紧，南苏丹、叙利亚、也门、尼日利亚，以及北海的石油停产或中断，导致市场油供出现缺口。

法国正同美国、英国讨论，是否要动用战略储备石油抑制油价。华府高级官员告诉记者，释出紧急石油库存只是美国在台面上的一个选择，目前还没有作出决定，也没有提出具体的行动。

根据有关法案，奥巴马必须确定除了伊朗外，其他国家的石油价格和供应量是否足以让消费国“大幅度”削减从伊朗进口石油。新泽西州民主党参议员梅嫩德斯（Robert Menendez）说：“今天我们要告诉继续向伊朗购买石油和石油产品的所有国家，他们有3个月的时间减少进口，如果不这么做，他们的金融机构将遭到严厉制裁。”梅嫩德斯是法案提议人之一，法案也赋予奥巴马总统在2011年6月28之后，制裁与伊朗中央银行进行石油相关交易的外国银行，而美国金融体系也可有效地中断这些银行的往来。美国希望大量进口伊朗石油的所有国家减少进口量，但奥巴马可酌情豁免某些国家受到制裁，日本和欧盟十个国家最近获得豁免。奥巴马说，美国也将继续就这一问题，同中国、印度、韩国等进行谈判。韩国外交部一名官员说，韩国政府预料能同美方达成协议。奥巴马在声明中公开谈到政府控制的石油库存引发市场人士的诸多猜测，认为主要石油消费国可能会在今年释出紧急石油库存。以色列与伊朗在核研问题上剑拔弩张，目前令各方关注的是以色列会攻打伊朗吗？

评估有变数　战争触即发

从2011年下半年开始，以色列就不断地喊“打”，成为国际社会高度关注的问题。西方国家主张通过外交努力推动国际社会实施尽可能严厉的“瘫痪性”制裁，迫使伊朗重回谈判轨道，来说服伊朗弃核；向伊朗核设施采取军事打击应该是在迫不得已的情况下才采取的举动。以色列却认为，外交手段难以对伊朗核计划构成实质性打击，为了自卫，以色列应该先发制人，向伊朗发动攻势。如果再继续等下去，就来不及阻止伊朗的核计划了。

美国不点头，以色列敢打伊朗吗？这个关键在于三个问题：其一，有没有必要打？其二，有没有能力打？其三，开打之后会有什么后果？有没有必要打？从以色列总理内坦亚胡的角度来看，打是必要。以色列已要求美国提供能击穿地堡的最先进掩体炸弹和空中添油机，以加强其摧毁伊朗地下核设施的攻击能力。

对一个曾流离失所的民族和在二战期间惨遭种族屠杀的民族来说，以色列从古至今都存在着危机感。如今面对一个誓言要将以色列“从地图上抹去”的伊朗，内坦亚胡怎敢掉以轻心呢？内坦亚胡一而再表示，“作为总理，不会让以色列人生活在被毁灭的阴影里”、“现在再也不能继续等下去了”、“阻止伊朗核计划的时间不多了”。不过，以色列政府高层对“打或不打”的立场并不一致；军方和右翼主张早打伊朗，但情报局官员和左翼却主张不打。内坦亚胡右翼执政联盟认为，伊朗不会放弃核武野心，对话和国际制裁成效低，必须尽快摧毁伊朗核设施，否则等伊朗拖延时间把核设施分散化、地下化，就将永远失去攻击时机。左翼则认为，对伊朗核武最担忧的是沙特阿拉伯和美国，以色列挑头军事打击伊朗是最愚蠢的选择，后果极其危险。

以色列民众也对是否对伊朗动武意见不一。2012年初的《国土报》民调显示，41%受访者支持打伊，有39%反对，另有20%不表态。以色列民主研究所和特拉维夫大学进行的民调显示，有2/3的受访者反对在没有美国援助的情况下“单挑”伊朗。无论是从装备的现代化程度、管理的水平，还是从战斗经验来看，以色列军队在中东地区都是数一数二的。以色列1981年摧毁伊拉克奥西拉克核反应堆和2007年摧毁叙利亚境内秘密核设施。以色列国防部官员承认，过去十多年间，以色列一直在有计划地为打击伊朗核设施做准备，如训练空军长途飞行的能力。然而，尽管拥有军事优势，以色列若与伊朗交战仍然存在诸多局限。

首要问题是要如何到达伊朗？毕竟以色列不是与伊朗毗邻，一些目标与以色列军事基地距离1500至1800公里那么远。再者，以战机必须经过伊拉克或沙特的领空，这将是个棘手问题。

此外，对于伊朗到底有多少核设施、核设施的确切位置、周边地形、设施的构造和设计，外界知道的很少。专家估计，伊朗的核设施可能有40至60处，分散在全国各地，而且很多都埋藏很深。因此，以色列的攻击充其量只能延迟，而不会摧毁伊朗核设施。打了有什么后果呢？这应该是最令美以头痛的问题。伊朗已经声明，一旦受到袭击，绝对不会善罢干休。

论军事能力和装备，伊朗不如以色列，因此最可能走的一步棋就是找盟友来帮忙，这就包括了黎巴嫩回教武装组织真主党和治理巴勒斯坦加沙地带的哈马斯；前者手头上拥有伊朗提供的上万台火箭发射器，后者多年来都得到伊朗的资助。如果这两个宿敌真的加入混战，中东局势就会一发不可收拾。如果以武力还击行不通，伊朗还握有石油这张王牌。伊朗已多次强调，一旦受到威胁将封锁全球最重要的石油门户之一的霍尔木兹海峡，这将导致全球油价暴涨。

动用武力真的就能够迫使伊朗放弃核活动吗？以色列民主研究所和特拉维夫大学进行的民调显示，有2/3的受访者反对在没有美国援助的情况下“单挑”伊朗。绝大部分观察人士认为，以色列发动袭击，只会更让伊朗意识到拥有核武器的重要性，令伊朗政府更有决心继续研发核武器，简直是弄巧成拙。这会是一场没有可预见后果的战争，为了阻止未来可能发生的灾难，以色列先启动一场的灾难值得吗？

伊朗是否正在开发核武器，一直是国际社会要弄清楚的问题，但由于伊朗体制复杂，外界不知谁在做主，加上外人不容易在伊朗招募间谍等原因，这方面的情报收集工作困难重重。美国情报机构相信伊朗已在2003年暂停发展核武器，不过美国当局至今还是无法百分百肯定他们的评估是否正确。

美国总统奥巴马说，伊朗的核计划还不是近在眉睫的威胁，因此，目前仍然存在通过外交途径和平解决伊朗核问题的“机会窗口”。奥巴马是在同到访的以色列总理内坦亚胡举行会谈之后隔天发表这番谈话。目前仍有机会和平解决伊朗的核问题，这是美国和以色列两国情报机构的共同看法。美国推动国际社会对伊朗实施的经济制裁开始奏效。今后数月对伊朗的制裁力度还将加大，伊朗也刚刚提出愿意重返谈判桌，“这十分符合各方利益”。

不能容忍伊朗取得核武器，在那种情况下不是试图采取遏制政策，而是准备在适当时候采取袭击行动。他在世界主要国家对伊朗重新表示愿意谈判核问题作出反应之后说，伊朗将很快显示它在对待对避免战争的问题上是否采取认真的态度。准备在2012的总统选举中寻求连任的奥巴马声称，伊朗现在开始感觉到国际社会加紧对它实行制裁所带来的痛苦，然而他警告说，他不敢期望在首轮谈判中会取得突破。奥巴马在白宫的记者招待会上也指责共和党政治对手鼓动对伊朗动武的言论，他强调战争并非“儿戏”。一谈到战争，就使他想到代价问题，那些“擂动战鼓的人”必须向美国人民解释清楚战争的代价和好处。奥巴马警告说，如果对伊朗的禁运制裁无法阻止其核武发展计划，美国不排除对伊朗核设施进行军事打击的可能性。这是奥巴马迄今对伊朗发出最直接的警告，但他也促请以色列勿采取先发制人行动。不过，以色列总理内坦亚胡仍坚持以色列有自卫的权利。

美、以的两位领导人将在举行高层会谈，伊朗问题将是讨论重点。奥巴马在内坦亚胡访美之前接受《大西洋》月刊的专访时说：“我认为以色列政府认识到这一点，身为美国总统，我不夸大其词。”奥巴马说：“我不会到处宣扬美国的真实意图。但我想伊朗和以色列的政府都明白，当美国表明伊朗不应拥有核武器时，我们是言行一致的。”他说，美国的战略包括在政治上孤立德黑兰、实施制裁和外交围堵。“而这包括军事的成分。我想人们会明白，我并非虚张声势。”

在伊朗问题上，国际社会担心以色列先发制人，单方面攻击伊朗的核设施。奥巴马认为，过早攻击伊朗或会产生反效果，令伊朗得利，使它以受害者的姿态出现。美国的顾虑是，过早攻打伊朗和没有事先争取到国际社会的支持，只会激怒中东邻国危及以色列的安全，到时这些中东国家将转向支持伊朗。他表示，他将在与内坦亚胡会晤时，试图劝说以色列推迟可能袭击伊朗核设施的计划。

无论如何，奥巴马强调阻止伊朗拥有核武，关系到美国的国家安全利益。他提醒说，伊朗核武落入恐怖分子手中的风险是存在的。这之后在加拿大渥大华访问的内坦亚胡，虽然对伊朗问题表达强硬立场，但发言谨慎避免让外界以为在对美国施压。内坦亚胡说：“我还未设定红色警戒线，我们也不想向美国设下这条警戒线。”但他坚持保留“以色列国在面对从地图上消失的威胁时自由行动”的权利。他说：“我们要求让以色列在面临生死关头时有行动的自由，我想这是任何一个国家都会提出的要求。”

内贾德坚称其核计划是供民事用途，但西方国家怀疑伊朗采取缓兵之计，在秘密开发原子弹并已接近完成研制。内坦亚胡说，伊朗必须拆除库姆（Qom）的地下核设施、停止铀浓缩及禁止同发展核武有关的各种浓缩物质的活动。

美国国务卿希拉里强调内贾德当局并未决定是否要建造核子弹，然而美方的评估无法让以色列政府感到放心。美国情报消息来源告诉美联社，以色列拒绝保证在采取任何行动之前，预先知会美国。如果以色列先发制人，那将同1981年以色列攻击伊拉克武器设施的情况如出一辙，以色列官员形容那是一次成功的打击行动。美国国防部计划加强在霍尔木兹海峡周围的防御，包括强化扫雷和监测的能力，以应对伊朗可能采取的任何军事行动。

美国《华尔街日报》引述国防部消息人士的话说，五角大楼已经通知美国国会议员，为防伊朗采取封锁行动，美国计划在霍尔木兹海峡地区部署新的水雷探测与清理设备，并加强整体的侦察能力。此外，五角大楼也要改良军舰武器系统，以应付伊朗部署在霍尔木兹海峡的攻击舰艇。一旦伊朗发难，袭击在海峡航行的船只，美国要确保该区的美国海军有能力应付，使海峡维持畅通。过去几个月，伊朗政府不断摆出强硬姿态，德黑兰发出封锁霍尔木兹海峡航道的威胁，以报复西方国家对伊朗实施新的制裁措施。近几个月来，美国的航空母舰和战斗群多次进出波斯湾，令该区局势升温。2月14日，美国林肯号航空母舰战斗群驶过霍尔木兹海峡，进入波斯湾水域。伊朗当天派出巡逻艇和飞机跟踪，但美方称，这只是伊朗的“例常措施”。霍尔木兹海峡由阿曼与伊朗共同掌控，这个不到50公里宽的海峡是国际石油输送的大动脉，全球40%的石油供应都是经由这里送往西方国家。

西方国家指责伊朗的核计划最终目的是制造核武器。为说服德黑兰不要走向核武化，美国和欧盟上月加紧了针对伊朗的制裁。国际舆论普遍猜测，以色列可能将对伊朗的核设施发动军事打击。伊朗则一直坚持其核计划只是用于和平目的，并一再威胁，如果受到攻击或是其原油被禁止出口，将封锁霍尔木兹海峡的航道。正当美以为伊核大伤脑筋的时刻，国际原子能机构发表报告指出，自2011年11月份以来，伊朗铀浓缩活动有所增加。这份季度报告将向国际原子能机构理事会的35个成员国散发，以便在2012年3月5日举行的理事会会议上进行讨论。该机构的报告也对伊朗核项目可能作军事用途，表示严重的关切。

参谋长联席会议主席登普西将军认为，由于还不确定伊朗是否把其核能力用于制造核子弹，因此要对伊展开军事攻击还为时尚早。登普西在美国有线电视新闻网（CNN）播出的访谈节目中说，他相信伊朗政府是理智的，因此，美国和其盟国最好是按照现有的国际制裁行动与外交途径，尝试说服德黑兰不要走向核武化。登普西说：“现在还不确定（伊朗会组装核弹），基于此，我认为做出军事打击的决定是言之过早。”登普西有信心以色列能明白美国将领的立场，但他没有就此表明美方已说服以色列不要对伊朗发动攻击。“我有信心他们（以色列）明白我们的关注，即在此时展开攻击会导致局势不稳，也无法实现他们的长期目标。”登普西也说：“我并没有表明，今天我们已说服了他们，认可美方的是正确的观点。”登普西上月访问以色列讨论伊朗局势。他在访谈中表明美国没有完全排除对伊动武的可能性，在伊朗问题上，美国必须做好各方面包括军事的准备。

以色列国内也对是否攻打伊朗以阻止它发展核武进行讨论。以色列外交官在海外遭袭，和伊朗核子科学家在国内被暗杀的事件，使到以伊最近关系紧张。

伊朗领袖对以色列可能展开军事打击做出激烈反应，恫言将对任何攻打伊朗的国家进行报复。另一方面，伊朗宣布停止向法国和英国出口石油以报复欧盟的石油禁运。而伊朗外长萨利希说，伊朗热切希望同世界列强恢复核会谈，现在正等待会谈地点和日期的确定。萨利希说：“我们在核问题上寻求解决的机制，以便为双方带来双赢。”然而，他也表示伊朗已准备面对最坏情况（战争）的发生。

美国国防部官员和一些军事分析师认为，如果以色列决定对伊朗发起攻击，这将比人们预料的要困难和复杂得多。据《纽约时报》报道，军事分析师认为，以色列试图通过空袭，挫败伊朗的核计划，那是艰巨而高度复杂的行动。以色列战斗机师得要穿越有敌意的空域飞行1000多英里，还需要空中加油，避开伊朗的空防；还有对伊朗各种各样的地下设施进行袭击，以色列需要出动的战斗机至少100架。美国这些专家把以色列2007年对叙利亚核反应堆的袭击，以及1981年对伊拉克核反应堆的袭击相比较，认为这次要困难得多。退役的戴帕丘勒中将说：“所有的专家都在谈论要对伊朗轰炸，但这不是那么简单的事。”他曾担任空军高级情报官员，曾参加策划2001年对阿富汗的空袭和1991年的波斯湾战争。随着伊朗与西方国家及以色列的紧张关系升级，最近几个月不断传出以色列可能袭击伊朗的消息。美国对此给予越来越多的关注。

美参谋长联席会议主席登普西在接受CNN采访时说，以色列现在立即对伊朗发动进攻，将会“破坏稳定”。

外长黑格对BBC说，以色列“此时”袭击伊朗不是“聪明的事”。以色列在华盛顿的官员表示，该国一方面继续推动对伊朗实行更严厉的制裁，另一方面如同美国那样“把所有选择都摆在桌面上”。华盛顿的分析师对以色列是否具有这样的军事能力表示怀疑，担心美国将被卷入这场艰巨的作战行动。即使是美国这样的军事强国，要完成这样的行动也需要很多星期；此外，人们还担心，伊朗会报复。曾在2006年至2009年担任美情报局长的海登上月坦率地说，以色列要发动严重挫败伊朗核计划的空袭，那是“超出该国能力的”。其理由是战斗机要飞行的距离过长，以及要攻击的范围太广。还有一些专家表示，对以色列的军事实力不够了解，“存在许多未知数和潜在危险”。如果以色列要对伊朗4个主要核设施发动袭击，首先遇到的问题是如何到达那里。有三条航线可供选择，一是向北越过土耳其，二是向南越过沙特，三是从中间走，越过约旦和伊拉克。由于伊拉克没有防空能力，因此越过伊拉克是最近的和可供选择的。假设约旦容忍以色列飞越其领空，下一个问题是飞行距离。以色列的美制F-15I、F-16I战斗机由于受高度、速度及装载量的局限，不可能来回飞行至少2000英里航程。这还没有考虑飞机在目标上空停留的时间，以及避开伊朗的导弹和飞机攻击等因素。如果以色列飞机空中加油，其仅有8架美制KC-707加油机，这是不够的。而且每架加油机都需要一些战斗机护航，但以色列总共只有125架F-15I和F-16I战斗机。

以色列还需要用电子战机侦查伊朗的空防，破坏其雷达系统，为袭击创造空中走廊。尽管伊朗的防空能力已经落后，但仍不可小看。伊朗的导弹可以迫使以色列战斗机在抵达目标前就丢弃炸弹。伊朗还可以用导弹反击，打击以色列。专家的另一个担忧是伊朗的核设施大都建在山里，以色列是否拥有能够穿透30英尺（约10公尺）厚钢筋水泥的炸弹。如果美国介入或自己发起大规模袭击，五角大楼是完全有能力的。然而，目前美国所具备的炸弹要摧毁伊朗在地下深处的核设施也显得十分困难。

宿敌恩怨深　何日得化解

最近才曝光的一场2010年情报危机就凸显在伊朗收集情报的难度，那年，美国情报人员截听到伊朗官员之间的通讯，他们的对话令美国担心内贾德决定恢复开发核武器。这些对话加上其他一系列情报，促使当局决定加紧检讨对伊朗核计划的评估，美国16个机构当时准备出版的《2010年国家情报评估》机密报告也因此被延后出版。战争就在一线之间。

不过，美国当局最终认定，他们截获的通讯和其他证据并不充分，因此决定保留早前的评估，即伊朗还没有决定开发核武器。到今天为止，即使伊朗已因核发展计划招致国际社会制裁和军事威胁，美国政府官员和情报人员还是相信，伊朗还没有打算制造核武器。以色列情报机构也认同美方的评估。但如果该评估有变，战争将一触即发。

美国情报人员公开和私底下都对情报机构的评估有信心，但一些人承认面对情报缺口，以致他们无法理解伊朗领袖的意图以及他们是否会批准制造核弹。伊朗可说是全球最困难的情报收集对象，分析员研究的零碎资料，不是含糊不清或不完整，就是已经进过景迁了，通常只让人知道伊朗人没有做什么，而不是他们打算做些什么。为此，美国情报人员说，他们无法百分百确定伊朗的意图。一位前资深情报员说："我有75%的信心他们还没有重新启动核武器发展计划。"

另一位前情报人员说："伊朗是最困难的情报收集目标，比朝鲜还要困难。"他说，最主要的原因是他们的体制复杂，"让人不知道谁对什么事有说话权"。他补充说："我们在地面上没有人，无法捕捉到一些细微之处，这是问题所在。"情报人员说，美国一直倾注所有来查探伊朗核计划的虚实。美国国家安全局负责截听伊朗官员的电话通讯和展开其他电子追踪工作；美国国家地理空间情报局负责分析核设施的雷达和数码图像。外部分析员相信，美国也出动无人侦察机在伊朗上空侦查，一架无人机2011年底就在伊朗境内坠毁，只是美国官员辩护说该无人机是在阿富汗境内失控。

此前面对的最大困难就是难以在伊朗招收间谍。同时，一些运作上的失误和美国自30年前的人质危机之后就没有在伊朗设大使馆，以致在伊朗境内没有一个运作基地，这些无不都令美国中央情报局在伊朗地面上等同瞎了眼睛一样。

为了和平用途，从美国情报单位和国际原子能机构近年收集到的证据显示，伊朗自2003年以来的一些核研究活动还是同核武器的开发相关。不过由于情报不够充分，美国情报机构到头来并没有改变他们对伊朗还未重新启动核武器发展计划的评估。伊朗表示，愿意与世界大国进行新一轮的核谈判，还说双方应该确定对话的“日期和地点”。伊朗核谈判代表贾利利写信给欧盟外交政策专员阿什顿，对5+1国家要回到对话的的政治意愿表示欢迎。他还说，双方应该保持接触，为新一轮的对话确定日期和地点。美国和其盟国怀疑伊朗以民用核能计划为掩饰，暗中发展核武能力，并相信内贾德当局利用会谈来拖延时间，而不是要与国际社会达成协议。伊朗同六国的谈判自2011斯坦布尔会谈毫无成果之后，便由此冻结了会谈。

内贾德曾表示要恢复同欧美西方强国的谈判。这个意愿也是由贾利利写信向阿什顿提出的。他当时说，伊朗将会提出新的建议，新一论谈判能否成功，取决于美国、英国、法国、俄罗斯、中国和德国六国对伊朗建议的回应。可是，伊朗一直没有提到具体详情。

2011年11月8日国际原子能机构（IAEA）发布有关伊朗秘密研发“核爆炸装置”的报告，国际舆论再次热议美国和以色列准备军事打击伊朗、以彻底消除伊朗拥核可能带来的安全隐患。美、以对伊开战似乎一下子成了不可避免、甚至是迫在眉睫的选项。但问题是，美、以真的准备近期对伊动武吗?

以色列和伊朗可谓宿敌。以色列始终认定伊朗在秘密研发核武器，伊朗的中、短程导弹也对以色列构成巨大威胁。而且，美、以都认为，由于伊朗支持活跃在叙利亚和黎巴嫩境内的“真主党”游击队，支持在加沙地带的“哈马斯”武装，以及支持在伊拉克境内的什叶派抵抗组织，因此，伊朗已成为中东地区最大的“支持恐怖主义”的国家。2003年美国推翻伊拉克萨达姆政权后，国际社会一度盛传下一个目标将是伊朗。特别是自2003年开始，伊朗被揭发秘密研制核武器、加快提炼武器级浓缩铀，美、以两国就多次公开表示，解决伊核问题不能排除任何选项，包括对伊朗实施军事打击。美、以对伊朗的敌视情绪可谓与日俱增。

反观伊朗亦是如此。2005年上台的民选总统内贾德，抛弃前总统哈塔米制定的“内外温和”路线，不仅政治立场转向保守，而且对西方采取强硬立场，在巴以和平问题、核研发问题和二战历史问题上，屡次出口惊人，甚至公开宣称“应该把以色列从地图上抹去”，极大震怒了以色列。

尽管美、以和伊朗互为不共戴天的敌人，但美、以军事打击伊朗却总是停留在口号上，给人予“光说不练”的感觉。其实，无论是美国还是以色列，打击伊朗的各种计划早已腹中有案，两国国内民间战略“智库”发表的“作战方案”更是多如牛毛。2009年11月由美国“外交委员会预防行动中心”（Council on Foreign Relations， Center for Preventive Action）研究员史迪文·西蒙（Steven Simon）撰写的研究报告《以色列打击伊朗》（An Israeli Strike on Iran）。这篇报告详细描述了以色列打击伊朗的可能性，从动机、打击目标、作战方式、引起的后果、美国的策略和对美国的政策建议等等，巨细无遗地做了分析阐述，令人觉得美、以对伊朗作战似乎已是万事俱备、只待时机而已。

对伊朗开战与否的四个因素。但毫无疑问，美、以对伊朗开战，绝不可绕过四个最基本的核心问题，而这些也正是关系到美、以能否下定作战决心的关键所在：

第一，开战理由。所谓“事出有因，师出有据”，现代战争总要给个说法。美国和以色列可以凭借“伊朗违反联合国安理会有关决议和违反《不扩散核武器条约》为由，打击伊朗。眼下，尽管国际社会并不完全认同，但IAEA的这份报告，多少也为美、以对伊动武提供了所谓理据，至少没人愿意看到或接受伊朗拥有核武器的事实。当然，美、以仅凭这份报告就动手打人，显然也有理据不够充分之嫌，特别是很容易令人联想起当年美国单靠虚假情报就对伊拉克开战的荒唐举动，自然令人担忧美国会否重蹈覆辙。但有一点几乎可以肯定，在当今处理国际重大事务中，美国如真要对谁动武，恐怕不需要任何理由也能达成，特别是对那些弱小国家而言，大国霸权主义依旧可大行其道。

第二，开战能力。如果仅从军事力量对比来看，美、以军事力量远远强于伊朗，更无需质疑以色列已经掌握有核打击能力。但伊朗的导弹，无论从数量还是从性能上都让以色列深感头痛，再加上伊朗的空军、海军力量足以打击周边国家或封锁霍尔木兹海峡，因此，伊朗的反击能力不可小觑。特别是一旦开战，以色列南北两边的“真主党”武装和“哈马斯”游击队也将会在非正面战场参战，形成对以色列持久而和直接的威胁。

第三，开战时机。这点是美、以考虑最多、也是最复杂的因素。显然，当开战理由和开战能力都不是大问题时，何时开战就成为关键所在。时机的把握不仅关系到战略和战术运用是否成功，而且还深受国内外各种政治、经济和外交因素的影响，甚至左右是否下定作战决心。对以色列来说，下定作战决心的主要阻力来自于在国内如何就是否对伊朗动武达成广泛的共识。在这方面，以色列外交部和国防部、国内较温和的政治势力与强硬的犹太右翼势力之间的矛盾，仍然相当明显，也仍然需要时间进行协调。不过以色列绝不能容忍伊朗拥核的立场是坚决的、毫不动摇的。一旦以色列情报部门掌握足够证据表明伊朗有可能在近期进行核爆试验，国内对伊动武的共识将会迅速凝聚，对伊动武时机也就自然形成了。

但是，对美国来说，时机把握却相当困难。美国显然不会让以色列“单挑”伊朗，但又如何摆脱“两场战争”的后遗症影响、如何在开支上拿出巨资支持战争、如何在“大选年”顾及选举策略，又如何与北约盟国进行协调以便在军事上支持以色列，这些都是非常实际、非常复杂的问题。考虑到这些因素，美国现阶段的选项应该仍聚焦在通过外交谈判和严厉制裁混合使用的手段，遏制伊朗研发核武，特别是希望通过与中国、俄罗斯的密切合作，达到拖慢伊朗核研发进程的目的。现阶段打击伊朗不是美国奥巴马政府的首选，而下届政府如果是共和党主政，则打击伊朗不可避免。理由很简单，小布什打掉了阿富汗塔利班政权和伊拉克萨达姆政权，奥巴马击毙了“基地”组织头目本·拉登，下届政府做什么呢？恐怕只有严厉对付伊朗了。

第四，开战策略（战略战术选择）。如果对伊开战，将运用哪些战略战术？这或许也是困扰美、以难以下定作战决心的“心病”。例如，许多舆论认为，以色列将首先打击伊朗核设施，彻底摧毁这些设施才能有效阻止伊朗核武计划。这听起来似乎很有道理，因为对伊动武的目的正在于此。而以色列必须首先要在“打击伊朗核设施”或首先“摧毁伊朗导弹反击能力（导弹基地、导弹发射车、雷达指挥系统等）”两者之间，做出明智的选择，否则，伊朗导弹全力反击将会让以色列、以及伊朗周边国家（主要是“海合会”成员国）付出沉重的代价。显然这是一项艰难的选择：摧毁导弹设施，那将是一场全面战争；定点清除核设施，就必须预期伊朗的疯狂报复。因此，开战必须慎重再慎重。

综上所述，尽管军事打击伊朗的声调已经占据上峰，但美、以两国的作战决心仍迟迟未能下定。这里面的原因显而易见，而恰恰这种“战略犹豫”也为国际社会努力通过斡旋、谈判解决问题提供了不可坐失的机会。

伊朗的核武研发计划让以色列和中东国家恐惧。虽然亲西方的波斯湾国家不会公开说出口，但他们私底下仍会默许以色列和西方国家可能对伊朗动武。

波斯湾国家是美国对伊朗施加外交和军事压力的基石，也是美国要阻挡伊朗核武野心必不可少的伙伴。在美国的穿针引线之下，以色列和沙特阿拉伯对彼此的意图取得了默契。从大了说，核是万恶之源。美国早已把伊朗作为一个潜在的核国家，这样一个强硬的内贾德总统引导伊朗的民意，自然会成为“大中东民主计划”的最大阻碍，影响美国的中东战略部署。即便是从小了说，按照内贾德的个性，刺杀事件发生之后，伊朗国民革命卫队对于那个地区的大力围剿是在所难免的。而一旦出现对平民的杀伤，就有可能成为新的“杜贾尔村”罪证或是借口，记在美国的档案库中以观后效。这种先例，在科索沃、伊拉克都曾发生过。

当然，对于美国来说，在短期内从伊拉克抽身对付伊朗，非不为也，实不能也。因此按下以色列不表，布什尽可以对内贾德的过激言论以及刺杀内贾德的枪声充耳不闻。其实内贾德也就是看准了这一点。恐怕对于内贾德来说，外交上的事情说复杂也复杂，说简单也简单。到底是偶然还是必然完全在于时机的选择和豪赌的气魄。

美国国务院副发言人马克·托纳在新闻发布会上表示，美国希望“六方”与伊朗在莫斯科的核问题谈判取得进展。托纳说，“谈判需要时间，我们（在巴格达）就核计划举行了内容丰富的谈判，这本身就是进展，但是我们希望在莫斯科取得更大进展。”国际调停“六方”包括俄罗斯、英国、中国、美国、法国和德国代表，各方从2003年开始与国际原子能机构共同争取让伊朗暂停铀浓缩活动。美国和一些西方国家指责伊朗以和平利用核能为掩饰研制核武器。伊朗否认所有指控并表示其核计划仅仅是为了满足国内的电能需求。联合国安理会已通过四项针对伊朗实施制裁的决议草案。此外，一些国家和组织也通过了各项决议要求伊朗保证其核计划完全透明并证明其完全用于和平目的。

制裁不可怕　继推核计划

伊朗可能扩大在北部城市库姆附近的地下核设施。据外交界人士透露，德黑兰尽管面对国际制裁，但仍继续推进核计划，并准备安装数千台新一代离心机。英国广播公司引述在维也纳的一名外交官的话说，伊朗看来正准备在地下核设施安装好几千台新的离心机。英广报道说，这批新离心机能够加快生产可用来发电，以及制造原子弹的浓缩铀。

伊朗于2012年5月15日宣称，为提高浓缩铀的产能，已经安装了另外

3000台离心机。不过，伊朗所言的这批离心机是否就是外交官所指的，目前还不清楚。此外，据美联社报道，有多名外交官指出，库姆附近福尔多地下核设施，为安装新一代离心机进行的准备工作已进入最后阶段，新离心机比原有的效率更高，也更快。他们透露，新离心机的电路、管道，以及支援配备目前都已安装完毕，但强调福尔多的地下核设施还没有开始装上新的离心机。他们也没有明确指出，德黑兰正在准备进行安装。不过他们表示，德黑兰如果不打算使用新的离心机，那何必要装置电路等相关配备。他们说，福尔多地下设施就算不装设新离心机，也有能力生产导弹弹头原料。

福尔多地下核设施再次传出装设新配备的消息，显示德黑兰无视国际制裁，坚持推进核计划。伊朗一再强调进行核研发是作为和平用途，但西方国家怀疑其真正目的是要制造核武器。

国际原子能机构人员预计将在本星期到德黑兰进行检查。外交界人士认为，原子能机构访德黑兰的成果预料不大。他们说，过去国际社会怀疑伊朗在帕琴军事基地进行核试，该机构的专家表示要去检查，但伊朗并不允许，专家提出的一些重要要求也被拒。

伊朗否认意图制造核武，认为有关指控是以美国和以色列捏造的情报为根据。

国际原子能机构总干事天野之弥表示，有越来越多迹象显示伊朗在发展核计划。在2011年底发表的13页报告中，他指出，伊朗暗中进行的活动可作为民用，也可用来发展军事核计划或核武器。联合国和西方国家已对伊朗实施多轮制裁，但还是无法迫使德黑兰停止核计划。最近美国、欧盟等西方盟国除了自行制裁伊朗外，也厉行新的措施，如石油禁运、冻结伊朗央行在欧盟境内的资产等金融手段惩罚伊朗。

以色列将展开“先发制人”的行动，攻击伊朗核设施。但以色列否认已作出这样的决定。以色列防长巴拉克在东京访问时呼吁加紧制裁伊朗，他表示唯有透过“严苛”的措施才能迫使伊朗放弃核计划。但他表示，以色列暂时还不考虑对伊朗采取军事行动。英国外长黑格星期六也警告，伊朗的核野心可能会激起中东地区核军备竞赛。

伊朗宣布在核研究上取得“重大进展”，公然反击美欧对其核计划所施加的压力。美国指伊朗是在虚张声势。在当下伊朗与西方关系紧绷之际，伊朗宣布取得一系列核进展，意在增加自身的谈判筹码。内贾德通过国家电视台宣布，德黑兰核反应堆已装载首批国产的20%浓缩核燃料棒。他毫不掩饰地说，用于提炼浓缩铀的离心机已增加了3000台，并下令再建四个核反应堆。

伊朗官员补充说，纳坦兹核设施里已经用上了新一代高效离心机。伊朗原子能机构负责人达瓦尼说，伊朗已加强铀开发。在今后13个月内，一座生产称为“黄饼”的重要核工业原料铀的工厂将投产。伊朗的最新举动显然要告诉世人，虽然西方不断加强对伊朗的制裁，而且以色列或美国短期内可能攻打伊朗的猜测频传，但伊朗不会放弃核计划。内贾德一再强调，它是在“为全体人民提供核能、不搞核武器”的口号下，和平利用核能。但是美欧担心，伊朗是利用核计划为名以发展核武器。

对于伊朗最新宣布的核子“重大成就”，美国认为伊朗完全是虚张声势，内贾德实际上正感到国际制裁和被迫回返谈判的压力日益增强。

美国国务院发言人纽兰对记者说，内贾德几个月来一直吹嘘在核研究方面取得了成就，但事实上他们的进度落后了“很多很多个月”。“坦率地说，我们认为没什么新鲜的，那根本不是什么大新闻。其实，这看来是唬人的。”以色列国防部长巴拉克也认为内贾德是在吹嘘，但内贾德对核武的追求仍是对以色列的威胁。他在东京接受以色列国家电台的采访时说，虽然他承认伊朗在核领域不断取得进展，但是他们是在“吹嘘还没有取得的成就”。他说，伊朗宣称启用了“新一代”提纯浓缩铀的离心机，其实那可能是伊朗早就在用的东西。

以色列一直担心其安全受到有核力量的伊朗的威胁。以色列被普遍认为对伊朗展开了一系列秘密活动，包括在过去两年内出动电单车杀手，谋害了四名伊朗科学家，以及使用尖端电脑病毒破坏了伊朗的许多离心机。以色列对于这些“行动”既不承认也不否认。

内贾德虽然摆出强硬姿态，但在严厉的制裁压力下，他近来多次表示愿意恢复一年前破裂的国际谈判。内贾德同样对欧盟在四个月前发信建议他回返谈判给予答复，表示准备回到谈判桌上。

美、英表示正在考虑内贾德的回复。目前伊朗所公布的浓度为20%的浓缩铀，仍属低浓度铀，是主要用于放疗、CT扫描等医疗用途的同位素。

中东乱局对亚洲各国来讲应该是一个警示，谁都不愿意这种乱局将在亚洲发生，对所有国家来讲那是一种灾难，那么如何才能避免这种乱局在亚洲被复制呢？首先，通过中东乱局我们可以清晰地明了美国和西方国家的全球战略和意图。尽管他们目前陷入经济衰退，但是其战略目标依然是维护全球霸权，而且他们为了挽回经济的衰退，不是力图自己进行改革，相反却加紧全球干预，试图通过政治与军事手段打乱别国的发展，一是利用自己的军事力量，排除新兴国家的经济挑战和军事威胁，二是后退到贸易保护中去，削弱新兴国家的经济，把希望寄托在别国的弱化、甚至崩溃上面。

中东乱局之所以发生一方面是由于美国和西方国家的干涉，但另一方面也是由于自身经济发展的问题，以及国内财富分配不平等，政治上实行家族式统治和由此导致社会矛盾的激化。如果一个国家经济稳健发展，政治民主自由，就根本不用担心外部势力的挑战。面对美国和西方国家的战略转变，中国应该考虑自身战略的改变，以确保和平崛起的可持续以及成本的最小化，韬光养晦与不干涉主义还可行吗？有所作为，应该如何作为？中东局势的变化事实上对中国原有战略与外交思维已经形成挑战，无疑中东局势的变化正在迫使中国加快反思其战略，同时也将推动中国的改革。对于亚洲各国来讲应该思考，亚洲应该欢迎一个什么样的美国重返亚洲？是大象闯入瓷器店还是和平使者？亚洲各国应该如何才能容纳美国和崛起的中国，从而确保亚洲的继续繁荣和使21世纪成为亚洲的世纪？否则，任由目前事态的发展，今天中东的乱局很可能就是亚洲的明天。

沙特阿拉伯东部省份骚乱加剧，反映沙特同伊朗关系紧张的影响。在沙特东部的阿瓦米亚（Awwamiya）和盖提夫（al-Qatif），什叶派反政府分子同沙特军警的冲突自2011年10月起就加剧。这什叶派分子抗议沙特政府歧视，他们要争取更多的权益。沙特政府指责伊朗，是骚乱的幕后黑手。阿瓦米亚和盖提夫位于沙特盛产石油的东部省份，这里也是沙特什叶派回教徒人口集中的地区。自2011年3月以来，两地就不断爆发各种抗议活动。沙特人权组织“人权至上”的资料显示，到了2011年10月，阿瓦米亚和盖提夫两地紧张局势开始升级。

示威民众的一次攻击行动，造成11名沙特警察受伤。警方过后陆续打死7名什叶派示威者。盖提夫的什叶派团体说，沙特安全部队2011年11月，也曾在当地打死4人、打伤9人。沙特安全部队过后分别在2012年5月9日及10日，与阿瓦米亚及盖提夫的示威者发生枪战，并打死2名什叶派示威者。“人权至上”主席伊布拉欣说，日前的枪战发生后，沙特安全部队面对示威活动时比较克制，许多过后发生的示威活动，警方都没有镇压。

近来，逊尼派教徒居多的沙特与什叶派掌控的伊朗之间的紧张关系，也加剧沙特国内的骚乱。沙特的什叶派回教徒占沙特总人口的10%至15%，他们与伊朗什叶派回教徒有着深厚的文化与血缘联系。

英国《卫报》独家报道说，英国正加紧制定计划，准备可能对伊朗实施导弹攻击的时候到来。该报引述英国官员说，尽管英国联合政府内有人提出保留意见，但如果奥巴马决定对伊朗实施军事打击，英国军方必将提供帮助。根据英国政府和国防部官员的说法，以前因为北约忙着参与推翻卡达菲的军事行动，西方对伊朗的注意力降至第二位，但现在美国的焦点又集中到伊朗问题上。不过，他们认为奥巴马并不希望在2012年11月的总统选举之前卷入另外一场战争。只是他们也警告，随着西方情报机构的评估引发更多焦虑，西方可能会做出相应的调整。同时，如果以色列总理内坦尼亚胡加大压力，可能会迫使奥巴马采取行动。

英国国防部认为，美国可能把对伊朗一些关键设施发动导弹袭击的计划提前。为此，英国军方正在制定计划，考虑如何在海空攻击行动中为美国提供帮助，即如何部署英国装备战斧巡航导弹的潜艇和军舰。他们也认为，美国会像过去的波斯湾冲突那样，要求从英属印度洋领地迪戈加西亚岛（Diego Garcia）发动袭击。一位英国政府高官说，制裁似乎对伊朗起不了什么作用，而西方国家要摧毁其核物质浓缩计划的尝试也没有预期中成功。这位高官也针对伊朗最近被指在海外展开三次刺杀行动说，伊朗似乎还展开新的进攻行动，“而我们不清楚为什么”。

除此之外，大家现在也认为，伊朗在2011年的网络攻击行动中失去的能力已全部恢复。该网络攻击据信是美国和以色列联合展开的，袭击导致半数的伊朗离心机瘫痪或无法正常运作。但外交官相信，该能力已经恢复，而国际原子能机构认为，伊朗的浓缩铀能力甚至还有所提高了。另外，伊朗似乎正把离心机搬到库姆市山脚下的地堡里，当局担心，这些离心机将受到妥善保护，以致导弹袭击也无法伤害到它们。

英国一位熟悉军事计划的政府官员说，未来12个月，伊朗可能把制成核武器的所有物质都运到该地堡收藏。他说，这把英国的准备计划提升到新的层次。“（12个月）之后，我们不敢肯定导弹可以追击到它们。窗户正在关闭，英国必须制定明智的前瞻性计划。美国可以自行展开攻击，但他们不会这么做。”“我们得做好准备，美国会要求我们参加。我们本来以为这会是美国明年总统选举之后的事，但现在我们不那么肯定了。”

另一方面，法国外长朱佩表示，法国支持对伊朗实施更严厉制裁，因为军事打击将使中东局势完全失控。他接受法国电台访问时说：“我们必须避免陷入无可挽回的局面。”

利比亚局势刚平定，伊朗似乎成为中东的另一个乱源。以色列连日来频频向伊朗放话，以色列总统佩雷斯称，以色列和其他国家“攻打伊朗”的可能性“越来越大”。

西方国家相信，伊朗已接近取得制造核武技术和零部件，很快就能制造出核弹头；以色列媒体盛传以色列即将发起军事行动，中东情势顿时显得风声鹤唳。《华盛顿邮报》和美联社报道，美国在欧洲和中东盟友的支持下，正在向伊朗施加更大压力，要她停止发展核武。

联合国国际原子能机构（IAEA）预定近期发布有关伊朗核活动的最新报告。预料该报告将预先发给各国外交人员过目。法新社引述外交界人士说，原子能机构过去的报告重点放在伊朗尝试取得核裂变材料如铀和钚上，但最新报告却会说伊朗意图把核物质放进弹头里，以及开发承载核弹头的导弹。美联社则说，报告将引述情报消息，指伊朗已利用电脑绘制出核弹头的模型。该机构也将发布一个巨型钢容器的卫星照片，相信伊朗使用该容器来进行与核武相关的爆破试验。

伊朗外长反驳说：指伊造核武说法“纯属捏造”。不过伊朗外长萨利希说，该机构指伊朗打算制造核武的说法“纯属捏造”。他也指责该机构向美国的压力妥协。他坚称，伊朗的核计划只会用在发电等和平途径上；伊朗警告一旦领土遭侵犯，将会“惩罚”以色列。2011年才从原子能机构首席核查人员职位退休的海诺宁说，自2009年以来，伊朗核计划曾遭到黑客袭击和其他挫折，但伊朗近几个月来成功启用先进离心机，可能促使其浓缩铀产量大幅提高。

伊朗近来决定把最新离心机搬到新建成的Fordow地下设施，以生产纯度更高、更接近武器级的浓缩铀的做法，也引起西方官员的关注。Fordow设施依山而建，被视为比较难以受到空袭。

美、英、法官员是在多份报道指以色列正在考虑对伊朗发动先发制人袭击后，加大对伊朗的批评。美国总统奥巴马在二十国集团（G20）峰会上，强调了“对伊朗施加史无前例压力的必要性”。法国总统萨科齐也警告，如果以色列的生存受到威胁，“法国不会坐视不理”。不过法国外长朱佩却说，各国应该继续加大对伊朗的制裁力度，尽一切努力避免发生军事冲突，因为军事干预会导致中东局势完全失控。但以色列总统佩雷斯接受国营电视台访问时说，对伊朗保持警惕的数个国家的情报部门非常担忧，并向他们的领导人警告，伊朗即将获得核武。他指出，国际社会较倾向以军事方法而非外交手段来解决伊朗的核计划。佩雷斯是鸽派领袖，他这番言论意义重大。

在此之前以色列宣布，成功试射了新的长程导弹，以及完成大规模民防演习，演习模拟以色列遭受常规和非常规导弹袭击。以色列《国土报》报道，总理内坦亚胡和防长巴拉克正在争取内阁的支持，以便对伊朗发动袭击。该报称，以色列拒绝向美国保证，在发动任何袭击之前会先与美国协调。该报也说，政府还没有决定展开军事行动，但原子能机构发表的报告将对该决策过程产生“决定性影响”。

王牌频频打　发展居优先

据BBC2012年4月19日视频新闻报道，伊朗总统内贾德在巡视伊朗南部一座城市时遭遇求助群众围堵，一名妇女甚至爬上他的私家车与探出车顶的内贾德来了个一对一的对话。内贾德在巡视南部城市阿巴斯港（Bandar Abbas）时，伊朗群众纷纷围上他的私家车阻止了其前进。为表亲民形象，内贾德从车顶天窗探出头来站定向人群示意，两名保镖紧紧贴在其身后，人们抢着向内贾德递过去内装求助信的小信封，内贾德一一将他们接下。正在这时，一名妇女趁乱从车头部分踏上车顶盖，爬到内贾德身旁并在车顶坐定，和他比划着一对一交流，看起来神情激动，由于人声嘈杂，人们听不清楚她到底是在批评内贾德还是在向他求助，但至少可以看出，她应该不是出于崇拜而爬上内贾德的车。在内贾德示意请她下车后，这名妇女最后说了一句话便从车尾爬下车离开。这是内贾德在国内民众之中的形象。在国内他始终与人民在一起，把维护人民尊严，捍卫国家主权、利益和领土完整作为己任。

经过几轮对话和谈判尽管没有取得实质性进展，但和平谈判及政治解决伊核问题的大门仍然敞开着。美国、中国、俄罗斯、法国、英国、德国六强发表联合声明，表明要和伊朗进行认真、无条件和能产生具体成果的对话。该声明由中国驻国际原子能机构代表，在维也纳总部的闭门例常董事会上宣读。欧盟外交政策专员阿什顿代表六强说，他们准备与伊朗进行对话，但时间和地点未定。路透社引述以色列一名官员说，以色列最近要求美国提供掩体炸弹（bunker-buster）和空中添油机，但他否认美国开出条件要以色列保证2012年内不会攻打伊朗。消息人士说，内坦亚胡在白宫与美国总统奥巴马会面时曾表示，以色列还未决定是否要对伊朗采取军事行动。

据以色列报章《晚报》(Maariv)报道，奥巴马已经回应了内坦亚胡的要求，将为以色列提供先进武器装备，但以色列必须保证2012年内不会攻打伊朗。

伊朗最高领袖哈孟尼罕见地赞许奥巴马发表的谈话，反对因伊朗推行核计划而轻言向它开战。哈孟尼说，奥巴马的谈话跳出了捕风捉影的框框。

奥巴马同到访的以色列总理内坦亚胡举行会谈后，隔天发表谈话说，伊朗的核计划还不是近在眉睫的威胁，因此，目前仍存在通过外交途径和平解决伊朗核问题的“机会窗口”。美联社发表独家报道指出，卫星照片显示，伊朗正在其核设施进行清理工作，可能是在清除核武器试炸后的痕迹。报道引述本身为核专家的外交人员的话说，伊朗是出动卡车与推土机进行清理工作。若伊朗真有试炸的举动，相信会面对国际社会更大压力，要它停止核计划。有两名外交官表示，帕尔钦军事基地内的工作人员可能是在清理一种小型中子装置(neutron device)的试验痕迹，这种装置用于触发核爆炸。另一名外交官没有确认这一猜测，但他表示，触发这种“中子引爆器”的企图就是在准备研发核武器。

帕尔钦军事基地位于伊朗首都德黑兰东南部30公里处。国际原子能机构怀疑伊朗在该基地开展与核武器有关的试验。另一方面，以色列国会本土安全备战委员会主席比埃尔斯基指责政府对伊朗喊打喊杀，可是对本土安全和备战却“掉以轻心”。这位反对党议员告诉法新社，以色列目前的防毒面罩和防空壕等设备都很匮乏，约40%的以色列人没有防毒面罩，40万户家庭没有防空设备，至少170万人在战争爆发时将完全没有掩护。比埃尔斯基把问题归咎于政府没给予制造防毒面罩的两家以色列工厂足够的拨款。这笔资金估计约3亿4300万美元(约4亿2962万新元)。

对于美以的轮番威胁，内贾德并不惧怕。首先，伊朗具备一定的军事实力，并不惧怕美国。自从第一次海湾战争爆发后，伊朗就一直发展自己的军事力量，并拥有了中东最强大的导弹库和首屈一指的武装部队。目前，伊朗总兵力约有51.8万人，其中陆军约35万人。陆军机械化程度比较高，除了坦克，伊朗陆军还拥有近百辆装甲侦察车、上千辆步兵战斗车和装甲输送车；各类火炮约数千门。此外，伊朗空军现有兵力约3万人、战机300余架，包括先进的F14和米格29等第三代战斗机。另外，伊朗是个尚武民族，拥有庞大预备役力量：伊朗常设预备役部队有35万人，准军事部队战时可达100万人。

更重要的是伊朗对美国绝对有反击能力。伊朗的“流星3”导弹，射程可以达到1300公里，如果将该型导弹部署在伊朗西部地区的话，几乎整个中东和海湾地区都将在打击范围之内。而升级后的“流星3”，射程更可以达到2000公里，能够打到欧洲中部。这些导弹虽然打不到美国本土，但是却可以打击美国在海湾地区的军事基地和以色列的战略目标。此外，伊朗现行装备的射程为550公里的飞毛腿C型导弹达60多枚，也可以打击美军驻阿富汗基地。一般军事评论家认为，伊朗的军事实力并非伊拉克、阿富汗可比。

伊朗除了军事实力高于伊拉克之外，还长期进行了战争准备。例如伊朗最高精神领袖哈梅内伊，就经常反复要求该国武装力量随时做好战斗准备，以便积极应对敌人发起的挑衅活动，并且保护好国家安全。哈梅内伊甚至强调，他本人将在国家遭受美国入侵的情况下，穿上军装拿起武器战死沙场。

伊朗军方还表示，如果美国袭击伊朗核设施，伊朗将用导弹还击。如果美国对伊朗实施“斩首”行动，发动大规模军事攻击，伊朗就会采取诱敌深入战术，利用伊朗领土广阔和地形复杂的特点打击入侵者。同时，还会火力封锁霍尔木兹海峡，切断海上石油通道，将战火烧到整个地区，使美国在军事和外交上陷于被动。

其次，除了做好抗击美国入侵准备的“硬工作”外，伊朗也没有放松利用核设施开展正面宣传的“软工作”。比如，内贾德2012年3月曾陪同几十名各国新闻记者参观两处西方认定的“秘密设施”：位于伊朗首都德黑兰以南约250公里的纳坦兹浓缩铀加工厂，以及位于法罕的铀转换工厂，以消除有关纳坦兹工厂在秘密生产的谣言，争取国际社会的同情。

除了以上软硬两招之外，伊朗又打出“石油牌”，希望借国际能源价格持续上涨之际利用“能源牌”，积极寻求其他国家的帮助以对抗欧美。较早前，伊朗政府已表示，将向印度提供长达25年的天然气供应，协议总价值达400亿美元；同时允许印度在伊朗境内进行石油勘探。日本作为伊朗在亚洲最大的石油主顾，2011年也被允许获得更大的石油进口份额。目前，伊朗已探明的石油储量约占世界总储量的10%，已探明的天然气储量居世界第二位。丰富的油气资源，使布什政府任何孤立伊朗的企图都变得复杂化。分析人士认为，伊朗已经利用石油合同为自已构筑起了防护墙，而石油武器也触动了欧美的软肋。

事实上，伊朗上述招数的确行之有效。美国有线新闻网和世界著名的市场信息集团索福瑞（TNS）在2012年4月初公布的“伊朗核问题”民意调查显示，60%的英、法、德三国受访者不认为伊朗对欧洲构成核威胁。而在认为伊朗是核威胁的人群中，有59%的人坚持用外交途径是解决“伊朗核问题”的最佳方式；只有3%的人主张使用武力。分析人士认为，该项民调结果充分显示了大多数欧洲人并不认可美国所谓的目前伊朗将对全球安全构成威胁的观点。这代表着欧洲人在“伊朗核问题”上与美国截然不同的处理方式。同时，也预示着在处理“伊朗核问题”方面，欧洲很难与美国保持同步，这将令美国难以对伊朗采取军事行动要看事态发展趋向。

一方面，最近几十年，美国打过越南、阿富汗、伊拉克、利比亚，现在又面临叙利亚和伊朗，劳民伤财，斑痕累累，另一方面，美国政府也不得不顾忌国内民众的反战情绪，第三，伊朗不同于利比亚和叙利亚，伊朗国内反对派还尚未形成气候，扶植不起来，缺乏内应就很难办；第四，联合国安理会也不赞成武装入侵他国领土，不赞成武力解决国际争端；综合上述四点，美国打伊朗会显得很慎重，也会等趋势，更会等水到渠成！

无法对抗，航母不是一个单独的作战平台，它是一个作战体系，美国航母一般三艘一起作战，一个航母战斗群包括40–60战斗机，2–6预警机，2–6预警直升机，2–6搜救直升机，2–6多用途直升机，3–4个驱逐舰，7–10艘潜艇，2–6扫雷舰，若干护卫舰等。大家都知道，美国的宙斯盾驱逐舰是世界上最先进的驱逐舰，雷达系统很先进，还有滨海战斗舰，此舰为模块试战舰，根据不同的战斗需要马上可以加装其他战斗模块，同事他的隐身性能相当强悍。再加上美国的海狼级潜艇，弗洛级潜艇，F22-F-16CD，战斗机，眼镜蛇攻击机，黑鹰多用途直升机，同时在防空导弹方面，美国有标3，爱国3，等先进的防空导弹，战略导弹有鱼叉，战斧等。所以纵然是DF21D巡航导弹攻击美国航母都不见得可以成功，就别说伊朗了。

伊朗媒体报道，国际原子能机构到目前为止还未提出具说服力的理由和相关文件，因此伊朗不会让该机构观察团视察被怀疑用来进行核试验的帕尔钦军事基地。国际原子能机构发表报告称，卫星图像显示帕尔钦军事基地出现了“广泛的活动”。西方怀疑，伊朗在首都德黑兰东南部30公里处的帕尔钦军事基地进行核试验。

伊朗半官方的法尔斯通讯社引述伊朗原子能机构负责人达瓦尼说：“国际原子能机构至今还未提供足够的理由和文件，说服我们允许他们访问此一军事设施。”达瓦尼还对当地媒体表示，伊朗“没有理由”停止提炼纯度达20%浓缩铀的活动。分析家指出，铀纯度达20%是向武器级别铀浓缩发展的一个重要步骤。

“安理会5常任理事国加1”（P5+1）组织（即英国、中国、法国、俄罗斯、美国和德国）在伊拉克首都巴格达与伊朗就核问题举行的会谈时，坚持伊朗必须放弃生产纯度为20%浓缩铀，以换取西方国家为伊朗提供医用同位素以及民航客机部件等。

伊朗表示该方案有失偏颇，无法接受，同时要求西方国家采取措施减少对伊朗实施的经济制裁，但西方国家未予同意。

2012年6月3日俄新社援引俄罗斯总统助理乌沙科夫的话称，俄罗斯总统普京将在北京上合组织峰会期间与内贾德举行会晤。普京外交政策顾问表示，与内贾德会晤就是“想让伊朗明白当前局势有多紧张”。俄罗斯正为6月18日和19日举行的最新一轮伊朗核问题谈判做准备，希望能够通过外交途径解决伊朗核问题僵局，“只有通过对话才能找到妥协之道，以避免陷入恐怖局面。”

据俄罗斯RT电视台报道，伊朗正在建造一个新的能够把较大型号卫星送入轨道的卫星发射基地，目前已建成80%。据称，该基地将以伊朗最高领袖哈梅内伊的名字命名。伊朗国防部长称，发射“黎明号”卫星将成为新基地建成后的首个发射任务。目前，伊朗拥有两个太空中心。2010年2月，伊朗宣布成功发射了载有实验动物的研究用火箭。西方批评家称，伊朗意在建造可以承载核弹头的远程导弹发射场。但伊朗否认相关猜测。伊朗最高领袖哈梅内伊称，“有关伊朗企图发展核武器的言论都是虚假的”。他说，国际政治圈和媒体认为“拥核的伊朗是危险的，但他们都在骗人”，以色列向伊朗发起任何形式的进攻都会遭到伊朗回击。5月31日报道，内贾德表示，西方国家就伊核问题对伊朗施加压力已是老生常谈，并指出双方下一轮核谈应该基于公正和平等的合作氛围。

内贾德在接受法国媒体专访时表示，西方国家希望伊朗停止生产浓度为20%的浓缩铀已经是老话题了，而且，西方国家对伊朗施加压力也是老生常谈。他说，希望伊朗核谈判在尊重的框架下进行，“我没有希望会议出现奇迹。我们必须努力将自己的想法转变为建设性的、积极的”。他还说，不信任是双面的，从来都不是单方面的。为了达到目标必须彼此携手进行对话。下一轮莫斯科会谈的氛围应该转变为基于公正和平等的合作氛围，只有这样才能取得成果。这也注定了内贾德和他领导下的伊朗，将成为未来中东问题的关键。在这样的强硬外交政策背景下，刺杀这样的偶然事件可大可小，也可以成为西方观察内贾德以及伊朗内政问题的一个契机。谈判最终无法取得太大的进展，各方在6月18日至19日于莫斯科再进行另一轮的讨论、甚至轮番的争吵又能取得什么样成果呢？人们拭目以待！

人世外依人　巅峰后依巅

无论是“欧债危机”，还是从“美国金融危机”，希腊、西班牙等国的

“主权信誉”下调所引发全球“经济危机”，以及“伊核”和“朝核”问题，叙利亚“内战”等，核扩散会引发全球“安全危机”，再且二氧化碳的排放，资源的过度开采，城市化的迅猛扩张等，对环境污染和破坏引发了全球的“生存危机”。当《联合国宪章》或《宣言》都形同虚设时，人类的发展还能有什么标准和约束。种种迹象表明人类患上了“焦虑和烦躁症”；许多国家患上了“困惑和迷茫症”。特别是有的国家和政府习惯依赖于用战争解决（医治）上述的病症，总认为战争是万能的，其实战争并不能从根本上彻底解决人类及国家所面临的难题。

不论伊核问题朝着什么方向发展，但有一点可肯定，奥巴马的连任及西方国家的利益之争绝对会发动另外一场或几场战争，自然伊朗首当其冲，同时也不排除西方自定为的“敌对国家”。还有多种迹象表明，2013年至2017年将是伊朗与西方国家巅峰对决、巅峰博弈的关键年，也是世界几大阵营擦枪走火的“危险年”。诚然说到巅峰就要谈到事物发展的最顶峰；事物发展的最高峰；主要指人、或者事物真正领悟自己物种意义，用生命的写照阐述自身的全景、全实的写照。古往今来，万千繁华，兴衰荣辱是否天定？

诸方世界，英雄无数，枭雄辈出，人世间的正与邪，或许原本就是镜花水月，是与非，或许只是世人的自我规范，善与恶，在悠久的岁月中，又何曾有过实质的意义？

人世之外，依然是人世，巅峰之后，依旧是巅峰……人有丹田，又名泥丸宫，为神元汇聚之所，而这天地乃是有着神灵之气，这神灵之气名为玄气，武者以经脉周转，吸纳天地玄气，归于丹田，便可踏入武道，是为玄士。《玄经》言，天行健，君子以自强不息，是为士之道！

博弈，词语解释是局戏、围棋、赌博。现代数学中有博弈论，亦名“对策论”、“赛局理论”，属应用数学的一个分支， 表示在多决策主体之间行为具有相互作用时，各主体根据所掌握信息及对自身能力的认知，做出有利于自己的决策的一种行为理论。目前在生物学、经济学、国际关系、计算机科学、政治学、军事战略和其他很多学科都有广泛的应用。博弈论主要研究公式化了的激励结构间的相互作用。是研究具有斗争或竞争性质现象的数学理论和方法。也是运筹学的一个重要学科。可以定义为：在多决策主体之间行为具有相互作用时，各主体根据所掌握信息及对自身能力的认知，做出有利于自己的决策的一种行为。

其实博弈在世人心目中，一直被视作游戏而已，因而显得无足轻重。古人有将其抬高者，说它“大禅圣教”，但抬到巅峰，也不过茶余饭后、百无聊赖时所行的一种小道而已，与老子的“大道”不能比拟。也有将其贬低者，说它是“奇技淫巧”、“牧猪奴”之戏，嗜之则荒废时日、消磨志向、耽误大事。这些抑扬、褒贬都有一定的道理。但是，当我们把博弈放在传统文化的大背景下进行仔细审视后，就会发现人世之事并非那么简单。

人类共同心愿和平，但是又不可远离战争。可以这么说有博弈就会有战争。战争是博弈的升级，也是一种集体和有组织地互相使用暴力的行为，是敌对双方为了达到一定的政治、经济、领土的完整性等目的而进行的武装战斗。由于触发战争的往往是政治家而非军人，因此战争亦被视为政治和外交的极端手段。广义来说，并 不是只有人类才有战争。蚂蚁和黑猩猩等等少数生物都有战争行为。战争是政治集团之间、民族（部落）之间、国家（联盟）之间的矛盾最高的斗争表现形式，是解决纠纷的一种最高、最暴力的手段，通常也是最快捷最有效果的解决办法。也可以解释为使用暴力手段对秩序的破坏与维护、崩溃与重建。

战争重要的是求取政治是的成果，而不是军事上的成功。自人类出现以来，战争就一直没有停止过。战争和文明始终交错，既对人类文明的发展和进步起着催化和促进作用，又时刻威胁着人类自身的生存。战争伴随社会的革命，带来新的格局。古代各个部落之间的战争，促进了民族的融合和国家的形成，也是民族大迁徙直接原因；国家内部不同民族之间的战争，促成民族的独立和新生国家的诞生；国家内部政治集团之间的战争，促成政权的更迭，如国共内战。除此之外，在西方，由于宗教信仰而发生宗教战争，如十字军东征、圣战等，也是常见的历史现象。

战争观是对战争的根本看法。包括对战争起源、战争根源、战争原因、战争本质、战争性质、战争目的、战争与相关因素的内在联系、消灭战争的途径及战争与革命、战争与和平的关系等观点。它对认识和指导战争具有重要作用。战争观是战争实践在人们头脑中形成的理论观点，受人们的认识能力和阶级立场的制约。战争在发展过程中的本质联系的暴露程度，也对人们战争观的形成产生影响。因此，不同时代、不同阶级的人们，便有了对战争的不同看法。例如，有人认为战争是不祥之器，有人则说战争是万物之父；有人认为战争来自人及人的欲望，有人却说战争是对待尘世财产和事物的虚无状态；有人认为战争是死亡的拥抱,有人则说战争是一切事物的原始,等等。

战争表现为，一是残酷性，双方以一切可用的暴力手段攻击另外一方；二是毁灭性，对抗的时候以一方消灭另外一方为代价；三是目的性，直至对方屈服、达到目的；四是持久性，常规战争持续时间长达几年或者数十几年，现代的高科技战争持续数月到几年。任何战争都经过了策划和准备。

要进行战争只有一个借口，即通过战争我们可以生活在不受破坏的和平环境中。千百年来，人类用牺牲、苦难、坚韧的努力、英雄精神和不屈不挠的信心赢得了自由。我们呼吸天地间珍贵的气息，我们很自然地享受天伦之乐，正如我们享受那吹拂大地、充塞在我们肺部的清鲜空气一样……而只要几天，这颗生命的宝石就被人偷去了；几小时内，在全世界，一片窒息的网罗便笼罩在“自由”的颤栗的翅膀上。要建立一个国家靠的不是梦想，也不是高谈阔论，更不是歌舞和音乐，它最终总是要诉诸血泪和生命，一个国家只有在战争过后才会处于和睦状态。

在人类世界战争没有胜利者，只有掠夺与占领；只有死亡与毁灭……不为战争和毁灭效劳，而永远要做人类和平与相互的谅解忠实服务国（者），只有这样人类存在才更有生命的意义，人类才具有光明而美好的前途。